신라 사상사 연구

김복순

1954년 서울 출생, 동덕여자고등학교 졸업. 고려대학교 사학과 학사, 석사, 박사.
동국대학교 국사학과 조교수, 부교수, 교수, 도서관장, (현)신라문화연구소 소장

대표 논저

저술 : 2008, 『신사조로서의 신라불교와 왕권』, 경인문화사; 2002, 『한국고대불교사연구』, 민족사; 『삼국유사의 종합적 연구』(공저), 박이정; 1990, 『신라 화엄종연구』, 민족사
논문; 2015, 「『삼국유사』「무장사 미타전」조의 몇 가지 검토」『신라문화제학술논문집』36; 2015, 「의정의 『대당서역구법고승전』과 신라인」『신라문화』45; 2014, 「경주 괘릉(掛陵)의 문헌적 고찰」『신라문화』44; 2013, 「신라지식인들의 서역인식」『경주사학』38; 2012, 「『삼국유사』「귀축제사(歸竺諸師)」조 연구」『신라문화제학술논문집』33; 2012, 「화엄사 화엄석경의 판독과 조합시론」『신라문화』40; 2011, 「4~5세기 『삼국사기』의 승려 및 사찰」『신라문화』38; 2010, 「최치원의 역사인식연구」『민족문화』34; 2010, 「신라의 백고좌법회」『신라문화』36; 2009, 「『삼국유사』「진정사 효선쌍미」조와 일연과 김부식의 효 인식」『신라문화제학술논문집』30; 2008. 8, 「고려의 최치원 만들기」, 『신라문화』32; 2008. 2, 「김유신(595~673) 활동의 사상적 배경」, 『신라문화』31; 2007. 9, 「혜초의 천축순례 과정과 목적」, 『한국인물사연구』8; 2006, 「최치원의 해외체험과 문화수용」, 『한국문화연구』10.

신라 사상사 연구

초판 1쇄 인쇄 | 2016년 7월 13일
초판 1쇄 발행 | 2016년 7월 20일

저　자 | 김복순
발행인 | 한정희
발행처 | 경인문화사
주　소 | 경기도 파주시 회동길 445-1 경인빌딩
전화: 031)955-9300, 팩스: 031)955-9310
이메일: kyunginp@chol.com
홈페이지: http://kyungin.mkstudy.com
출판번호 | 406-1973-000003호

ISBN : 978-89-499-1192-9 93910
정가 : 39,000원
*파본 및 훼손된 책은 교환해 드립니다.

신라 사상사 연구

金福順 지음

차 례

책머리에

제Ⅱ부 신라 불교와 국가

책머리에

　경주에서 매년 개최되는 신라문화제의 일환인 신라문화제학술회의
는 1979년부터 개최되기 시작하여 올해로 벌써 38회가 예정되어 있다.
1993년부터 동국대 신라문화연구소가 주관하여 경주의 유적과 관련된
낭산, 황룡사, 불국사, 분황사, 신라 금석문, 왕경의 조직과 체계 등 매
년 색다른 주제로 경주시의 후원으로 학술회의를 개최하였다. 근래에
는 『삼국유사』를 주제로 2015년까지 8번의 학술회의가 개최되었다. 권
5부터 시작하여 권3에 이르기까지 연구를 진행하였고, 이제 기이 제1과
제2를 남겨놓고 있는 상황이다. 이 책은 이 과정에서 필자가 발표한 6
편의 논문이 그 기반이 되었다. 경주에서 신라사 전공자로 살면서 얻은
혜택인 셈이다.

　일연은 신라를 삼대(상대, 중대, 하대)로 나누어, 중대를 시작하는 임
금으로 삼국통일의 원훈 태종 무열왕을 강조하였던 김부식의 견해를
존중하였다. 그리고 이에 더하여 앞서 불교를 받아들여 신라를 삼국의
대열에 당당히 서게 하였던 여섯 임금에 주목하여 새로이 중고기(514~
653)를 설정하였다. 현재 불교식 왕명 시대로 불리는 이 중고기는 1970,
80년 대 이래 많은 금석문과 목간의 발견으로 신라시대 가운데 가장 주
목받고 있는 시기가 되어 있다. 일연의 안목이 매우 높고 적실성을 가
진 것이었음을 알려준다 하겠다.

　제1부는 신라 중고기에 해당되는 논문 3편을 실었다. 먼저 「신라 중
고기 불교와 『법화경』」은 신라 중고기부터 하대까지 꾸준히 신라 불교

와 관련되어 나오는 호국경전인 『법화경』에 주목한 논고로서, 사미 원효와 의상의 제자 지통이 낭지화상에게 배우는 과정이 잘 드러나 있는 『삼국유사』「낭지승운 보현수」조를 중심으로 고구한 것이다. 다음으로 4-6세기의 『삼국사기』에 나오는 불교관련 기사를 2개의 논문으로 나누어 구성하였는데, 『삼국유사』가 『삼국사기』를 신뢰한 부분과 김부식의 두찬 부분에 대해 심도있게 고찰해 보았다.

제2부는 신라불교와 국가로서, 신라의 백고좌법회, 명랑과 신인종, 신라왕경과 불교, 소성왕비의 미타전 건립 등 국가와 관련이 있는 논고들을 정리해 넣었다. 「신라의 백고좌법회」는 황룡사의 불교의례연구라는 프로젝트를 진행하면서 얻어진 논고로 백고좌법회의 실제 모습에 초점을 맞춘 논문이다.

제3부는 김유신과 유학자로서, 「김유신 활동의 사상적 배경」은 김유신의 활동이 국가의 간성이었으므로 그 사상적 배경을 『무경칠서』에 나오는 내용과 비교 고찰한 논고이다.

제4부는 신라의 지방과 화엄 불교로서, 의상이 주석했던 부석사와 그의 제자들이 활동했던 안동 일대의 불교상황을 「안동 문화의 형성과 화엄불교」로, 의상의 제자 진정사가 효와 선을 함께 실천한 내용인 「진정사 효선쌍미」조로 정리하였다 「화엄사 화엄석경의 판독과 조합시론」은 화엄사의 화엄석경을 60화엄의 내용과 축자 대조하여 확인한 논고로, 60화엄이 의상의 화엄과 관련이 있으므로 이곳에 실었다.

제5부는 신라 승들의 천축순례와 관련된 논문을 3편 실었다. 「의정의 『대당서역구법고승전』과 신라인」은 『대당서역구법고승전』을 역주하면서 쓴 해제를 확대하여 만든 논고이다. 『삼국유사』「귀축제사」조는 『삼국유사』관련 시리즈물의 하나로 쓴 논문이고, 「혜초의 천축순례의

목적과 과정」은 혜초의 천축순례에 관심을 가지고 그의 『왕오천축국전』
을 연구하면서 나온 논문이다. 이 3편을 통해 신라인들이 중국을 넘어
동남아- 천축으로의 해로와 중앙아시아-천축으로의 육로를 넘나든 넓
은 활동범위를 살펴보았다.

　세월은 나이만큼의 Km로 간다는 것을 점점 실감하면서 이제까지 쓴
논고들을 정리해 보았다. 경주에서의 생활은 학교와 집을 왕복하는 단
순한 반복이었지만, 이 책이 나올 수 있도록 많은 시간을 확보해 준 즐
거운 나날로 기억된다. 주위의 많은 분들의 도움이 있었다. 앞서 언급
했듯이 경주시의 간접적인 도움이 컸다. 『삼국유사』학술회의 덕택에
여러 편의 논문완성이 가능했고, 황룡사 프로젝트과정에서 신라의 백
고좌법회를 탈고할 수 있었다. 또한 한국국학진흥원의 한국금석문집성
의 연구에 참여하여, 화엄사 화엄석경을 60화엄과의 대조를 통해 그 내
용을 밝힐 수 있었다. 그리고 실크로드와 한국불교문화 프로젝트의 한
부분으로 의정의 『대당서역구법고승전』역주 기회를 주신 전경국사 주
지 정산스님과 고려대 박대재교수에게 지면을 빌어 심심한 감사의 말
씀을 드린다. 끝으로 서울을 오르내리면서 늘 즐겁게 격려해 준 부군
윤세원 교수와 장남 부부, 차남의 도움도 잊을 수 없다. 지난해 타계하
신 그리운 어머니, 그리고 시어머님과 친정아버지께도 감사의 말씀을
드린다.

2016. 6
경주 취죽헌(翠竹軒)에서 저자가

제 I 부

신라 중고기 불교와 관련기록

제1장 신라 중고기 불교와 『법화경』
-『삼국유사』「낭지승운 보현수」조를 중심으로-

1. 머리말

「낭지승운 보현수(朗智乘雲 普賢樹)」는 『삼국유사』 권5 「피은(避隱)」 편의 첫머리에 나오는 편명이다. 일연이 이 편명을 「낭지전」으로 하지 않고 「낭지승운 보현수」라고 한 것은 신라 하대 원성왕 대에 국사를 지낸 대덕 연회(緣會)가 이곳에 머물면서 쓴 「낭지전」을 기반으로 여러 사실을 덧붙여 나름의 특징이 드러나는 제목을 붙였기 때문일 것이다. 따라서 이 조의 내용은 중고기를 시대배경으로 하고 있지만, 신라 하대 의 인식을 기반으로 하여 일연의 인식이 투영되었다고 볼 수 있다.

이 조는 낭지사가 영축산에서 『법화경』을 강경하면서 지내다가 지통 을 제자로 맞고 원효와 인연이 있었던 내용이 전반부의 대부분을 차지 하고 있다. 또한 후반부에는 낭지가 구름을 타고 중국에 왕래하면서 국 내외에 알려진 내용이 실려 있고, 말미 부분에는 『영축사기』의 낭지와 연회에 관한 간단한 내용이 수록되어 있다.

이 조에 담겨져 있는 신라불교의 모습은 매우 독특하다. 그것은 이미 세인들에게 잘 알려져 있는 원효와 지통이 등장한다는 점에서는 크게 다를 것이 없지만, 그들의 젊은 시절 교학이 형성되는 무렵에 『법화경』 과 관련된 내용이 나오고 있어 주목받을 만하다. 특히 「피은」이라는 편명 아래 피하고 숨은 낭지, 연회, 혜현, 포산 2성, 영재, 영여사, 염불사 등과 같은 승려들을 배치하면서, 지통과 원효의 사미 시절인 청소년기의 내용들이 실려진 것이다.

또한 이 조에는 지통이 낭지에게로 간 시기가 661년으로 나오고 있어, 이때부터 지통이 의상에게로 가서 제자가 된 시기인 671-676년경까지 낭지에게서 수학하고 있었음을 추정하게 한다. 그렇다면 적어도 이 조의 내용이 포용하고 있는 시기는 낭지가 이곳에 정착한 527년부터 676년경까지 150여 년간이 되는 셈이다. 이 시기는 신라 중고기와 많이 겹치므로, 이 「낭지승운 보현수」에 나오는 내용은 신라 중고기 불교에 대한 한 단면을 보여준다고 하겠다. 그리고 이 조에는 많은 인물과 신들이 등장하여 비교적 정확한 시대적 정보를 주고 있는데, 낭지와 지통, 원효 이외에도 이량공, 의상, 은사 문선, 대덕 연회, 그리고 보(현) 대사, 영오(靈烏), 변재천녀가 등장하고 있다. 『추동기』, 『초장관문』, 『안신사심론』, 『낭지전』 등의 저술도 나오고 있어 신라 승들의 여러 저술도 확인된다.

본고는 먼저 낭지와 『법화경』과의 관계에 대해 천착해 보고자 한다. 이미 낭지의 법화신앙에 대한 부분은 많이 지적된 바 있다. 여기서는 주로 낭지, 내지는 진평왕 대에 신라에 집중적으로 나타나고 있는 『법화경』의 문제를, 『삼국유사』 등에 나오는 내용과 관련하여 이해하고자 한다.

다음으로 지통과 원효에 관해 등장하고 있는 부분들을 낭지를 스승으로 한 내용과 연계해서 살펴봄으로써, 신라 중고기 불교계의 한 측면을 고구해 보고자 한다. 이 부분은 이미 밝혀진 내용들을 다시 정리하는 수준이라고 하겠으나, 지통과 원효가 낭지에게서 수학한 내용이 사

미 시절이라는 점에 주목해 본다면 이들의 교학적 배경으로 삼을 수 있
다는 점에서이다.

2. 낭지와 『법화경』

'낭지는 어떤 인물인가'라는 의문에 대해 『삼국유사』에서는 다음과
같이 서술하고 있다.

> 1) 삽량주 아곡현 영축산【삽량(歃良)은 지금의 양주(梁州)요 아곡(阿曲)
> 의 곡은 1본에 서(西)라고 되어 있고, 또는 구불(求佛) 혹은 굴불(屈
> 佛)이라 하였다. 지금 울주에 굴불역을 두었으니 아직도 그 이름이
> 있다】에 이상한 스님이 있어 암자에서 산 지 여러 해가 되었으나
> 마을에서 모두 알지 못하였다. 스님도 또한 성씨를 말하지 아니하
> 였다. 항상 『법화경』을 강하였는데 신통력이 있었다.1)

낭지는 삽량주 아곡현에 있는 영축산에 와서 머물면서 늘상 『법화경』
을 강경하였는데 신통력이 있었다는 내용이다.2) 이 부분에는 몇 가지
고증할 만한 사실이 담겨져 있다.

우선 삽량주는 박제상이 삽량주 간(干)으로 나오기 때문에 눌지왕 대
에 이미 신라의 영토인 것을 알려주고 있으나, 실상 삽량주는 문무왕대

---

1) 『삼국유사』 권5 「낭지승운 보현수」조.
2) 낭지의 법화신앙 관련논고는 다음과 같다. 김영태, 1977, 「법화신앙의 전래와 그
   전개」『한국불교학』3, pp.25-28; 고익진, 1989, 『한국고대불교사상사』, 동국대학
   교 출판부, pp.133-134; 김상현, 1994, 『역사로 읽는 원효』, 고려원, pp.59-63; 남
   동신, 1995, 「원효의 대중교화와 사상체계」, 서울대학교박사학위논문, pp.77-78;
   박광연, 2010, 「신라법화사상사」, 이화여자대학교 박사학위논문, pp.32-34.

에 상주와 하주를 나누어 그 사이를 삽량주로 하였다는 사실이다.3) 박
제상의 기록이 문무왕대 이후에 이루어진 사실과 함께 이 기록 역시
「낭지전」에 의거하여 신라 하대에 성립된 것임을 추정할 수 있게 한다.

일연이 영축산을 울주군의 굴불역이 있는 아곡현에 있다고 주석한
것으로 보아, 오늘날의 영축산으로 불리는 영축산 통도사가 아님을 알
수 있는데, 이 사실은 이미 밝혀진 바 있다.4) 그런데 낭지가 늘『법화
경』을 강경하여 신통력이 있었다는 사실을, "늘『법화경』을 외웠으므
로 신통력이 있었다"고 번역한 예도 있다.5) 이 조의 뒷부분에 나오는
청강(聽講)의 예에 비추어 보면 역시 강경한 것으로 보는 것이 옳을 듯
한데, 내용상으로는 강경과 함께 독송도 하였을 것으로 이해된다.

이렇게『법화경』을 늘 강경하면서 그가 행한 수행은 법화수행이었을
것이다.『법화경』수행은 보현행(普賢行)과 안락행(安樂行)으로 구분해
보고 있는데, 낭지의 법화수행을 보현행으로 보는 박광연의 견해와 안
락행으로 보는 남동신의 견해가 있다.

후자의 경우, 중생제도의 관점에서『법화경』은 보살도를 강조하는
데,『법화경』권5「안락행품(安樂行品)」에 나오는 좌선관(坐禪觀)이 낭
지의 사상과 상통한다는 것이다. 또한 산수 간에서의 좌선과『법화경』
의 강경을 결합한 그의 법화행은 그보다 앞서서 닦은 백제의 현광, 혜

---

3)『삼국사기』권34「지리지」양주(良州)조.
4) 김윤우, 1988,「한국고찰의 위치 연혁고」『동양학간보』8, pp.9-13; 남동신, 1995,
   위의 논문, pp.77-78; 강인구 등, 2003,『역주 삼국유사』4, 한국정신문화연구원,
   p.316 주2) 등 여러 논고에 의하면, 영축산 내지 영취산은 경남 울산시 범서리 굴
   화리와 청양면(靑良面) 율리, 무거동 사이에 위치해 있는 200m 남짓의 산을 가리
   키나, 18C 이후에는 이웃한 양산 통도사의 산명이 취서산에서 영축산으로 바뀌고
   있다고 하였다.
5) 강인구 등, 2003,『역주 삼국유사』4, p.316.

현과 신라의 연광 이래의 유풍을 전승한 것으로 보인다고 하였다.[6)]

　전자는 낭지가 태어나서 줄곧 보현보살을 만나고자 노력한 점에 주목하여 『법화경』 권7 「보현보살권발품」의 수지(受持), 독송(讀誦), 정억념(正憶念), 해기의취(解其義趣), 여설수행(如說修行)과 『보현관경』의 참회법을 크게 벗어나지 않는 수행이었을 것으로 보고, 보현행이 낭지의 법화행일 것으로 보고 있다. 이 보현행은 『법화경』 독송에 정진함으로써 앉아 있거나 서 있거나 걷고 있거나 일심으로 신명을 바쳐 법화문자를 전념하는 행법이다. 그 결과 보현보살이 코끼리를 타고 나타나면 죄가 멸하여 청정한 안근을 얻고, 시방삼세 제불(諸佛)을 보고, 지극한 마음으로 참회하게 되는데, 『법화경』 독송을 실천하는 이는 누구나 닦을 수 있는 실천으로 보고 있다.[7)]

　갑자기 이 두 수행 가운데 어느 것이 낭지의 법화행일 것이라고 언급하기 어려우나, 결국 이 두 수행이 다 낭지의 법화행에 들어 있었던 것이 아닌가 한다. 전자는 지통에게서, 후자는 원효에게서 그 경향이 보이기 때문이다. 그런데 이 「낭지승운 보현수」조에는 다음과 같이 낭지가 중국과 관련있는 유학승이었을 가능성을 보여주는 대목이 나오고 있다.

　　2) 스님이 일찍이 구름을 타고 중국 청량산(淸涼山)에 가서 무리들을 따라 강경함을 듣더니 얼마 아니하여 돌아왔다. 그곳 스님이 그를 부근에 사는 이로 여기었으나 머문 곳을 알지 못하였다. 하루는 절의 대중에게 명하되 "일상 이 절에 있는 자를 제외하고는 별원(別院)에서 온 승은 제각기 있는 곳의 이름난 꽃과 진기한 식물을 가지

고 와서 도량에 바치라"고 하였다. 낭지는 이튿날 산중의 신기한 나무 한 가지를 꺾어다가 바쳤다. 그 스님이 보고 가로되 "이 나무의 범명(梵名)은 달제가(怛提伽)인데, 여기서는 혁(赫)이라고 하니 오직 서축(西竺)과 해동의 두 영축산에만 있다. 이 두 산은 모두 제10 법운지로 보살이 사는 곳이니 이 사람은 반드시 성자이다"하고, 드디어 그 행색을 살피고는 해동 영축산에 사는 것을 알았다. 이로 인하여 스님을 다시 보니 그 이름이 국내외에 나타났다. 국인(國人)이 이에 그 암자를 이름하여 혁목(赫木)이라고 하였다. 지금 혁목사의 북쪽 언덕에 옛 절터가 있으니 이것이 그 유적이다.

이 인용문은 매우 황당해 보이지만, 신라 하대 중국과의 통교가 잦았던 시기에 쓰여진 「낭지전」에 의거한 내용이라고 할 때, 다음과 같은 많은 내용을 우리에게 알려준다고 하겠다.

첫째로, 낭지가 중국의 청량산에 가서 무리들을 따라 강경을 듣고 얼마 안 되어 신라로 돌아왔다는 내용에 대한 것이다. 이에 대해서는 이미 낭지의 중국 유학 가능성에 대한 견해가 제시된 바 있다.[8] 즉 진나라에 유학한 승려일 것이라는 추정이다. 물론 이는 낭지의 사상이 삼론학과 법화행을 겸비한 것으로, 중국 길장 이래의 학풍을 수학하고 귀국한 것으로 본 것이다.

그런데 그가 청강한 장소인 청량산은 중국 내에서도 여러 곳에 그 지명이 보이고 있다. 제일 잘 알려진 곳이 오대산으로 고청량이라 알려져 있고, 섬서성 연안 동북에도 청량산이 있으며, 남경에도 청량산이 있다. 이들 여러 곳의 청량산 가운데 그가 쉽게 왕래할 수 있었던 곳은 남경일 가능성이 제일 크다고 생각된다. 이는 신라 내지 백제에서 쉽게 갈

---

8) 남동신은 "낭지의 중국 유학이 전설처럼 전승되고 있는데, 실제로 강남에 유학하여 길장 이래의 학풍을 수학하고 귀국한 것이 아닐까"라고 추정하고 있다. 남동신, 1995, 위의 논문, p.81; 박광연, 2010, 위의 논문 참조.

수 있는 지역이 초주(楚州) 내지 명주(明州)를 거쳐 가게 되는 금릉일 가능성이 크므로, 진나라의 수도 금릉의 청량산으로 상정할 수 있을 것이다.

진의 금릉 청량산에 있는 청량사는 당나라 대에 건립되고 있으나, 청량산(일명 석두산)은 이미 그 전부터 있었다. 특히 그가 중국에 가서 대중을 따라 청강한 강은 그의 경향으로 볼 때, 아마도 『법화경』에 관한 강경을 들었을 것으로 생각된다. 달제가로 불리는 혁목이 있다는 영축산은 석가모니가 『법화경』을 설한 영산회상으로 널리 알려진 곳인데 그곳의 승려가 그가 가져간 나무를 보고 영축산에 거주하고 있음을 알아 본 때문이다. 『법화경』과의 관련을 놓고 보면, 천태 지의가 중국의 금릉(남경)과 천태산에서 강경한 것과도 연관지을 수 있을 것이다.

이러한 낭지의 중국행과 관련하여 유사한 수행의 예로 언급할 수 있는 내용이 현광과 연광의 사적에서도 보인다는 점이 주목된다.

> 3) 현광(玄光)은 해동 웅주인(熊州人)이다...이에 현광이 진나라에 유학하여 형산에 빨리 가서 혜사대화상을 뵈었다. 그는 물상에 대한 안목을 열고 교화를 이루어 신(神)과 해(解)가 서로 탐구하여 깨달아졌다. 혜사대사가 그 연유를 살피고 가만히 법화안락행문을 주었다. ......조금 있다가 법화삼매를 증득하였다. 인가해 줄 것을 청하니, 혜사가 증명하기를 '너의 증득한 바는 진실하여 허망한 것이 아니니 이를 잘 호념하여 법을 증장시키도록 하라. 너는 본토에 돌아가서 좋은 방편을 잘 베풀어서 제자를 기르는 것을 잘 책임지고 모두 (너와 같은) 나나니벌이 되도록 하라'고 하였다.9)

> 4) 석연광은 신라인이다. ...수나라 인수(仁壽) 연간에 오나라에 와서 마

---

9) 『송고승전』 권18 「진 신라국 현광전」.

침 지자대사를 바로 찾아갔다. 묘전인 『법화경』을 널리 펴시니, 조석으로 스승을 섬겨 행과 해가 모두 깊어졌다. 몇 년 뒤 크게 깨달자 지자가 그에게 『묘법연화경』을 강하게 하였는데, 젊은 무리들이 신복하지 않음이 없었다. 훗날 천태별원에서 묘관을 더욱 닦았다.…… 연광은 본국에 돌아와 늘 이 경전을 홍보하여 법문이 크게 열렸으니 참으로 공이 크다.… 신라 승려 연의(連義)라는 이가 있는데, 나이가 바야흐로 80세이고 거친 옷에 하루 한끼만 먹으며 각고의 노력을 하여 무리 가운데 빼어났다. 나 혜상과 같은 곳에 머물고 있는데, 그가 연광의 일을 말해 주어 여기에 기록한다.[10]

현광과 연광, 그리고 낭지의 사적은 많이 닮아 있다. 즉 이들이 『법화경』과 관계가 깊다는 사실에서이다. 뿐만 아니라 현광이 남악 혜사에게, 연광이 천태 지의에게 가서 『법화경』을 수학하였듯이, 낭지도 시기적으로 볼 때 중국에서 『법화경』의 강경을 들었을 가능성이 보인다는 점이다.

현광은 남악 혜사의 수제자로 알려져 있는데, 『송고승전』에는 분명히 "진 신라국 현광전"이라고 하여 신라인으로 나오는 있지만, 그가 '해동 熊州人' 즉 공주사람이라는 사실로 인해 신라인이 아닌 백제인으로 간주되고 있는 점에 잠시 유의해 볼 필요가 있다. 이러한 사실은 김영태가 "이 현광의 여러 전기에는 신라국 현광으로 되어 있으나 현광 당시(진대, 557-589)의 웅주는 백제 땅이므로 해동 웅주인인 현광이 신라인이 아닌 백제인임은 말할 것도 없을 것이다"라고 하여 신라 승 현광을 백제 승으로 간주한 이래, 이기운, 길기태 등이 현광을 백제인 승려로 보고 논지를 전개하고 있다.[11] 그러나 김동화는 신라 승으로 서술하

---

10) 『홍찬법화전』 권3 「석연광전」(『大正藏』 권51, p.20).
11) 김영태, 1985,『백제불교사상연구』, 동국대출판부, p.143; 이기운, 2000,「백제 현광의 교화행에 대한 연구-현광의 제자와 그들이 얻은 삼매를 중심으로-」『한국불

고 있기도 하다.12)

그런데 이 문제는『속고승전』권22「혜민전」에 나오는 광(光)법사가
현광 내지 원광과 연계되면서 문제가 복잡해져 있다.

> 5) 승 혜민의 자는 현소(玄素)이고 하동인(河東人)이다. 뜻을 씀이 바르
> 고 곧았으며....9세에 출가하였는데, 부지런히 정진하여 업을 깨끗이
> 하고『법화경』을 외웠는데 1개월 만에 모두 마쳤다. 15세에 회향사
> 에서 신라의 광(光)법사에게『성실론』의 법문을 듣고 솔선하여 묻고
> 답하였다.....17세에 청을 받고 고향으로 돌아가 해염의 광흥사에서
> 『법화경』을 강하였다.13)

중국 진나라 승려인 혜민이 15세에 회향사에서『성실론』의 법문을
들은 신라 광(光)법사가 누구인가 하는 것인데, 이는 백제의 현광으로
보는 입장과 신라의 원광으로 보는 견해로 나뉘어져 있다.

먼저 백제의 현광법사로 보는 입장에서는 혜민에게 강의한 사실을
현광의 사적으로 넣어 그가 귀국한 연대를 대개 588-590년으로 보고 있
다. 그리고 이 문제를 완전히 기정사실화하여 현광의 법화삼매에 대한
연구까지 진행하고 있다.14) 그것은「현광전」에 화광삼매, 수광삼매 등

교학』27, pp.219-238; 길기태, 2006,『백제사비시대의 불교신앙 연구』, 서경, pp.183-
194; 조경철, 2005,「백제 불교사의 전개와 정치활동」, 한국학중앙연구원 박사학
위논문, p.93.

12) 김동화, 1987,「신라시대의 불교사상」『삼국시대의 불교사상』, 민족문화사, pp.163-
164.

13)『속고승전』권22「혜민전」, "釋慧旻; 字玄素, 河東人. 志用方直, 操行不群, 仁
愛汎洽, 稟自天性, 道振三吳, 名流七澤情好幽居, 多處嚴壑,九歲出家, 勤精潔
業. 誦法華經, 期月便度. 十五聽法迴向寺新羅光法師成論, 率先問對, 秀逸玄
賓, 命覆幽宗, 耆宿同悅, 年十七, 赴請還鄕, 海鹽之光興寺講法華經"

14) 백제인 현광으로 보는 경우, 신라의 광법사를 백제의 광법사로 보면서 백제의 현
광이 혜민을 가르치고 590년(백제 위덕왕 37년, 신라 진평왕 12년) 이후에 귀국

법화삼매와 관련된 구체적인 내용이 나오는 등 불교사의 매우 귀중한 자료를 보유하고 있기 때문이다. 즉 현광이 웅주 옹산에 가서 탁석하여 초가를 지었는데 이내 사찰을 이루어 법을 얻으려는 자가 심히 많았는데, 당(堂)에 올라 수기를 받은 이가 1인, 화광(火光) 삼매에 든 자가 1인, 수광(水光) 삼매에 든 자가 2인으로 2종의 법문을 얻었다는 것이다. 또한 현광의 도예(道譽)는 다만 본국에서 높았을 뿐 아니라 중국에서도 역시 그 감화력이 위대하여, 중국 남악산 영당과 천태산 국청사 조당 내의 28인의 진영 가운데 현광이 1위에 놓인 것에 주목하고 있다.

하지만 혜민에게 강의한 내용이 『성실론』이라는 사실을 들어 신라의 광법사를 원광법사로 보는 견해도 대두되어 있다.[15] 이들에 의하면, 원광이 진평왕 11년 진에 유학하였다고 되어 있으나,[16] 실제에 있어 원광은 그보다 훨씬 전에 진에 있었다고 보고 있다. 그것은 소주의 후치아오(虎丘)에 있을 때 수의 난병에게 참담한 일을 겪은 후, 이 해에 진이 멸망하자 수나라의 장안으로 갔기 때문이다. 따라서 정명(禎明) 원년인 587년에 회향사에서 혜민에게 『성실론』을 강의한 광법사는 신라의 원광법사라는 것이다.

이상과 같은 문제점을 안고 있는 현광의 사적이기는 하나 중요한 것은 그로 인해 우리나라에 『법화경』과 관련된 홍통이 크게 이루어졌다는 것이고, 그를 이어 연광과 낭지와 같은 이들의 중국 남조로의 유학이 이어진 것이라고 하겠다.

한 것으로 보고 있다.(이기운, 1996, 「현광의 법화삼매 연구」『한국불교학』21, pp.333-357; 2000, 위의 논문; 길기태, 위의 책, pp.183-194).
15) 신종원, 1992, 『신라초기불교사연구』, 민족사, p.214; 최연식, 1995, 「원광의 생애와 사상-삼국유사 원광전의 분석을 중심으로-」『태동고전연구』12, p.9; 박미선, 1998, 「신라 원광법사의 여래장사상과 교화활동」『한국사상사학』11, p.22.
16) 『삼국사기』 권4 진평왕 11년 춘삼월조.

둘째로, 난맥상을 보이는 현광의 문제에서 본고가 주목하고자 하는 것은 현광과 연광 그리고 낭지가 활동한 시기이다. 이때는 백제의 위덕왕 대이기도 하지만 신라의 진흥왕·진평왕 대와도 시기적으로 겹친다는 사실이다. 이와 관련하여 이 조에는 고대 기록으로는 드물게 그 시기를 알려주는 내용이 나오고 있다.

> 6) 지통이 "법사가 여기 거주함이 얼마나 오래 되었습니까"라고 하니, 낭지가 답하기를 "법흥왕 정미년에 처음으로 여기에 왔으니 지금 얼마나 되는지 모르겠다"고 하였다. 지통이 산에 온 것은 문무왕 즉위 원년 신유세니 계산하면 이미 135년이 되었다.

낭지가 영축산에 거주하기 시작한 것이 신라 법흥왕 14년인 527년부터이고, 지통이 이 산에 온 것이 문무왕 즉위년인 661년이므로 그 기간이 135년이라는 년수로 명확히 기재되어 있다. 이에 대해서는 법흥왕 14년인 527년을 강조하기 위하여 년수를 늘린 것으로 이해하는 것이 일반적인 견해이나, 진흥왕과 진평왕 대를 전후한 시기였음을 알려주는 대목이라고 하겠다. 그렇다면 현광과 연광은 낭지의 활동시기와 매우 비슷하다고 할 수 있다.

또한 낭지 등의 사적이 나오는 시기인 신라 진평왕대 어간에『법화경』과 관련된 내용이 집중적으로 나오고 있다는 점이다. 이에 대해 '7세기 전반 신라 사회가 법화신앙의 세례를 받았음을 알 수 있다'고까지 언급되고 있다.[17) 그럼 구체적으로 진평왕 시기『삼국유사』에 보이는『법화경』과 관련된 내용을 살펴서 낭지와의 관련 문제를 언급해 보도록 하겠다.

---

17) 박광연, 2008,「신라 중고기의 법화사상」『한국사상사학』31, p.88.

7) 죽령(竹嶺) 동 100리가량 되는 곳에 높이 솟은 산이 있는데, 진평왕 9년 갑신에 홀연히 사면이 네모난 한 장 정도의 큰 돌에 사방여래를 새기고 붉은 천으로 싼 것이 하늘에서 그 산 정상에 떨어졌다. 왕이 듣고 거기에 가서 쳐다보고 예경하고, 드디어 그 바위 곁에 절을 세우고 액호를 대승사라 하였다. 『법화경』을 독송하는 이름이 전하지 않는 비구스님을 청하여 이 절을 맡게 하고, 정히 쓸고 돌을 공양하여 향화(香火)를 끊이지 않게 하였다. 그 산을 역덕산(亦德山)이라고도 하고 혹은 사불산(四佛山)이라고도 하였다. 스님이 죽어서 장사지냈더니 그 무덤 위에서 연꽃(蓮)이 났었다.[18]

8) 승려 혜현은 백제인이다. 어려서 출가하여 애써 뜻을 모아 『법화경』을 독송하는 것으로 업을 삼았다. 기도로써 복을 구하면 이루어지는 것이 많았다. 겸하여 삼론을 전공하여 오묘한 맛을 알아 신명에 통하였다. 처음에 북부 수덕사에 거주하여 청중 무리가 있으면 강론을 하고, 없으면 송경(誦經)을 하였으므로 사방 먼곳에서 그 풍도를 흠모하여 문 밖에 신발이 가득할 정도로 찾아오는 이가 많았다. 차차 번요한 것이 싫어 마침내 강남 달나산(達拏山)에 가서 거처하였다. 산은 높고 바위는 험하여 내왕이 힘들고 드물었다. 혜현이 정좌하여 세념을 잊고자 산중에서 마치었다. 동학(同學)이 시체를 운반하여 석실 중에 안치하였는데, 범이 그 유해를 다 먹어 버리고 오직 머리와 혀만 남겼었다. 한서(寒暑)가 3번 돌아와도 그 혀는 아직 붉고 연하였다. 그 후에 변하여 붉고 단단하기가 돌과 같았다. 도속(道俗)이 이를 공경하여 석탑에 간직하였다. 현의 나이는 58세니 정관 초년이었다. 혜현이 서로 유학하지 않고 정퇴(靜退)하여 일생을 마치었으나 그 이름은 중국에까지 들리어, 당에서 그 전기를 꾸미매 그 명성이 높았다.[19]

7)의 사불산 대승사에서 『법화경』을 독송한 이름이 전하지 않는 승

---

18) 『삼국유사』 권3 「사불산 굴불산 만불산」조.
19) 『삼국유사』 권5 「혜현구정」조.

려와 8)의 백제승 혜현의 예에서 볼 수 있는 바와 같이,『법화경』과 관
련된 내용이 진평왕 대에 신라와 백제의 변방에서 큰 이적이 일어나 전
해지고 있었다.

　전자의 경우부터 보자면, 죽령 부근의 사불산에서 큰 이적이 나타났
으므로, 진평왕은 이를 기념하고 국가에 복이 되게 하기 위해『법화경』
을 독송하는 이름모를 스님을 청해 절을 맡기고 독송하게 하였다는 것
이다. 당시 이름이 전하지 않는 비구를 청하였다는 것은, 이미『법화경』
만을 전문으로 독송하는 이들이 생겨나 있었음을 보여주는 것이라고
할 수 있다. 그런데 진평왕 9년은 정미로 갑신이 아니어서, 진평왕 46년
갑신인 624년의 일로 보고 있기도 하다.[20]

　후자의 경우 백제와 관련되는 사실이기는 하지만,『법화경』을 독송
하면서 이적을 일으킨 혜현에 관한 내용이다. 즉 백제 무왕 때의 고승
혜현(569-627)은 수덕사에 주석하면서『법화경』을 독송하고 삼론을 강
론하였다. 후에 달라산으로 갔는데, 수행에 전념하다가 세상을 마쳤다.
그의 혀는 3년이 지나도 썩지 않고 적홍색을 띠다가 다시 3년 후에는
자색의 돌과 같이 변하였으므로 석탑에 넣어 봉안하였다. 이때가 58세
로 정관 초년인데, 이 해는 627년으로 진평왕 49년이라는 것이다.

　이상과 같은『삼국유사』의 예에 더하여『법화영험전』에도 당나라
정관(627-649) 무렵,[21] 이름을 알 수 없는 신라 사미가 출가하여『법화
경』을 즐겨 독송한 사실이 전해지고 있다.[22] 즉 신라의 한 사미승이

20) 강인구 등, 2003,『역주 삼국유사』3, p.147에 의하면, 불상의 양식을 고려하여 진
　　평왕 46년으로 본다고 하였다.
21) 627년은 신라 진평왕 49년이고 649년은 진덕여왕 3년이지만, 역시 진평왕 49년
　　을 기점으로 일어난 사건이므로, 진평왕대의 사적으로 볼 수 있을 것이다.
22) 요원(了圓),『법화영험전』권상「통교이세지야양(通交二世之爺孃)」(『한국불교
　　전서』6, p.550상); 혜상(慧祥),『홍찬법화전』권9「당신라국사미(唐新羅國沙彌)」

『법화경』을 정성으로 독송하다가 실수로 제2권 중의 한 글자를 태운
일이 있었다. 그가 18세의 나이로 죽어 환생한 곳이 김과의의 집으로
전생의 아버지와 같은 이름의 집이었다. 그는 다시 출가하여 『법화경』
을 즐겨 독송하였는데, 제2권에 이르면 언제나 한 글자를 잊어버렸다.
어느 날 꿈에 나타난 이가 그것은 전생에 한 글자를 태워버렸기 때문이
라고 일러주었다. 이에 그는 전생의 부모를 만나 지난날의 『법화경』을
찾아서 글자가 탄 것을 확인하고는 두 집안이 친하게 지내게 되었다는
것이다.

　여기서 『법화경』을 독송하던 이가 사미라는 사실에 주의해서 보면,
비구계를 받기 전부터 신라 승들이 주로 즐겨 독송하였던 경전이 『법
화경』이었음을 추정해 볼 수 있다.

　셋째로, 유독 진평왕 대에 이렇게 『법화경』의 독송이 몰려서 나타나
는 이유는 무엇인가 하는 점이다. 그것은 신라와 진, 그리고 수나라와
의 교섭이 매우 긴밀하였던 것에서 찾고 싶다. 다음의 사료를 보자.

　　9) 신라고전(新羅古傳)에 중국 천자가 총애하는 여자가 있었는데 아름
　　　답기 짝이 없어, 천자가 이르기를 "고금도화(古今圖畵)에도 이와 같
　　　은 사람은 적으리라"하여 그림을 잘 그리는 자에게 명하여 그 진영
　　　(眞影)을 그리게 하였다【화공(畵工)의 이름은 전하지 않는데 혹은
　　　장승요(張僧繇) 하니 그는 오(吳)나라 사람이다…….】. 그 화공이
　　　황제의 명을 받들어 그림을 다 그리고서 잘못 붓을 떨어뜨려 (그림
　　　의) 배꼽 밑에 붉은 점이 찍혀졌다. 고치려고 하였으나 되지 아니하
　　　였다. [화공이]마음 속으로 의심하기를 붉은 점은 반드시 타고난 것
　　　이리라 하였다. 다 그려서 바치니 황제가 보고 이르기를, "형상은
　　　진실에 가까우나 배꼽 밑의 점은 속에 감추어진 것인데 어찌 알고

－－－－－－－－－－－－－－－
（『대정장』51, p.41하）.

그것까지 그랬느냐"고 진노하여 옥에 내리어 장차 형벌을 가하려
하였다. 승상이 "저 사람은 마음이 정직하니 용서하여 주소서"하므
로 황제가 "그 사람이 어질고 곧을진댄 내가 어제 꿈에 보던 사람
의 형상을 그려 바치되 틀림이 없으면 용서하겠다"하였다. 그 사람
이 곧 11면관음상을 그려 바쳤는데 꿈과 맞는지라, 그제야 황제의
뜻이 풀리어 놓아 주었다. 그 사람이 이미 죄를 면하고 나서, 박사
분절(芬節)과 약속하되 "내 들건대 신라국이 불법(佛法)을 경신(敬信)
한다 하니 그대와 더불어 배를 타고 해로로 가서 같이 불사(佛事)를
닦아 널리 인방(仁邦)을 이롭게 하는 것이 또한 좋지 아니하냐"하고
드디어 함께 신라국에 와서 이 절(중생사)의 대비상(大悲像)을 이루
었다. 국인(國人)이 모두 우러러 보고 기도하여 복을 얻음이 이루 다
기록할 수 없었다. 그때 점승은 동거하던 처사 김인부가 그 이야기
를 향노(鄕老)에게 전하여 주었으므로 전에 적어둔다.23)

『법화경』의 독송은 석가모니불과 다보불의 이불병좌상 내지는 관세
음보살상의 조성을 동반하였을 것인데, 진평왕 무렵 중국의 유명한 화
공이 신라에 와서 대비상인 관세음보살상을 이룬 것이 9)의 내용이다.
즉 신라가 불교를 공인하고 불교를 공경히 믿는다는 소식이 중국에까
지 전해져서, 남조에 있던 유명한 화공이 배를 타고 신라로 와서 중생
사 대비상인 관세음보살상을 이루었다는 것이다. 그 화공은 중국에 있
을 때 이미 황제가 생각한 11면 관세음보살상을 그린 바 있었으므로,
신라에 와서도 비슷한 대비상인 관세음보살상을 그렸을 것이다. 이 대
비상은 『법화경』에 나오는 관세음보살상으로 볼 수 있는데, 이 사실은
위에서 언급되었던 진평왕대 어간 『법화경』 독송의 여러 사적과 맞아
드는 일로 생각된다.
　　남북조 및 수와 당에서의 빈번한 보현신앙의 사례가 『법화경』과 관

23)『삼국유사』권3「삼소관음 중생사(三所觀音 衆生寺)」조.

련되어 있을 뿐 아니라,[24] 『법화경』과 관련된 남악 혜사와 천태 지의, 길장 등이 진나라와 수나라에서 크게 활약하고 있어, 이들의 활동이 진 평왕대의 신라의 고승과 불교계에 영향을 주었을 것으로 생각된다. 신라가 성덕왕 대 이후 당나라와의 외교관계가 개선되면서 그 이전의 수나라 대의 일들은 영험담 정도로 남겨져 기록된 것으로 생각된다. 특히 낭지의 사적은 신라 하대에 가서 고승 연회가 영축산에 은거해 있으면서 매양 『법화경』을 읽고 보현관행을 닦다가 국사로 봉해지면서 그 내용이 전해지게 된 것으로 생각된다.[25]

넷째로, 낭지는 분명 법화행자임에도 불구하고 『화엄경』을 함께 승습한 이로 본 것은 후대의 부회라는 점이다.[26] 즉, 「낭지전」이 신라 하대에 찬술된 까닭에 청량산을 오대산으로 인식하면서 『화엄경』과 관련된 내용이 끼어든 것으로 보인다. 특히 지통이 후일 화엄종에서 의상의 제자로 이름을 드날리게 되자 『화엄경』의 내용이 더 부회되었을 것으로 보인다. 이는 지통의 수계(受戒)를 보현보살에 의한 것이라고 하고, 중국 청량산에 구름을 타고 가서 청강한 설화가 낭지에 결부된 때문으로 본 것이었다. 하지만 보현보살은 『화엄경』뿐 아니라, 『법화경』과 관련이 있음은 잘 알려져 있다.

따라서 낭지는 『법화경』을 강경한 법화행자로 『화엄경』과의 관계는

---

24) 박광연, 2010, 위의 논문, pp.30-31 참조.
25) 『삼국유사』 권5 「연회도명 문수점」조, 이렇게 낭지에서부터 비롯된 영축산에서의 『법화경』 수행이 신라 하대 연회에까지 이어지고, 그가 국사가 됨으로써 그 이전의 사적까지 드러나게 된 것이다. 그리고 오대산 수정사에서 8권 법화를 낮에 읽게 한 예가 보이고 있고, 고려 초 균여의 누이인 수명이 『법화경』을 독경하는 걸식 승에게 8권 『법화경』을 듣고 배우는 것이 「균여전」에 나오는 것으로 볼 때, 신라말 고려초까지 『법화경』의 독송이 이어지고 있음을 알 수 있다.
26) 고익진, 1989, 위의 책, p.133.

후대에 부회된 것으로 보는 것이 옳을 듯하다.

3. 지통과 원효의 교학 기반

낭지와 지통, 원효와의 관계에 대한 일연의 평가는 그의 찬에 잘 드러나 있다.

> 10) 지통과 원효가 모두 대성(大聖)으로, 두 성인이 옷을 추스르고 스승
> 으로 섬겼으니, 도의 고매함을 가히 짐작할 것이다.

지통과 원효는 신라에서 성인으로 추앙되는 고승인데, 이들이 모두 낭지를 스승으로 섬긴 것을 들어 그의 고매한 도를 평한 것이다.

그런데 「낭지승운 보현수」조에 나오는 지통과 원효의 활동은 모두 사미(沙彌) 시절에 일어난 일임이 주목된다. 사미는 출가하여 사미계를 받고 구족계를 받기 위하여 수행하고 있는 어린 남자 중을 부르는 호칭이다. 지통과 원효가 사미 시절 낭지에게 배운 것은 그가 늘 강경하였던 『법화경』 등의 불교경전이었을 것이다. 그렇다면 지통과 원효의 교학적 기반이 『법화경』 등에 근거하였을 것임을 추정할 수 있는데, 각각 상세한 내용을 살펴보면 다음과 같다.

먼저 지통에 관한 것으로 그는 이 조에 낭지와 함께 가장 많이 등장하는 인물이다. 그는 의상의 제자로서 잘 알려져 있는 인물인데, 그와 관련된 본조의 기사는 이렇다.

> 11) 용삭(龍朔) 초년인 661년에 사미 지통(沙彌 智通)이 있었는데 (본래)

이량공(伊亮公) 댁의 종이었다. 출가하던 7세 때에 까마귀가 날아와서 울며 말하기를 영축산에 가서 낭지의 제자가 되라 하였다. 지통이 듣고 그 산을 찾아가서 동네 나무 밑에 쉬었더니, 홀연히 이상한 사람이 나타나 이르되 "나는 보(현)대사인데 너에게 계품(戒品)을 주고자 하여 왔다"고 하고는 인하여 계를 베푼 후 숨어버렸다. 지통은 심신이 활달하여지고 지각이 곧 원만하여졌다. 다시 길을 가다가 도중에서 한 스님을 만났다. 이에 "낭지사가 어디 있는가"를 물으니 스님이 말하되 "어째서 낭지를 묻느냐"고 하였다. 지통이 신이한 까마귀의 사실을 자세히 말하였다. 스님이 빙그레 웃으며 말하기를 "내가 바로 낭지. 지금 당전(堂前)에 까마귀가 와서 알리기를 '성아(聖兒)가 장차 스님에게 올 터이니 마땅히 나아가 맞으라' 하므로 와서 맞는다"하고는 손을 잡고 감탄하여 가로되 신령스런 까마귀가 너를 깨우쳐 나에게 오게 하고, 또 나에게 알려 너를 맞게 하니, 이것이 무슨 상서인가. 아마 산신령의 음조(陰助)인 듯하다. 전해 이르기를 산주(山主)는 변재천녀(辯才天女)라고 한다. 지통이 듣고 울며 감사하고 스님에게 귀의하였다. 조금 후에 계(戒)를 주려고 하니 지통이 "제가 동네 입구(洞口) 나무 밑에서 이미 보현대사의 정계(正戒)를 받았습니다"고 하였다. 낭지가 감탄하여 "좋다! 네가 이미 친히 대사의 충분한 계를 받았구나. 나는 출가 이래 조석으로 은근히 지성(至聖)을 만나고자 생각하였으나 아직 이루지 못하였다. 지금 네가 이미 받았으니 내가 너에 미치지 못함이 많은 것이다"하고, 도로 지통에게 예하였다. 이로써 그 나무를 보현이라 이름하였다.

12) 후에 지통이 의상의 처소에 가서 오묘한 것을 깨닫고 자못 교화에 이바지하였다. 이가 『추동기(錐洞記)』를 저술한 주인이다.

지통이 7세 때인 661년에 이곳 영축산의 낭지에게 투신하여 제자가 된 상황이 설명되어 있다. 이 내용은 그가 후일 의상에게 가서 활동하였던 행적과 연관하여 볼 때, 다음의 두 가지 정도를 언급할 수 있을 것 같다.

우선 하나는, 그의 품성이 매우 뛰어났음을 알려주고 있지만, 그가 도를 이룬 것은 의상의 제자가 되어 화엄관을 닦은 이후의 사실이라는 점이다.

지통은 7세에 출가하여 10여년 이상 낭지의 문하에 있었으므로, 구오(驅烏)사미를 거쳐 응법(應法)사미를 지냈다고 할 수 있다.[27] 구오사미는 절에서 먹는 음식을 보고 날아드는 까마귀, 파리 등을 쫓는 사미로, 의탁할 곳이 없어 절에서 기거하는 아이들을 칭한다고 한다. 하지만 지통은 오히려 까마귀가 그에게 와서 영축산에 가서 낭지의 제자가 되라고 하였고, 그 신령스런 까마귀는 낭지에게 와서도 성스런 아이가 올 것이니 나가 맞으라고 하였다. 이는 지통의 자질이 남달랐음을 알려주는 사건으로 생각된다. 때문에 그는 변재천녀[28]로 지칭되는 산주인 산신의 도움을 받아 자질이 향상되고 있음이 보이고 있다.

이에 더하여 지통은 낭지에게 이르기도 전에 보현대사에게서 계를 받고 있다. 낭지가 그에게 주려고 했던 계로, 지통이 받은 계는 사미 10계일 것이다. 즉 사미 5계에 더하여 꽃다발을 쓰거나 향을 바르지 말 것, 노래하고 춤추고 풍류를 즐기지 말 것, 높고 큰 평상에 앉지 말 것, 제 때가 아니면 먹지 말 것, 금은 보물을 모으지 말 것[29]을 말한다. 지

---

27) 사미는 3사미라 하여 연령에 따른 구분이 있었다. 7-13살까지의 구오(驅烏)사미, 14-19살까지의 응법(應法)사미, 그리고 20살 이상의 명자(名字)사미이다.
28) 변재천녀는 노래·음악을 맡은 여신으로, 걸림 없는 변재를 가져 불법을 유포하여 목숨을 길게 하고, 원수를 쫓고, 재산이 느는 이익을 준다고 한다.
29) 사미 10계는 불살생, 불투도, 불사음, 불망어, 불음주의 5계에 6.불도식향만(不塗飾香鬘), 7.불가무관청(不歌舞觀聽), 8.부좌고광대상(不坐高廣大牀), 9.불비시식(不非時食), 10.불축금은보(不蓄金銀寶)로, 『위서』「석노지」에 의하면, 사문이 되어 처음 10계를 닦는 자를 사미라 한다고 하였다.

통이 낭지에게 투신하러 가는 도중에 보현대사로부터 계를 받았다는
것은 이를 지킬 수 있을 정도의 자질을 갖추고 있었음을 알려준다고 할
수 있다.

하지만 지통은 의상의 문하에 있으면서 화엄관(華嚴觀)으로 불리는
관법을 수행하다가 깨달음을 얻고 법계도인(法界圖印)을 받은 사실이
전하고 있다.[30] 이를 낭지에게서 수행한 사실과 연계해 설명해 보자면,
지통은 낭지에게 가기 전부터 보현대사에게 계(戒)를 받을 정도로 그
품성이 뛰어난 인물이었지만 낭지에게서 십여 년을 수행하고도 깨달음
에는 이르지 못하다가, 의상에게 가서 깨달음을 이룬 것을 의미한다고
볼 수 있다.

다시 말하자면, 당시 중고기 신라 승들의 수학의 정도가 강경과 독송
으로 신이한 행적을 나타내는 상황이었지만, 불교의 본래 목적인 깨달
음의 경지를 이루는 것이 매우 어려운 것이었음을 보여주는 것이라 하
겠다.

또 하나는, 지통이 『추동기』의 주인이라는 사실로, 그의 교학배경에
낭지의 『법화경』 강경의 영향이 확인된다는 점이다.

『추동기』는 『화엄추동기』,[31] 『추동문답』, 『추혈기』, 『추혈문답』, 『지
통기』, 『지통문답』, 『요의문답』 등 여러 이칭이 있을 정도로 많은 이들

---

30) 『법계도기총수록』 권 상지2, "신라승 지통은 의상대덕의 10대 제자 가운데 한 사
    람이다. 태백산 미리암굴에서 화엄관을 닦고 있는데, 하루는 갑자기 큰 돼지가
    굴의 입구를 지나가는 것을 보았다. 지통은 평상시와 같이 목각존상에게 정성을
    다해 예경하였더니 그 상이 말하였다. '굴 앞을 지나간 돼지는 네 과거의 몸이고,
    나는 곧 네가 받을 미래 과보로서의 부처이다' 지통이 이 말을 듣고 곧 과거·현
    재·미래의 3세가 한 때(一際)라는 법문을 깨달았다. 후에 의상대덕에게 나아가
    이를 말했는데, 의상은 그 그릇이 이미 완성되었음을 알고 마침내 법계도인을 주
    었다".
31) 『고려사』 권102 「이장용」전.

이 즐겨보았던 저술이다.[32] 지통이 이를 짓게 된 사연은 「진정사 효선쌍미」조에 자세히 나오고 있다.[33]

진정사가 효와 선을 다같이 실천하기 위해[34] 노모를 홀로 두고 출가하여 수행하던 중 부음을 받고 7일 간 입정에 들었다가 이 사실을 스승 의상에게 고하자, 의상이 소백산 추동에서 90일 동안이나 『화엄경』을 강경하였다. 이 때 지통은 스승의 강의를 듣고 이를 2권의 『추동기』라는 책으로 정리한 것이다.

이렇게 『추동기』는 의상이 강의한 내용을 정리한 강의안이다. 때문에 의천에 의하면, 『송고승전』의 내용을 인용하면서 "의상의 『화엄경』 강의를 기록한 『요의문답』(추혈문답) 2권과 『일승문답』(도신장) 2권에는 우리말이 섞여 있어 문체가 아름답지 못하다"고 하였다.[35] 이러한 의상의 강경형태는 고려초 균여의 저술에 보이는 『추동기』의 인용 형태로 보아 계속해서 하나의 전통으로 내려갔다고 할 수 있다.

---

32) 김상현, 1996, 「『추동기』와 그 이본 『화엄경문답』」『한국학보』84, p.33, 특히 일본에 전해지는 법장의 저술로 알려진 『화엄경문답』을 균여의 저술과 『법계도기총수록』에 전하는 『추동기』 일문과 비교해 본 결과 대부분 일치함을 밝혀내어 『추동기』의 이본임을 확인하고 있다.

33) 『삼국유사』 권5 「진정사 효선쌍미」조에 의하면, "진정사는 입정에서 나온 후 사실을 의상에게 告하였다. 의상이 문도를 이끌고 소백산 추동에 가서 초가를 짓고 도중 3천을 모아 90일간 『화엄경(華嚴大典)』을 강하였다. 문인 지통은 강경에 따라 그 요지를 뽑아 2권을 만들어 『추동기』라 하여 세상에 유통시켰다. 강경을 마친 후 그 어머니가 꿈에 나타나 '나는 이미 하늘에 태어났다'고 하였다".

34) 김복순, 2009, 「『삼국유사』「진정사 효선쌍미」조와 일연과 김부식의 효인식」『신라문화제학술논문집』30, pp.37-60.

35) 『신편제종교장총록』 권1, 이를 풀어서 생각해 보면, 의상은 중국 유학까지 다녀온 지성인이었지만, 그의 제자들은 제대로 배우지 못한 이들이 많았다. 그러므로 의상은 되도록 우리말로 쉽게 풀어서 강경하였을 것이고, 이를 정리한 내용 역시 향찰이 섞여서 쓰어 졌을 것으로 생각할 수 있다. 김복순, 2008, 『신사조로서의 신라불교와 왕권』, pp.141-142 참조.

지통은 7세 때 이량공 댁의 종으로 있다가 낭지에게로 갔으므로, 그의 문하에서 주로 『법화경』을 위시한 대승경전들을 수학하였을 것이다. 그가 후일 스승 의상의 강의를 듣고 그것을 정리할 수 있었던 기초는 낭지에게 있으면서 다져진 것이라고 할 수 있다. 지통의 이러한 면모는 다음에서 산견된다.

우선 균여의 『석화엄교분기원통초』에는 「지통문답」이 여러 곳에 전해지고 있는데, 그 가운데 『법화경』과 관련된 대목이 보이고 있다.

13) (문) 만약 그렇다면 제삼칠일 이후에 3승 등을 설하는 때와 40년 후에 『법화경』을 설하는 때는 모두 제이칠일과 같은 때인가. (답) 그렇다. (문) 「도신장」에서 사리불이 40년 후에 『법화경』에서 수기하였다고 말한 일은 곧 일승인가? (답) 그렇다. "상이 없어서 다시 융섭할 것이 없음을 알았다"고 말하였기 때문이다. 그러므로 40년 후의 법화회에서 사리불과 목련 등이 얻은 이익은 곧 제이칠일의 마지막 모임에서의 이익이다. 때문에 제이칠일의 해인정에서 3세와 9세를 융섭하여 일시에 돈연한 모든 5승·3승·인천 무량승 등을 미혹한 사람들이 잘못 헤아려 제삼칠일 이후에 3승경을 설하였고, 40년 후에 『법화경』을 설한 것이라고 말하였으니, 만약에 이러한 견해를 깨뜨리면 제삼칠일 이후에 3승을 설하는 때라는 것 등은 제이칠일의 때를 벗어날 수 없다. 그러므로 『지통문답』에서 말하기를, "만약 1승의 기숙(機熟)에 들어가면 여래가 평생토록 설한 것이 모두 이 법회에 있다"고 하였다.(균여, 『석화엄교분기원통초』 권2)[36]

14) (문) 『소』에 첫째 고통을 떠나 안락행을 이루며 둘째 하늘에 태어나천락(天樂)을 드러내지 않고 요익행(饒益行)을 이루려 한다고 말한 것은 10안(眼)과 10이(耳)의 이익을 기준으로 하여 안락행이 된

---

36) 동국역경원편, 1997, 『석화엄교분기원통초』1, p.154.

것인가? (답)...중략 ...(문) 무엇으로써 10안과 10이의 이익이 공성(空聲)을 들은 뒤에 얻은 것임을 알 수 있는가? (답)『지통기』에 "지옥인 등은 광명을 받고서 도솔천에 태어나고, 공성을 듣고서 10안과 10이 등의 큰 공덕을 얻는다"고 말하기 때문에 알 수 있다. 지금 해석은 10안과 10이 들의 청정을 안락행이라고 한다. 그렇지 않다면 무엇을 안락행이라고 하겠는가?"(균여, 『석화엄교분기원통초』 권4)37)

이 내용들은『화엄경』을 주석한 현수법장의『화엄경교분기』를 균여가 다시 풀이한 내용이다. 이곳에 지통이 언급한 내용이 6곳에 인용되어 있다. 그 가운데 13)은『법화경』을 설한 법화회와 관련된 내용을 설명하는 가운데「지통문답」을 인용하고 있고, 14)는 안락행을 설명하는 가운데「지통기」의 내용을 끌어다가 방증자료로 삼은 것이다. 화엄종의 5교판에 대한 여러 논증을 하는 가운데 끌어다 쓴 것이지만, 지통과『법화경』과의 관계를 미루어 짐작할 수 있는 대목이라 하겠다.38)

지통은 의상의 10대 제자 가운데서도 매우 뛰어난 인물로 친히 가르침을 받아 언사가 묘한 내용이 많았다고 한다.39) 그가 의상의 가르침을 친히 받았음을 입증하는 법회가 부석산 40일회40)와 태백산 대로방 법회41)를 들 수 있는데, 이들 강경법회에 지통은 모두 참석하여 그 이름

---

37) 동국역경원편, 1997, 위의 책, p.313.
38) 동국역경원편, 1997 위의 책,「해제」, p.20에서 김두진은 각항의 설명 사이에 연관성이 추구되었는데, 법화와 화엄의 관계가 추구되었고 회삼귀일의 사상을 동교와 연결시키려 노력하였다고 하였다.
39)『삼국유사』권4「의상전교」조, "모두 아성이다.... 지통은『추동기』를 저술하였는데, 대개 친히 가르침을 받았으므로, 말의 뜻에 묘한 것이 많았다".
40)『법계도기총수록』권상, "부석산 40일회에서 의상화상이 이르기를, '일승십지(一乘十地)는 횡((橫)이요 수(竪)다'라고 하였다. 상원, 지통 등이 이미 화상의 뜻을 알아......".

이 기록되고 있다.

『화엄경』은 대승경전의 꽃으로 알려진 매우 난해한 경전이다.[42] 따라서 그가 의상의 강의를 듣고 이해한 내용을 책으로 정리해 낼 수 있을 정도라면, 지통의 교학적 기반은 대단한 것으로 그 기반은 낭지의 문하에 있으면서 이루어진 것임을 알 수 있다.

다음으로 원효와 관련된 내용이다.

낭지에게는 원효와도 인연이 있었음이 다음과 같이 나오고 있다.

> 15) 원효가 반고사(磻高寺)에 있을 때에 일찍이 낭지를 가서 만나 보았는데 『초장관문(初章觀文)』과 『안신사심론(安身事心論)』을 짓게 하였다. 원효가 찬술을 끝마친 후에 은사 문선(文善)을 시키어 책을 받들어 보내면서 그 편말에 게를 적어 가로되, "서곡(西谷)의 사미는 머리를 조아려 동악(東岳)의 상덕 암전(上德 嚴前)에게 예합니다. 세진(細塵)을 불어 취악(鷲岳)을 보태게 하고 미적(微滴)을 날리어 용연에 던집니다"【반고사는 영축사의 서북쪽에 있으므로 서곡 사미라 한 것이니 스스로 일컬음이라고 하였다】. 산의 동쪽에 태화강이 있으니 중국 태화지(太和池)의 용의 식복(植福)을 위하여 만든 것이므로 용연이라 한 것이다.

이 부분에 대해서는 원효의 교학배경을 언급하는 논고에서 자주 등장하였던 내용이다.[43] 낭지는 원효가 사미였을 때 영향을 끼친 인물임

---

41) 『법계도기총수록』 권하, "의상화상이 태백산 대로방에 머물 때, 진정·지통 등을 위하여 행인욕견십불(行人欲見十佛)에 대해 설하였다".

42) 『화엄경』은 남조 진의 천태 지의에 의해 시도된 5시8교의 교상판석에서 석가모니가 정각 후 제일 처음 21일 간 설한 내용이 『화엄경』인데, 이를 이해하지 못한 이들을 위해 아함 12년, 방등 8년, 반야 21년, 법화 8년을 설법하였다고 할 정도로 난해한 경전이라는 것이다.

43) 김상현, 1994, 『역사로 읽는 원효』, 고려원, pp.59-63; 남동신, 1995, 위의 논문,

을 보여주는 내용인데, 두 가지를 언급할 수 있을 듯하다.

하나는 원효가 반고사에 있을 때 사미로서『초장관문』과『안신사심론』의 저술을 하였다는 사실이다. 14-19살까지의 사미를 응법(應法)사미라 하는데, 그가 사미시절 이렇게 저술을 할 수 있었다는 것은 대개 19세 이전에 낭지에게 사사받아 저술하고 있었음을 알려준다. 원효는 이 저술들을 낭지에게 보내면서 서쪽 골짜기의 사미로서 머리를 숙여 큰 예를 표하고 자신의 저술이 영축산에 미세 먼지를 보태는 정도이며, 용연에 가는 빗방물이 더해지는 것이라며 매우 겸손해 하고 있어 스승에 대한 존경의 념을 상상할 수 있게 한다. 그러나 원효의 두 저술에 대해서는 더 이상의 기록이 없어 그 내용을 확인할 수 없다. 다만 의천의『신편제종교장총록』에 전해지고 있으며,『초장관문』이 삼론학과 관련이 있음이 설명되고 있다.[44] 이는『법화경』을 수지독송하였던 백제의 혜현이『법화경』과 함께 삼론에 밝았다는 것으로 인해 원효를 길장과 연계해서 언급하고 있기도 하나, 제목만 가지고는 단언하기가 어렵다고 생각된다.

또 하나는 낭지의『법화경』강경이 원효에게도 영향을 끼쳐 그가 여러 권의『법화경』주석서를 내고 있다는 것과『삼국유사』「광덕 엄장」조에 19응신과 관련된 일화가 전해지고 있다는 점이다.

먼저 원효의『법화경』주석은『법화경종요(宗要)』1권,『법화경방편품료간(方便品料簡)』1권,『법화약술(略述)』1권,『법화요약(要略)』1권 등 4종이다. 이 가운데『법화경종요』만이 전해지고 있는데, 낭지의『법화경』강경에 일정 부분 영향을 받았다고 할 수 있을 것이다. 또한 그

---

p.77.
44) 고익진, 1989, 위의 책, p.134; 남동신, 1995, 위의 논문, p.78.

가 주석한『법화경방편품료간』은 그가 불교교화를 위해 어떠한 방편을
써야 하는가에 대한 고민을 보여주는 것이라고 할 수 있다.

　다음으로『삼국유사』「광덕 엄장」조에 나오는『법화경』19응신과
관련된 일화가 나오는데, 원효는 다음과 같이 등장하고 있다.

　즉 문무왕 대에 아미타신앙이 매우 성하였을 때 광덕과 광덕의 처,
엄장이 수행하는 중에, 광덕이 매일 저녁 몸을 단정히 하고 바르게 앉
아 한소리로 아미타불의 이름을 외우고 혹은 16관(觀)을 지었다. 관이
이미 숙달하여 밝은 달이 창에 비치면 그 빛에 가부좌하였다. 이에 서
방정토로 가자, 엄장이 광덕의 처와 함께 기거하면서 밤에 관계를 하려
하였다. 이에 광덕의 처가 "천리를 가는 자는 그 첫걸음으로 알 수 있
으니 지금 사(師)의 관은 동으로 간다 할지언정 서로는 갈 수 없다"고
하였다. 엄장이 부끄러워 하면서 물러가 곧 원효법사에게로 가서 진요
(津要)를 간절히 구하자, 원효가 삽관법(鍤觀法)을 지어 지도하였다. 엄
장이 그제야 몸을 깨끗이 하고 뉘우쳐 자책하며 일심으로 관을 닦아 또
한 극락에 갔다는 것이다.[45]

　이곳에 나오는 광덕의 처는 분황사의 종으로, 대개 19응신의 하나라
고 하였다. 19응신은 바로『법화경』에 나오는 내용으로,[46] 관세음보살

---

45)『삼국유사』권5「광덕 엄장」조.
46)『법화경』권7「관세음보살보문품」에 의하면, 무진의 보살이 "세존이시여 관세음
　보살이 어떻게 이 사바세계를 돌아다니며 어떻게 중생에게 법을 설교합니까. 방
　편을 쓰는 힘은 어떠합니까"라고 묻자, "선남자야, 만일 어떤 국토에 부처의 몸으
　로 구제해야 할 중생이 있다면 관세음보살은 곧 부처의 몸을 나타내어 설교하고,
　벽지불, 성문, 범왕, 제석, 자재천신, 대자재천신, 천대장군신, 비사문신, 소왕, 장
　자, 거사, 재상, 바라문, 비구비구니, 우바새, 우바이, 장자, 거사, 재상, 바라문의
　부인, 남자애, 처녀, 천, 룡, 야차, 건달바, 아수라, 가루라, 긴나라, 마후라가, 집금
　강신의 몸으로 구제해야 할 자는 곧 그들의 몸을 나타내어 설교한다. 무진의야,
　이 관세음보살은 이러한 공덕을 성취하였으므로 갖가지 형체를 하고 국토들을

의 신기한 힘과 그가 사람들을 교화하기 위하여 19응신의 모습으로 나타나 설교한 내용이다. 광덕의 처는 19응신 가운데 우바새, 우바이, 장자, 거사, 재상, 바라문의 부인 몸으로 나타난 응신이라고 할 수 있다.

이 일화에서 원효는 『법화경』의 19응신 가운데 한 사람으로 비견되는 광덕의 처과 함께 엄장의 수행을 도와주는 역할을 하고 있어 그가 『법화경』과 관련이 있음을 보이고 있다.

이렇게 지통과 원효의 사미 시절은 낭지의 『법화경』 강경이 영향을 끼쳤음을 살펴 보았다. 이러한 교학기반으로 지통은 후일 화엄종의 대가가 되었고, 원효는 신라 제1의 학승으로 꼽히게 되었다. 그들의 기반이 낭지의 사사에서 나온 것이라고 볼 때, 신라 중고기 승려들의 교학적 기반은 『법화경』의 강경 내지 독송과 밀접한 관련 하에 있었음을 다시 한번 강조할 수 있겠다.

4. 맺음말

신라 중고기의 불교는 국가 불교적 성격이 강조된 바 있다. 그런 와중에도 수도의 외곽에서 『법화경』 등 불교경전의 독송을 통해 불교를 선양하는 일군의 승려들이 있었다. 낭지의 『법화경』 강경과 지통과 원효가 그에게 사사한 사실이 그것이다. 낭지의 제자인 지통과 원효가 중고기말과 중대초를 대표하는 고승들인 까닭에, 그들의 사미시절 교학기반은 곧 신라 중고기 불교의 한 단면을 보여주는 것이라고 할 수 있다. 이에 더하여 신라에서는 진평왕대에 『법화경』과 관련된 여러 사적

돌아다니며 중생을 구제한다"는 내용으로, 관세음보살이 위급한 재난 속에서 두려움을 없애주기 때문에 그를 시무외(施無畏), 두려움을 없애주는 자라는 것이다.

이 몰려있어 이러한 사실을 더욱 뒷받침해 주고 있다. 이 사실은 당시에는 널리 알려지지 않았지만, 신라 하대에 국사 연회에 의해 세상에 알려지고, 『삼국유사』「피은」편에 실리게 된 것이다.

본고의 내용을 정리하면 다음과 같다. 먼저 낭지와 『법화경』의 관계에 대해 천착해 보았다. 첫째 낭지가 중국의 남조에 유학한 것으로 추정하여, 현광, 연광 등처럼 『법화경』을 수학한 유학승으로 보았다. 둘째 신라 진평왕 대에 집중적으로 나타나고 있는 『법화경』 독송의 문제를, 여러 사적의 예와 함께 중국 남조에서 건너 온 화공의 예를 들어 당시 신라는 『법화경』 연구가 왕성하였던 진나라와 수나라와 교통이 잦았던 것에서 그 이유를 찾아 보았다.

다음으로 지통과 원효의 교학기반에 관한 것이다. 지통과 원효가 낭지에게서 『법화경』을 수학한 내용이 사미 시절이라는 점에 주목하여 그들의 교학적 배경으로 보고 그 내용을 추구해 보았다.

지통은 후일 의상의 문하로 옮겨가 『화엄경』 강의를 듣고 이를 2권의 『추동기』(일명 지통문답, 지통기)로 정리하였다. 이 가운데 『법화경』과 관련있는 부분이 있어 낭지의 영향을 확인할 수 있었다. 그리고 낭지에게 있으면서 독송과 강경 형태의 수행을 하다가 의상의 문하에서 화엄관을 닦은 후 법계도인을 받은 사실을 들어, 당시 승려들이 강경과 독송으로 신이한 행적을 보이고는 있지만, 깨달음의 경지에 이르는 것이 매우 어려운 일이었음을 신라 중고기 불교의 한 단면으로 지적하였다.

원효는 『법화경』 관계 주석서가 4종이나 있어 낭지의 영향을 받았을 것으로 보고, 19응신의 하나로 나오는 광덕의 처와 같은 일화에 등장하는 예를 들어 『법화경』과 연관이 깊었을 것으로 추정하였다.

제2장 4-5세기 『삼국사기』의 승려 및 사찰

1. 머리말

4~5세기 『삼국사기』 기록에는 이전과는 다른 새로운 사조(思潮)의 유입을 알리는 기록이 나온다. 그것은 고구려와 백제에 외국에서 승려가 와서 불교를 전래하고 사찰이 세워지는 내용이다.

주지하듯이 『삼국사기』에는 「석노지(釋老志)」도 없을 뿐 아니라, 불교기사에 대해서도 김부식이 매우 비판적인 논평을 한 것으로 잘 알려져 있다. 그렇지만 국가 내지 국왕과 관련된 내용은 불교관련 기사일지라도 간략하게나마 전하고 있어, 삼국에 불교가 초전된 기록들이 남아 있다. 이러한 기사에 의거하여 불교의 초전 내지 삼국의 불교에 대해서는 많은 논고들이 나온 바 있다.

그러나 4~5세기의 『삼국사기』 기록 가운데 승려 및 사찰과 관련된 기록만을 떼어서 살펴 본 논고는 없었다. 주로 삼국의 초전 기록을 전하고 있는 이 시기의 내용이 너무 소략한 관계도 있고, 『삼국유사』의 기록이 풍부한 까닭노 있었기 때문으로 생각된다. 따라서 4~5세기 『삼국사기』의 승려 및 사찰 관련기록으로 삼국을 비교하여 각국의 상황을 비교해 보는 것도 흥미로운 사안이라 하겠다.

이렇게 4~5세기 『삼국사기』 승려와 사찰관련 기록은 이미 널리 알려진 내용의 사료이지만, 삼국의 사료를 비교해 가면서 다음과 같은 내용으로 이 연구를 진행하고자 한다. 첫째 본고는 『삼국사기』의 4~5세기 기록 가운데 승려 및 사찰에 관한 것을 살펴보려는 것이 목적이므로, 우선 고구려·백제·신라 삼국의 관련기록을 추출하여 그 내용을 분석하고자 한다. 둘째, 삼국 불교의 정황을 최치원의 초전 기록과 대조하면서 살펴보고, 또한 4~5세기 고구려 고분벽화에는 불교적 내세관을 나타낸 벽화가 많으므로, 이를 참조하여 기술하고자 한다. 그리고 관련기록들을 표로 만들어 삼국의 실상을 확인해보고자 한다. 셋째 초전 기사의 경우 『삼국유사』는 거의 전적으로 『삼국사기』에 전하는 기록에 의존하고 있다는 점과 조선조 유학자들이 관련기록에 대해 비평한 내용들을 통해 4~5세기의 『삼국사기』에 전하는 승려 및 사찰이 가지고 있는 사학사적 의의에 대해 살펴보도록 하겠다.

2. 4~5세기 『삼국사기』의 승려 및 사찰 관련기록 검토

(1) 고구려본기

4~5세기 『삼국사기』 고구려본기에 전하는 승려 및 사찰 관련 내용은 소수림왕 대, 광개토왕 대, 문자왕 대의 기사로 구분해 살펴볼 수 있다.

첫째로 소수림왕 대를 전후한 시기의 기사인데 고구려 초전불교와 관련된 기사들이다.

> 1) (소수림왕) 2년(372) 6월에 전진왕 부견(苻堅)이 사절과 승 순도(順道)를 (고구려에) 보내어 불상과 경문을 전하였다. 왕이 사신을 보내어 회사(回謝)하고 방물(方物)을 전하였다.[1]

2) (고국원왕) 40년(370)에 진의 왕맹이 연을 쳐서 깨뜨리니 연의 태부
   모용평이 도망해 왔다. 왕이 그를 잡아 진에 보냈다.2)

3) (소수림왕) 4년에 승 아도(阿道)가 왔다.3)

4) (소수림왕) 5년 2월에 처음으로 초문사(肖門寺)를 창설하여 승 순도
   를 머물게 하였다. 또 이불란사(伊弗蘭寺)를 개창하여 아도를 두니,
   이것이 해동 불법(佛法)의 시초였다.4)

 고구려에 불교가 전래된 372년은 소수림왕대의 일이지만, 공식적으
로 불교가 전해질 수 있도록 만든 사건이 있었던 해는 그보다 2년 전인
370년이었다. 즉 전연의 태부 모용평(太傅 慕容評)이 고구려로 망명해
왔을 때 고구려는 연에 대한 대항책으로 전진과 서로 친밀한 관계에 있
었으므로, 모용평을 전진의 부견왕에게 압송함으로써 호의를 표시하였
다. 부견왕은 고구려에 불교를 공식적으로 전해주는 것으로 그에 대한
답례를 한 것이다. 이 때 고구려에는 전진의 승 순도와 불상, 경문이 전
해져 옴으로써 불교의 삼보가 전해졌다.
 그로부터 2년 후에 승 아도가 오고, 그 다음해인 375년에는 고구려
최초의 사찰인 초문사5)와 이불란사를 창건하여 순도와 아도를 각각 머

---

1) 『삼국사기』 권18 고구려본기 제6 소수림왕 2년조로, 같은 내용이 『삼국유사』 권3
   「순도조려」 조에 자세히 기록되어 있다.
2) 『삼국사기』 권18 고구려본기 제6 고국원왕 40년조의 기사인데, 『진서(晋書)』 권
   113에 "郭慶窮追餘盡 慕容評奔于高句麗 慶追至遼海 高句麗縛評送之"의 같
   은 내용이 보인다.
3) 『삼국사기』 권18 고구려본기 제6 소수림왕 4년조.
4) 『삼국사기』 권18 고구려본기 제6 소수림왕 5년조.
5) 초문사는 『해동고승전』에 초문이 성문(省門)의 잘못이라고 보고, 성문이 뜻하는
   관청으로써의 의미 때문에 성문사로 보는 경향이 짙으나, 이 논문에서는 『삼국사
   기』의 기록에 따라 초문사로 표기한다.

물게 하였다.

그런데 이 소수림왕 대에 앞서 미천왕 대의 기사로서 고구려에 불교가 전해졌을 가능성을 언급하기도 한다. 그것은『삼국사기』권17, 미천왕 31년조에 나오는 "사신을 후조(後趙)의 석륵(石勒)에게 보내 호시(楛矢)를 선사하였다"라고만 기재된 것이 두찬이라는 것이다.[6]

이 기사에는 보이지 않으나, 고구려는 전연을 공동의 적으로 둔 후조(後趙)와 깊은 관계를 가지고 있었는데, 후조에서는 이미 불도징(佛圖澄)이 포교에 선풍적인 기적을 일으키고 있어 고구려에도 그 영향력이 미쳤을 것으로 본 것이다. 이렇게 고구려가 후조와 관련이 깊었음을 입증할 물증으로 연희(延熙) 2년(334)명 토기, 건무(建武) 9년(343)명 전(塼), 건무 16년(350)명 전과 같은 후조의 연호가 새겨진 토기와 전이 북한 지역에서 출토된 상황을 들어, 후조로부터 고구려에 불교가 유입되었을 것으로 보는 것이다.[7]

둘째로 광개토왕 대의 기사이다.

> 5) (고국양왕) 9년 봄에 사신을 신라에 보내어 수호하니 신라왕(내물왕)이 조카 실성을 보내어 볼모로 삼았다. 3월에 (왕이) 하교하기를 "불교를 숭신(崇信)하여 복을 구하라"하고, 담당관리에게 명하여 국사(國社)를 건설하고 종묘를 수리하게 하였다.[8]

---

6) 이용범, 1973,「북조전기불교의 고구려전래」『동국대학교논문집』12, p.153;『진서』권105, 石勒 下 後趙 建平 元年.

7)『양고승전』권9「불도징」전; 김정배, 1993,「북한출토 연희2년명 토기」『태동고전연구』10, p.196; 공석구, 1988,「평안 황해도 지방출토 기년명전에 대한 연구」『진단학보』65, pp.80-86; 전호태, 1989,「5세기 고구려고분벽화에 나타난 불교적 내세관」『한국사론』21; 박윤선, 2004,「고구려의 불교 수용」『한국고대사연구』35, pp.206-210; 정선여, 2007,『고구려 불교사연구』, 서경문화사, p.20.

8)『삼국사기』권18 고구려본기 제6 고국양왕 9년조.

6) (광개토왕) 2년 8월에 백제가 고구려의 남변을 침략하므로 (왕이) 장
수를 시켜 막게 하였다. 평양에 9곳의 사찰을 창건하였다.9)

고구려에 불교가 전해지기는 하였으나, 국가에서 공인을 하고 백성
들에게 자유로이 불교를 믿게 한 것은 고국양왕 9년 3월의 일이었다.
그러나 이 해는 392년으로 영락 2년인 광개토대왕의 치세 때이며, 이어
서 광개토왕 2년에 평양에 9개의 사찰을 건립한 기사가 이어지고 있다.
이에 대해 평양에 9사가 건립된 사실을 광개토왕 3년에 이루어진 것으
로 보기도 하나,10) 이 두 기사는 실제는 같은 해인 광개토대왕 2년 392
년의 일로 볼 수 있으므로,11) 광개토왕은 이 해에 백성들에게 불교를
믿어 복을 구하게 하고 평양에 9개의 사찰을 건립하였던 것이다. 그것
은 후일 보덕이 조정에서 도사(道士)를 우대한 것에 불만을 품고 백제
지역에 내려 온 사건에서 불교가 그동안 고구려에서 지녀 온 위상이 어
떠했는지를 단적으로 보여주고 있다.12)

하지만 김부식은 위의 두 사료를 분리하여 서술함으로써 광개토왕
의 봉불군주로서의 면모를 매우 약화시키고 있음을 볼 수 있다. 불교
관계 기사에 대한 김부식의 태도를 선명하게 보여주는 부분이라고 생
각된다.

셋째로 고구려 제21대 문자왕이 왕 7년인 498년에 금강사를 창건한

9) 『삼국사기』 권18 고구려본기 제6 광개토왕 2년조.
10) 이병도역주, 1986, 『삼국사기』상(5판), 을유문화사, p.323, 334; 신동하, 1988,
「고구려 사원조성과 그 의미」 『한국사론』19, p.17 주 51) 참조.
11) 이강래, 2007, 『삼국사기』1(5쇄), 한길사, p.376에 의하면, 광개토왕비에 '영락오
년세재을미(永樂五年歲在乙未)'는 왕의 즉위 5년인 영락 5년 을미이므로, 고국
양왕이 서거하고 3년 상을 치룬 기사가 중복되어 기재된 것이라고 보고 있어, 고
국양왕 9년은 광개토왕 2년의 사실로 보고 있으므로, 이를 수용하였다.
12) 『삼국유사』 권3 「보장봉노 보덕이암」조.

사실이다.

> 7) (문자왕) 7년(498) 가을 7월에 금강사(金剛寺)를 창건하였다.[13]

금강사는 평양시의 청암리사지로 비정되는데, 황금비율로 분할된 경내를 지니고 있는 것으로 유명하다. 광개토왕대의 평양 9사와 문자왕대의 금강사와 같은 국찰의 조영과 함께 고구려의 귀족과 백성들도 크고 작은 사찰을 원찰과 같은 형식으로 조영하였을 것이다.

지금까지 언급한 『삼국사기』「고구려본기」에 보이는 승려 및 사찰은 승 순도와 아도, 초문사, 이불란사, 평양9사, 금강사가 전부이다.

(2) 백제본기

4~5세기 『삼국사기』 백제본기에 나오는 승려 및 사찰은 다음의 기록이 전부이다.

> 8)-1. 침류왕은 근구수왕의 맏아들로, 어머니는 아이(阿尒)부인이니, 아버지를 이어서 왕위에 올랐다. 가을 7월에 사신을 진(晉)나라에 보내어 조공하였다. 9월에 호승(胡僧) 마라난타가 진나라에서 왔다. 왕이 그를 맞이하여 궁궐 안으로 맞이해 예우하고 공경하였다. 불교의 법이 이로부터 비롯하였다.

> 8)-2. 2년 봄 2월에 한산(漢山)에 불교사찰을 세우고 승려 10명에게 도첩을 주었다. 겨울 11월에 왕이 돌아갔다.[14]

---

13) 『삼국사기』 권19 고구려본기 제7 문자왕 7년조.
14) 『삼국사기』 권24 백제본기 제2 침류왕 원년, 2년조.

백제불교의 초전(初傳)기사인데, 같은 내용이 『삼국유사』와 『해동고승전』에 좀 더 상세히 나와 있다.[15] 즉 384년 호승 마라난타가 동진으로부터 백제 한성에 이르자 침류왕이 궁중으로 맞아들여 예우하고 공경하였다는 것이다.

백제 불교사에 관한 연구는 성왕과 무왕을 중심으로 한 5부율의 번역과 미륵사 창건의 내용이 많은 부분을 차지하고 있고, 아울러 중국과 인도로 유학한 승과 일본으로의 불교전수 등에 관한 내용이 주를 이루고 있다. 때문에 백제 불교의 초전과 관련한 문제는 사료상의 빈곤으로 인해 자세한 언급을 하기 어려운 실정이지만, 마라난타의 중요성에 대한 언급과 그를 중심으로 백제불교 초전을 살펴 본 논고가 있다.[16]

그런데 백제불교의 전래와 관련하여 침류왕의 어머니인 아이부인에 대해 주목한 견해가 있다. 즉 아이는 이이혜(阿爾兮)[17]·아니(阿尼)[18] 등 여성을 표시하는 고어(古語)와 같은 말로 보고, 백제본기에는 신라본기와 달리 모계의 표시가 없는데 침류왕의 어머니가 기록되어 있으므로 여승(女僧)을 아니(阿尼)라고 부른 범어(梵語)의 차용(借用)이라면, 아이부인이 백제의 불교전래와 관련이 있었을지도 모르겠다는 것이다.[19]

또한 마라난타가 오자 궁내에 맞아들여 예경했다는 것은 2개월 전에 동진에 파견된 백제사절과 동도(同途)하여 왔거나, 동진의 사신에 수반해서 온 것으로 보기도 한다.[20]

---

15) 『삼국유사』 권3 「난타벽제」조; 『해동고승전』 권1 「마라난타」조.
16) 목정배, 1989, 『삼국시대의 불교』 「마라난타 전교의 의미」, pp.37-42; 김복순, 1999, 「백제불교의 초전문제」 『현대불교의 향방』(2002, 『한국고대불교사연구』, 민족사, pp.45-66).
17) 『삼국사기』 권2 조분니사금 원년조.
18) 『삼국유사』 왕력 「진덕여왕」조.
19) 이병도 역주, 1986, 『삼국사기』 하(5판), 을유문화사, p.35.

백제본기 「침류왕」조에는 이듬해인 385년에 한산에 사찰을 짓고 승려 10인에게 도첩을 준 기사가 이어지고 있는데, 이는 이미 존재하고 있던 승려들을 국가가 도첩을 주어 인정한 것이다. 하지만 9개월 만에 왕이 죽었다.[21]

한 가지 흥미로운 것은 4~5세기『삼국사기』의 백제본기 「개로왕」조에 고구려승 도림(道琳)이 나오고 있다는 사실이다.[22] 장수왕 대의 인물인 도림은 백제에 온 세작이었다. 그렇다면 고구려 측 승려가 하나 추가되는 셈이다.

이상의 내용으로 보면, 4~5세기 백제의 기록에는 승려로서는 동진에서 온 호승 마라난타가 유일하게 이름이 전하고 있고, 10인의 승려가 도첩을 받은 것으로 되어 있다. 사찰은 한산에 세운 사찰이 유일하다. 고구려보다도 더 성근 기록이라 하겠다.

(3) 신라본기

『삼국사기』신라본기의 4~5세기에 나오는 승려 및 사찰에 관한 기록은 전무하다. 신라의 4~5세기는 고구려의 영향이 크게 작용하던 시기로서 특히 눌지왕은 실성을 고구려에 볼모로 보내어 고구려의 군사

---

20) 백제가 동진과 외교관계를 수립한 것은 근초고왕 때부터로 근초고왕은 고구려에 불교가 전래된 372년에 일본에 칠지도를 보낸 일이 있다. 이 칠지도는 칠각지(七覺支)에서 유래한 것으로 보기도 하므로, 이미 이 때 백제왕실에서는 불교에 대해서 알고 있었을 것으로 추정할 수 있다.
21) 『삼국유사』권3 「난타벽제」조에는 아신왕 대인 대원(大元) 17년(392) 2월에 교를 내려 불법(佛法)을 높여 믿고 복을 구하라고 한 기사가 전하고 있다.
22) 『삼국사기』권25 백제본기 제3 개로왕 21년조에는 고구려가 백제를 침입하기 이전에 고구려 승려 도림이 고구려의 세작으로 백제에서 활동한 내용을 상세히 적고 있다. 김복순, 1992, 「삼국의 첩보전과 승려」『가산이지관스님화갑기념논총 한국불교문화사상사』, pp.143-164 참조.

원조를 받아 백제·가야·왜의 침입을 물리치던 때였으므로, 불교에 대해서 알았다 하더라도 이를 공식적으로 받아들이기에는 여유가 없었을 것이다. 다만 고구려의 전도 승들이 신라에 왔을 뿐이다.

　그런데 4~5세기에 신라에서 승려들이 활동한 내용이 6세기 기록인 법흥왕 불교공인 기사에 일괄적으로 나오고 있음이 주목된다. 이 가운데 4~5세기의 내용이 있는데, 이 기사는 조선조의 편년체 사서에도 4~5세기의 기사로 그 연대를 상정하고 있으므로, 『삼국사기』 법흥왕 대의 기록 가운데 다음 부분을 제시해 보고자 한다.

　　9)-1. 15년에 불법(佛法)을 처음으로 행하였다. 앞서 눌지왕(417~457) 때에 묵호자란 중이 고구려에서 일선군에 이르니, 군민 모례란 자가 자기 집에 토굴을 짓고 그를 모셔 두었다. 그때 (마침) 양나라에서 사신을 보내 의복과 향을 주었다. 여러 신하들이 그 향명과 소용을 알지 못하여, 사람을 시켜 향을 가지고 돌아다니며 물었다. 묵호자가 이를 보고 그 이름을 일러 주며 말하기를, "이것을 사르면 향기가 아름답게 퍼져 신성(神聖)에 정성을 통할 수 있으며, 이른바 신성은 삼보에 더 지나갈 것이 없으니, 첫째 불타요, 둘째 달마요, 셋째 승가다. 만일 이를 살라서 축원을 드리면 반드시 영험이 있으리라"고 하였다. 이 때 (마침) 왕녀가 갑자기 병으로 위독하니 왕이 묵호자로 하여금 향을 사르고 축원을 드리게 하였더니 왕녀의 병이 곧 낫는지라, 왕이 매우 기뻐하여 예물을 후히 주었다. 묵호자는 나와 모례를 보고 얻은 물건을 주며 말하기를, "나는 이제 갈 곳이 있다" 하고 작별을 청하더니 얼마 아니하여 간 곳을 알 수 없었다.

　　9)-2. 비처왕(毗處王) 때에 이르러서는 아도란 화상이 부하 3명과 함께 역시 모례의 집에 왔었는데, 그의 모습이 묵호자와 비슷하였고 몇 년을 머물러 있다가 앓지도 않고 죽었다. 그 시자 3명이 남아

있어 경과 율을 강독하니 왕왕 신자가 생겼다.23)

신라에 온 전도승인 묵호자와 아도에 대해 기록한 김대문의『계림잡전』에 나오는 내용을『삼국사기』에서 인용해 쓴 것이다. 신라 눌지왕과 소지왕 대에 들어가야 할 기사를 법흥왕 15년조에서 일괄적으로 다루고 있는 것이다.

4~5세기 신라본기에는 묵호자와 아도가 승려로서, 그리고 모례가 신도로서 나오고 있을 뿐이다.

이상과 같이 4~5세기『삼국사기』의 승려 및 사찰 관련기록을 살펴본 결과 김부식에 의한 의도적인 두찬의 부분이 여러 곳에 보인다.

우선 고구려본기에서는 미천왕 31년조의 기사가 두찬일 것이라는 점과 고국양왕 9년과 광개토왕 2년의 사건이 같은 해에 일어난 것임에도 이를 둘로 나누어 기록함으로써 광개토왕의 봉불군주로서의 면모를 약화시키려한 측면이 나타나고 있다는 것이다. 또한 백제본기에서는 세작인 고구려승 도림의 기사를 무척 크게 다루고 있는 점이다. 그리고 신라본기에서는 4~5세기의 관련기사를 6세기 법흥왕대로 모두 모아서 기록하고 있는 점을 정리해서 말할 수 있다.

3. 삼국 불교의 정황과 비교

(1) 고구려

고구려 불교의 정황과 관련된 쟁점사항 가운데, 아도의 출자문제, 광

---

23)『삼국사기』권4 신라본기 제4 법흥왕 15년조.

개토왕대의 몇 가지 문제 등을 언급해 보고자 한다.

하나는 아도의 출자에 관한 문제이다. 고구려의 왕들은 불교 전래 이후 왕권을 강화하고 재래 5부의 귀족권한을 약화시키기 위하여 왕즉불의 북조 불교적 성격을 부각시켰을 것이다. 하지만 고구려에 전해진 불교는 초전부터 다양성을 보인다. 소수림왕 4년에 고구려에 온 아도의 출자가 위, 동진, 전진의 3곳으로 거론되기 때문이다.[24] 일연이 전진에서 온 것으로 본 이래 대개 이를 따르고 있으나,[25] 순도와 아도가 각기 다른 사찰에 거주한 것과 고구려의 외교적 행태로 보아 동진에서 왔다고 보기도 한다.[26] 이에 고구려의 초전불교는 외교적이고 시책적인 성격이 강하였다고 보기도 한다.[27]

이렇게 여러 곳에서 왔다고 점쳐지는 아도는 동진에서 왔을 가능성이 제일 크다고 생각된다.

그것은 첫째 이미 수십 년 전부터 고구려 석망명은 지둔도림(314-366)과 서신교류를 통해[28] 남조의 격의불교와 접촉하고 있었다는 점은 널리 알려진 사실로서, 불교를 통해 국제적인 교류의 물꼬가 이미 트인 상태에서 동진의 승려가 고구려에 올 수 있었을 것으로 보인다. 또한

---

24) 아도는 『해동고승전』에서는 위에서 왔다 하고, 『삼국유사』 권3 「순도조려」조에서는 진에서 왔다고 하지만 실상은 전진에서 왔다고도 보고 있다. 그러나 그는 동진에서 왔을 가능성이 크며 신라에 불교를 전한 아도화상과는 다른 인물이다.
25) 안계현, 1973, 「삼국시대 불교교단의 성립」 『동국대학교논문집』12, p.132.
26) 이용범, 1973, 위의 논문, pp.152-153에서는 "독자적으로 성장한 남조불교의 아도가 정치적 배경없이 동진에서 고구려에 입국한 것을 중시하지 않을 수 없는 까닭이다"라고 하여 동진설을 확고히 하고 있다.
27) 신종원, 2006, 「삼국의 불교초전자와 초기 불교의 성격」 『한국고대사연구』44, p.59.
28) 『양고승전』 권4 「축잠법심(竺潛法深)」조. 고려도인 석망명은 동진에서 활약한 인물로 보는 견해가 있지만, 고구려에 있으면서 서신왕래를 한 것으로 보는 것이 타당하리라 생각된다.

고구려에서는 외교적으로 진과 교류하고 있었다.[29] 이에 동진에서 승려가 고구려에 온 것은 자연스러운 현상으로 생각할 수 있다는 점이다.

둘째 이 두 외국 승려를 각기 다른 사찰을 지어 거주하게 한 점이다. 이는 이들의 국적이 다른 까닭에 각기 불교의례를 행하는 것도 차이가 있어서 별도로 사찰을 지어 머물게 한 것으로 생각된다.[30] 그것은 초문사가 성문사로서 관청으로서의 성격이 강하게 나타나는 명칭이 와전되어 쓰여졌다는 점과 이불란사의 명칭은 토어 내지 외국어의 음역에서 나온 것으로 보고 있을 뿐 아니라, 후일 흥국(興國)·흥복(興福)으로 개칭되는 사명을 통해서도, 전자는 국가와의 관계가 후자는 기복적인 성격이 드러나고 있어, 처음부터 그 출발이 달랐음을 알 수 있게 한다.

또 하나는 광개토왕대로 비정되는 시기의 불교관련 내용들로 1) 평양 9사의 창건문제 2) 고구려 고분벽화의 불교관련 내용 3) 담시의 내왕 문제이다.

먼저 광개토왕 대에 평양에 9사를 창건한 문제이다.

광개토왕은 대내외적으로 벌이고 있던 정복전쟁의 피해에 대한 정신적 귀의처로 불교가 그 역할을 담당할 수 있다고 보고, 백성들에게 불교를 숭신하게 하고 평양에 9사를 창건하였다.[31]

광개토왕이 평양에 9사를 건립한 요인에 대해서는 두 가지의 접근이

---

29) 『삼국사기』 권18 고구려본기6 고국원왕 6년(336) 2월, "遣使如晉貢方物".
30) 백제의 경우 10인에게 도첩을 주고, 한산에 사찰을 창건한 기록이 있지만 이들이 각각의 사찰에 머물렀다는 기록은 보이지 않는다. 이는 한산에 있는 사찰에 함께 머문 것으로 추정할 수 있어 고구려와 대조되는 내용이라고 하겠다. 현금에도 인도의 불교성지에는 각국에서 지은 사찰이 별도로 존재하면서 자국의 의례를 행하고 있으며, 우리나라에 있는 외국의 사찰 역시 의례가 다른 까닭에 별도로 사찰을 지어 존재하고 있음이 참조된다.
31) 안계현, 1973, 위의 논문, p.134에서 고구려의 광개토왕 대를 전후하여 비구나 우바이 등, 출가와 재가로 형성된 불교교단이 활발히 움직여 간 것으로 보고 있다.

있었다.

하나는 왕권강화를 위해 불교를 숭신할 것을 권장하였을 뿐 아니라, 국내성 귀족들의 권한을 약화시키기 위해 평양으로의 천도를 염두에 두고 평양에 9개의 사찰을 건립한 것으로 본 것이다. 또 하나는 백제의 침입과 연관지어 평양에 9사를 건립한 것으로 본 점이다. 광개토왕 초년의 분위기가 백제와의 각축전이 치열하고 고국원왕이 전사까지 경험한 이유를 들어 남방으로의 요지인 평양에 9사를 창건하면서 불교의 호국적 역할을 기대한 것으로 이해하고 있다.[32]

광개토왕은 즉위한 그 해부터 남으로는 백제를 쳐서 10개의 성을 함락시키고, 북으로는 거란을 쳐서 남녀 5백 명을 사로잡고 붙잡혀 갔던 고구려 백성 1만 명을 데리고 돌아왔으며 백제의 관미성까지 함락시켰다. 평양에 9사를 창건한 것은 평양으로 천도하기에 앞서 미리 9개의 사찰을 건립함으로써 국도로서의 면모를 닦고자 한 광개토왕의 호국불교적 경향을 나타낸 것이다. 이 과정에서 사찰은 잦은 전쟁에 따른 민심안정을 위한 신앙적인 기능이 강화되었을 뿐만 아니라, 사찰 자체가 전략거점으로서 이용되기도 하였다. 반면 신라는 신문왕대의 달구벌 천도를 귀족들이 전불시대 7처가람이 국도(國都)를 지키는 전세(前世) 때부터의 호국가람임을 들어 좌절시키고 있음이 비견된다.[33]

평양의 9사는 현재 평양에 남아있는 고구려사지로 추정해 보건대, 정릉사지·상오리사지·원오리사지·영명사지 등이 해당될 것으로 보인

32) 신동하, 1988, 위의 논문, pp.21~22. 9사의 창건을 백제의 침입과 연관지어 광개토왕 초년의 분위기가 백제와의 각축전이 치열하고 국왕의 전사까지 경험한 이유를 들어 남방으로의 요지인 평양에 9사를 창건하면서 불교의 호국적 역할을 기대한 것으로 이해하고 있다. 서영대, 1981, 「고구려 평양천도의 동기-왕권 및 중앙집권적 지배체제의 강화과정과 관련하여-」『한국문화』2, pp.81-139 참조.
33) 김복순, 2005, 「신라 중대의 불교」『신라문화』25, pp.172-173.

다. 이와 함께 성문사와 이불란사는 장수왕 대에 평양으로 천도하면서 옮겨가는 과정에서 흥국사와 흥복사로 그 명칭이 바뀐 것으로 보기도 한다.[34]

다음으로 고분벽화에 나오는 불교관련 내용이다.

광개토왕의 이러한 불교 숭신책과 사찰의 조영은 고구려 고분벽화에 그대로 나타나고 있는 것으로 이해되고 있다. 최근 덕흥리 고분(408, 영락 18년)의 현실 동벽 남측의 칠보행사도(七寶行事圖)가 광개토왕과 관련이 있음을 고구한 논고가 그것이다.[35]

칠보행사도는 사찰의 금당이나 탑을 건립하기에 앞서 지신(地神) 등의 책동을 진압하기 위해 행해지는 불교의식을 그린 것인데, 그 행사주체가 광개토왕으로서 그는 평양지역에 대한 사원창건에 앞서 측근신료인 중리도독(中裏都督)으로 하여금 칠보행사를 주관하여 시행하도록 한 것이 사후 벽화에 남겨진 것이라는 것이다. 이 때 국왕 근시직인 중리도독이 행사를 주관하였을 뿐 아니라 종묘의 작식인(作食人)이 참여하여 의식에 필요한 음식을 만들고 칠보의 공헌과정에 국왕시위군이 시위하는 등 국왕 측근세력이 참여한 것으로 보고 있다.

지진제를 주관한 중리도독은 이 무덤의 묘주인 유주자사 진(鎭, 332~408)으로서, 그의 생전에 기억할만한 의미있는 사건 가운데 하나였던 지진제 장면인 칠보행사도를 벽화로 남긴 것으로 파악하였다.[36] 이 칠보행사도의 주관자인 묘주 진은 광개토왕 대에 활동한 인물로서

---

34) 신동하, 1988, 위의 논문, pp.8-11. 흥국사와 흥복사는 개성이 아닌 평양에 있던 사찰임을 여러 논저에 나오는 논거를 들어 입증하였다.
35) 이문기, 1999, 「고구려 덕흥리벽화고분의 '칠보행사도'와 묵서명」 『역사교육논집』 25, pp.199-242.
36) 이문기, 1999, 위의 논문, p.241.

'석가문불제자(釋迦文佛弟子)'라는 묵서명을 기록해 놓을 정도로 신심이 깊은 불교신자이다. 그는 중국인 망명객으로서 광개토왕의 근시 관료가 되어 왕을 보좌하여 평양지역에 대한 사원창건을 주도한 것으로 추정한 것이다. 이렇게 광개토왕의 평양 9사라는 사원의 창건 배경에는 낙랑과 대방의 고지에 친국왕적 불교세력을 부식하여 이 지역을 국왕의 직접적인 지배기반으로 삼으려는 정책이 시행된 것으로 본 것이다.

또한 경주의 호우총에서 발견된 청동제 호우와 청동제 주자가 광개토왕과 관련하여 주목되고 있다. 415년에 제작되어 광개토왕의 죽음을 애도하는 의례용품으로 제조된 바 여러 벌 제작하여 신라에도 보내진 것으로 알려져 있다. 호우의 뚜껑 등에 연화문의 모습이 보이며, 청동제 주자 역시 주구 끝에 부착된 지름 7.2cm 뚜껑에 8엽의 연화문도상이 선명하게 보이는 점에서 불교와 관련된 의식구로 사용되었는데, 금관총의 초두 뚜껑, 원주 법천사 유적의 초두 뚜껑에 같은 문양의 도상이 나오고 있다고 한다.[37]

이와 함께 5세기경 고구려 고분벽화에 나타나는 불교적 요소에 대해서는 많은 언급이 있어 왔다.[38] 이미 언급한 덕흥리 고분에는 연화화생(蓮花化生)과 같은 벽화가 묘주 진의 시신 위에 그려져 있어 불교적 내세관이 무덤에 반영되었음을 알려주고 있다. 또한 장천1호분의 예불공양도는 대표적인 예로 언급된다.[39] 그런데 5세기 중엽이 되면 더욱 많

---

37) 박광열, 2007, 「신라 적석목곽분 출토 황금유물과 초전불교 -황금의 기원과 이입에 대하여-」『문화사학』27, pp.211-212.

38) 김원룡, 1965, 「고구려 고분벽화의 기원에 관한 고찰」『진단학보』21, pp.5-40(1987, 「고구려 고분벽화에 있어서의 불교적 요소」『한국미술사연구』, 일지사, pp.287-313); 전호태, 1989, 「5세기 고구려 고분벽화에 나타난 불교적 내세관」『한국사론』21, pp.3-71; 김진순, 2008, 「5세기 고구려 고분벽화의 불교적 요소와 그 연원」『미술사학연구』258, pp.41-53.

은 고분벽화에 불교적 요소들이 나타나고 있다. 즉 불보살상과 비천(감신총, 안악 2호분, 장천 1호분), 연화문(거의 모든 고분), 연화화생(성총, 쌍영총, 삼실총, 장천1호분), 삼각형 화염문(덕흥리 벽화고분, 감신총, 팔청리 벽화고분, 대안리 1호분, 안악 1호분, 무용총, 각저총), 공양인 행렬도(쌍영총, 안악2호분, 수산리, 삼실총, 장천 1호분) 등이다.[40)]

다음으로 진나라 승려인 담시의 내왕문제이다. 즉 광개토왕 대에 고구려에 온 승려로 담시가 여러 사료에 나온다. 최치원은 전진으로부터 고구려로의 불교전래는 전혀 언급하지 않고『양고승전』의 내용을 인용하여 담시를 고구려에 불교를 전한 인물로 기록하였다.

> 10) 서진의 담시(曇始)가 고구려 땅에 들어온 것은, 섭마등(攝摩騰)이 동으로 후한에 들어온 것과 같았다.[41)]

---

39) 문명대, 1991,「장천 1호분 불상예배도벽화와 불상의 시원문제」『선사와 고대』1, pp.137-147. 장천1호분의 불상예배도벽화는 400년경에서부터 5세기 1/4분기경까지 제작된 우리나라 초기의 불상이며 불화로서 우리나라 불상의 시원으로 밝히고 있다.

40) 양은경, 2007,「고대 한국인의 중국 내 사원, 불상조성과 중국 불교문화와의 관계 -삼국~통일신라시대를 중심으로-」『강좌미술사』29, p.280; 김진순, 위의 논문, pp.40-53. 고구려 고분벽화에 나타나는 불교적 요소에 대해서는 그 전래문제에 대해 낙랑지역으로 들어 온 중국 유이민을 통해 불교가 전래되었을 가능성을 높여주는 것으로 보는 견해가 있고, 감숙 지역의 초기 석굴들의 영향이 중원을 거치지 않고 그대로 고구려에 전파되면서 고구려 특유의 벽화 내용이 형성되었다고 보는 견해가 있다. 김진순은 위의 논문에서 4-5세기 화북지역이 정치적 혼란에 휩싸여 있었던 것과는 달리 감숙지역은 안정된 정치·경제적 상황에서 실크로드를 통해 서역의 불교문화를 받아들이고 있었으므로, 고구려는 요동에서 중국 세력을 축출하고 북방민족과는 우호관계를 수립하여 감숙을 통해 들어온 새로운 문화를 받아들이게 되었는데, 이는 고구려가 국가 주도 하에 적극적으로 추진된 불교진흥정책에 기인하는 것으로, 고구려 왕실은 불교를 공인하였을 뿐 아니라 대규모의 사찰 영건 사업을 통해 불교문화의 확산과 정착에 힘을 기울인 결과 이러한 요소가 나타난 것으로 보고 있다.

최치원은「지중대사비문」에서 고구려의 불교 유입이 서진의 담시에 의해서라고 언급하면서, 담시가 고구려에 온 것을 호승(胡僧) 섭마등이 동으로 후한에 들어 온 것에 비유하였다. 그는『양고승전』에서 "동진의 효무제 태원 말년 경(376~382)에 담시가 경과 율 수십 부를 가지고 요동에 와서 선화(宣化)하다가 의희(義熙, 405~418) 초에 관중(關中)으로 돌아갔다"는 것인데, 이를 고구려가 불교를 받아들인 시초[42]라고 한 내용에 의거하여 고구려 불교의 단초를 담시로 잡은 것이다.

담시는 동진 대의 승려로서 백족화상(白足和尙)은 별칭이다.『해동고승전』담시전에 의하면, 진나라 승 담시는 백족화상으로 불리었는데, 광개토대왕 5년(395)에 경율 수십부를 가지고 요동에 와서 교화하였다는 것이다.[43]

또한『삼국유사』권3「아도기라」조에도 그가 고구려에 온 것을 중천축국 출신의 가섭마등(迦葉摩騰, 攝摩騰)이 후한 명제 때 축법란(竺法蘭)과 함께 처음으로 중국에 와서 불교를 전하였으며,『42장경』을 번역한 것에 비유한 내용이 실려 있다.

담시가 고구려에 온 것을 중시하는 것은 그가 불경과 율장을 가지고 와서 구복적인 성격의 불교가 아닌 본의불교로서의 내용을 고구려에 알렸다는 것으로, 사상사적으로도 큰 의미를 둘 수 있는 내왕이라고 할 수 있겠다.

끝으로 4~5세기의 고구려의 승려로서, 고구려에 머문 승려로서 추가해야 할 중요 인물들이 있다. 중국 삼론종의 시조가 된 승랑과 제(齊)의 고승 담초이다.

---

41) 최치원 찬,「지중대사비문」.
42)『양고승전』권10「석담시전」.
43)『해동고승전』권1「담시전」.

승랑은 고구려 요동성 출신으로 5세기 중반에 태어나 후반부에 활약한 인물로, 구마라집이 전파한 『반야경』의 중관학설을 받아들인 후, 남조의 양나라로 가서 전수하여 삼론종을 형성하였다. 고구려는 불교 공인 이전인 동진의 고승 지둔도림과 축법심 등과 교류한 사실이 있는데, 승랑도 동진을 이은 남조계 왕조인 양나라의 무제와 깊은 관계를 맺고 있다.[44]

담초(曇超, 418~492)는 장수왕 대에 남제와의 외교관계에 따라 고구려에 머물면서 남조불교를 전한 고승이다.[45]

또한 신앙형태로서 539년경으로 추정되는 연가7년명의 천불 신앙은, 5세기에서 그리 멀지 않은 시기라, 5세기말 6세기초 고구려의 신앙 형태를 보여주는 것이라 하겠다.

이렇게 도출된 4~5세기의 고구려에 있었던 승려와 창건사찰을 종합해 보면 승려로서는 석망명, 아도, 순도, 담시, 승랑, 담초 등을 들 수 있고, 사찰은 초문사, 이불란사, 평양 9사, 금강사 등이다. 372년에 불교를 받아들여 20년 후에 광개토대왕이 불교를 숭신하여 복을 구하라는 교지를 내린지 100년 이상 된 고구려불교로서는 무척 소략한 기록이라 하겠다.

(2) 백제

백제에 불교가 전래된 384년과 중국에 불교가 전래된 67년과는 근 3백년 이상의 간격이 있었기 때문에 어떤 형태로든지 백제에 불교가 전

---

44) 남무희, 1997, 「고구려 승랑의 생애와 그의 신삼론사상」 『북악사론』4, 국민대 국사학과, pp.52-53; 김성철, 2011, 『승랑』, 지식산업사, pp.125-139.
45) 남무희, 1997, 위의 논문, pp.52-53.

래되어 있었을 것으로 보인다.[46] 이에 대해 최치원은 「지증대사비문」
에서 백제의 소도 의식이 불상에 제사드리는 것과 같다는 것으로 백제
불교 초전을 언급한 바 있다.

> 11) 옛날 우리나라가 삼국이 솥발과 같이 대치하고 있을 적에, 백제에
>   소도의 제의가 있었으니, 감천궁(甘泉宮)에서 금인(金人)에 제사지
>   내는 것과 같았다.[47]

최치원은 백제에는 불교가 전래되기 이전에 이미 소도의 의식이 있
었는데, 이와 관련된 내용을 『삼국지』 위서 동이전 한전과 『후한서』
한전을 참조하여 백제불교의 초전으로 채록한 것이다. 동이전 한전에
는 삼한시대의 별읍으로, 천군이 있으면서 귀신을 제사하던 곳인 소도
의 풍속이 부도 즉 불교와 비슷한 것으로 되어 있었던 것을 찾아낸 것
이다. 또한 '甘泉金人之祀'라고 한 것은 한 무제가 감천궁에 불상을 봉
안하고 분향 예배한 고사로, B.C. 122~117년 경에 곽거병(霍去病)이 서
역에서 불상 1구를 얻어가지고 돌아왔을 때의 일이다. 그는 백제인들이
소도를 통해 귀신을 믿던 풍습이 불교가 전래되면서 부처님을 믿는 의
식으로 바뀌어 간 것으로 본 것이다.

백제에 불교를 전한 동진(317~420) 대에 승려들은 귀족이나 문인들
뿐만 아니라 지배층 및 왕족들과도 우호적인 관계를 유지하였고, 효무
제(373~396) 당시에 불교의 융성은 그 극점에 이르렀다. 381년 효무제
는 정식으로 불법을 받아들이고 신도가 되었다. 곧 이어 그는 왕궁 안

---

46) 대표적인 예로 한강변 뚝섬에서 출토된 건무(建武) 4년(338)명 금동불좌상으로
    백제 불교전래를 소급하고 있다.
47) 최치원찬, 「지증대사비문」, "昔當東表鼎峙之秋 有百濟蘇塗之儀 若甘泉金人之祀".

에 절을 짓고 승려를 초치하여 그곳에 거주하도록 하였다. 이 사원의
건립으로 말미암아 왕궁의 장서각에는 불경이 소장되었다. 이러한 좋
은 조건 속에서 불교는 번성하기 시작하였다. 동진에는 1,786개소의 사
원과 2만 4천 명의 비구와 비구니들이 있었다. 동진의 대표적 인물로
혜원(334~416)을 손꼽는데 그는 계율을 중시하였으며 환현(桓玄)이 사
문으로 하여금 왕자를 예배하게 함에 크게 반발하여 「사문불경왕자론
(沙門不敬王者論)」을 지었다고 하는 것은 유명한 일이다. 이러한 인물을
배출한 동진불교의 계율사상이 백제에 전래되었음은 쉽게 짐작될 수
있는 일이라 하겠다.[48]

그런데 침류왕은 동진에서 마라난타가 온 이듬해에 한산에 사찰을
짓고 있는데, 『삼국유사』에 의하면 한산은 신도(新都)인 한산주로 표기
되어 있다. 새로운 도읍지에 사찰을 창건한 것이다. 고구려의 광개토왕
이 평양에 9사를 지어 새로이 천도할 곳을 불교와 연관된 장소로 정리
하고 장수왕의 천도로 이어진 것에 비해, 백제는 한산주에 사찰을 짓고
10인의 승려에게 도첩을 주었지만 침류왕이 죽었기 때문에 후속적인
모습이 보이지 않는다. 다만 『삼국유사』에 아신왕 대에 불교를 공인한
기사가 전해질 뿐이다.[49]

---

48) 김복순, 1999, 위의 논문(2002, 『한국고대불교사연구』, 민족사, pp.62-65); 鎌田武
   雄, 장휘옥역, 1992, 『중국불교사』2, p.99와 케네스첸, 박해당역, 1991, 『중국불교』
   상, pp.75-88의 내용을 추린 부분이다.
49) 『삼국유사』에 나오는 아신왕의 기사에 대해 고구려 기사와의 유의성이 언급되기
   는 하지만, 대개 방증자료로서 믿을 수 있다는 입장이다.(조경철, 2002, 「백제 한
   성시대 불교수용과 정치세력의 변화」 『한국사상사학』18, p.251; 박윤선, 위의 논
   문, p.214; 신종원, 위의 논문, pp.67-68).

(3) 신라

일연은『삼국유사』권3「흥법」편을 통해 4~5세기 삼국의 승려 및 사찰 관련 내용을 전해주고 있다. 고구려 불교는「순도조려」조를 통해서, 백제 불교는「난타벽제」조를 통해서, 신라 불교는「아도기라」조에 싣고 있다. 그는 삼국의 불교가 전진에서 고구려로, 동진에서 백제로 전해졌고, 고구려에서 신라로, 고구려에서 백제로 전래된 사실을 역사적 사건으로 전하고 있다.[50] 그런데『삼국유사』에 전해지는 신라 불교 초전의 내용은『삼국사기』의 내용을 근간으로 하여, 아도비와 고득상의 영사시를 약간 덧붙이고 있지만, 초전사실에 대해서는 전적으로『삼국사기』를 신뢰하고 있다.[51]

> 12)-1. 신라본기 제4에 제19대 눌지왕 때에 사문 묵호자가 고려에서 일선군에 들어오매, 군인 모례【혹은 모록이라고 씀】가 집안에 굴을 파고 그를 안치하였다. 이때 양(梁)에서 사자를 시켜 의복류와 향물【고득상의 영사시(詠史詩)에는 양에서 원표란 사승(使僧)을 보내고 명단(溟檀)과 불경과 불상을 보내왔다고 하였다】을 보내왔는데 군신이 그 향의 이름과 쓰는 법을 몰랐다. 그래서 사람을 시켜 향을 가지고 널리 국중으로 다니며 묻게 하였다. 묵호자가 보고 말하기를 이는 향이란 것인데 불에 사르면 향기가 몹시 풍기어 신성에게 정성이 통하는 것이다. 신성은 삼보에 지나는 것이 없으니 만일 이것을 사르면 발원하면 반드시 영험이 있으리라 하였다【눌지는 진·송시대에 당하니 양에서 사자를 보냈다는 것은 잘못이다】. 이때 왕녀가 병이 대단하여 묵호자를 불러 향을 피우고 기도를 하니 왕녀의 병이 곧 나았다. 왕

---

50) 김복순, 2000,「『삼국유사』「흥법」편과 중고기의 설정」『경주사학』19, 경주사학회, pp.83-101.
51) 이강래, 2007,『삼국사기 형성론』, 신서원, pp.467-470.

이 기뻐하여 후히 예물을 주었는데 갑자기 그의 간 곳을 알 수 없었다.

12)-2. 또 제21대 비처왕 때에 이르러 아도화상이 시자 3인과 역시 모례의 집에 왔는데, 모양이 묵호자와 비슷하였다. 수년을 머물다가 그는 병도 없이 죽었고, 그 시자 3인이 머물러 주하면서 경문과 율법을 강독하니 신봉하는 사람이 가끔 있었다.【주에 이르되 본비(本碑) 및 모든 전기와 다르다 하였고, 또 고승전에는 서축인이라 하였고 혹은 오(吳)에서 왔다 하였다】52)

『삼국사기』 신라본기 제4에 있다면서 『삼국유사』에는 제19대 눌지왕과 제21대 비처왕의 기록을 인용하여 신라 불교전래의 중요한 전거로 들고 있다.53) 신라본기 제4 법흥왕 대에 들어 있는 기사를 인용하면서 눌지왕과 비처왕(소지왕) 대임을 밝히고 있는 것이다. 9)와 12)의 내용은 거의 일치하며 단지 아도의 출자에 대해 일연이 주를 달아 부연하고 있다. 이 기록들은 4~5세기 신라본기의 기사로 보아도 무방하리라 생각된다.

『삼국유사』에는 소지왕 10년인 488년에 불교가 겪는 내홍을 사금갑(射琴匣)이라는 설화를 통해 전해주고 있는 사실이 특기된다.

13) 제21대 비처왕【혹은 소지왕이라고 쓴다】 즉위 10년 무진(488)에 왕이 천천정(天泉亭)에 거동하였을 때 까마귀와 쥐가 와서 울더니 쥐가 사람의 말을 하여 가로되 이 까마귀의 가는 곳을 찾아보라 하였다.【혹은 이르기를 신덕왕이 흥륜사에 행향(行香)하려 할 새, 길에서 여러 쥐들이 꼬리를 물고 있는 것을 보고 괴상히 여겨 돌

---

52) 『삼국유사』 권3 「아도기라」조.
53) 이강래, 2007, 위의 책, pp.467-469.

아와 점을 치니 이튿날 먼저 우는 새를 찾으라 하였다 한다. 그러나 이 말은 그릇된 것이다】왕이 기사(騎士)에 명하여 쫓아서 남으로 피촌(避村)【지금 양피사촌(壤避寺村)이니 남산 동록에 있다】에 이르러 두 도야지가 싸우는 것을 서서 보다가 홀연히 까마귀의 간 곳을 잊어버리고 길가에서 헤매고 있었다. 이때 한 노인이 못 가운데서 나와 글을 올리니 겉봉에 쓰여 있되 "이를 떼어보면 두 사람이 죽을 것이고 떼어보지 않으면 한 사람이 죽을 것이라"고 하였다. 기사가 와서 왕께 드리니 왕이 말하되 "두 사람이 죽을진대 차라리 떼보지 않고 한 사람만 죽는 것이 옳겠다"고 하였다. 일관이 아뢰되 "두 사람이란 것은 서민이요, 한 사람이란 것은 왕입니다." 왕이 그렇게 여겨 떼어보니 그 글에 "금갑(琴匣)을 쏘라" 하였다. 왕이 곧 궁에 들어가 금갑을 쏘니 거기에 내전에서 분수승(焚修僧)이 궁주와 상간(相奸)하고 있었다. 두 사람은 (마침내) 주살되었다. 이로부터 국속에 매년 정월 상해·상자·상오일에는 백사를 삼가 감히 움직이지 않고, 15일을 오기일이라 하여 찰밥으로 제사지내니 지금에도 행하고 있다. 속담에 이것을 달도(怛忉)라 하니, 슬퍼하고 근심해서 백사를 금기하는 뜻이다. 그 못을 명명하여 서출지라 하였다.[54]

신라 소지왕 때 내전의 분수승은 아마도 고구려의 세작(細作, 간첩)이었을 것으로 생각되며, 궁주로 표현된 왕녀를 달래서 왕의 가까이 근접할 수 있는 방법으로 금갑에 들어가 있었던 것이 아니었는가 한다. 이는 당시 여인들의 성행위가 매우 분방하였음을 나타내는 일이라 생각된다.

또한 신라사회에서 차지하고 있던 불교의 위상이 왕실 내부 정도에 허용되고 있었으나, 백제가 고구려의 세작 도림에 의해 10여 년 전인 475년에 망했다는 사실과 함께 신라에서는 이 사건으로 말미암아 불교

---

54) 『삼국유사』 권1 「사금갑」조.

를 공인함으로 인한 국가적 위기를 걱정하는 분위기가 조성되었을 것이다.

이같은 정황은 눌지왕 대 고구려로부터 신라에 불교가 전래된 상황을 적석목곽분에서 출토된 황금유물을 가지고, 이미 왕실 차원에서 불교가 수용되었음을 언급한 견해가 참고된다.[55] 4세기 후반부터 6세기 중반까지 조영된 분묘 가운데 불교적 요소로 생각되는 연화문도상의 황금제품과 청동유물이 출토된 분묘는 호우총, 황남대총 남분, 금관총, 은령총, 천마총, 식리총 등이다. 특히 황남대총 남분에서 연화문 도상이 다수 확인된 것은 남분의 피장자가 불교를 알고 있거나 관련이 깊은 인물로서 417년 사망한 실성왕과 457년에 사망한 눌지왕으로 비정되는데, 눌지왕일 가능성이 높다고 보아『삼국사기』초전불교 기사와 연계해 이해하고 있다.

이상에서 언급한 4-5세기『삼국사기』에 나오는 삼국의 승려 및 사찰에 관한 내용을 다음과 같이 2개의 표를 만들어 삼국불교의 정황을 비교해 보겠다.

〈표 1〉

	고구려	백제	신라
승려	순도, 아도	마라난타, 10인의 승려, 도림	묵호자, 아도
사찰	초문사, 이불란사, 평양의 9사, 금강사	한산에 세운 절	모례가

〈표 2〉

	고구려	백제	신라
승려	(석망명), 순도, 아도, (승랑), (담초),	마라난타, 10인의 승려	

---

55) 박광열, 2007, 위의 논문, pp.224-225.

	도림(백제본기), 묵호자, 아도, (정방, 멸구비), (내전 분수승)		
사찰	초문사, 이불란사, 평양의 9사, 금강사, 덕흥리고분의 칠보행사도, 장천1호분 불상예배도 벽화	한산에 세운 절	모례가, 내불당

<표 1>은 『삼국사기』에 나오는 기록을 근거로 만든 것이고, <표 2>는 여타 기록들을 종합하여 승려들의 이적지와 국적을 가지고 작성한 것으로, 4~5세기 『삼국사기』 삼국의 승려 및 사찰기록을 비교해 볼 때 다음과 같은 결론을 도출해 낼 수 있겠다.

첫째, 순도와 아도, 마라난타를 제외하고 이름이 알려진 승려는 모두 고구려승이며, 사찰의 경우도 백제의 한산사, 신라의 내불당을 제외하고는 모두 고구려 사찰이라는 점이다.

위의 <표 1>과 <표 2>의 차이는 승려들의 문제이다. 즉 고구려본기의 4~5세기 승려로는 순도와 아도, 그리고 고구려 세작승 도림이 나온다. 하지만 신라에 간 묵호자와 아도 그리고 살해당한 정방과 멸구비, 내전 분수승까지 모두 고구려에서 간 승려로 간주된다. 이에 더하여 석망명과 승랑 등이 고구려 승으로 알려져 있고, 제나라 승려 담초가 장수왕 대에 고구려에 머문 것으로 알려져 있다. 백제에는 마라난타가 승려로서 유일하게 나오는 이름이지만 백제 승려 10인에게 도첩을 준 기록이 있다. 반면 신라는 고구려의 전도승들 만이 나올 뿐 신라승려에 대한 기록은 전무하다.

다음으로 사찰 역시 고구려가 초문사, 이불란사, 평양의 9개 사찰, 금강사가 나오는 반면, 백제는 한산에 세운 사찰이 나올 뿐인데, 신라는 신도의 집인 모례가와 분수승의 존재로 내불당을 추정할 수 있다.

이렇게 『삼국사기』의 거친 기록이기는 하지만, 삼국불교의 정황과 합하여 만든 이 두 표의 내용을 비교해 볼 때, 4~5세기 삼국 가운데 고 구려에서 불교가 매우 융성하였음을 알 수 있게 하며, 고구려 고분벽 화에 나오는 수많은 불교적 요소는 이를 방증해 주는 것이라고 할 수 있다.[56]

둘째 고구려가 천하의 중심임을 천명한 5세기에, 신라에 전할 정도 로 불교가 융성하였다는 것은 우연한 일이 아니며,『삼국사기』가 이를 간접적으로나마 보여주고 있다는 점이다. 고구려승 도림이 백제에서 세작으로 활동하였다는 사실을 통해 양국의 대립적 상황을 알 수 있게 한다. 또한 고구려에서 묵호자, 아도 그리고 정방과 멸구비 등 많은 전 도승들이 신라에 간 것은, 고구려인들이 불교를 통해 고구려문화를 신 라에 전하고자 한 것을 알려준다.

셋째 삼국의 초전불교 가운데 구체적으로 불교사상의 성격을 알 수 있는 것은 고구려 뿐으로, 고구려의 불교는 구복적인 모습과 함께 격의 불교적인 모습을 가지고 있다는 점이다. 고구려에서는 불교의 수용이 율령의 제정과 교육기관의 설립, 국사의 편찬, 대외적인 발전과 함께 진행되었다. 국왕이 불교를 왕권을 중심으로 한 중앙집권적인 귀족국 가 건설에 도움이 되는 배경에서 받아들였지만, 불교사상의 수용이 계 속적으로 이루어졌다는 점이다. 고구려는 석망명 내지 제나라의 담초

---

56) 전호태, 1989,「5세기 고구려 고분벽화에 나타난 불교적 내세관」『한국사론』21, pp.66-67에서 5세기 고구려의 계세적 내세관이 전생적 내세관으로 바뀌어 가는 과정을 고구려 고분벽화를 통해 살펴보면서, 불교적 내세관의 보편성 여부에 대 해서는 어느 정도 긍정적 평가를 하면서도 다른 내세관과의 상호관계에 대해 이 해가 부족한 것으로 보고 있다. 그러나 필자도 지적하였듯이 5세기 고구려의 적 극적이며 지속적인 불교장려정책을 감안한다면, 좀 더 확실하게 불교적 내세관 으로 변화해갔음을 언급하여도 될 것이다.

를 통해 남조의 격의불교 내지 청담불교적 성격이 전해졌다. 『해동고
승전』 「순도전」과 「담시전」에는 "인과 원리로서 사람들에게 인간의
행·불행은 그들의 행동에 따라 결정된다는 것을 일깨워주었다(순도
전)"고 하였고, "근기에 맞게 널리 교화함에 있어 분명히 삼승(三乘)으
로 가르치고 그 자리에서 계에 귀의하게 하였다(담시전)"57)고 나온다.
특히 전진으로부터 불교를 받아들인 고구려로서는 석도안(釋道安)58)의
영향이 컸을 것이므로 『방광반야경』 정도는 알려졌을 것이다.

4. 관련 기록의 사학사적 의의

4~5세기 『삼국사기』의 삼국 사찰 및 승려에 관한 기록은 너무나 소
략할 뿐 아니라, 이미 본기에 나오는 기사의 검토를 통해 고국양왕 9년
과 광개토왕 2년의 기사, 신라 눌지왕과 소지왕의 기사 등 김부식이 의
도적으로 정리하여 『삼국사기』에 실은 것을 확인하였다.

그런데 김부식에 앞서 최치원이 삼국의 초전불교에 관련된 내용을
전하고 있다. 이미 앞서 각국에서 그 내용을 비교해 살펴보았지만, 다
시 한 번 그 전체기사를 제시해 보도록 하겠다.

---

57) 장휘옥, 1991, 『해동고승전연구』, p.144.
58) 도안(312-385)은 중국불교를 일으킨 중국인 고승으로, 반야경전을 연구하고 명상
   을 중시하였다. 경전의 역사와 번역, 연대가 미상인 것을 상고하여 경전목록인 「도
   안록」을 작성하였고, 석(釋)을 승려의 성으로 정할 것을 주장하였다. 얼굴이 검어
   칠도인(柒道人)으로 불렸으며, 혜원(334-416)이 그의 문하에서 25년 간 수학하다
   가 377년 양양의 변으로 여산에 내려가 30년 간 머물면서 강남불교의 중심인물
   이 되었다.

> 14) 옛날 우리나라가 삼국이 솥발과 같이 대치하고 있을 적에, 백제에
> 소도의 제의가 있었으니, 감천궁에서 금인에 제사지내는 것과 같
> 았다. 그 뒤 서진의 담시가 고구려 땅에 들어온 것은, 섭마등이 동
> 으로 후한에 들어온 것과 같았으며, 고구려의 아도가 우리 신라에
> 건너온 것은, 강승회가 남쪽으로 오나라에 간 것과 같았다. 이때는
> 바로 양나라의 보살제인 무제가 동태사에서 돌아온 지 1년 만이
> 요, 우리 법흥왕이 율령을 제정한 지 8년째 되는 해였다.[59]

최치원은 삼국에 불교가 들어온 순서를 백제, 고구려, 신라의 순으로 적고 있는데, 이 점이 『삼국사기』와 가장 큰 차이점이라 할 수 있다.

그렇다면 최치원은 왜 백제를 먼저 서술하였던 것일까. 그것은 그가 중국 유학파로서 중국 정사인 『삼국지』에 백제불교에 관한 내용이 있으므로 이를 끌어다 언급한 것으로 보인다. 또한 고구려에 최초로 불교를 전한 인물로 담시를 언급한 것 역시 그가 중국에 유학하였던 유학자인 점이 주목된다.[60] 그는 호족 왕조인 전진으로부터의 전래를 무시하고, 관중인이요 동진 사람인 담시가 『양고승전』에 실려 있는 것에 주목하여 이를 끌어다 쓴 것이 아닐까 생각된다.

한편 김부식은 삼국의 불교 전래기사를 싣고는 있지만 별다른 비평을 하지 않고 있는데, 조선조의 유학자들은 왕왕 비판을 가한 점이 눈에 띈다.

먼저 고구려 소수림왕 대의 불교 초전에 대한 것이다.

> 15) (권근이 말하기를), "부모의 원수는 한 하늘 아래서 같이 살 수 없

---

59) 최치원 찬, 「지증대사비문」.
60) 신종원, 2006, 위의 논문, p.62에서 최치원이 순도, 아도 사적을 알지 못했을 것으로 보고, 담시를 언급한 것은 그가 『양고승전』 등 중국문헌에 밝은 때문으로 보고 있다.

는 것이니, 진실로 원수를 갚지 못하면 거적자리를 깔고 창을 베개로 하여 잠자기를 어느 때이든 그만둘 수 없는 것이다. 백제 근초고왕이 고구려왕 쇠(釗)를 공격하여 죽였으나 그 아들 구부는 왕위를 계승한 지 4, 5년 사이에 오직 율령을 반포하고 불사를 창건하는 것만을 일삼고 일찍이 분발해 군사를 일으켜서 군부의 원수를 갚지 못하다가 이 해 가을에 와서야 수곡성을 공격하여 함락시켰다. 대체로 원수를 갚은 데에 가까웠겠으나 애석하게도 반드시 보복하지 못하고 문득 그만두었으므로, 구부와 한때의 신하들은 모두 의지가 없는 자들이라고 말할 수 있는데, 전사에 곧 구부가 웅대한 계략이 있다고 일컬은 것은 어찌된 것인가?"하였다는 기록이 있다.[61]

16) 6월 진이 부도와 불상과 불경을 고구려에 보냈다. 진왕 부견이 사신을 고구려에 보내 부도 순도와 불상과 불경을 보내왔다. 고구려왕이 사신을 보내어 사례하고 방물을 바쳤다. 그 뒤에 중 아도가 또 진에서 왔으니 이것이 해동에 불법이 들어 온 시초이다. 고구려가 처음으로 태학을 설립하였다. 고구려 사람이 학문을 좋아하여 궁한 마을, 말먹이는 사람까지도 서로 신칙하고 권면하였다. 큰 길거리 옆에는 어디나 큰 집을 지어 경당이라 불렀다. 결혼하지 않은 자제들이 무리로 거처하며, 경전을 외고 활쏘기를 익혔다.(신당서에서 보충) 최씨는 이렇게 적었다. "고구려에 나라를 세운 지 4백년 만에 처음으로 태학을 세웠으니, 어찌 그리 학교를 세워 교육시키는 것이 늦었는가? 지금 왕은 비록 보람있는 일을 할 만한 자질이나, 중을 받들고 절을 지어서 고구려에서 부처를 믿는 첫 임금이 되어 자손들이 그 허물됨을 본받아서 그 앙화가 널리 퍼짐은 이루 다 말할 수 없었다. 비록 태학을 세웠다 하나 인재를 성취하는 효과를 거두지 못하였으니, 어찌 학문을 좋아하는 마음이 불교를 좋아하는 데에 미치지 못하는 것이 아니랴!"[62]

---

61) 『동국통감』「삼국기」임신년(372) 신라 내물왕 17년·고구려 소수림왕 2년·백제 근초고왕 27년·진나라 간문제 함안 2년조.

『동국통감』에서 권근의 말을 인용하여 고국원왕의 전사에 대해 소수림왕이 부모의 원수를 갚기 위해서 노력은 하였지만, 율령을 반포하고 불사를 창건하는 일을 일삼은 것에 대해 비판을 하고 있다.

반면 『동사강목』에서 안정복은 불교가 전래된 해에 태학을 세운 것에 유의하여 『신당서』의 구절까지 인용, 고구려인들이 경전을 외고 활 쏘기를 익힌 것을 특기하고 있다. 그러나 불교에 대해서는 최씨의 말을 인용하여 소수림왕이 불교를 받든 첫 임금으로 자손들에게까지 그 앙화를 끼치고, 학문보다 불교를 더 좋아한 것을 비난하고 있다.

다음으로 백제의 침류왕 대 불교 전래에 관한 내용이다.

> 17) (권근이 말하기를), "침류왕이 처음 정사에서 호승을 궁중으로 영입하여 예로 공경하고, 또 불사를 창건하여 속세를 떠나 중이 되게 하였던 것이 바로 오래 살기 위해 복을 구하려던 것인데, 한 해를 넘기지 못하고 죽었으니, 부처를 과연 믿을 만한 것인가?"하였다.63)

『동국통감』에서는 권근의 말을 인용하여 침류왕의 불사 창건과 도승이 오래 살기 위해 복을 구하려던 것이었을 텐데 한 해도 못 넘기고 죽은 사실을 두고 과연 부처를 믿을 만한 것인가라는 비판을 서슴지 않고 있다.

그러나 조선 후기 『동사강목』의 384년조에는 침류왕 대에 백제왕이 호승을 왕궁으로 맞아들였다는 기사를 전할 뿐 권근 류의 비평을 하지 않고 있다. 다만 침류왕을 소개하면서 어머니가 아이부인임을 언급하

---

62) 안정복, 『동사강목』 제2 하 임신년 신라 내물왕 17년·고구려 소수림왕 2년·백제 근초고왕 27년조.

63) 『동국통감』 「삼국기」 갑신년(384) 신라 내물왕 29년·고구려 소수림왕 14년·고국양왕 원년·백제 근구수왕 10년·침류왕 원년·진나라 효무제 태원 9년조.

였을 뿐이다.

마지막으로 신라 소지왕 10년인 488년에 일어난 내용이다.

『동국통감』에는 『삼국유사』에 실린 사금갑 기사를 그대로 싣고 있
다는 사실이다.

> 18) 신라 소지왕 10년, 고구려 장수왕 76년, 백제 동성왕 10년, 제나라
> 무제 영명 6년 무진년(488) 봄 정월 15일에 신라왕이 천천정에 거
> 동하였는데, 까마귀가 편지를 물고 와서 울고 있으므로, 그 편지를
> 얻어 보니 겉봉에 쓰여 있기를, ‘뜯어보면 두 사람이 죽고 뜯어보
> 지 않으면 한 사람이 죽는다’고 하였거늘, 왕이 말하기를, “두 사람
> 이 죽는 것보다는 한 사람이 죽는 것이 낫지 않겠는가?” 하니, 일
> 관이 아뢰기를, “한 사람이라고 한 것은 왕입니다” 하므로, 왕이
> 뜯어보니, ‘금갑을 쏘라’고 쓰여 있었다. 왕이 궁에 들어가 활을 쏘
> 니 과연 사람이 있었는데, 곧 내전에서 분수하던 중이 왕비와 더불
> 어 몰래 내통한 자였으므로 왕비와 중이 모두 복주되었다. 이로부
> 터 나라의 풍속에 매년 이날 찰밥으로 까마귀에게 제사를 지내었
> 다. 그리고 용은 능히 비를 일으키고 말은 능히 부지런히 일하여
> 사람에게 공이 있으며, 돼지와 쥐는 곡식을 소모하여 사람에게 해
> 가 있다는 것으로써 매양 연초 신일·오일·해일·자일에 제사를 설
> 행하여 기원하고 인하여 백사를 금하며 서로 더불어 유락하였으
> 니, 이를 ‘신일(愼日)’이라 하였다.[64]

하지만 『동사강목』에서는 무진년 춘정월 기사에 “계림이 왕비 선혜
부인(善兮夫人)을 목베었다. 왕비가 중과 사통했기 때문이다”라고 하여
구체적인 왕비의 이름을 거론하고 있으나, 이 사건의 전말에 대해서는
전혀 언급하고 있지 않다. 그리고 이어서 2월에 “계림마립간이 일선군

---

64) 『동국통감』 「삼국기」 무진년(488) 신라 소지왕 10년·고구려 장수왕 76년·백제
동성왕 10년·제나라 무제 영명 6년조.

에 행행하여 빈궁한 백성에게 곡식을 주고, 지나가는 주군의 경한 죄수들을 특사하였다”고 서술하고 있을 뿐이다.[65]

이상의 내용으로 볼 때, 4~5세기『삼국사기』의 승려 및 사찰 관련 기록은 다음과 같은 사학사적 의의를 가진다고 생각된다.

첫째 4~5세기『삼국사기』의 승려 및 사찰 관련기사들은 고구려와 백제 초전불교의 지표로서, 이후의 사서에 하나의 잣대로서 역할을 하였다는 사실이다. 특히『삼국유사』에서 고구려·백제·신라본기의 사실을 중요한 전거로 들고 있음이 특기된다.

둘째 김부식은 최치원이 언급한 백제·고구려·신라의 순으로 불교가 전래한 사실에 대해 언급하지 않고 나름의 사료로서 고구려·백제의 국가 간의 공식적인 불교전래를 정확히 기록하였다는 점이다. 최치원이 중국측 자료에 의거하여 정리한 것에 구애받지 않고, 국가 간의 외교적인 사실로서 이를 기록한 것이다. 이 점이『삼국사기』가 삼국의 역사서로서 오랫동안 애독되어진 요인이 된 것이라고도 생각된다.

셋째 김부식은 조선 초의『동국통감』이 소수림왕과 침류왕을, 조선 후기『동사강목』에서 소수림왕을 비판한 것과는 달리『삼국사기』에서 객관적인 불교전래 사실만을 전하고 있다는 점이다. 김부식은 조선조 유학자들의 배불적 입장보다는 새로운 사조 내지 선진문화로서 불교가 우리나라에 전해지는 것을 중시했기 때문으로 생각된다.

---

65) 안정복,『동사강목』제2 하 무진년 신라 소지왕 10년·고구려 장수왕 76년·백제 동성왕 10년조.

5. 맺음말

4~5세기 『삼국사기』의 승려 및 사찰기록을 살펴본 내용을 다음과 같이 요약하는 것으로 결론을 대신하고자 한다.

첫째 김부식에 의한 의도적인 두찬의 부분이 눈에 띄었으므로, 이를 다음과 같이 짚어 보았다. 우선 고구려본기에서는 미천왕 31년조의 기사가 두찬일 것이라는 점과 고국양왕 9년과 광개토왕 2년의 사건이 같은 해에 일어난 것임에도 이를 둘로 나누어 기록함으로써 광개토왕의 봉불군주로서의 면모를 약화시키려 한 측면이 보인다는 점이다. 또한 백제본기에서는 세작인 고구려승 도림의 기사를 무척 크게 다루고 있는 점이다. 그리고 신라본기에서는 4~5세기의 관련기사를 6세기 법흥왕 대로 모아서 기록하고 있는 점이다.

둘째 삼국불교의 정황을 비교해 보기 위해 간단한 표를 만들어 본 결과, 하나는 순도와 아도, 마라난타를 제외하고 명칭이 알려진 승려는 모두 고구려승이며, 사찰의 경우도 백제의 한산사, 신라의 내불당을 제외하고는 모두 고구려 사찰이라는 점이다.

특히 승려의 경우 고구려본기의 4~5세기 승려로는 순도와 아도, 그리고 고구려 세작승 도림이 백제본기에 나온다. 이에 더하여 신라에 간 묵호자와 아도 그리고 살해당한 정방과 멸구비, 내전 분수승까지 모두 고구려에서 간 승려로 간주된다. 또한 석망명과 승랑 등이 고구려 승으로 알려져 있고, 제나라 승려 담초가 장수왕대에 고구려에 머문 것으로 알려져 있다. 백제에는 마라난타가 승려로서 유일하게 나오는 이름이지만 백제 승려 10인에게 도첩을 준 기록이 있다. 반면 신라는 고구려의 전도승들 만이 나올 뿐 신라승려에 대한 기록은 전무하다.

따라서 『삼국사기』의 거친 기록이기는 하지만, 4~5세기 삼국 가운데 고구려에서 불교가 매우 융성하였음을 알려주며, 5세기 고구려 고분벽화에 나오는 수많은 불교적 요소로서 이를 방증할 수 있다는 사실이다. 또한 고구려가 천하의 중심임을 천명한 5세기에, 신라에 전할 정도로 불교가 융성하였다는 것은 우연한 일이 아니며, 『삼국사기』가 이를 간접적으로나마 보여주고 있다는 점이다. 그리고 삼국의 초전불교 가운데 구체적으로 불교사상의 성격을 알 수 있는 고구려의 불교는 구복적인 모습과 함께 격의불교적인 모습을 가지고 있으며, 전진으로부터 불교를 받아들인 고구려로서는 석도안의 영향이 컸을 것으로 보인다.

셋째 이러한 분석과 함께 김부식이 정리한 4~5세기 『삼국사기』의 승려 및 사찰 관련 기록은 다음과 같은 사학사적 의의를 가진다고 생각된다.

우선, 4~5세기 『삼국사기』의 승려 및 사찰 관련기사들은 고구려와 백제 초전불교의 지표로서, 이후의 사서(史書)에 하나의 잣대로서 역할을 하였다는 사실이다. 특히 『삼국유사』에서 고구려·백제·신라본기의 사실을 중요한 전거로 들고 있음이 특기된다.

다음으로, 김부식은 최치원이 언급한 백제·고구려·신라의 순으로 불교가 전래한 사실에 대해 언급하지 않고, 나름의 사료로서 고구려·백제의 국가 간의 공식적인 불교전래를 정확히 기록하였다는 점이다.

마지막으로, 조선 초의 『동국통감』이 소수림왕과 침류왕을, 조선후기 『동사강목』에서 소수림왕을 비판한 것과는 달리 『삼국사기』에서는 객관적인 전래 사실만을 전하고 있다는 점이다. 이는 김부식이 조선조 유학자들의 배불적 입장과는 달리, 당시 새로운 사조 내지 선진문화로서의 불교가 우리나라에 전해지는 것을 중시했기 때문으로 생각된다.

제3장 6세기 『삼국사기』 불교관련 기사 존의(存疑)

1. 머리말

6세기 『삼국사기』에 나오는 불교관련 기사는 4~5세기에 비해 신라 관련 기사가 압도적으로 많은 분량을 차지하고 있다. 하지만 6세기 삼국이 해외로 보낸 유학생 수는 비슷한 면모를 보이고 있다. 뿐만 아니라 관련 기사의 내용에 있어서도 고구려와 백제는 『해동고승전』「의연」조와 『일본서기』에 각각 6세기 관련 불교관계 기사가 나오고 있다. 김부식에 의한 신라 편중 양상을 느끼게 한다.

본고는 먼저 6세기 『삼국사기』 불교관련 기사를 추출하고 삼국의 불교관련 내용을 보완하여 살펴보려 한다. 다음으로 신라 불교관련 기사들은 여러 의미를 함축한 것으로 알려져 있는데, 특히 김부식의 의도에 따른 사료선택이 눈에 띄는 특징으로 나타나고 있다. 즉 유학자로서의 현창 기사와 윤색 기사, 두찬 기사가 그것이다. 이에 왕릉과 사찰 기사, 백좌강회와 팔관연회 기사, 안홍과 원광 관련 기사를 중심으로 살펴보려 한다. 질정을 바란다.

2. 6세기 『삼국사기』 불교관련 기사

(1) 관련기사

6세기 『삼국사기』에는 불교관련 기사가 비교적 많이 보이고 있다. 신라본기, 백제본기와 직관지, 열전에 실려 있는데, 그 내용을 원문으로 제시해 보면 다음과 같다.

먼저 신라본기의 관련 기사이다.

1)-1. 十五年, 肇行佛法. 初, 訥祗王時, 沙門墨胡子自高句麗至一善郡, 郡人毛禮, 於家中作窟室安置, 於時, 梁遣使賜衣着香物, 君臣不知其香名與其所用, 遣人■香?問, 墨胡子見之, 稱其名目曰, 此焚之則香氣芬馥, 所以達誠於神聖, 所謂神聖未有過於三寶, 一曰佛?, 二曰達摩, 三曰僧伽, 苦燒此發願, 則必有靈應, 時, 王女病革, 王使胡子焚香表誓, 王女之病尋愈, 王甚喜, ?贈尤厚, 胡子出見毛禮, 以所得物贈之, 因語曰, 吾今有所歸, 請辭, 俄而不知所歸, 至毗處王時, 有阿道【一作我道】和尙, 與侍者三人, 亦來毛禮家, 儀表似黑胡子, 住數年, 無病而死, 其侍者三人留住, 講讀經律, 往往有信奉者, 至是, 王亦欲興佛敎, 群臣不信, ??騰口舌, 王難之, 近臣異次頓【或云處道】奏曰, 請斬小臣以定衆議, 王曰, 本欲興道而殺不辜, 非也, 答曰, 若道之得行, 臣雖死無憾, 王於是, 召群臣問之, 僉曰, 今見僧徒, 童頭異服, 議論奇詭而非常道, 今若縱之, 恐有後悔, 臣等雖卽重罪, 不敢奉詔, 異次頓獨曰, 今群臣之言非也, 夫有非常之人, 然後有非常之事, 今聞佛敎淵奧, 恐不可不信, 王曰, 衆人之信, 牢不可破, 汝獨異言, 不能兩從, 遂下更將誅之, 異次頓臨死曰, 我爲法就刑, 佛若有神, 吾死必有異事, 及斬之, 血從斷處湧, 色白如乳, 衆怪之, 不復非毀佛事【此據金大問鷄林雜傳所記書之, 與韓奈麻金用行所撰我道和尙碑所錄, 殊異】

1)-2. 十六年, 下令禁殺生

1)-3. 二十七年, 秋七月, 王薨, 謚曰法興, 葬於哀公寺北峯[1]

2)-1. 五年, 春二月, 興輪寺成, 三月, 許人出家爲僧尼奉佛

2)-2. 十年, 春, 梁遣使與入學僧覺德, 送佛舍利, 王使百官奉迎興輪寺前路

2)-3. 十四年, 春二月, 王命所司築新宮於月城東, 黃龍見其地, 王疑之, 改爲佛寺, 賜號曰皇龍

2)-4. 二十三年, 九月, 加耶叛, 王命異斯夫討之, 斯多含副之, 斯多含領五千騎先馳入栴檀門立白旗, 城中恐懼, 不知所爲, 異斯夫引兵臨之, 一時盡降

2)-5. 二十六年, 九月, 陳遣使劉思與僧明觀來聘, 送釋氏經論千七百餘卷

2)-6. 二十七年, 春二月, 祇園實際二寺成, 立王子銅輪爲王太子, 遣使於陳, 貢方物, 皇龍寺畢功

2)-7. 三十三年, 冬十月二十日, 爲戰死士卒, 設八關筵會於外寺, 七日罷

2)-8. 三十五年, 春三月, 鑄成皇龍寺丈六像, 銅重三萬五千七十斤, 鍍金重一萬一百九十八分

2)-9. 三十六年, 春夏旱, 皇龍寺丈六像出淚至踵

2)-10. 三十七年, ① 春, 始奉源花, 初, 君臣病無以知人, 欲使類聚群遊, 以觀其行義, 然後擧而用之, 遂簡美女二人, 一曰南毛, 一曰俊貞, 聚徒三百餘人, 二女爭娟相妬, 俊貞引南毛於私第, 强勸酒至醉, 曳而投河水以殺之, 俊貞伏誅, 徒人失和罷散, 其後, 更取美貌男子, 粧飾之, 名花郎以奉之, 徒衆雲 集, 或相磨以道義, 或相悅以歌樂, 遊娛山水, 無遠不

---

1) 『삼국사기』 권4 법흥왕 15, 16, 27년조.

至, 因此知其人邪正, 擇其善者, 薦之於朝, 故金大問花郎世記曰, 賢佐
忠臣, 從此而秀, 良將勇卒, 由是而生, 崔致遠鸞郎碑序曰, 國有玄妙之
道, 曰風流, 設教之源, 備詳仙史, 實乃包含三教, 接化群生, 且如入則
孝於家, 出則忠於國, 魯司寇之旨也, 處無爲之事, 行不言之教, 周柱史
之宗也, 諸惡莫作, 諸善奉行, 竺乾太子之化也, 唐令狐澄新羅國記曰,
擇貴人子弟之美者, 傅粉粧飾之, 名曰花郎, 國人皆尊事之也, ② 安弘
法師入隋求法, 與胡僧毗摩羅等二僧廻, 上稜伽勝鬘經及佛舍利, ③ 秋
八月, 王薨, 諡曰眞興, 葬于哀公寺北峯, ④ 王幼年卽位, 一心奉佛, 至
末年祝髮, 被僧衣, 自號法雲, 以終其身, 王妃亦効之爲尼, 住永興寺,
及其薨也, 國人以禮葬之[2]

3) 四年, 秋七月十七日, 王薨, 諡曰眞智, 葬于永敬寺北[3]

4)-1. 七年, 秋七月, 高僧智明入陳求法

4)-2. 九年, 秋七月, 大世仇柒二人適海 …, 與交遊僧淡水曰 … 吾將乘桴泛
海, 以至吳越, 侵尋追師, 訪道於名山, 若凡骨可換, 神仙可學, 則飄然
乘風於泬寥之表, 此天下之奇遊壯觀也, 子能從我乎, 淡水不肯, 大世退
而求友, 適遇仇柒者, 耿介有奇節, 遂與之遊南山之寺 … 大世知其可
與, 密言其志, 仇柒曰, 此吾願也, 遂相與爲友, 自南海乘舟而去, 後不
知其所往

4)-3. 十一年, 春三月, 圓光法師入陳求法

4)-4. 十八年, 春三月, 高僧曇育入隋求法, 遣使如隋, 貢方物, 冬十月, 永興
寺火, 延燒三百五十家, 王親臨救之

4)-5. 十九年, 三郎寺成

---

2)『삼국사기』권4 진흥왕 5, 10, 14, 23, 26, 27, 33, 35, 36, 37년조.
3)『삼국사기』권4 진지왕 4년조.

4)-6. 二十二年, 高僧圓光隨朝聘使奈麻諸文大舍橫川還[4]

　1)은 법흥왕대의 기사로, 1)-1은 법흥왕 15년(528)에 처음으로 불교의 법을 행한 내용으로, 이 안에는 불교 공인 이전에 신라에 전해진 불교 관련 기사들을 모아 놓았다. 즉 눌지왕 때의 묵호자, 비처왕(毗處王, 소지왕) 때의 아도화상, 법흥왕과 이차돈의 순교관련 내용으로, 김대문의 『계림잡전』에 의거하여 서술한 것이다. 1)-2는 법흥왕 16년(529)에 살생 금지령을 내린 기사이다. 1)-3은 법흥왕 27년 7월에 왕이 돌아가시자 시호를 법흥이라 하고 애공사 북봉에 장사지낸 내용이다.

　2)는 진흥왕 대의 관련기사로 가장 양이 많다. 2)-1은 진흥왕 5년(544) 2월에 흥륜사가 낙성되고, 3월에 출가하여 승려가 되는 것을 허락한 내용이다. 2)-2는 진흥왕 10년(549) 양나라에서 사신과 유학승 각덕에게 불사리를 보내니, 왕이 백관들에게 흥륜사 앞길에서 맞아들이게 하였다. 2)-3은 진흥왕 14년(553) 왕이 월성 동쪽에 신궁을 건축하는데 황룡이 나타나므로 이에 불사로 고치고 황룡사라 하였다. 2)-4는 진흥왕 23년(562) 이사부가 가야를 정벌한 기사로, 사다함과 전단문과 같은 불교 용어가 나오기 때문에 관련 기사로 추출하였다. 2)-5는 진흥왕 26년(565) 진나라 사신 유사(劉思)와 승 명관이 석씨경론(釋氏經論)인 불경 1,700여 권을 가져 온 내용이다. 2)-6은 진흥왕 27년(566) 기원사와 실제사가 낙성되고, 황룡사 공역을 끝낸 기사이다. 2)-7은 진흥왕 33년(572) 10월 20일에 전사한 병졸을 위하여 외사에서 팔관연회를 열고 7일 만에 파하였다는 내용이다. 2)-8은 진흥왕 35년(574) 황룡사장륙상을 주성한 기사로, 무게와 도금까지 기록하였다. 2)-9는 진흥왕 36년(575) 황룡

---

4) 『삼국사기』 권4 진평왕 7, 9, 11, 18, 19, 22년조.

사장류상에서 눈물이 흘러 발꿈치까지 내려왔다는 사실을 특기하고 있
다. 2)-10은 진흥왕 37년(576)의 내용으로, 다음의 여러 기사가 종합적으
로 나오고 있다. 첫째 화랑설치에 관한 기사로, 김대문의 『화랑세기』,
최치원의 난랑비서, 당나라 영호징(令狐澄)의 『신라국기(新羅國記)』를
인용하여 설명한 내용이다. 둘째 안홍법사가 수나라에 들어가 호승 비
마라(胡僧 毗摩羅) 등 두 승려와 함께 돌아와 『능가경』과 『승만경』, 불
사리를 바친 기사이다. 셋째 진흥왕을 애공사 북봉에 장사한 기사이다.

3)은 진지왕 대 기사로, 진지왕 4년 7월 17일에 왕이 돌아가니 시호
를 진지라 하고 영경사 북쪽에 장사지낸 내용이다.

4)는 진평왕 대의 기사이다. 4)-1은 진평왕 7년 고승 지명이 진나라에
가서 불교의 법을 구하였다는 내용이다. 4)-2는 진평왕 9년 7월에 대세
와 구칠이 해외로 떠난 기사로, 대세는 내물왕의 7대손이고, 이찬 동대
(冬臺)의 아들인데, 자질이 준수하여 젊어서부터 방외(方外)에 뜻을 두
어 승 담수(淡水)와 더불어 오월로 떠나 명산에서 수도하기를 청하였으
나, 그가 즐겨하지 않자 구칠(仇柒)을 만나 남해에서 배를 타고 떠나갔
다는 내용이지만, 승려 담수와 남산지사가 나오고 있어 기사로 추출하
였다. 4)-3은 진평왕 11년 원광법사가 진나라에 가서 법을 구한 내용을
기록하고 있다. 4)-4는 진평왕 18년 3월 고승 담육이 수나라에 가서 법
을 구하였다고 하였다. 10월에 영흥사에 화재가 일어나 350호가 연소
되니, 왕이 친히 가서 구원한 기사이다. 4)-5는 진평왕 19년 삼랑사 낙
성 기사이다. 4)-6은 진평왕 22년 고승 원광이 조빙사인 내마 제문과 대
사 횡천을 따라 돌아온 기사이다.

다음은 백제본기의 기사이다.

5) 十九年, 王遣使入梁朝貢, 兼表請毛詩博士涅槃等經義幷工匠畫師等.5)

6)-1. 法王, 冬十二月, 下令禁殺生, 收民家所養鷹鷂, 放之, 漁獵之具焚之.

6)-2. 二年, 春正月, 創王興寺, 度僧三十人, 大旱, 王幸漆岳寺, 祈雨, 夏五月
薨, 上諡曰法.6)

5)는 백제 성왕 19년(541)의 기사로, 왕이 사신을 양나라에 보내어 조
공하고, 동시에 글월로써 모시박사(毛詩博士)·『열반경』등의 경의(經義)
및 공장(工匠)·화사(畫師) 등을 청하여 온 내용이다.

6)-1은 법왕 즉위년(599) 12월에 영을 내려 살생을 금하고, 민가에서
기르는 매와 새매를 거두어 놓아 주었으며, 어로와 수렵 도구는 태워
버린 기사로, 같은 내용이 『삼국유사』권3 「법왕금살」조에도 나온다.
6)-2는 법왕 2년(600) 정월의 기사로, 왕흥사를 창건하여 승려 30명을
머물게 하였다는 내용과, 크게 가물자 왕이 칠악사에 가서 비를 빈 내
용이다. 이어 5월에 돌아가시므로 시호를 법이라 올린 내용이다.

다음은 직관지에 나오는 내용이다.

7) 國統一人【一云寺主】, 眞興王十二年, 以高句麗惠亮法師爲寺主, 都唯那
娘一人, 阿尼大都唯那一人, 眞興王始以寶良法師爲之, 眞德王元年加一
人, 大書省一人, 眞興王以安藏法師爲之, 眞德王元年加一人 … 州統九
人, 郡統十八人.7)

국통에 관한 내용으로, 국통은 전국의 승려를 통솔하는 승관으로 1

5) 『삼국사기』권26 성왕 19년조.
6) 『삼국사기』권27 법왕 원년, 2년조.
7) 『삼국사기』권40 직관지 하.

명인데 혹은 사주라고도 하는데, 진흥왕 12년에 고구려의 혜량법사로
사주를 삼은 기사이다. 도유나랑은 1명으로 아니(阿尼)요, 대도유나는 1
명인데 진흥왕이 처음에 보량법사를 임명하였는데, 진덕왕 원년에 1명
을 더하였고, 대서성은 1명으로 진흥왕이 안장법사를 임명하였는데, 진
덕왕 원년에 1명을 더하였다는 내용과 주통 9인 군통 19인을 둔 기사이
다. 이외에 사전(寺典)과 승방전(僧房典), 원당전에 관한 기록도 있다.[8]
마지막으로 열전의 기사이다.

> 8) 居柒夫【或云荒宗】, 姓金氏, 奈勿王五世孫, 祖仍宿角干, 父勿力伊湌, 居
> 柒夫少跅弛有遠志, 祝髮爲僧, 遊觀四方, 便欲覘高句麗, 入其境聞法師惠
> 亮開堂設經, 遂詣聽講經, 一日, 惠亮問曰, 沙彌從何來, 對曰, 某新羅人
> 也, 其夕, 法師招來相見, 握手密言曰, 吾閱人多矣, 見汝容貌, 定非常流,
> 其殆有異心乎, 答曰, 某生於偏方, 未聞道理, 聞師之德譽, 來伏下風, 願
> 師不拒, 以卒發蒙, 師曰, 老僧不敏, 亦能識子, 此國雖小, 不可謂無知人
> 者, 恐子見執, 故密告之, 宜疾其歸, 居柒夫欲還, 師又語曰, 相汝鷰頷鷹
> 視, 將來必爲將帥, 若以兵行, 無貽我害, 居柒夫曰, 若如師言, 所不與師
> 同好者, 有如皦日, 遂還國, 返本從仕, 職至大阿湌, 十二年辛未 … 居柒
> 夫等乘勝取竹嶺以外高峴以內十郡, 至是, 惠亮法師領其徒出路上, 居柒
> 夫下馬, 以軍禮揖拜, 進曰, 昔遊學之日, 蒙法師之恩, 得保性命, 今邂逅
> 相遇, 不知何以爲報, 對曰, 今我國政亂, 滅亡無日, 願致之貴域, 於是, 居
> 柒夫同載以歸, 見之於王, 王以爲僧統, 始置百座講會及八關之法.[9]

8)은 거칠부의 전기에 나오는 혜량법사의 신라망명과 관련된 기사이
다. 그가 젊은 시절에 중이 되어 사방으로 다니다가 고구려를 정찰하려
고 들어갔을 때 법사 혜량의 강당에 나아가 강경을 들었다. 혜량이 그

---

8) 『삼국사기』 권39 직관지 중.
9) 『삼국사기』 권44 「거칠부」전.

가 신라인임을 알아보고 위험을 느껴 돌아가도록 종용한 것이 인연이
되어 551년 신라의 8장군의 1인으로 백제와 더불어 고구려를 침공하여
죽령(竹嶺) 이북, 고현(高峴) 이내의 10군을 취하였을 때, 혜량법사가 무
리를 이끌고 길 위로 나왔으므로 함께 수레를 타고 신라로 오자 왕이
승통을 삼은 기사이다. 혜량은 신라에서 처음으로 백좌강회와 팔관지
법을 설하였다는 사실도 전하고 있다.

(2) 6세기 삼국의 불교

이상의 6세기 불교관련 기사 가운데 백제본기의 3건을 제외한 나머
지는 모두 신라와 관련된 것이다. 양으로만 보면, 6세기 삼국의 승려와
사찰은 신라가 주도적으로 이끌고 갔다고 할 수 있다. 하지만 『삼국유
사』, 『해동고승전』, 『일본서기』 등의 6세기 자료를 참조해 보면, 『삼국
사기』에 전하는 기사보다 훨씬 많은 내용이 전해지고 있다는 사실이다.

고구려는 6세기로 접어들면서 대규모의 왕위계승전이 발생하여 안
원왕의 중부인 측(麤群)과 셋째부인 측(細群)의 충돌로 중부인 측이 이
겨 양원왕이 즉위하였으나 이 사이 신라의 공격으로 한강유역을 상실
하는 이변을 초래하였고,[10] 혜량이 신라로 망명하는 사건까지 일어났
다. 그럼에도 불구하고 『삼국사기』 고구려본기에는 불교관계 기사가
전혀 나오지 않는다. 하지만, 『해동고승전』의 「의연」조에는 6세기 고
구려불교와 관련된 내용이 보이고 있다. 즉 평원왕 대(550~589)를 중심
으로 활동한 승 의연이 불교계의 재정비를 위해 대승상 왕고덕의 후원
에 힘입어 북제의 법상(法上)에게 유학하여 의문나는 교리와 불기(佛

---

10) 노태돈, 1976, 「고구려의 한수유역 상실의 원인에 대하여」 『한국사연구』13,
    pp.31-54.

紀), 승관제 등을 배워 오게 하였다.[11] 의연은 북제에 있으면서 『사분률』
과 함께 『십지경론』, 『지도론』, 『지지경론』, 『금강반야경』 등 역시 대
승계통의 여러 경전을 익힌 후 전래해 옴으로써 고구려 불교의 면모를
일신시키고자 하였다.[12] 실제 이 시기 고구려 승려들의 지위와 권한은
왕권과 귀족들의 뒷받침을 받아 대단히 막강했을 것으로 생각되나, 김
부식은 기술하지 않았다.

백제는 6세기에 성왕과 위덕왕, 법왕 모두 불교와 관련된 임금이었
지만, 위에서 본 것처럼 3건의 기사만이 전하고 있다. 그러나 6세기 백
제불교는 많은 연구가 진행되어 그 성과가 제법 쌓여 있는 상태이다.

첫째는 계율과 관련된 내용이 많이 거론되고 있다.

백제는 처음에 동진에서 온 호승 마라난타에 의한 불교 전래로 중국
의 남조와의 불교교류와 함께 천축으로의 구법 열의가 매우 강하였다.
이러한 백제 불교는 계율을 중시한 특징이 간헐적으로 나타나고 있는
데,[13] 그 예를 들면 다음과 같다.

먼저 법왕에 의한 불살생의 금령 기사이다. 민가에서 기르는 매와 새
매를 거두어 놓아주고 사냥하는 도구들을 불태우게 한 내용으로, 법왕
의 이러한 시책에 대해 상반되는 견해가 제시되어 있다. 즉 법왕의 불
교보급책은 그 급격한 조치에 비례하여 귀족세력들의 거센 반발을 초
래하여 갈등이 야기되어 법왕이 단명한 요인이 되었다고 본 견해와 법
왕이 재위시의 연령이 50대일 것으로 추정하여 노령에 의한 자연사일

11) 『해동고승전』 권1 「의연」전; 『속고승전』 권8 「법상」전.
12) 이만, 1996, 「고구려 의연의 유식교학-중국 지론종의 법상과의 관계를 중심으로-」
　　『한국불교학』21; 남무희, 「고구려후기 불교사상 연구-의연의 지론종사상 수용을
　　중심으로-」『국사관논총』95; 정선여, 2000, 「고구려 승려 의연의 활동과 사상」『한
　　국고대사연구』20, 2001, 「6세기 고구려 불교신앙」『백제연구』34 참조.
13) 김복순, 2002, 「백제불교의 초전문제」『한국고대불교사연구』, pp.59-65.

가능성을 언급한 견해가 그것이다.[14]

다음으로 미륵불광사적(彌勒佛光寺蹟)에는 겸익의 천축행을 전하고 있다.[15] 성왕 때 겸익이 해로로 중인도 상가나대율사(常伽那大律寺)에 유학하여 5년 간 범문(梵文)을 익힌 뒤 배달다(倍達多) 삼장과 함께 천축에서 돌아와 범본의 율(阿毘曇藏·五部律文)을 번역한 것이다. 그리고 백제에서 계율을 배우고자 하였던 일본의 선신니 등 3인과 제자 2인 등 5인이 588~590년에 백제에서 수학하고 귀국하자, 일본에서는 비구니들이 많아지고 계법이 널리 유행하였다고 한다.[16]

둘째는 양나라와의 불교교류이다. 5)의 기사는 이를 단적으로 보여주는 내용으로, 『열반경』 등 경의와 공장·화사 등을 요청하여 백제에 오게 한 내용이다. 양나라가 중국 정세를 주도할 무렵인 541년의 일로, 양은 백제가 요청한 이들 외에도 육후가 백제에 와서 예학을 전해주고 있다. 이와 함께 성왕에서 위덕왕 대에 활동한 발정은 양의 천감 중에 유학하여 30여 년을 수학하고 귀국하는 길에 관세음의 응험이 있었던 장소를 방문하고 그 때 들었던 내용을 기록한 것이 「관세음응험기」에 수

14) 이도학, 1994, 「사비시대 백제의 4방계산(方界山) 호국사찰의 건립-법왕의 불교이념 확대시책과 관련하여」, 『백제연구총서』4, 충남대 백제연구소, pp.220-221; 양기석, 2009, 「백제 왕흥사의 창건과 변천」, 『백제문화』41, p.50.
15) 윤선태, 2008, 「미륵불광사사적기」, 『백제사자료역주집-한국편Ⅱ-』, 충청남도역사문화연구원, pp.431-433. 기타편에서 「미륵불광사사적기」를 역주하였으나, 원자료의 한계성을 인식할 필요가 있다고 보고 있다. 또한 동국대학교 불교문화연구원 조선불교통사역주편찬위원회, 2010, 『역주 조선불교통사』1, 동국대 출판부, pp.140-143에도 「미륵불광사사적기」에 관한 언급이 있는데, 원 소재를 파악하지 못하고 있음과 함께 중국에서의 율부의 번역과 비교하여 겸익의 구법과 번역 등의 전승을 선뜻 믿기 어렵다는 견해를 내놓고 있다. 그러나 백제의 최초 불교전래자가 호승(胡僧) 마라난타인 점을 감안할 때 백제불교와 남조 그리고 천축과의 깊은 연관성을 고려할 필요가 있다.
16) 김영태, 1985, 『백제불교사상연구』, 동국대출판부, pp.74-79

록되어 있기도 하다.[17] 무녕왕릉의 묘지와 묘실, 묘지와 매지권, 석수, 오수전, 청자, 동경, 유리동자상 등을 양과의 교류에서 온 영향으로 언급하고 있다.[18]

셋째는 백제불교의 일본 전파이다. 백제가 일본과의 교류를 적극화한 데에는 여러 가지 요인이 있을 수 있지만, 양나라의 멸망이 가장 큰 요인으로 생각된다. 성왕 27년(549) 10월에 백제 왕이 양나라 수도에 반란의 적도가 있는 것을 알지 못하고 사신을 보내 조공하였는데, 사신이 이르러 성과 궁궐이 황폐하게 무너진 것을 보고 모두들 대궐문 밖에서 소리내 울자, 길가던 사람들이 보고 눈물을 뿌리지 않는 이가 없었다.

후경이 이를 듣고 크게 노하여 그들을 잡아 가두었고, 백제 사신들은 후경의 난이 평정된 후인 552년에야 귀국할 수 있었다.[19] 이렇게 양과의 교류가 끊기게 되자, 백제 성왕은 일본과의 관계로 새로운 돌파구를 찾은 듯한데, 그 시점이 552년이기 때문이다. 백제가 일본에 전해준 불교관련 내용은 『일본서기』에 상세히 나와 있어 참조할 수 있다.[20]

---

17) 윤선태, 2008, 「관세음응험기」 『백제사자료역주집-한국편 II -』, pp.437-445.
18) 주유홍, 2009, 「백제문화와 중국의 남조문화-무녕왕릉을 중심으로-」 『백제문화』 40, pp.131-138.
19) 『삼국사기』 권26 성왕 27년 10월조.
20) 『일본서기』 권19 흠명기(欽明紀) 13년(552) 10월, 성왕이 서부 희씨(西部 姬氏) 달솔(達率) 노리사치계(怒唎斯致契) 등을 보내어 석가불 금동상 1구, 번개(幡蓋) 약간, 불경과 논(論) 약간 권을 전하였다. 『일본서기』 권19 흠명기 15년 2월 성왕이 원병을 청하면서 승 담혜 등 9인으로써 승 도침 등 7인과 교대케 하였다. 『일본서기』 권19 흠명기 16년 8월 위덕왕이 부왕을 위하여 출가수도하려고 하다가 제신(諸臣)과 백성들의 간언으로 그만두고, 대신 승 100인을 득도하게 하고 번개 등 여러 공덕을 지었다. 『일본서기』 권20 민달기(敏達紀) 6년 11월 위덕왕이 왜사(倭使) 돌아가는 편에 경론 약간 권과 율사·선사(禪師)·비구니·주금사(呪禁師)·조불공(造佛工)·조사공(造寺工) 등 6인과 함께 보냈다. 『일본서기』 권20 민달기 13년 9월 위덕왕이 왜사 鹿深臣과 佐伯連이 백제로부터 미륵석상 1구와

김부식은 이러한 백제의 불교에 대해 거의 언급하고 있지 않다. 그럼
에도 불구하고 법왕 2년 왕흥사를 창건하고 30인에게 도첩을 준 내용
은 기술하고 있다.

그런데 왕흥사는 1934년 '王興(왕흥)'명 기와편의 발견과 2001년 '王
興'명이 새겨진 고려시대 기와가 출토되어 백제부터 고려까지 존속한
사찰로 알려지게 되면서, 2000년부터 8차에 걸친 발굴조사로 1탑 1금
당의 가람구조가 확인되고, 2007년 가을 명문이 새겨진 사리장엄구 등
다수의 유물이 출토되었다. 특히 이곳에서 발견된 사리장엄구의 명
문21)에 의해 왕흥사가 위덕왕 24년(577) 2월 15일에 창건된 것임이 확
인되었다. 따라서 법왕 2년의 왕흥사 창건 기사는 두찬으로 여겨지기도
하였다.

이 문제는 부여 능사 목탑지에서 발견된 「창왕명 석조사리감」은 위
덕왕 14년(567)으로 밝혀진 명문이 새겨져 있어,22) 위덕왕대 백제불교
의 왕성함을 짐작하게 해 준다. 근래 이러한 명문과 출토유물 등과 『삼
국사기』 법왕대의 기사를 합쳐 해석하려는 견해가 나와 있는데, 위덕
왕 24년에 창건된 왕흥사가 이때에 이르러 사원의 규모와 기능을 크게

불상 1구를 각기 본국으로 가져갔다. 『일본서기』 권21 숭준기(崇峻紀) 원년 백제
가 사신 및 승 혜총·영근·혜식 등을 왜국에 보내어 불사리를 전하고, 또 은솔 수
신, 덕솔 개문, 나솔 복부미신 등을 파견하여 예물과 불사리, 승 영조율사·영위·
혜중·혜숙·도엄·영개 등과 寺工 태양미태·문매고자, 노반박사 장덕 백매순, 와
박사 마내부노·양귀문·능귀문·석마제미, 화공 백가 등을 보내었다. 『일본서기』
권22 추고기(推古紀) 3년 백제승 혜총은 같은 해 왜에 귀화한 고구려승 혜자와
함께 일본불교의 동량이 되었다 한다.
21) '丁酉年二月/ 十五日百濟/ 王昌爲亡王/ 子立刹本舍/ 利二枚葬時/ 神化爲三'
(정유년 2월 15일 백제왕 창이 죽은 왕자를 위해 찰주를 세웠다. 본래 사리 2매를
묻었을 때 신묘한 변화로 셋이 되어 있었다).
22) 국립청주박물관, 1996, 『백제 금동대향로와 창왕명사리감』, pp.23-27.

확대한 것으로 이해하고 있어,[23] 주목된다.

그러나 김부식은 위덕왕대에 존재하였던 사원에 대해서는 전혀 언급하고 있지 않다.

신라의 경우 본기, 직관지, 열전에 6세기 관련 자료가 가장 많이 나오고 있으나, 이 기사 역시 김부식의 편찬 의도에 따른 현창과 윤색, 두찬의 모습이 보이므로 다음 장에서 상술하고자 한다. 이상의 내용에 의거하여 6세기 삼국과 관련된 승려와 사찰, 기타로 분류하여 정리해 보면 다음과 같다.

내용	고구려	백제	신라
승려	묵호자, 아도, 시자 3인, 혜량법사, 의연, 혜자	담혜, 도침, 혜총·영근·혜식, 영조·영위·혜중·혜숙·도엄·영개	각덕, 명관, 안홍, 호승 비마라 등 2인, 법공, 법운, 진흥왕비, 지명, 담수, 원광, 담육, 아니, 보량, 안장
사찰		왕흥사, 칠악사, 능사	애공사, 흥륜사, 황룡사, 지원사, 실제사, 영흥사, 영경사, 영흥사, 삼랑사,
기타		열반경의, 금살생령, 사공(寺工) 태양미태·문매고자, 노반박사 장덕 백매순, 와박사 마내부노·양귀문·능귀문·석마제미, 화공 백가	삼보, 사다함, 전단문, 석씨경론 1.700권, 팔관연회, 황룡사장육상, 제악막작봉선중행, 축건태자, 『능가경』, 『승만경』, 불사리, 금살생령, 사전, 승방전, 국통, 사주, 도유나랑, 대도유나, 대서성, 승통, 백좌강회, 팔관지법

3. 유학자 김부식의 의도적 사료 선택

(1) 왕릉과 사찰 기사

6세기 신라본기 기사 가운데 그 이전의 기사와 다르게 부각된 내용은 법흥왕 대부터 지속적으로 나오는 왕들의 장사관련 기록이다.

---

23) 양기석, 2009, 「백제 왕흥사의 창건과 변천」 『백제문화』41, pp.43-49.

9)-1. (법흥왕) 27년 7월에 왕이 돌아가시자 시호를 법흥이라 하고 애
　　　공사 북봉에 장사지냈다.

9)-2. (진흥왕) 37년(576) 8월에 진흥왕이 돌아가시니 시호를 진흥이라
　　　하고 애공사 북봉에 장사하였다.

9)-3. (진지왕) 4년(579) 7월 17일에 왕이 돌아가니 시호를 진지라 하
　　　고 영경사 북쪽에 장사지냈다.[24)]

　6세기에 나오는 내용으로 법흥왕과 진흥왕이 죽자 애공사 북봉에 장
사하였고, 진지왕이 죽자 영경사 북쪽에 장사지낸 기사이다. 514년에
죽은 지증왕은 왕 3년(502)에 순장을 금지하는 명을 내리고 시호법도
시작하였으나, 그의 장사관련 기록은 보이지 않고 있다. 그렇다면 김부
식은 왜 법흥왕의 장사기록부터 기사를 실은 것일까 하는 점이다.

　그것은 첫째로 김부식은 유학자로서 왕릉을 도성 내에 쓰지 않는다
는 사실에 입각해서 법흥왕릉 이후의 왕릉이 사서에 남길만한 가치가
있다고 본 때문이라 생각된다.

　상고기의 신라 왕릉에 대한 기록을 보면, 『삼국사기』에 그 위치가 나
오는 것은 오릉과 관련된 초기 왕릉과 탈해왕릉, 그리고 미추왕릉이 전
부이다.[25)] 『삼국유사』에는 왕력에 내물마립간릉이 점성대 서남에 있다

---

24) 『삼국사기』 권4 법흥왕 27년 7월, 진흥왕 37년 8월, 진지왕 4년 7월조.
25) 『삼국사기』 권1 혁거세거서간 61년 춘3월, 거서간이 승하하였다. 담엄사 북쪽에
　　있는 사릉(蛇陵)에 장사지냈다. 남해차차웅 21년 추9월, 왕이 돌아가셨다. 사릉원
　　안에 장사(葬事)하였다. 유리니사금 34년 동10월, 왕이 돌아가셨다. 사릉원 안에
　　장사하였다. 탈해니사금 24년 추8월, 왕이 돌아가셨다. 성의 북쪽 양정구(壤井丘)
　　에 장사하였다. 파사니사금 33년 동10월, 왕이 돌아가셨다. 사릉원 안에 장사하
　　였다. 미추니사금 23년 동10월, 왕이 돌아가셨다. 대릉(大陵)에 장사하였다(죽장
　　릉(竹長陵)이라 한다).

고 하였는데, 이것까지 합하더라도 7기 정도가 그 위치를 나타내고 있
다. 그러다가 중고기 법흥왕 대부터 왕들의 장사지낸 사실을 지속적으
로 기록한 것이다. 이는 그가 유학자로서 법흥왕릉이 도성 외곽으로 옮
겨진 사실에 주목한 듯하다. 즉 조선시대 기록이기는 하지만, 국휼 조
에 "도성부근 10리와 인가가 있는 100보 이내에는 장사를 지내지 못한
다"26)는 기록을 참조할 때, 법흥왕릉이 시가지 중앙에서 산록으로 옮
겨져 조성된 것은 특기할 만한 사실인 것이다.27)

신라 왕경지역은 고고학적으로 6세기 중엽 경부터 횡혈식 석실묘가
채용되기 시작하였고, 이러한 석실묘제를 채택한 최초의 왕릉은 법흥
왕릉일 것으로 추정하고 있으며, 거의 일시에 묘제의 교체가 이루어진
것으로 보고 있다.28) 법흥왕은 불교를 공인한 이후 왕경의 변화가 필요
하다고 보았고, 왕경 중심부에 위치해 있던 왕릉을 주변 산록으로 이동
시키기 위해 자신의 릉부터 규모를 줄여 왕경을 외호하고 있는 산록에
조성하게 한 것이다.29)

이는 흥륜사 창건으로 인해 이차돈의 순교까지 겪은 법흥왕으로서는
왕경의 중앙에 사찰이 조성될 수 있게 하기 위한 고심에서 나온 정책으
로, 왕릉이 빠져나간 자리에 사찰을 창건할 수 있다고 보았기 때문이

---

26) 『경국대전』「국휼」조; 『대전회통』「국휼」조.
27) 『고려사』에 나오는 고려왕들의 장지는 태조·혜종·광종 등은 송악산 기슭에 쓰고
있고, 대개 성의 남쪽 내지 북쪽·서쪽에 쓰거나, 교외라고 되어 있어 도성에서 떨
어진 곳을 장지로 하였음을 알 수 있다.
28) 최병현, 1995, 『신라고분연구』, 일지사, pp.505-507; 최재석, 1985, 『신라시대의
장법과 상제』『고려대학교 문과대학 인문논집』30; 박영복, 1992, 「신라 적석목곽
분의 발생과 소멸에 관한 일고」『국사관논총』33; 홍보식, 1995, 「고분문화를 통해
본 6~7세기대의 사회변화 -영남지역을 중심으로-」『한국고대사논총』7; 이근직,
2002, 「신라왕릉 관계기사 검토 -사료의 성격규명을 중심으로-」『고문화』59.
29) 김복순, 1995, 「신라의 왕릉」『경주발전』4, pp.112-119 참조.

다. 2)-3에 나오는 바와 같이 진흥왕 14년(553)에 궁궐을 지으려다가 계
획을 바꾸어 사찰을 창건하려 할 때 황룡의 출현이라는 상황을 연출하
여 군신의 반대를 무마하려 하였다. 이는 신라 왕경의 중앙에 불사가
건립되는 것이 그만큼 어려운 과정을 거치고 나서야 가능했다는 것으
로, 이는 왕릉이 산록으로 이동했기에 가능한 사안이었다.

둘째로 김부식은 왕을 장사 지낸 장소와 그 방향 표시로서 사찰을 함
께 명기하였는데, 능사로서의 역할에 주목한 때문이었다.

『삼국사기』에서는 도성 외곽의 산록으로 빠져나간 법흥왕릉이 애공
사 북봉에 있음을 밝힌 이래, 하대 경명왕까지 왕릉의 위치가 수록되어
있다.[30] 왕릉의 위치를 대개 사찰의 방향과 관련하여 언급한 사료들인
데, 김부식은 이들 사찰을 왕릉의 수호와 관련이 있는 능사로서 본 것
이 아닐까 한다.

사찰이 표시된 사례를 들어 보면, 시조와 남해차차웅, 유리니사금,
파사니사금은 담엄사 북에,[31] 법흥왕과 진흥왕은 애공사 북봉에, 진지
왕과 태종무열왕은 영경사 북에,[32] 효소왕은 망덕사 동에, 성덕왕은 이
거사 남에, 경덕왕은 모지사 서잠(西쪽)에, 원성왕은 봉덕사 남에, 헌덕

---

30) 『삼국사기』 권4 법흥왕 27년 7월, 왕이 돌아가니 시호를 법흥이라 하고 애공사
　　북봉에 장사하였다. 권12 경명왕 8년 추8월, 왕이 돌아가니 시호를 경명이라 하
　　고 황복사 북쪽에 장사하였다.

31) 『삼국사기』 권1 시조 61년 춘3월, 거서간이 승하하셨다. 담엄사 북쪽에 있는 사
　　릉에 장사지냈다. 권1 남해차차웅 21년 추9월, 권1 유리니사금 34년 동10월, 권1
　　파사니사금 33년 동10월, 왕이 돌아가셨다. 사릉원 내에 장사지냈다고 기록하고
　　있다. 시조만 담엄사 북으로 표기하고 남해차차웅, 유리니사금, 파사니사금은 담
　　엄사북은 빼고 사릉을 큰 묘역으로 만든 사릉원이라는 명칭으로 쓰고 있다.

32) 『삼국사기』 권4 진지왕 4년 추7월 17일, 왕이 돌아가셨다. 시호를 진지라 하고
　　영경사 북쪽에 장사지냈다. 권5 태종무열왕 8년 6월, 왕이 돌아가셨다. 시호를 효
　　소라 하고 영경사 북쪽에 장사지냈다.

왕은 천림사 북에, 헌강왕과 정강왕은 보리사 동남에, 효공왕은 사자사 북에, 경명왕은 황복사 북으로 기록되어 있다.[33] 왕릉의 방향을 표시하였던 사찰들은 백제의 경우와 같이 능사(陵寺)를 표현한 것으로 볼 수 있지 않을까 한다.[34]

물론 사찰이 표기가 안 된 왕릉들도 있다. 먼저 선덕여왕과 신문왕은 낭산과 낭산 동에 장사하였다고 하였는데,[35] 황복사 내지 사천왕사가 능사로서의 기능을 하였을 것이다.[36]

또한 불교식 화장을 한 경우도 있는데, 문무왕, 효성왕, 선덕왕, 원성왕이 해당된다.[37] 문무왕, 효성왕, 선덕왕은 화장 후 동해에 산골하였

---

33) 『삼국사기』 권8 효소왕 11년 추7월, 왕이 돌아가셨다. 시호를 진지라 하고 망덕사 동쪽에 장사지냈다. 권8 성덕왕 36년 봄 2월, 왕이 돌아가셨다. 시호를 성덕이라 하고 이거사 북쪽에 장사지냈다. 권9 경덕왕 24년 6월, 왕이 돌아가셨다. 시호를 경덕이라 하고 모지사 서잠에 장사지냈다. 권10 원성왕 14년 동12월 29일, 왕이 돌아가셨다. 시호를 원성이라 하였다. 유명으로 봉덕사 남쪽에서 관을 걸고 화장하였다. 권10 헌덕왕 18년 동10월, 왕이 돌아가셨다. 시호를 헌덕이라 하고 천림사 북쪽에 장사지냈다. 권11 헌강왕 12년 추7월 5일, 왕이 돌아가셨다. 시호를 헌강이라 하고 보리사 동남쪽에 장사지냈다. 권11 정강왕 2년 추7월 5일, 왕이 돌아가셨다. 시호를 헌강이라 하고 보리사 동남쪽에 장사지냈다. 권12 효공왕 16년 하4월 추7월 5일, 왕이 돌아가셨다. 시호를 효공이라 하고 사자사 북쪽에 장사지냈다. 권12 경명왕 8년 추8월, 왕이 돌아가셨다. 시호를 경명이라 하고 황복사 북쪽에 장사지냈다.

34) 신라의 능사는 왕릉 조영과 동시에 창건되지 않았고 중대에 한해서 기왕의 사찰을 선정해 지정하거나 후대에 왕릉 주변이 아닌 왕경 내에 창건한 것으로 본 견해가 있기도 하다.(이근직, 2007, 「신라의 상장례와 능원제도」 『신라 왕경인의 삶』 (신라문화제학술논문집) 28, p.203)

35) 『삼국사기』 권5 선덕왕 16년 춘정월 8일, 왕이 돌아가셨다. 시호를 선덕이라 하고 낭산에 장사지냈다. 권8 신문왕 12년 추7월, 왕이 돌아가셨다. 시호를 신문이라 하고 낭산 동쪽에 장사지냈다.

36) 「황복사사리함기」와 선덕여왕의 지기삼사와 연관이 있어 보이기 때문이다.

37) 『삼국사기』 권7 문무왕 21년 추7월 1일, … 임종 후 열흘이 되면 왕궁의 고문외정(庫門外庭)에서 서역의 법식에 따라 화장하라. … 왕이 돌아가셨다. 시호를 문

고, 원성왕은 화장 후 무덤을 쓴 경우로, 곡사를 이전시키고 그 자리에
왕릉(현재 괘릉)을 썼다.[38] 이 경우 문무왕은 고문외정에서 화장을 한
곳에 현재 능지탑이 있으나, 능사는 감은사였을 것으로 보이며, 효성왕
은 법류사에, 원성왕은 숭복사에 각각 능사의 기능이 주어졌을 것이다.

그리고 사찰과 무관한 왕릉의 위치도 있다. 탈해왕릉은 양정구에, 진
평왕릉은 한지(漢只)에, 진덕왕릉은 사량부에,[39] 희강왕은 소산(蘇山)에,
신무왕릉(神武王陵)은 형제산(兄弟山) 서북에, 문성왕과 헌안왕은 공작
지(孔雀趾)에, 진성왕은 황산(黃山)에, 신덕왕릉은 죽성(竹城)에 장사하였
다[40]고 기록하고 있다.

무라 하였다. 군신들이 유언으로 동해구 대석(大石) 위에 장사지냈다. 권9 효성왕
6년 하5월, 왕이 돌아가셨다. 시호를 효성이라 하고 유명으로 법류사 남쪽에서
화장하고 동해에 산골하였다. 보리사 동남쪽에 장사지냈다. 권9 선덕왕 6년 정월,
조서를 내려 … 불교의 제도에 의해 화장을 하고 동해에 산골하라고 하고 13일
에 이르러 돌아가셨다. 시호를 선덕이라 하였다. 권10 원성왕 14년 동12월 29일,
왕이 돌아가셨다. 시호를 원성이라 하였다. 유명으로 봉덕사 남쪽에서 관을 걸어
화장하였다.

38) 최치원, 『대숭복사비문』(이지관편, 1994, 『교감역주 역대고승비문』(신라편), 가산
문고, pp.247-252).
39) 『삼국사기』 권1 탈해니사금 24년 추8월, 왕이 돌아가셨다. 성의 북쪽 양정구에
장사지냈다. 권4 진평왕 54년 춘정월, 왕이 돌아가셨다. 시호를 진평이라 하였다.
한지에 장사지냈다. 권5 진덕왕 8년, 왕이 돌아가셨다. 시호를 진덕이라 하였다.
사량부에 장사지냈다.
40) 『삼국사기』 권10 희강왕 3년 춘정월, 왕이 스스로 온전하지 못할 것을 알고 궁중
에서 목을 매었다. 시호를 희강이라 하였고, 소산(蘇山)에 장사지냈다. 권10 신무
왕 원년 추7월 23일, 왕이 돌아가셨다. 시호를 신무라 하였다. 제형산 서북에 장
사지냈다. 권11 문성왕 19년 추9월, 시호를 문성이라 하였다. 공작지에 장사지냈
다. 헌안왕 5년 춘정월 29일, 왕이 돌아가셨다. 시호를 헌안이라 하였다. 공작지
에 장사지냈다. 권11 진성왕 11년 동12월 을사, 왕이 북궁에서 돌아가셨다. 시호
를 진성이라 하고 황산에 장사지냈다. 권12 신덕왕 6년 추7월, 왕이 돌아가셨다.
시호를 신덕이라 하고 죽성에 장사지냈다.

그러나 탈해왕은 문무왕대에 동악신으로 추대되고 있고, 진평왕과 진덕왕은 불교식 왕명시대를 지낸 왕들이고, 문성왕, 헌안왕, 진성왕은 진감선사, 낭혜화상 무염, 지증대사 등에게 귀의한 왕들로, 국사를 임명하여 국정자문을 받은 이이기도 한다.41) 그렇다면 이 왕릉에도 능사의 역할을 한 사찰들이 있었을 것이다.

이렇게 볼 때, 김부식이 왕릉을 사찰과 연계하여 그 방향을 표시한 것은 왕릉을 수호하는 사찰인 능사의 역할에 주목하여 함께 수록한 것이 아닐까 한다.

(2) 백좌강회와 팔관연회의 기사

진흥왕 본기 33년의 기사와 7)의 직관지의 국통기사와 8)의「거칠부전」을 함께 참조하여 보면 진흥왕, 거칠부, 혜량에 의해 진행된 6세기 신라불교의 모습이 그려진다. 즉 신라가 죽령을 넘어 한강 유역을 탈취하고, 거칠부가 전에 유학한 인연이 있었던 혜량법사의 무리와 함께 신라로 돌아와 백좌강회와 팔관법을 베풀었다는 내용이다.

그런데 김부식은 왜 팔관회는 본기에 정확히 수록하면서도, 같은 호국법회로 알려진 백좌강회는「거칠부전」에 백좌강회가 베풀어진 것으로만 기재한 것일까 하는 점이다. 때문에 백좌강회의 경우 그 개최시기가 명확하지 않다. 백좌강회는 일반적으로 백고좌법회, 인왕백고좌법회를 말하는 것인데, 이곳에서만 군이 백좌강회로 명명하였다. 신라에서 열린 10번의 백고좌법회에서 유독 그 명칭이 다른 것은 진흥왕대의 백좌강회와 성덕왕대의 인왕도량의 두 번 뿐이다.42)

41)『진감선사비문』,『낭혜화상비문』(이지관 편), pp.143-147, pp.191-200.
42) 김복순, 2010,「신라의 백고좌법회」『신라문화』36, pp.84-89.

우선 성덕왕대의 인왕도량부터 살펴보면,『삼국유사』권2「성덕왕」
조에 "왕이 태종대왕을 위하여 봉덕사를 창건하였다. 7일 동안 인왕도
량을 베풀고 죄인을 크게 사면하였다"고 나와있다. 이 내용에서 보면
이 인왕도량은 봉덕사 창건에 따른 낙성기념으로 7일간 열린 것을 알
수 있다. 그런데 인왕도량은 고려의 예로 볼 때 당연히 인왕백고좌법회
를 말하는 것이고, 그 규모로 볼 때 황룡사에서만 개최가 가능한 법회
라고 할 수 있다. 그렇다면 성덕왕대의 인왕도량은 봉덕사 낙성을 기념
하는 법회로 황룡사에서 열렸다고 할 수 있다.

진흥왕대의 백좌강회는 성덕왕대의 인왕도량과는 달리 당연히 진흥
왕대에 개최된 최초의 백고좌법회로 취급되어져 왔다. 그렇지만 다른
8번의 신라본기의 기사가 모두 백고좌를 명확히 표기하고 있음에 비해,
열전에서 언급하였을 뿐만 아니라 그 명칭도 백좌강회라고 하였다. 이
백좌강회가 진흥왕대에 열릴 수 있는 가장 타당성이 있는 시기로는 진
흥왕 27년(566)에 황룡사의 준공을 기념하여 열린 낙성법회로 생각된
다. 특히『인왕경』에서 언급한 7난에 해당되는 국난이 혜량이 망명한
551년 이후 신라에서는 보이지 않기 때문으로, 이 시기는 가야제국을
병합하는 등 사방으로 비약적인 발전을 해 나간 때이다.

고려시대의 예라고 할 수 있지만, 사찰의 낙성행사에는 고승이 초대
되고 많은 이들이 참여하였으며, 불교 교설이 강론되었다.[43] 국청사,
지리산 수정사, 용보원의 낙성법회를 예로 들 수 있는데, 특히 용보원
낙성법회에는 고승 100명이 초청되었고, 운해사에서 열린 대장경 조조
낙성법회에도 선사와 강사 100명을 초청하여 강설을 듣게 한 예가 보

---

43) 이병희, 2011,「고려시기 사원에서의 교학활동」『한국사연구』155, pp.53-54; 2004,
「고려시기 낙성행사의 설행」『문화사학』21 참조.

인다.[44] 따라서 진흥왕대의 백좌강회는 성덕왕대의 봉덕사 창건기념 인왕도량의 예와 함께 황룡사 낙성법회로서 개최되었다고 하겠다. 그럼에도 불구하고 백좌강회가 본기에 수록되지 못한 것은, 진흥왕 본기 33년에 나오는 팔관연회의 기사와 대비해 볼 때, 그 내용이 호국관련 기사가 아닌 황룡사 낙성법회인 때문이라 생각된다.

김부식은 진흥왕대의 편년체 기사를 속사비사(屬辭比事)로 정리함으로써, 사료 하나하나만으로는 상세히 알 수 없는 내용으로 구성하였다. 진흥왕대의 본기기사 만으로는 신라에서 팔관연회가 열렸음을 알린 것이다. 그렇지만 기전체의 특성상 열전에 나오는 내용을 보완해 볼 때 진흥왕대에 백좌강회가 팔관회와 함께 개최된 것을 알 수 있게 하였고, 함께 본기에 실리지 못한 이유는 다른 백고좌법회가 호국과 관련이 있는 것과는 달리 황룡사 낙성법회를 기념하여 개최된 때문이라 추정된다.

(3) 안홍과 원광 관련 기사

1) 안홍 기사

안홍(안함)은 진평왕 23년(601)에 수나라로 유학하였다가 서역 출신 삼장 법사 3인인 북천축 오장국의 비마라진제, 농가타, 마두라국의 불타승가와 중국 승려 2인을 대동하고 진평왕 27년(605)에 귀국하였다. 이들은 황룡사에 머물면서 밀교계통의 경전으로 추정되는 『전단향화성광묘녀경』을 번역해 내고, 신라 승 담화가 필수(筆受)를 하였다. 중국에서 인도승려가 신라에 와서 경전을 번역하고 신라 승이 필수까지 한 것은 매우 큰 역사적 사건이라 할 수 있다. 이러한 내용의 『해동고승전』

---

44) 「선봉사대각국사비문」, 「지리산수정사기」(『동문선』 권64), 「용보원신창경찬소」
   (『동국이상국집』 권41).

「안함전」은 김부식에 의해 승명, 유학과 귀국연대, 활동상 등이 축약되고 두찬되었다.

10) 안홍법사가 수나라에 들어가 법을 구하였다. 호승 비마라 등 두 승려와 함께 돌아와 『능가경』과 『승만경』 및 불사리를 바쳤다. 가을 8월에 왕이 훙하였다. 시호를 진흥이라 하고 애공사 북봉에 장사 지냈다. 왕이 유년에 즉위하여 일심으로 부처를 받들었는데, 말년에 이르러 머리를 깎고 승복을 입고 스스로 법운이라 부르다가 몸을 마치었다. 왕비도 또한 비구니가 되어 영흥사에 머물다가 훙거하자 국인들이 예로서 장사지냈다.

11) 왕은 어린 나이로 즉위하여 일심으로 부처님을 받들다가 말년에 이르러 머리를 깎고 스님이 되어 법복을 입고 스스로 법운이라 이름하였다. 금지해야 할 계율을 받아 지니고, 세 가지 업을 청정히 하였으며, 마침내 세상을 마치었다. 돌아가시자 나라사람들은 애공사 북쪽 봉우리에 예의를 갖추어 장사지냈다. 같은 해에 안홍법사가 수나라에서 돌아왔다.[45)

12)-1. 또 해동의 명현 안홍이 지은 『동도성립기』에 이런 기록이 있다. "신라 제27대에 여왕이 왕이 되니, 덕은 있어도 위엄이 없으므로 구한(九韓)이 침범하게 되었다. 만약 용궁 대궐 남쪽 황룡사에 구층탑을 세우면 이웃나라의 침해를 진압할 수 있을 것이라 하여 탑을 세웠다. 제1층은 일본을, 제2층은 중화를, 제3층은 오월(吳越)을, 제4층은 탁라를, 제5층은 응유(백제)를, 제6층은 말갈을, 제7층은 단국(丹國, 거란국)을, 제8층은 여적(女狄, 여진)을, 제9층은 예맥을 진압시킨다."[46)

45) 곽승훈, 2009, 「해동고승전 법운전의 찬술」『한국고대사연구의 현단계』, p.437에 의하면, 『해동고승전』 권2 「법운전」 중간에 "금지해야 할 계율을 받아 지니고, 세 가지 업을 청정히 하였으며"의 부분은 각훈이 윤색한 것으로 보았다.

12)-2. 동쪽 벽에 앉아 서쪽으로 향한 소상은 아도·염촉·혜숙·안함·의
상이요, 서쪽 벽에 앉아서 동쪽으로 향한 소상은 표훈·사파·원
효·혜공·자장이다.[47]

10)의 진흥왕 37년조에 나오는 안홍법사의 기사는 『해동고승전』과 『삼
국유사』에 실린 내용과 비견되면서 지적받은 대목으로, 6세기 기사 가
운데 가장 윤색이 심한 기사로 간주된다. 그 내용을 안홍의 명칭과 수
나라 유학, 귀국 등에 대해 살펴보도록 하겠다.

첫째 안홍법사의 명칭이다.

각훈은 『해동고승전』에서 진흥왕이 출가한 사실을 들어 「법운전」을
세웠다. 전의 제일 끝 부분에 보이는 안홍법사 귀국 내용은 아마도 『삼
국사기』의 기록을 염두에 두고 이를 그대로 전재한 듯하다. 그러면서
도 그는 안홍이 아닌 안함의 전기를 세우고 이 문제는 그곳에서 설명하
겠다고 유보하고 있다. 그것은 안홍과 안함이 동일인가의 문제와도 관
련된 내용이기 때문이다. 다만 각훈의 입장에서 보면 김부식의 기록을
무시할 수 없어 「법운전」에 안홍법사의 기록을 싣고 있다. 그리고 사실
에 관한 고증은 뒤이어 나오는 안함전에서 설명하겠다고 하고, 안함전
에서 동반했던 인도승려들의 이름이 같은 것을 들어 안홍과 안함이 동
일인임을 논증하고 있다.

하지만 일연은 안홍과 안함의 기록을 각각 싣고 있다. 이미 안함과
안홍이 동일인이라는 연구결과가 있으므로[48] 이 문제를 놓고 여기서

---

46) 『삼국유사』 권3 「황룡사9층탑」조.
47) 『삼국유사』 권3 「동경 흥륜사 금당 10성」조.
48) 신종원, 1992, 「안홍과 신라불국토설」 『신라초기불교사연구』, 민족사, pp.235, 또
한 232-249에 의하면, 안함에 대한 연구가 부진한 것은 사료해석 문제와 귀국 후
그의 활동을 간과한데서 온 것으로, 안함과 안홍의 동일인 여부와 중국 유학이

더 이상 언급할 생각은 없다. 다만 그 이유에 대해 수나라와 당나라의 교체정국에서 수나라 유학승 안함의 주장이 당나라와 친밀한 외교가 펼쳐지는 상황에서 그대로 용납되기가 어려웠을 것이기 때문에 직설적인 내용을 감추기 위해 참서라고 하여 『동도성립기』라고 하였던 것이 아닐까하는 추정을 보탤 수 있을 것이다.[49]

둘째는 수나라 유학과 그 연대에 관련된 내용이다.

김부식은 그가 수나라에 유학하였다고 하면서 정작 기사는 진흥왕 37년인 576년에 배치해 놓았다. 581년에 건국하는 수나라가 있기도 전의 상황인 것이다. 이와는 달리 최치원은 「의상전」에서 안홍이 625년에 당나라에서 귀국하였다는 것이다. 왜 이렇게 두찬을 한 것일까.

최치원이 「의상전」을 지으면서 안함이 수가 아닌 당에서 귀국하였다고 한 것은, 신라가 당과의 외교가 긴밀한 상황에서 수의 불교치국책을 제도로서 신라에 유입한 안함이 문제 삼아질 수 있기 때문이었다고 생각된다. 또한 김부식은 최치원에 의해 채록된 이 기사를 보았을 것인데, 고려에서는 이미 승조(勝朝)가 된 신라의 기사인 까닭에 수나라는 살리되, 기사의 내용을 완전히 축약하여 수나라가 건국되기도 전인 진흥왕대의 불교관련 기사로 만들어 『삼국사기』에 실은 것이다. 한편 안홍은 호승 비마라 등 2인과 함께 귀국하면서 경전과 불사리를 신라왕에게 바쳤다는 것인데, 서역출신 삼장법사 3인과 수나라 승려 2인이 함께 신라에 온 것을 비마라 등 2인으로 윤색하고, 신라에 불경을 역경하

___

진흥왕 대인지 진평왕 대인지를 가려야 한다는 것이다. 그는 안함과 안홍은 동일인이며 진평왕 대의 인물로 보고, 진흥왕 대의 사료는 착종된 것으로 보고 있다. 또한 신라 불국토설의 창시자가 안함임에도 불구하고 자장에게 그 공이 돌려졌다고도 보고 있다.

49) 김복순, 2008, 「수당의 교체정국과 신라불교계의 추이」『한국고대사연구』43, p.190.

는 역장을 마련하는 등의 부분에 대해서 전혀 함구하여 호도하고 불경
과 불사리를 가져온 것으로 윤색하였다.

2) 원광 기사

원광은 승려로서는 드물게 『삼국사기』에 많이 등장하는 인물이다.
귀산과 추항에게 세속오계를 준 내용과 「걸사표」와 관련된 기사, 수나
라 사신 왕세의가 왔을때 개최된 백고좌법회에서 상수를 맡은 기사 등
이다.[50] 또한 그는 『삼국유사』와 고승전 등에도 입전되어 있어, 그의
일생과 활동에 대한 내용이 많이 밝혀져 있다.

김부식은 진평왕 본기에서 원광의 유학시기에 대해서 명확히 기재하
고 있다.

13)-1. 11년, 춘3월, 원광법사가 진에 들어가 법을 구하였다.

13)-2. 22년, 고승 원광이 조빙사 나마 제문 대사 횡천을 따라서 돌아
      왔다.

김부식은 원광이 진평왕 11년(589)에 진에 들어갔다가, 22년에 조빙사
를 따라 돌아왔다는 유학에 관한 사실을 분명히 표기하고 있다. 그런데
원광이 입국한 나라는 진나라로 밝히고 있으나, 환국할 때 함께 온 조빙
사가 앞서 나온 까닭에 수나라에 갔던 사신임은 명기하지 않고 있다.

김부식이 지정한, 원광이 진에 들어갔다고 한 589년은 수나라가 남
조의 진을 멸망시키고 중원을 통일한 해로, 원광은 19년이나 머물던 진
나라에서 수나라의 수도로 옮겨간 해에 해당된다. 기존의 연구에 의하

---

50) 『삼국사기』 권45 「귀산전」; 권4 진평왕 30, 35년.

면, 원광은 25세 경에 중국의 남조 진나라에 유학하였다.[51] 그는 진흥
왕 32년인 진나라 선제 3년(571)에 신라에서 진으로 떠나는 사신 편에
편승하였을 것으로 추정되고 있다.[52] 당시 신라는 진흥왕 26년(565) 진
의 사신 유사(劉思)와 승 명관(僧 明觀)이 불교경론 1700여 권을 가져옴
으로부터 해마다 진과의 직접적인 교류를 하고 있던 때였다.

또한 『삼국유사』 「의해」편에는 제일 처음에 「원광서학」조가 배치되
어 있다.

"진나라·수나라 시대에 우리나라 사람으로 해외로 나가 불도를 탐구
하는 자가 드물었고 설혹 있다고 하더라도 아직 그리 크게 떨치지 못하
였으나 원광의 뒤로부터는 서방으로 유학하는 자들이 끊이지 않았으니
이는 원광이 바로 길을 개척했기 때문이다"[53]라고 하여 신라가 해외
유학을 통해 인재를 확보하게 된 계기가 원광임을 내세우고 있다. 주지
하듯이 중고기 신라는 동아시아세계에서 많은 나라와의 교역과 문화교
류를 통해 크게 성장해 간 것이 잘 알려져 있다. 특히 양과 진의 남조와
수, 당과는 인적인 문화교류가 많았다. 특히 양·진·수와는 불교를 통한
내용이 주류를 이루었는데 그 주역이 바로 원광인 것이다.

그렇다면 김부식은 왜 진평왕 11년 기사에 원광의 유학 사실을 넣었
을까 하는 것이다. 그것은 아마도 다음에서 언급되는 바와 같이 원광이

---

51) 『속고승전』 권13 「신라황룡사석원광전」에서는 25세에, 『수이전』과 『삼국사기』
　　에서는 589년 유학설을 들어 36세에 진나라에 들어간 것으로 보고 있다. 최연
　　식, 1995, 「원광의 생애와 사상 -『삼국유사』 「원광전」의 분석을 중심으로-」 『태
　　동고전연구』 12, p.6에서 25세설을 강조한 이래, 김복순, 2006, 「원광법사의 행적에
　　관한 종합적 고찰」 『신라문화』 28; 이문기, 2011, 「원광의 생애 복원 시론」 『제33
　　회 신라문화제 학술회의 발표요지문』, 경주시·동국대 신라문화연구소, pp.42-46에
　　서도 같은 견해를 표방하고 있다.
52) 이문기, 2011, 앞의 논문, pp.39-40.
53) 『삼국유사』 권4 「원광서학」조.

유학을 배우러 진나라에 갔다가 불교로 전향하여 승려가 된 사실을 김
부식은 드러내고 싶지 않았기 때문에 이러한 두찬(杜撰)을 한 것이 아
닌가 한다.

원광이 진나라에 간 목적은 유학을 공부하고자 한 것이었다. 그는 신
라에서 이미 도교와 유교를 공부하고 제자백가와 역사서를 섭렵하였지
만, 중원에 가서 더욱 넓게 공부하고자 당시 문국(文國)으로 불리던 진
나라에 유학하였다.[54] 원광의 서학은 조금 뒤의 사실이기는 하지만, 신
라의 젊은이들이 해외로 나아가는 모델이 되었을 것이다. 『삼국사기』에
보이는 대세와 구칠이 그들로서,[55] 대세가 중국 유학을 염두에 두고 교
류하던 승려 담수에게 오월에 가서 스승을 찾아 명산에서 수도하려 한
다는 뜻을 밝혔으나, 그가 즐겨하지 않자 구칠이라는 이와 함께 남해로
가서 중국의 남조로 유학을 떠난 사실을 전해주는 사료이다. 진평왕 대
에 중국의 남조에 가서 공부하려는 이들이 있었음을 알려준다.

진나라에 간 원광은 유학을 수학하던 어느 날 장엄사 민공의 제자로
부터 강연을 듣고 불교로 전향할 결심을 하게 되었고, 진나라 황제의
허락을 얻어 출가하였다. 이러한 사실은 그가 중국에 유학하게 된 동기
가 유학을 배우고자 문국인 진나라로 갔다가 자신의 공부가 헛된 것임
을 깨닫고 불교를 배우게 되었음을 확실히 알려주는 내용이라고 할 수
있다. 그럼에도 불구하고 『삼국사기』에서는 진평왕 11년(589)에 "고승
원광이 법을 구하기 위하여 진나라에 들어갔다"고 하여 불교의 법을
구하기 위하여 진나라에 갔다고 하는 전혀 맞지 않는 사료를 내놓고 있
는 것이다.

---

54) 『속고승전』 권13 「신라황룡사석원광전」.
55) 『삼국사기』 권4 진평왕 9년조.

결론적으로 말하자면, 김부식은 진나라가 멸망한 해에 원광이 진나라에 간 것으로 서술하므로써 그가 진나라에서 유학을 수학하려다가 불교를 수학하게 된 사실을 무마해 버리려 한 것이라 생각된다.

4. 맺음말

6세기『삼국사기』불교관련 기사를 추출하고 삼국의 불교관련 내용을 보완하여 살펴 본 결과 고구려와 백제의 불교관련 내용도 상당히 많이 존재했음에도 불구하고『삼국사기』에는 신라 위주의 내용만이 실려져 있음을 알 수 있었다. 특히 6세기『삼국사기』의 신라 불교 관련기사들은 김부식의 사료선택이 눈에 띄게 나타나고 있다.

첫째 6세기 이전의 기사와 다르게 부각된 내용은 법흥왕 대부터 나오는 왕을 장사지낸 기록이다. 김부식이 왕릉을 사찰로 방향을 표시한 기사인데, 이는 사찰이 왕릉을 수호하는 역할에 주목한 것이라 생각된다.

둘째 김부식은 팔관회는 본기에 정확히 수록하면서도, 같은 호국법회로 알려진 백좌강회는 열전에 명칭만 기재함으로써, 그 개최시기가 명확하지 않게 하였다. 그 이유는 김부식이 불교관련 기사를 수록하는 기준이 호국과 관련이 있기 때문으로 보았다.

셋째 김부식은 안홍(안함)의 귀국을 진흥왕 37년인 576년 기사로 다루고 있고, 원광이 진평왕 11년인 589년에 진에 들어갔다가, 22년에 조빙사를 따라 돌아왔다는 유학 기사가 너무도 윤색이 심하여 이를 바로잡아 보았다. 즉 김부식은 최치원은「의상전」에서 안함이 진평왕 47년(625)에 당에서 귀국하였다는 기사와는 달리, 수나라는 살리되, 수가 건국되기도 전인 진흥왕 대의 기사로 만든 것을 다시 검토해 보았다. 또한 원광의 경우 김부식은 그가 유학을 배우러 진나라에 갔다가 불교로 전향하여 승려가 된 사실을 드러내고 싶지 않았기 때문에 이러한 두찬을 한 것으로 보았다.

제 II 부
신라 불교와 국가

제1장 신라의 백고좌법회

1. 머리말

신라의 백고좌법회는 호국법회의 백미라고 할 만큼 중요한 법회로, 국가적으로 7난에 해당되는 사건이 발생하였을 때 개최하는데, 『인왕경(구마라집 역의 『인왕호국반야바라밀경』)』「호국품」에 의거하여 행사를 준비하고 경전을 강설하는 법회이다. 신라의 황룡사는 호국사찰이라는 이름에 걸맞게 많은 호국법회가 개최되었는데 그 가운데 백고좌법회는 거의 황룡사에서 개최되었다.

신라의 (인왕)백고좌법회[1]는 진흥왕대에 처음 개최된 이래 10회의 기록을 남기고 있다. 고려에서의 200회에 비하면 매우 소략한 내용이라고 하겠다.

본고는 먼저 신라의 (인왕)백고좌법회에 초점을 맞추어 10회의 기록을 분석하려 한다. 그리고 법회의 준비사항을 사상적인 준비와 실질적인 준비로 나누어 살펴볼 것이다. 법회의 사상적 배경으로 『인왕경』의 관련 내용을 보려하며, 법회의 실질적인 준비상황, 그리고 진행 등으로 그 전모를 밝혀 보려 한다. 그런데 황룡사에서 개최된 백고좌법회는 신라시대에만 행해졌으므로, 신라에서의 법회를 중심으로 그 개설된 내

---

[1] 신라의 백고좌회는 인왕백고좌회로 쓴 경우는 거의 없으나, 『인왕경』을 강설하는 법회로서 혹 인왕도량 등의 표현이 나오므로 이를 혼용해서 쓰려 한다.

용과 진행을 살펴보되, 고려에서의 행사 내용이 참조될 것이다. 이 과정에서 진흥왕 대에 처음 개설되는 백고좌법회의 개최연대를 주목하였고,『삼국유사』「사불산 굴불산 만불산」조에 나오는 담복과 망고를 들어 신라인들이 불교의 본향인 인도에서 나는 담복인 치자꽃과 망고열매를 공양물로 쓴 것에 주의하여 살필 것이다. 그리고 인왕백고좌법회의 모습을 재현해 본다면 어떠한 형태일까라는 물음에 대한 답을 현대 태국에서의 법회를 한 예로 제시해 보려 한다.

2. 신라 백고좌법회의 기록 검토

신라에서 열린 (인왕)백고좌회는 모두 10회로 구체적인 연대는 다음과 같다.

(1)진흥왕 대에 처음으로 개최한 이후, (2)진평왕 35년(613) 7월, (3)선덕여왕 5년(636) 3월, (4)성덕왕 대 인왕도량, (5)혜공왕 15년(779) 3월, (6)헌강왕 2년(876) 2월, (7)헌강왕 12년(886) 6월, (8)정강왕(887) 2년 1월, (9)진성여왕 1년(897) 가을, (10)경애왕 즉위년 2월 29일에 황룡사에서 개최되었다.

이 10회의 기록 가운데 (4)성덕왕 대의 인왕도량은 제외된 바 있다. 그리고『송고승전』「원효전」에 나오는 백좌인왕경대회와 선덕왕 5년의 법회를 별도로 보고 있다.[2] 횟수는 같으나, 그 내용은 다르다고 할 수 있다. 그러나 백고좌법회는 백좌강회(百座講會), 백좌도량, 백좌법회, 인왕회, 인왕도량으로 다양한 호칭이 있었는데, 그것은 주지하듯이『인

2) 이기백, 1978,「황룡사와 그 시대」『신라시대 국가불교와 유교』(1986,『신라사상사연구』, pp.52-53).

왕경』을 주요 텍스트로 하는 100명의 고승이 참여한 법회인 까닭에 붙여진 명칭이므로, 성덕왕 대의 인왕도량을 제외할 필요는 없다고 생각된다.

이 법회는 거국적 행사로 진행되었는데, 그것은 국민정신의 단합과 국가의식의 고취 때문이었다. 10회의 기록을 하나씩 살펴보도록 하겠다.

(1) 진흥왕 대의 내용으로, 신라에서 열린 백고좌법회에 대한 최초의 기록이다.

> 1)-1. 진흥왕 12년 신미에 왕이 거칠부 및 구진대각찬...등 8장군에 명하여 백제와 더불어 고구려를 침공하였다. 백제인이 먼저 평양을 공파하니 거칠부 등이 이긴 기세를 타고 죽령 이북 고현(高峴) 이내의 10군을 취하였다. 이에 이르러 혜량법사가 그 무리를 이끌고 길 위로 나왔다. 거칠부가 말에서 내려 군례로 읍하여 절하고 나아가 말하기를 "옛날 유학하였을 때에 법사의 은혜를 입어 생명을 보전할 수 있었는데, 지금 우연히 서로 만나게 되니 무엇으로 보답해야 할 지 알지 못하겠다"하니, 대답하기를 "지금 우리 나라는 정치가 어지러워 멸망할 날이 얼마되지 아니하니, 그대의 나라로 가기를 원한다"고 하였다. 이에 거칠부가 같이 수레를 타고 돌아와서 왕을 뵈오니, 왕이 승통을 삼고, 처음으로 백좌강회와 팔관법을 베풀었다.[3]

> 1)-2. 왕이 거칠부(居柒夫) 등을 명하여 고구려를 침략하여 이김에 따라 10개 군을 탈취하였다.[4]

신라가 죽령을 넘어서 한강 상류 유역을 탈취하고, 거칠부 등이 혜량

---

3) 『삼국사기』 권44 「거칠부」전.
4) 『삼국사기』 권4 진흥왕 12년조.

(惠亮)법사의 무리를 이끌고 돌아올 당시인 진흥왕 12년(551)의 상황이
다. 이 때 진흥왕이 혜량을 승통으로 삼고 처음으로 백좌강회와 팔관법
의 행사를 베풀었다는 것이다. 이 두 사건은 같은 기사에 함께 언급되
어 있어, 혜량이 신라로 온 해와 백좌강회와 팔관법이 베풀어진 때를
같은 해로 오해할 수 있다. 하지만 백좌강회와 팔관법의 시행은 그가 신
라로 망명 온 551년보다는 후대의 일로 생각된다. 그 내용을 살펴보자.

우선 백고좌법회가 개최될 황룡사가 553년에 창건된 사실이다. 이
법회를 개최하기 위해서는 100구의 불상, 100구의 보살상, 100구의 나
한상을 봉안해야 하고, 100개의 고좌(高座)를 시설해야 할 뿐 아니라,
100명의 비구, 사부대중 등이 참석해야 하므로 소규모의 사찰에서는 이
러한 법회를 소화해 낼 수가 없다. 이와 관련하여 다음의 설화는 신라
인들의 꾀를 엿볼 수 있는 대목이다.

> 1)-3. 14년 2월에 왕이 담당관청에 명하여 월성 동쪽에 신궁을 짓게 하
> 였는데, 그곳에 황룡이 나타났다. 왕이 이상히 여겨 이 신궁을 불
> 사(佛寺)로 고쳐 짓게 하고, 이름을 내려 황룡사라 하였다.5)

> 1)-4. 진흥왕 14년에 담당관청에 명하여 월성 동쪽에 신궁을 짓게 하였
> 는데, 황룡이 그 곳에 나타났다. 왕이 이상히 여겨 고쳐서 불사를
> 삼고 황룡사라 불렀다.6)

진흥왕 14년(553)에 궁궐을 지으려다가 사찰로 고쳐 황룡사로 한데에
는 아무래도 혜량에 의해 궁궐을 사찰로 개조하게 된 것이 아닌가 한
다. 이미 선학(이기백)에 의한 추측이 있었으나, 보다 구체적인 이유를

---

5) 『삼국사기』 권4 진흥왕 14년조.
6) 『해동고승전』 권1 「법운전」.

들어 보자면 이렇다. 즉 북조 불교의 경향을 알고 있던 혜량이 진흥왕
에게 백좌강회와 팔관회를 국가적인 규모의 법회로 실행할 것을 권고
하였을 가능성과 새로이 큰 사찰을 신축하는데 따른 부담감을 진흥왕
은 황룡의 출현이라는 상황을 극적으로 연출시켜 황룡사를 지을 수 있
게 여론을 조성한 것이 아닌가 한다. 즉 북위의 태극전 형태의 영녕사
등을 알고 있었을 혜량은 백고좌회나 팔관회와 같은 대규모의 법회를
위해서는 궁궐 크기의 거대한 국찰이 필요하다고 보았기 때문일 것이
다.[7] 시기적으로도 그가 신라에 망명한 551년에서 2년이 지난 553년의
시점에 황룡사를 짓기 시작한 시점이 잘 맞아든다고 할 수 있다.

다음으로 백좌강회와 같은 사료에 나오는 팔관회가 진흥왕 33년인
572년에 개최된 것으로 보면, 백좌강회의 시행연도도 그 어간으로 생각
된다.

> 1)-5. 33년 정월에 연호를 홍제(鴻濟)라 고쳤다. 3월에 왕태자 동륜(銅
> 輪)이 돌아갔다. 사신을 북제(北齊)에 보내어 조공하였다. 10월
> 20일에 전사한 병졸을 위하여 외사(外寺)에 팔관연회(八關筵會)를
> 열고 7일 만에 파하였다.[8]

그런데 황룡사의 준공을 전후해서 다음과 같은 언급이 여러 곳에 보
이고 있다.

> 1)-6. 26년 진나라에서 사신 유사와 승려 명관을 보내와 방문하였으며,
> 불교의 경론 1,700여 권을 보내왔다.[9]

---

7) 양정석, 2000,「신라 황룡사, 북위 영녕사 그리고 일본 대관대사-5-7세기 동아시
   아 도성제와 관련하여-」『한국사학보』9, pp.49-51 참조.
8)『삼국사기』권4 진흥왕 33년조.

1)-7. 진흥왕 27년에 기원사와 실제사의 두 절을 낙성하였는데, 황룡사
도 또한 공사를 끝냈다.10)

1)-8. 신라 제24대 진흥왕 즉위 14년 계유 2월에 궁궐을 용궁 남쪽에
지으려 하자, 그곳에 황룡이 나타났으므로 이를 고쳐 불사로 삼
고 황룡사라 불렀다. 기축년에 이르러 담장을 둘리니 17년 만에
비로소 끝났다.11)

『삼국사기』에 의하면, 553년(진흥왕 14)부터 시작된 황룡사의 공사
는 14년이 흐른 566년(진흥왕 27)에 이르러서야 마치고 있다. 그런데
『삼국유사』에서는 기축년에 끝냈으므로 17년간의 공역이 든 것으로 쓰
여져 있어 3년간의 차이를 보이고 있다.

팔관회를 연 것이 진흥왕 33년의 일이라고 보면, 백좌강회도 551년
내지 553년으로 보기는 어렵다. 백좌강회는 오히려 황룡사가 준공되는
진흥왕 27년(566)에 이루어졌을 것으로 추정할 수 있다.12) 그것은 첫째
황룡사가 준성되는 전 해에 진나라에서 불교의 경론을 1700여 권을 보
내왔는데, 이는 황룡사의 낙성과 깊은 관련이 있어 보인다.13) 둘째 진

---

9) 『삼국사기』 권4 진흥왕 26년조.
10) 『해동고승전』 권1 「법운전」; 『삼국사기』 권4 진흥왕 27년조.
11) 『삼국유사』 권3 「황룡사장육」조.
12) 절이 준공되면 거대한 낙성식을 열었고, 실제 그에 관한 내용이 전해지기도 한다.
『삼국유사』 권4 「명랑신인」조에 의하면, 신인종의 조사 명랑이 금강사(金剛寺)
를 새로 세우고 낙성회를 베풀었을 때에, 고승들이 다 모였으나 오직 혜공스님만
은 오지 않았다. 명랑이 향을 피우고 정성껏 기도했더니 조금 뒤에 공이 왔다. 이
때 바야흐로 큰비가 내리고 있었는데도 공의 옷은 젖지 않았고, 발에는 진흙이
묻지 않았다고 하였다.
13) 진흥왕 5년에 흥륜사가 낙성이 되고, 진흥왕 10년에 신라 승 각덕이 불사리를 전
송해 오자 왕이 백관으로 하여금 흥륜사 앞길에서 맞이하게 한 것은 사리의 봉안
이 흥륜사와 깊은 관련을 가진 때문으로 생각된다.

홍왕 30년에 황룡사에 담장을 두른 것을 끝으로 황룡사 공역이 끝난 것
으로 보는데, 이것이 백좌강회와 관련이 있어 보인다. 그것은 27년에
황룡사가 준성이 되는 것을 기념해서 백좌강회를 열었을 때, 반승(飯僧)
행사도 뒤따랐을 것이고,[14] 이에 대한 문제점 때문에 담장을 두른 것은
아닐까 하는 추정에서이다.

이상의 내용으로 볼 때, 신라에서 백고좌회가 제일 처음 개설된 것은
진흥왕 27년인 566년, 황룡사가 준공된 시점이 아닐까 생각된다. 이렇게
신라에서 제일 먼저 열린 인왕백고좌회는 황룡사의 낙성을 기념하여 국
가의 대외적인 발전에 대한 기원을 담아 개최하였던 것으로 보인다.

(2) 진평왕 35년(613) 7월에 열린 법회의 기록이다.

> 2)-1. 35년 봄에 가뭄이 있었다. 4월에 서리가 왔다. 7월에 수나라의 사
> 신 왕세의(王世儀)가 황룡사에 이르니 백고좌(百高座)를 설치하고,
> 원광(圓光) 등의 법사를 청하여 불경을 설하게 하였다.[15]

> 2)-2. 진평왕 35년에 황룡사에서 백좌회를 설치하고, 비구를 맞아다가
> 강경하였는데, 원광법사가 상수(上首)가 되었다.[16]

> 2)-3. 건복 30년 계유(즉 진평왕 35년이다) 가을에 수나라의 사신 왕세
> 의가 오니, 황룡사에 백좌도량을 설치하고, 여러 고승을 청해다
> 가 불경을 강하게 하였는데, 원광이 가장 상수에 자리하였다.[17]

---

14) 법회 후의 반승은 경전적 근거를 가지고 행해진 것임을 뒤에서 다시 언급하겠지
만, 고려에서는 백좌인왕도량의 개최 시에 거의 반승을 함께 하고 있고, 신라 말
경애왕 즉위년에 행해진 백좌법회에서도 교종승과 함께 선종승려 300명이 반승
에 참여하고 있어 신라에서도 백좌법회 후에 반드시 반승을 했음을 알 수 있다.
15) 『삼국사기』 권4 진평왕 35년조.
16) 『해동고승전』 권2 「원광전」.

진평왕 35년(613) 7월 황룡사에서 원광을 상수로 하는 백고좌법회가
개설되었다. 수나라 사신 왕세의가 신라에 내방하여 개최된 법회였다.
진평왕 30년(608)에 원광이 쓴 걸사표(乞師表)를 보낸데 이어, 진평왕
33년(611) 수나라에 사신을 보내어 군사를 청하자 이에 대한 답사가 옴
으로써 개최된 법회로 볼 수 있다. 그러나 실제로는 612년 고구려 침공
에 실패한 수나라가 신라의 이탈을 막기 위해 파견한 사신이었다. 이에
신라에서는 수나라 유학승들을 중심으로 한 호국법회를 개최한 것이었
다.[18) 이 인왕백고좌법회는 국가의 대외발전을 위한 전쟁과 관련이 있
었다. 또한 수의 사신 왕세의와 원광법사가 백고좌 시설의 주역이었다
는 것은 국가적인 불교의례에 있어 중국과 신라의 긴밀한 교류를 보여
준다고 하겠다.

(3) 선덕여왕 5년(636) 3월의 법회 기록이다.

3)-1. 3월에 왕이 병들었는데 의술과 기도가 모두 효험이 없자, 황룡사
에 백고좌를 베풀고 승려들을 모아 『인왕경』을 강설하게 하였고,
100여 명의 승려에게 도첩을 주었다.[19)

3)-2. 이 때에 국왕이 백좌인왕경대회를 설치하고 널리 석덕을 찾았
는데, 본주에서 명망으로 그(원효)를 천거하였으나, 여러 대덕
[諸德]이 그 사람됨을 미워하여 왕에게 참소하여 받아들이지 못
하게 하였다.[20)

17) 『삼국유사』 권4 「원광서학」조.
18) 김복순, 2006.9, 「수·당의 교체정국과 신라 불교계의 추이」 『한국고대사연구』43,
pp.172-176.
19) 『삼국사기』 권5 선덕왕 5년조.
20) 『송고승전』 권4 「신라국 황룡사 원효전」(『大正藏』50, p.730 상-중).

선덕여왕의 병을 치료하려는 목적으로 개설된 법회이다. 신라의 원
효는 인왕백고좌법회에 100명의 법사를 추천할 때 사람됨이 좋지 않다
고 평가받아 거절당한 적이 있었다. 나중에 『금강삼매경론』을 지어 황
룡사 법당에서 강론할 때 '지난 날 100개의 서까래를 구할 때에는 내가
비록 법회에 참예하지 못했지만 오늘 하나의 대들보를 가로지르는 곳
에서는 나만이 할 수 있구나!'라고 사자후를 토했다. 앞서 언급한 것처
럼 위의 두 사료는 각기 다른 법회로 보기도 하나, 같은 선덕여왕 대의
기록이기도 할 뿐 아니라 자주 열 수 없을 정도로 대규모의 법회인 점
을 감안한다면, 위의 두 기록은 같은 법회의 다른 기록으로 볼 수 있을
것이다.

> 3)-3. 사기에 이르기를 … 선덕왕 대에 절의 첫 번째 사주는 진골인 환
> 희사요, 두 번째 사주는 자장국통이요, 다음은 국통인 혜훈이요, 다
> 음은 상율사라고 하였다.[21]

선덕여왕 대에 황룡사의 사주(寺主)로서 환희사, 자장, 혜훈, 상율사
등이 나오고 있는데, 이들이 (인왕)백고좌법회의 상수와 주도세력을 맡
았을 것으로 이해된다. 그리고 원효로 대표되는 신진 승려들의 진출이
억제된 법회였다고 할 수 있다.

(4) 성덕왕 대의 법회 기록이다.

> 4)-1. 제33대 성덕왕 때인 신룡(神龍) 2년 병오(706)에 흉년이 들어 인
> 민들의 기근이 심하였다. 이듬해 정미(707) 정월 초하루부터 7월

---

21) 『삼국유사』 권3 「황룡사장육」조.

30일까지 인민을 구제키 위하여 곡식을 나누어 주었다. 한 사람에 하루 3승 씩으로 하였는데, 일을 마치고 계산해보니 30만 5백 석이 들었다. 왕이 태종대왕을 위하여 봉덕사를 창건하였다. 7일 동안 인왕도량을 베풀고 죄인을 크게 사면하였다. 이때부터 비로소 시중의 직을 두었다.[22]

4)-2. (성덕왕) 5년 나라 안에 기근이 들었으므로 곡식창고를 열어 구휼하였다. 6년 봄 정월에 백성들 가운데 굶주려 죽는 이들이 많으므로 1인 당 하루에 조 3승을 7월까지 지급해 주었다.[23]

4)-3. (경덕왕) 6년 봄 정월에 중시를 시중으로 고쳤다.[24]

성덕왕 대의 백고좌법회는 신라에서 '인왕도량'으로 기록되어 있는 유일한 예이다. 때문에 이 법회를 봉덕사에서 도량을 설치한 사례인 것으로 보고 그 기록의 신빙성을 의심받은 바 있다. 즉 봉덕사에서의 백고좌법회 개최가 가능했을까하는 의심 때문이다.[25]

그런데 위의 내용을 찬찬히 살펴보면, 한발로 인한 기근의 일과 왕이 태종대왕을 위하여 봉덕사를 창건한 일, 그리고 인왕도량을 베풀고 죄인을 사면한 일, 처음으로 시중직을 설치한 일은 모두 별도의 일이라고 할 수 있다.

즉 한발로 인한 기근은 성덕왕 5년(706)과 6년(707)에 일어난 일이다. 그리고 처음으로 시중직을 설치한 것은 경덕왕 6년(747)의 일인데 성덕왕 대의 사실로 착각한 것이다.

---

22) 『삼국유사』 권2 「성덕왕」조.
23) 『삼국사기』 권8 성덕왕 5년·6년조.
24) 『삼국사기』 권9 경덕왕 6년조.
25) 이기백, 위의 논문, p.53. 봉덕사의 창건 경위나 인왕도량이라는 표현 등이 모두 이 기록의 신빙성을 의심케 하고 있다고 하였다.

또한 봉덕사의 창건은 별도의 사실이다. 즉 혜공왕 7년(771)에 완성된 봉덕사종(성덕대왕신종)은 현존하여 종명을 직접 읽을 수 있으므로, 봉덕사의 창건은 의심의 여지가 없는데 그 창건 시기가 명확하지 않다. 하지만 문제는 봉덕사 창건과 인왕도량을 연계하여 이해한 것이다. 즉 봉덕사가 백좌도량을 시행할 정도로 큰 사찰이었는가에 의문을 품은 것이다.

그런데 성덕왕 대 인왕도량의 개설은, 봉덕사의 낙성을 기념해서라기보다는 국가의 7난(難) 가운데 하나인 한발(旱魃)로 인한 국난을 타개하기 위하여 개설하였으며, 특히 7일 간이라는 기간을 알려준 유일한 예이다.

백고좌법회의 기간이 7일 간이라는 사실을 다른 예에서 찾아보면 다음의 내용이 주목된다.

우선 신라에서는 자장이 7일 주야로 강경한 예가 있다. 또한 「갈양사 혜거국사비문」에 의하면, 962년에 고려 광종이 혜거를 광명사로 옮겨 주지하게 하면서 7일 간 인왕반야회를 주관하게 하였다. 광명사는 고려 태조의 구택을 기념하여 만든 사원으로, 광종 12년의 인왕반야회는 당시 광군의 설치 등을 통해 알 수 있듯이 거란의 위협에 대비하여 국가적 불교의식을 통해 민심의 호응을 얻으려 한 것으로 보고 있다.[26] 그런데 그는 금산사계단에서 수계를 받은 후 922년에는 미륵사 개탑을 계기로 열린 선불장(選佛場)에 참석하였고, 경애왕(924-926)의 초청으로 분황사에 주지하다가, 929년 신라 경순왕의 명으로 영묘사의 주지로 옮기었다. 그는 영묘사에서 법석을 개최하고, 계단을 정비하고, 불탑을 장식하는 등 많은 불사를 하였다. 따라서 그가 고려에 가서 주관한 7일

---

26) 허흥식, 1986, 『고려불교사연구』, 일조각, pp.587-588.

간의 인왕반야회는 신라의 유풍을 이어 그대로 시행한 것이라고 볼 수 있을 것이다. 그리고 고려의 예이기는 하지만, 공민왕 22년(1373)에 가뭄으로 시장까지 옮기는 상황이었을 때, 강안전에서 7일 동안 인왕도량을 개설하여 천변을 가시게 한 일이 있다.[27] 이상의 예로 볼 때, 신라에서의 백고좌법회도 7일 간 거행하였을 것이다.

그리고 반승이 행해진 부분은, 백성들에게 곡식을 나누어준 것으로 볼 수 있다면, 신라시대의 반승의 탄력적 운영을 알 수 있게 하는 기사라고도 하겠다. 따라서 성덕왕 대의 '인왕도량'의 개설을 신라에서 열린 4번째 (인왕)백고좌법회의 기록으로 보아도 될 것으로 생각되며, 성덕왕 6년인 707년에 개설되었을 것으로 추정된다.

(5) 혜공왕 15년(779)의 법회 기록이다.

> 5) 15년 3월에 수도에 지진이 일어나 백성들의 가옥이 무너지고, 죽은
>   이가 100여 명이나 되었다. 태백성(太白星)이 달을 범하였다. 왕은
>   백좌법회를 열었다.[28]

혜공왕대의 백좌법회는 수많은 기상 이변을 겪고 나서 연 법회로 천변지이를 물리치기 위한 것이 목적이었다.

이에 앞서 경덕왕 대 말기인 왕 19년 4월 초하루에도 해가 떠서 10일

---

27) 『고려사』 권44 공민왕 22년 4월조. 그런데 『고려사』 권4 현종 3년, 11년 5월 등
   4차례 궁정 안뜰에서 3일간 『인왕경』을 강독한 것으로 나오고 있는데, 이는 강인
   왕경(講仁王經)으로 도량이 아니었고, 정종 9년 백좌도량이라고 한 이후에 백좌
   인왕도량, 백고좌인왕도량, 인왕도량으로 불린 것으로 파악되고 있다. 김형우,
   1992, 「고려시대 국가적 불교행사에 대한 연구」, 동국대학교 박사학위논문, p.135
   참조.
28) 『삼국사기』 권9 혜공왕 15년조.

동안 없어지지 않아서 월명대사에게 청하여 도솔가를 지어 바쳤더니
해무리가 없어졌다는 설화가 전하는 것으로 보아[29] 정국의 불안정을
보여주고 있다. 또한 혜공왕 2년 봄 정월에 두 개의 해가 나란히 나타
나고 있어 신궁에 제사를 지냈는데도, 양리공의 집에서는 기형 송아지
가 태어나고, 강주에서는 땅이 꺼져 연못이 되고 있다. 그 이듬해인 혜
공왕 3년에는 별 3개가 왕궁 뜰에 떨어져 서로 부딪혔고, 4년에는 혜
성이 동북방에 나타났으며, 6월에 왕도에 우레와 우박이 내려 초목을
해쳤고, 큰 별이 황룡사 남쪽에 떨어졌다. 지진이 있었는데, 소리가 우
레와 같았고 샘과 우물이 다 말랐다. 호랑이가 궁중에 들어오기까지
하였다.[30]

　이러한 기상이변의 조짐은 혜공왕 4년 일길찬 대공과 대렴이 33일
동안이나 왕궁을 에워싸고 난을 일으켰는데, 96각간이 서로 싸우는 큰
정쟁으로 번진 것이다.[31] "이 해(768) 7월 3일에 각간 대공의 적도가 일
어나고 서울과 5도 주군의 도합 96명의 각간이 서로 싸워서 나라가 크
게 어지러웠다. 각간 대공의 집이 멸망하니 그 집의 재산과 보물, 비단
등을 왕궁으로 옮겼다"고 전하고 있다. 또한 『신당서』 「신라전」에는
"때마침 그 나라 재상들이 정권을 다투며 서로 싸워서 나라가 크게 혼
란스럽다가 3년 만에 진정되었다(會基宰相爭權相攻 國大亂 三歲乃定)"라
고 하였다.[32]

　이 반란은 진압되었고, 중국으로의 빈번한 사신을 파견하는 양상을
나타내고 있다. 하지만, 혜공왕 11년에는 다시 이찬 김은거의 반역과

---

29) 『삼국유사』 권5 「월명사 도솔가」조.
30) 『삼국사기』 권9 혜공왕 2, 3, 4년조.
31) 『삼국유사』 권2 「혜공왕」조.
32) 『신당서』 권220 「신라전」.

이찬 염상과 시중 정문(正門)의 반역이 있었다. 이에 왕은 이듬해에 관직을 전대로 복직하고 왕이 감은사로 행차하여 멀리서 바다를 보았다하나, 망제(望祭)를 지냈을 것이다. 그래도 혜공왕 13년과 15년에 수도에 지진이 연이어 일어났는데, 특히 15년에는 지진으로 백성들의 가옥이 무너지고 죽은 이가 100명이나 되었다.[33] 거의 국난에 해당되는 사건들의 연속선상에 있었으므로, 백좌법회가 개설된 것이다.

(6) 헌강왕 2년(876)의 법회기록이다.

> 6) 2년 2월에 황룡사에서 승려들에게 공양을 올리고 백고좌를 베풀어 불경을 강설하였는데, 왕이 친히 행차하여 들었다.[34]

위의 법회는 정강왕 2년, 진성여왕 즉위년에 베풀어진 백고좌법회로서 같은 연유로 열리었다고 생각된다. 즉, 왕의 즉위 후 국태민안을 바라는 마음에서 선대왕들이 시조묘 내지 신궁에 참배했던 것과 같은 연유로 즉위 초에 법회를 개최한 것이다.

헌강왕은 경문왕의 태자로서 정강왕, 진성여왕, 효공왕과 같이 경문왕가에 속하는 임금으로, 경문왕대의 정치상황과 매우 밀접한 관련이 있는 임금이다. 경문왕은 6년에 황룡사에 행차하여 간등(看燈)으로 표현된 연등행사를 구경하였다. 정월 15일의 행차로서 상원연등회이다. 8년에 황룡사 탑에 벼락이 쳤다 하므로, 이에 대한 수리에 절치부심하였을 것이고, 드디어 11년에 수리를 시작하여 13년인 873년에 완성하였다. 이 당시 황룡사 9층탑의 수리를 「황룡사9층탑찰주본기」에 전해주

---

33) 『삼국사기』 권9 혜공왕 11, 12, 13, 15년조.
34) 『삼국사기』 권11 헌강왕 2년조.

고 있어서 경문왕대의 황룡사의 중요성을 보여주고 있다. 경문왕의 자
녀들인 헌강왕, 정강왕, 진성여왕은 즉위 후 곧 황룡사에서 백고좌를
베푼 것은 아마도 경문왕대에 있었던 황룡사의 대역사에 영향을 받은
듯하다. 헌강왕 2년의 백고좌는 경문왕대의 전국통(前國統)이었던 혜흥
에 의해 주도되었을 가능성이 있다.[35]

(7) 헌강왕 12년(886)의 법회 기록이다.

> 7) 12년 6월에 왕이 병으로 편치 않으니 나라 안의 죄수들을 사면해
> 주고, 또 황룡사에 백고좌를 베풀어 불경을 강설케 하였다.[36]

왕이 병이 나서 나라 안의 죄수들을 크게 사면하고, 백고좌회를 베풀
어 국왕의 쾌유를 비는 법회를 열었을 것이다. 이는 고대국가에서 국왕
에게 인왕이 될 것을 강조하고, 『인왕경』을 하루 2번씩 강독하게 한 것
은 그만큼 국왕이 차지하는 비중이 컸기 때문이다. 국왕이 곧 국가라고
본다면, 국왕의 병환은 국가대사였던 것이다.

(8) 정강왕 2년인 887년에 나오는 법회기록이다.

> 8) 2년 정월에 황룡사에 백고좌를 열고 왕이 친히 행차하여 불경을
> 강설하는 것을 들었다.[37]

---

35) 「황룡사9층탑찰주본기」 제2판 내면에는 "금상인 경문왕이 즉위한 11년 함통 신
   묘년에, 그 탑이 기울어진 것을 한하여 이에 친동생인 상재상 위홍 이간에 명하
   여 △신으로 삼고, 사주인 혜흥을 문승(聞僧) 및 수감전(修監典)으로 삼았다"고
   하였고, 제2판 외면에는 전 국통 승 혜흥이 나오고 있기 때문이다.
36) 『삼국사기』 권11 헌강왕 12년조.

(9) 진성여왕 원년인 887년에 나오는 법회기록이다.

> 9) 죄수를 크게 사면하고 모든 주군의 1년간 조세를 면제해 주었다. 황
> 룡사에 백고좌를 베풀고 왕이 친히 행차하여 설법을 들었다.[38]

위의 두 법회는 정강왕과 진성여왕이 즉위 후 국태민안을 바라는 마음에서, 헌강왕이 즉위 후에 개최한 것을 그대로 답습하여 연 것으로 생각된다. 위에서 언급한 바와 같이 선대왕들이 시조묘 내지 신궁에 참배했던 것과 같은 연유로, 왕의 즉위 초에 백고좌법회를 개최한 것이다. 이는 경문왕가와 불교와의 관련을 잘 보여주는 내용이라 하겠다.

(10) 경명왕 즉위년 2월 29일에 열린 법회의 기록이다.

> 10)-1. 제55대 경애왕이 즉위하던 동광 2년 갑신(924) 2월 19일에 황룡
> 사에서 백좌를 설치하고 강경하였다. 겸하여 선승(禪僧) 300명에
> 게 반승하고 대왕이 친히 향을 피우고 불공을 드리니 이것이 백
> 좌법회에서 선종과 교종이 통설(通說)하던 처음이다.[39]

> 10)-2. 제52대 효공왕 시대인 광화 15년 임신(912)에 봉성사 바깥문 동
> 서 21간에 까치가 집을 짓고, 또 신덕왕 즉위 4년 을해(915)에
> 영묘사 안 행랑에 까치집이 34개나 되고 까마귀집이 40개나 되
> 었다. 또 3월에는 서리가 2번이나 왔으며, 6월에는 참포의 물과
> 바다 물결이 사흘 동안이나 서로 싸웠다.[40]

---

37) 『삼국사기』 권11 정강왕 2년조.
38) 『삼국사기』 권11 진성왕 즉위년조.
39) 『삼국유사』 권2 「경애왕」조.
40) 『삼국유사』 권2 「효공왕」조.

> 10)-3. 제54대 경명왕 때인 경명 5년(918)에 사천왕사 벽화의 개가 울
> 므로 3일 동안 불경을 강설하여 물리쳤더니, 반나절이 안 되어
> 또 울었다. 7년 경진(920) 2월에 황룡사 탑 그림자가 금모사지
> 의 집 뜰 안에 한 달이나 거꾸로 서있었다. 또 10월에는 사천왕
> 사 오방신의 활줄이 모두 끊어졌고, 벽화의 개가 뜰로 쫓아 나
> 왔다가 다시 벽 속으로 들어갔다.[41]

경명왕 원년에는 9월에 고려 태조에게 사절을 보내 방문하였고, 10
월에 왕이 친히 신궁에 제사를 지내고, 죄수를 크게 사면한 것으로『삼
국사기』에는 기록되어 있다.

그러나『삼국유사』권2「효공왕」과「경명왕조」에 보이는 천재지변
은 거의 국난에 해당되는 사건들의 연속선상에 있었다. 봉성사, 영묘사,
사천왕사, 황룡사는 모두 국찰에 해당되는 사찰인데, 이곳에서 국망(國
亡)을 예견하는 이상 징후들이 나타나고 있는 것이다. 때문에 경애왕이
즉위하면서 바로 신궁의 참배에 이어, 백좌법회를 개설한 것으로 생각
된다.

이 마지막 법회는 예외적인 설명이 들어가 있는데, 선종승려 300명
이 반승에 참석하였다는 것이다. 그리고 이어서 선종과 교종이 함께 통
하여 설법하던 처음이라고 설명하고 있다. 즉 교종승들로만 채워졌던
100좌가 선승들도 다수 참여하여 함께 설법한 내용으로, 교종승과 함께
선종승 300명이 함께 반승에 참석한 것이라고 할 수 있다. 이는 신라
말 선승들이 국사로 임명되는 등 이들의 활약상이 국가행사에까지 영
향력을 행사한 예를 보여준 것이라 하겠으나, 반면에 이 시기까지도 신
라의 대부분의 승정과 의례는 교종승들에 의해 이루어지고 있었음을

---

41)『삼국유사』권2「경명왕」조.

확실히 보여주는 내용이라고도 하겠다.

이상으로 신라에서의 10회에 걸친 인왕백고좌법회의 내용을 모두 살펴보았다.

이들 법회를 개최연유가 같은 것끼리 묶어서 구분해 보면, 1)사방 적의 내침에 해당되는 전쟁관련 국태민안의 기원, 2)국왕의 치병관련 기원, 3)해와 달, 28수가 도를 잃는 기상 재이에 따른 정국 안정 기원, 4)군신시비를 예방하는 즉위 직후 국정안정의 기원으로 나눌 수 있다.

우선 먼저 국태민안을 기원하는 것은 모든 백고좌법회가 동일하지만, 특히 사방의 적이 내침하는 전쟁과 관련한 내용이다. 이는 역으로 신라의 대외발전을 염원하는 내용으로써 (1)의 진흥왕대의 법회와 (2)의 진평왕대의 법회라고 할 수 있다. 두번째로 국왕의 치병관련 기원에 관련된 법회는 (3)선덕여왕 대의 법회와 (7)헌강왕 12년의 법회이다. 세번째로 해와 달, 28수가 도를 잃고, 한발 등 기상 재이에 따른 정국 안정을 기원하는 법회는 (4)성덕왕 대의 법회와 (5)혜공왕 대의 법회 (10)경애왕 대의 법회가 이에 해당된다고 할 수 있다. 네번째로 군신시비를 예방하는 즉위 직후 국정안정을 기원하는 법회로는 (6)헌강왕 대와 (8)정강왕 대, (9)진성여왕 대의 법회를 들 수 있다.

이를 표로 정리해 보면 다음과 같다.

〈표 1〉 신라의 (인왕)백고좌법회 기록

횟수	명 칭	개최 연도	개최 장소	개최 이유	출전
1	백좌강회	진흥왕 27, 566	황룡사	국태민안	『삼국사기』권44 거칠부전 『삼국사기』권4 진흥왕 27년
2	백고좌회, 백좌회 백좌도량	진평왕 35, 613	황룡사	국태민안	『삼국사기』권4진평왕 35년 『해동고승전』권2 원광전 『삼국유사』권4 원광서학

3	백고좌회, 백좌인왕경대회	선덕여왕5, 636	황룡사	국왕의 치병	『삼국사기』 권5 선덕왕 5년 『송고승전』 권4 원효전
4	인왕도량	성덕왕 6년, 707(추정)		한발(기상재이)	『삼국유사』 권2 성덕왕
5	백좌법회	혜공왕 15, 779		기상 재이	『삼국사기』 권9 혜공왕 15년
6	백고좌회	헌강왕 2, 876	황룡사	국정안정	『삼국사기』 권11 헌강왕 2년
7	백고좌회	헌강왕 12, 886	황룡사	국왕의 치병	『삼국사기』 권11 헌강왕 12년
8	백고좌회	정강왕2, 887	황룡사	국정안정	『삼국사기』 권11 정강왕 2년
9	백고좌회	진성왕 즉위년 887	황룡사	국정안정	『삼국사기』 권11 진성왕 즉위년
10	백좌법회	경명왕 즉위년 924	황룡사	기상 재이	『삼국유사』 권2 경애왕

참고로 고려의 인왕백고좌법회 내용을 간략히 정리해 보면 다음과 같다.

고려에서도 인왕백고좌법회가 국가적인 차원에서 일찍부터 열렸고 불교 연중행사 중 큰 비중을 차지하였다.[42] 1020년(현종 11) 5월에 현종은 궁중에다가 100개의 사자좌를 마련하고 100명의 학덕이 고명한 법사를 초청하여 『인왕반야경』을 외우는 인왕백고좌도량을 열었다. 현종은 1027년 10월에도 이 도량을 열고 경을 읽고 공양하는 의식을 가졌다.

당시의 고려는 거란의 침입을 받아 큰 고역을 치른 시기였기 때문에, 그러한 외적의 침입을 막을 방법을 찾기에 많은 노력을 기울였고, 그러한 상황에서 이 법회에 대한 관심은 더욱 새롭게 부각되었던 것이다. 그 뒤 이 법회는 점차로 격년제, 내지 3년에 한 번 10월중 3일간에 걸쳐서 성대하게 열리는 정기적인 행사로 발전되었다.

42) 안지원, 2005, 『고려의 국가불교의례와 문화』, 서울대학교 출판부.

고려에서 찾아지는 120회의 백좌인왕도량[43]은 10월에 가장 많은 47
번이 개최되었고, 9월이 14번, 4월이 10회, 3월이 8번, 7월이 7번, 5·6·8
월이 각 6번씩, 11월에 5번, 1월과 12월에 3번, 2월에 2번이 개최되고
있다. 이는 10월에 열리는 정기적인 행사로 삼았다 하더라도 국가의 사
정상 알맞은 때에 개최하였음을 알 수 있다. 아울러 이 법회 때에는 궁
궐에서 반승 불사를 동시에 개최하였다. 이때는 3만 반승의 행사로서,
수도 개경의 대궐에서 1만 명, 지방의 각 주부(州府)에서 2만 명의 승려
에게 공양하는 대규모 행사였다.

법회가 열린 장소를 보면, 고려조에서 베풀어진 백좌인왕도량은 대
부분은 대궐에서 행해졌고, 가장 많이 열린 장소는 회경전(會慶殿)이었
다. 이 회경전은 현종 대에 창건된 임금의 정전으로, 이곳에서 백고좌
법회를 하고 구정(毬庭)에서 대규모의 반승을 하였을 것이다. 고려에서
인왕도량 내지 백고좌법회가 설행된 이유는 기우(祈雨), 양천변(禳天變),
양적병(禳狄兵), 진병(鎭兵) 등의 이유로 개최되었음이 밝혀져 있다.

그런데 고려에서의 인왕도량은 불공 역의 『인왕경』을 텍스트로 하여
밀교관련 의궤와 작법을 활용하였을 것이라는 주장이 있다.[44] 즉 국왕
을 정점으로 하는 불교의례를 통하여 민과 일심으로 국난기양, 천재지
변의 소멸, 국가의 안태를 기원하기 위하여 도량을 베풀고 밀교의 상징
적, 신비적, 의례적 성격을 가진 궤와 염송이 행해졌다는 것이다.

---

43) 김형우, 1992, 「고려시대 국가적 불교행사에 대한 연구」, 동국대학교 박사학위논
문, p.135.
44) 박용진, 2004, 「고려 중기 인왕경 신앙과 그 의의-의천과 『대각국사문집』을 중심
으로-」 『한국중세사연구』14, pp.172-173.

3. 신라 백고좌법회의 개설과 진행

(1) 사상적 배경

백고좌법회를 개최하는 이론적인 근거는 『인왕경』으로, 불교의 법을 이해하고 받들므로써 나라를 보호하게 된다는 호국적 내용 때문이었다.[45]

이 『인왕경』은 법호, 구마라집, 진제에 의해 3번에 걸친 경전의 번역과정이 있었다고 전하는데, 구마라집 역의 구역 『인왕경』이 현전하고 있다. 그 후 불공(不空) 역의 신역 『인왕경』이 나왔으나, 신라시대의 주석서 4종(원측, 태현, 현범, 예원)은 모두 구역 『인왕경』을 텍스트로 한 주석서이다. 따라서 시기적으로나 주석서로 보나 신라시기에는 구역 『인왕경』이 법회의 텍스트로 쓰였다. 근래 발견된 구역 『인왕경』의 존재는 이를 더욱 잘 알려주고 있다. 즉 1973년 12월에 충남 서산군 운산면 태봉리 문수사 금동여래좌상 속의 복장물에서 출토된 낙장이기는 하지만, 구역 『인왕경』인 『인왕호국반야바라밀경(仁王護國般若波羅密經)』 낙장(落張) 5매가 이를 잘 입증해 주고 있다.[46] 초조대장경 간행 이후인 11C말-12C초 숙종 년간의 판본으로, 인쇄되어 출판된 것은 12C 중엽 경으로 보고 있다. 고려 시대의 것으로 판정된 만큼 신라에 이어 고려에서도 구역 『인왕경』을 텍스트로 삼아 행사를 하였음을 추정하게 해 준다.

신라의 (인왕)백고좌법회는 특히 『인왕경』의 여러 품에 나오는 내용에 따라 법회를 준비하였다. 그 내용은 다음과 같다.[47]

---

45) 이기영, 1975, 「인왕반야경과 호국불교」 『동양학』5, pp.501-503.
46) 강인구, 1975, 「서산 문수사 금동여래좌상 복장유물」 『미술자료』18, 국립박물관;
    남풍현, 1985, 「구역인왕경 석독구결의 연대」 『동양학』15, pp.13-17.

11) 대왕들이여, 이 경을 인왕이 반야바라밀에 대해 묻는데 대해 가르
치신 경이라 이름한다. 그대들은 반야바라밀경을 수지하라. 이 경
은 또 헤아릴 수 없이 많은 공덕을 간직하고 있다. 그러므로 국토
를 보호하는 공덕이라고도 이름한다. 또 일체 국왕의 법락(法樂)이
라고도 이름한다. 받들어 행하면 큰 효용이 없을 수 없다. 사택(舍
宅)을 지키는 공덕도 일체중생의 몸을 지키는 공덕도 있다. 즉 이
반야바라밀은 국토를 지키는 것이 성과 같고 참호와 같고 도검과
같고 모순(鉾楯)과 같다. 그대들은 마땅히 반야바라밀을 수지하기
를 이와 같이 하라.

12) 100구(軀)의 불상, 100구의 보살상, 100구의 나한상, 100명의 비구
중, 4대중, 7중을 청하여 같이 이 경을 들으라. 100명의 법사를 청
하여 반야바라밀을 강하라. 100명의 법사가 고좌에 앉아 사자후를
하시는 그 앞에 100개의 등을 켜고, 100가지 향을 태우고, 100가
지 빛깔의 꽃을 뿌려 3보를 공양하는데 쓰고, 3의와 기타 십물(什
物)을 가지고 법사에게 공양하라. 소반중식(小飯中食)도 역시 때에
따라서 바치라. 그리고 대왕들은 하루에 2번 이 경을 강독하라. 그
대들 국토 안에는 100부의 귀신이 있고, 그 각 부마다 또 100부가
있다. 이 경을 즐겨들으면 이 귀신들이 그대들의 국토를 지키리라.

13) ...대왕이여 옛날 임금이 있었는데, 이름이 석제환인이었다. 정생왕
(頂生王)이 하늘로 올라가서 그 나라를 멸하고자 하였다. 이 때 제
석천이 곧 칠불의 법용(法用)과 같이 하여 백고좌를 베풀고 100법
사를 청하여 반야바라밀을 강설하니 정생왕이 곧 물러갔다. 멸죄
경 중에 설해져 있다.

이 경에 의거해 볼 때 법회의 준비는 물질적인 준비와 개최연유를 밝
히는 정신적인 준비로 나누어 볼 수 있다.

---

47) 『인왕경』 상 제4 이제품(二諦品)(『대정장』 권8, p.829 하).

(2) 개최 연유와 정신적 준비

정신적인 준비로는 법회의 개최 연유를 밝히는 것과 국왕의 정신적
인 무장에 관한 준비였다. 먼저 국왕의 정신적인 무장은 국왕이『인왕
경』의 요체인 반야바라밀을 잘 알아 행해야 한다는 것이다. 국왕은 나
라를 지키고, 악귀를 쫓고, 국왕이 뜻한 바대로 천지의 도리에 부합하
는 길을 가기 위해서는 반야지혜를 완성해야 가능하고, 이를 많은 이들
에게 널리 성취시킬 수 있으므로, 국왕은 하루에 2번씩『인왕경』을 강
독해야 한다는 것이다.

왕실에서는 반야를 통한 인왕(仁王)의 이념을 강조하고, 백성들에게
는 정법 수호를 위한 성전이라는 국가의식을 고취시킴으로서, 이들의
상호괴리를 막는 가교역할을 수행하는 것이[48] 법회개최의 연유라는 것
이다.

그런데 이 경은 중국에서 성립된 경전이라고 보는 경향이 있다. 즉 왕
권과 교권의 교섭과정에서 생겨난 경전이라는 것이다. 결국『인왕경』의
호국사상은 불교의 법과 왕법과의 관계에서 오는 심각한 마찰을 해결
하려는 줄기찬 노력 속에서 이루어진 가장 체계적인 이론으로 평가되
기도 한다.[49]

다음으로 법회를 개최하게 되는 연유에 대해서이다.『인왕경』에 의
하면 국가적으로 7난이 일어났을 때, 이를 소제하기 위한 방법으로 인
왕백고좌회를 국가적인 규모로 개최하는 것이다. 즉 국토가 어지러울
때에는 먼저 귀신이 어지러이 군다. 귀신이 어지럽게 난동을 하므로 만

48) 정병조, 1983,「신라 법회의식의 사상적 성격」『신라문화제학술발표회논문집』4,
    p.127.
49) 황태섭, 1972,「인왕호국반야경의 연구」, 동국대학교 불교학과 석사논문, p.99.

민이 난삽하고, 적이 와서 나라를 겁탈하고, 백성이 망하고 목숨을 잃는다. 왕의 아들들, 백관들의 시비, 천지괴변, 별·해·달이 때와 절도를 잃는다. 대화재, 홍수, 태풍이 일어난다는 것이다.

이를 『인왕경』 하, 제7 수지품에 의거하여 정리하면 다음과 같다.

14)-1. 제1난은 해와 달이 도(度)를 잃는 것으로, 절기가 반역하여 혹 적일(赤日)과 흑일(黑日)이 나타나고, 2·3·4·5개의 해가 나오며, 혹 일식으로 빛을 잃고, 혹 해무리가 한겹 두·세·네·다섯 겹으로 나타나는데, 변괴를 당하였을 때 이 경을 읽고 풀이한다.

14)-2. 제2난은 28수가 도를 잃는 것으로 금성, 혜성, 윤성, 귀성, 화성, 수성, 풍성, 도성, 남두·북두·오진대성, 일체국주성, 3공성, 백관성과 같은 여러 별들이 각각 변하여 나타나는 것으로, 또한 이 경을 읽고 풀이한다.

14)-3. 제3난은 큰 불로 나라를 태우고 만백성을 소진하게 하는 것인데, 혹 귀화, 용화, 천화, 산신화, 인화, 수목화, 적화와 같은 변괴로서, 또한 이 경을 읽고 풀이한다.

14)-4. 제4난은 홍수가 져서 백성을 표몰시키는 것으로, 때에 절기가 반역하여 겨울에 비가 오고 여름에 눈이 오며, 겨울에 뇌전벽력이 치고 6월에 얼음, 서리, 우박비가 오고, 적수, 흑수, 청수의 비가 오고, 토산, 석산의 비가 오고, 사역석의 비가 오며, 강하가 역류하여 산이 들뜨고 돌이 구르는 변괴가 있을 때, 또한 이 경을 읽고 풀이한다.

14)-5. 제5난은 태풍이 불어 만백성을 죽이는 것으로, 국토와 산하, 수목이 일시에 멸몰하니 때 아닌 대풍, 흑풍, 적풍, 청풍, 천풍, 지풍, 화풍이 부는 변괴가 있을 때, 또한 이 경을 읽는다.

14)-6. 제6난은 천지국토가 항양(亢陽) 염수(炎火) 동연(洞燃), 즉 가물어 한발이 진 것으로 백초가 마르고, 오곡이 자라지 않고, 토지가 타오르고 만백성이 멸진하는 변괴의 때에 또한 이 경을 읽는다.

14)-7. 제7난은 사방의 적이 쳐들어오고, 국내외의 적이 화적, 수적, 풍적, 귀적으로 봉기하는 것으로, 백성이 황폐하고 어지러워서 칼과 병기를 들고 겁없이 일어나니 이러한 변괴가 있을 때 또한 이 경을 읽는다.50)

이 외에도 군신들이 사중계(四重戒), 오역죄(五逆罪), 8난죄(八難罪), 육도(六道)에 떨어지는 죄 등에 빠지지 않기 위해 대왕들은 이 경을 강독해야 한다는 것이다.

백고좌법회의 개최 이유는 왕이 나라를 온전하게 지키고 보존하는 방법으로, 7불이 시행한 방법을 원용하여 백고좌를 베풀고 100명의 법사를 청하여 반야바라밀을 강론해야 한다는 것이다. 그리고 왕은 정신적인 무장을 위해 하루에 2번 이 경을 강독해야 한다는 것이다.

(3) 실질적인 준비

1) 100명의 법사 초청

이 법회에서 가장 중요한 사항은 100명의 법사를 구하는 일이었다. 그것은 백고좌를 채울 고승을 말하는 것으로, 신라에서는 이 100명의 법사를 각 지방에서 천거를 받아 확정지었던 것을 알 수 있다.

『송고승전』「원효전」에 "이 때에 국왕이 백좌인왕경대회를 설치하

---

50) 원측은 『인왕경소』에서 이를 8난으로 정리. 1) 귀난(鬼亂) 2) 만인난(萬人亂) 3) 적래겁국(賊來劫國) 4) 백성망상(百姓亡喪) 5) 군신시비(君臣是非) 6) 천지괴이(天地怪異) 7) 성수실도(星宿失度) 8) 일월실도(日月失度)이다.

고 널리 석덕을 찾았는데, 본주에서 명망으로 그(원효)를 천거하였으나,
제덕이 그 사람됨을 미워하여 왕에게 참소하여 받아들이지 못하게 하
였다"의 내용을 상황과 연계하여 풀이해 보면 이렇다. 즉 원효가 19세
때에 본주인 경산에서 명망이 있어 백고좌법회에 천거하였으나, 여러
석덕들이 그 위인됨이 걸림이 없어 호방한 것을 싫어하여 왕에게 받아
들이지 말 것을 청하고 있는 내용이다. 이 내용은 백고좌를 채울 석덕
을 신라의 여러 주에서 천거를 받아 확정하였던 것을 알려 주는 것으
로, 이들 100명의 석덕이 『인왕경』을 강할 준비를 하였던 것이다.

그리고 100명의 비구들, 4대중, 7중을 초청할 것을 준비하였으며,
100구의 불상, 100구의 보살상, 100구의 나한상을 준비하고, 100명의
법사가 앉을 고좌를 준비하였다.

2) 100개의 고좌

100명의 고승이 앉을 고좌의 준비는 매우 중요한 사안이었을 것이
다. "궁정 안뜰에 사자좌 100개 소를 설치하고 3일 간 『인왕경』을 강의
했다"[51]는 고려시대의 기록이 보일 뿐, 현재 우리나라에는 이 법회에
쓰였을 고좌를 찾을 수 없다. 다만 일본과 중국에서 다음과 같이 비슷
한 시기의 것을 찾아서 추정해 볼 뿐이다.

다음의 그림은 일본의 당초제사(唐招提寺)의 강당에 있는 2개의 고좌
와 중국 돈황 323굴 남벽 벽화의 장면에 나오는 고좌이다.[52] 돈황벽화
는 수나라 문제가 담연법사를 모시고 설법과 8계를 받는 내용인데, 이
그림에 보이는 담연과 수문제가 앉은 고좌를 참고할 수 있다.

---

51) 『고려사』 권4 현종11년 5월 초하루 신해일조.
52) 일본의 당초제사 강당의 고좌는 경주대 이강근교수가, 중국 돈황 벽화의 고좌는
부경대 주경미교수가 도움을 준 내용으로 두 분께 감사드린다.

그림 1 당초제사 강당의 고좌

그림 2 돈황 323굴 남벽 벽화의 일부 내용

그림 3 돈황 323굴 남벽 벽화의 전체 내용

그림 4 돈황 323굴 남벽 벽화의 일부 내용　그림 5 돈황 323굴 남벽 벽화의 일부 내용

그림 6 禮盤(일본 鎌倉時代)　　　　그림 7 法念上人繪傳(일본 知恩院 소장)

　강당 내에서 혹은 천막을 치고 백고좌회를 설행할 때는 그림2의 담연이 앉은 고좌가 배치되었을 것이고, 노천에서 행했을 때는 그림1과 같이 지붕이 있는 고좌가 배치되었을 것으로 추정된다. 그리고 일본의 예반과 같은 형태의 자리가 그림6에 보이듯이 국왕 이하 귀족, 외국 사절들의 자리로 개설되어졌을 것으로 추정된다.

3) 꽃과 향

　법회의 개설을 위한 준비물로는 삼보를 공양할 100개의 등, 100가지

향, 100가지 빛깔의 꽃을 준비하였다. 이는 갖가지 등과 갖가지 향과 갖
가지 꽃을 3보전에 공양하기 위한 것으로, 신라시대에 사용하였을 향과
꽃, 과일을 알 수 있는 내용이 드물게나마 다음과 같이 보이고 있다.

15) 경덕왕(742-764)은 또 당나라 대종황제(代宗皇帝, 762-778)가 불교
를 믿고 받든다는 소식을 듣고 황제를 위해 공장(工匠)에게 명하여
오색 모직물을 만들고 또 침단목(沈檀木)에 명주(明珠)와 미옥(美玉)
으로 꾸며 가산(假山)을 만들게 했는데 높이가 한 길 남짓 되었다.
그것을 오색 모직물 위에 놓았다. 가산에는 높은 바위와 괴이한 돌
과 동혈(洞穴)이 각 구역으로 나누어져 있었는데 각 구역 안에는
가무 기악(歌舞 伎樂)의 모습과 온갖 나라의 산천의 형상이 있었다.
살살 부는 바람이 그 안에 들어가면 벌과 나비가 훨훨 날고 제비
와 참새가 춤을 추니 얼핏 보아서는 진짜인지 가짜인지 분간할 수
없었다. 그 속에는 또 1만 불이 모셔져 있는데 큰 것은 사방으로
한 치가 넘고 작은 것은 8, 9푼쯤 되었다. 그 머리는 큰 기장만하
거나 콩알 반쪽만 했다. 머리털과 백모(白毛)며 눈썹과 눈이 선명
하여 형상이 다 갖추어져 있었다. 그 형상은 다만 비슷하게 말할
수는 있어도 자세히는 형용할 수 없다. 그래서 만불산이라 했다.
다시 금과 옥을 새겨 유소번개(流蘇幡蓋)와 암라(菴羅)·담복(簷蔔)·
꽃과 과일의 장엄한 것과 1백 보되는 누·각·대·전·당(樓·閣·臺·
殿·堂)을 만들었는데 전체가 비록 작기는 하나 기세가 모두 살아
움직이는 것 같았다. 앞에는 돌아다니는 중의 형상 1천여 구가 있
고, 아래에는 자금종(紫金鐘) 3좌가 벌여 있는데, 모두 종각이 있고
포뢰(蒲牢)가 있었으며 고래 모양으로 종 치는 방망이를 삼았다.
바람이 불어 종이 울면 돌아다니는 중들이 모두 엎드려 머리가 땅
에 닿도록 절을 하고, 염불하는 소리가 은은히 들렸으니, 대개 그
활동의 중심체는 종에 있었다. 비록 그 이름은 만불이라고만 했으
나 그 참모습은 이루 기록할 수 없다.[53]

───────────────

53) 『삼국유사』 권3 「사불산 굴불사 만불산」조.

762년에서 764년 사이에 신라에서 만들어졌을 만불산에는 우리가 구하고자 하는 내용 가운데 유소번개와 담복, 암라 등의 귀중한 자료가 나오고 있다. 하나씩 보도록 하겠다.

먼저 유소번개는 끈으로 매듭을 맺고 그 끝에 술을 드리우는 유소를 번에 장식하여 천개 아래에 매달은 것이다. 『일본서기』에 기록된 일본에 전해준 신라의 번은 수나라 대의 번을 다소 변형한 번으로, 7세기 초 고신라번의 형태는 일본의 법륭사번(7세기 후반-8세기 초)과 흡사한 모양이었을 것으로 추정하고 있다[54].

그런데 8세기 후반 경에 조성되었을 것으로 추정되는 보르부두르의 조각에 나오는 번을 참고로 보면 다음과 같다.

그림 8 보르부두르 조각의 번

다음은 꽃으로, 「만불산」조에는 서역담복으로 불리는 치자꽃이 나온다. 이 꽃은 향기가 최고로 여겨져 공양품으로 많이 쓰였을 것으로 생각된다.

54) 임영애, 1991, 「한국·일본의 고대 불교번에 관한 연구-중국 당번의 한국·일본의 전파와 수용을 중심으로-」 『미술사학연구』190·191호, pp.14-15.

이 치자꽃이 그림10의 불국사 석가탑 사리기의 뚜껑에 새겨져 있는
꽃그림[55]과 그 형태가 유사하기 때문이다. 아래와 같이 이들을 비교해
보았는데, 그 형태나 내용으로 볼 때 치자꽃일 가능성이 커 보인다. 사
리기의 뚜껑에 새겨질 정도의 꽃이라면, 그 중요성과 대중성을 알 수
있게 한다. 이렇게 볼 때, 국가에서 개최하는 백고좌법회에는 국내에서
생산되는 꽃을 썼을 뿐 아니라, 인근의 백제와 일본·동남아 등에서 나
는 꽃들도 사용하였을 것으로 추정된다. 따라서 백고좌법회에서도 이
치자꽃을 사용하였을 것으로 추정된다. 또한 동남아의 사원에도 이러
한 문양의 꽃이 장식된 것이 보인다. 이를 예시해 보면 다음과 같다.

그림 9 치자꽃과 태국의 왓아룬사원
(일명 새벽사원) 문양

그림 10 불국사 석가탑 사리기 뚜껑과 모사도

---

55) 국립중앙박물관, 불교중앙박물관편, 2009,『불국사 석가탑 유물』3-사리기·공양품-,
   p.47.

하지만 꽃으로는 무엇보다도 연꽃이 많이 쓰였을 것으로 생각된다. 그것은 신라시대의 많은 조각품 등을 통해 익히 알고 있는 바이다. 그리고 법회 때에는 산화를 하였을 것으로 생각되는데, 이를 위해서는 지화나 꽃, 내지 꽃잎을 준비했을 가능성도 있다.

아래의 그림은 보르부두르 불탑에 새겨진 산화(散花)의 장면을 예시한 것이다. 주지하듯이 이 불탑은 8-9세기 경에 세워진 것으로,『화엄경』「입법계품」에 해당되는 내용을 담고 있어 주목되고 있다. 신라와 같은 시기에 세워진 불탑으로 혜초가 남해를 거쳐 인도에 간 것을 염두에 둔다면 이 불탑에 새겨진 그림의 효용을 느낄 수 있을 것이다.

그림 11 보르부두르불탑의
불상주변의 산화장면

그림 12 보르부두르불탑의
설법정면의 산화장면

공양물 가운데 과일은 매우 중요한 품목인데, 특히『삼국유사』「만불산」조에는 과일로 망고가 특기되고 있다. 국가적인 대법회인 백고좌법회에서는 토산품인 과일과 함께 수입과일이라 할 수 있는 망고가 공양품 과일로 차려진 것으로 보인다. 여러 불경에 보이는 망고동산 등에 의거해 볼 때, 망고는 중요한 공양품이었을 것으로 생각되는데, 보르부두르불탑에는 망고가 공양품으로 새겨져 있다.

그림 13 보르보두르 불탑의 공양물 조각의 망고

이 외에도 신라에서 나는 많은 과일과 꽃이 차려진 것으로 생각된다. 불국사 석가탑 묵서지편에는 사리를 금당 중앙에 모시고 잡과 등 33종을 써서 공양하는 내용과 매일 꽃과 등촉(燈燭)을 써서 공양하는 내용이 나온다.[56]

향은 「불국사 무구정광탑중수기」 및 「서석탑중수형지기」에 나오고 있고, 『양서』에도 보인다.

먼저 「불국사 무구정광탑중수기」 및 「서석탑중수형지기」에 나오는 향을 추려 보면 그 종류가 용뇌(龍腦), 정향(丁香), 청목향(靑木香), 생파향(生波香), 유향(乳香), 골향(骨香), 적□□향(赤□□香), 입향(入香), 백단향(白但(丹)香) 등이 있다. 유향은 옻나무과에 속하는 유향나무의 진을 말린 것으로 몰약과 함께 방향제로 사용되었던 최초의 수지(樹脂)이다. 국보 126-16호와 국보 126-26의 침향편들은 금동제 사리 외함과 금동 방형 사리함 사이 공간에 향을 담은 헝겊주머니 안에 있었다. 주로 동남아에서 나는 침향나무로 분석되었다. 이외에도 불교에서 중요한 약용열매로 취급하는 가리륵(可梨勒, 訶子)과 빈랑(檳榔)이 들어있었다.[57] 차로는 뇌향차(腦香茶), 용향차(龍香茶)가 나온다.

---

56) 국립중앙박물관, 불교중앙박물관편, 2009, 『불국사 석가탑 유물』2-중수문서-, pp.53-54, 62-64에 의하면 주와 과자가 나오고 p.75에는 조화 10타(朶)가 보이므로, 술과 과자 그리고 조화가 있었을 것으로 보인다.

이 외에도 중국의 『양서』 제이전에 보이는 향은 침목향, 소합향, 울금향, 벌침파율향(筏沈婆律香), 침단(沈檀), 잡향약, 잡향이다. 중국에서는 한말 이래 불교가 성행하게 되어 사원과 스님들에게 공양하기 위한 향료의 수요가 많아지자, 남해 여러 나라의 특산물인 향료 수입이 중요시되었는데, 특히 남경에서 그 수요가 가장 많았다. 남경은 남조의 양나라의 건강, 진나라의 금릉이었던 곳으로 백제와 신라인들의 출입이 잦았던 곳이어서 이러한 향들이 신라에 유입되었을 것이다.

등은 고좌와 고좌 사이에 설치하였을 것이다.

그리고 법회를 담당할 100법사에게 공양할 물품으로 3의와 기타 십물을 준비하는데, 구체적인 물품으로는 3의, 1발(鉢, 발우), 좌구(坐具), 제도(剃刀), 도자(刀子), 녹수낭(漉水囊), 발대(鉢袋), 침통(針筒)을 의미한다.

법회를 마치면 임금은 백고좌회에 참석한 고승들에게 가사를 내렸는데, 고려에서의 예를 들어 보자면, 마납의(磨衲衣)와 만수가사(滿繡袈裟)와 같은 것이다.[58]

---

57) 국립중앙박물관, 불교중앙박물관편, 2009, 『불국사 석가탑 유물』4-보존처리분석-, pp.50-55.

58) 첫 번째는 고려 의종이 백고좌회에 참석한 의광에게 손수 마납의를 하사한 것이다. 황문통(黃文通)이 지은 유가업 승려 의광(義光)의 묘지명(의종 12, 1158)에는 "금나라 황통(皇統) 5년 을축년(인종 23, 1145)에 삼중대사가 더해지고 수첩마납가사(繡帖磨衲袈裟)를 하사받았다. 7년 정묘년(의종 1, 1147)에는 이산 가야사(伊山 伽耶寺) 주지로 옮기면서 수좌가 더해졌다. 이듬해 무진년(의종 2, 1148)에 궁궐 안의 백좌법회에 참석하자 임금이 손수 마납의를 내려주었다. 뒤에 임금이 관리를 산으로 보내어 친서를 전달하여 위로하고 문안하였다. 이어 청첩가사를 하사하여 총애하고 대우하는 예를 융숭하게 하였다. 정원(貞元) 3년 을해년(의종 9, 1155)에 숭교사 주지로 옮겼다"고 나와 있다. 그가 삼중대사가 되자 수첩마납가사를, 수좌로서 백좌법회에 참석하자 마납의를, 그리고 다시 청첩가사를 하사하고 있다.(황문통찬, 「卒瑜伽業弘(圓)(崇)敎寺住持通炤正覺首座墓銘」 『고려묘지명집성』(김용선편저, 1997, 한림대 아시아문화연구소), p.160) 또 한 예는 승

인왕백고좌도량 때 함께 행해진 것은 승려들에게 식사를 제공하는
반승이었다. 위의 『인왕경』에서 언급된 소반중식의 내용은 승려들에게
식사를 제공하는 반승의 경전적 근거가 된다. 신라시대에 반승에 관한
기록은 앞에서 살펴본 신라의 10번째 경애왕 원년의 기록이 유일하지
만, 『인왕경』의 기록을 볼 때 반승은 행해졌을 것으로 보인다.

고려시대의 반승은 인왕반야백고좌법회를 개최할 때 함께 행해졌다.
의천에 의하면, "3년에 한 번씩 인왕반야백고좌법회를 열 때는 승려 3
만 명에게 재(齋)를 베푸는 것을 항례의 법식으로 삼았다"[59]고 하여 3
년에 한 번 열리는 백고좌법회는 반승 3만명을 동반한 행사였음을 알
수 있다. 이때에는 승려의 식사와 더불어 일반 신도들이 법식을 나누어
먹는 대중공양이 동시에 베풀어졌는데, 신라시대에도 이에 준했을 것
으로 생각된다.

이렇게 반승은 단순히 승려들에게 식사를 제공하는 것만으로 그 공
덕이 인정되는 것으로 믿었으나, 후에는 승려에게 법을 베풀어 받았으
므로 식사를 제공하여야 한다는 상관관계에서 행사가 이루어졌다.

지칭의 묘지명(1193)으로, 이에 의하면 "경인년(명종 즉위, 1170)에 삼중대사가
되고, 을미년(명종 5, 1176)에는 만납가사(滿衲袈裟)를 하사받았다. 기해년(명종
9, 1179)에는 수좌에 오르고, 경자년(명종 10, 1180)에 만□□를 하사받았다. 정미
년(명종 17, 1187)에 승통이 되고, 기유년(명종 19, 1189)에는 중선(中選)을 주관
하였다. 경술년(명종 20, 1190)에는 만수가사(滿繡袈裟)를 하사받았다. 이 □(해)
10월에 국가에서 백좌회를 개설하고, 스님을 공문의 영수로 삼아 법회를 주관하
도록 하였다"(「개성영통사주지지칭묘지」, 『조선금석총람』상, p.417; 김용선편저,
위의 책, pp.276-277). 지칭은 영통사주지로 통소승통(通炤僧統)인데, 위의 예로
보아서는 법회를 주관하는 상수 내지 영수에게는 미리 백고좌법회 전에 가사를
내려 이를 입고 법회를 주관하게 한 것이 아닌가 한다.
59) 의천, 「신집 원종문류서」(1989, 『국역대각국사문집』, 한국정신문화연구원, p.50).

(4) 법회의 진행

위와 같은 준비를 거친 후 법회를 하는 장소는 강당에서 이루어지거나, 혹은 천막을 치고 마당에서 행해졌을 것이다. 우선 강당에서의 경우를 보면 "자장이 어느 해 황룡사에서 7일 밤낮으로 보살계본(菩薩戒本)을 강연하였는데, 하늘에서 단비가 내리고 구름과 안개가 자욱하여 강당을 덮었다. 사부 대중이 모두 그 이적에 탄복하였다"는 『삼국유사』 권4 「자장정률」조의 내용에 의거해서이다. 즉 강경은 대체적으로 강당에서 거행하였을 가능성이 있다. 특히 강당은 금당기단에 비해 매우 낮으며, 건물지 내부에는 전(塼)을 깔았는데, 서쪽에서 4번째 주칸인 내진(內陣) 북쪽에 한 변이 약 3m인 방형 석구(石區)가 있었고, 그 남쪽에 이와 비슷한 방형의 구획을 볼 수 있어 이를 설법단(강사와 독사(讀師)의 고좌)을 놓았던 자리로 보기도 한다.[60) 일본도 같은 형식으로 보고 있다.

하지만 100구의 불상, 100구의 보살상, 100구의 나한상을 설치하고, 100개의 고좌를 설치하기 위해서는 황룡사탑의 중앙에 천막을 치고 법회를 개설하였을 가능성도 있다. 앞서 살펴 본 돈황벽화의 내용이 참조된다.

이렇게 장소가 정해지면 그 곳에 100개의 불상과 100구의 보살상, 100구의 나한상, 그리고 100개의 고좌를 설치하여 도량을 잘 꾸미고, 또한 갖가지 등, 망고를 비롯한 각종 과일, 치자꽃을 비롯한 각종 꽃이 공양대에 차려졌을 것이며, 정향, 침향, 유향, 골향, 백단향, 청목향, 생파향, 입향, 소합향, 울금향, 잡향 등 갖가지 향을 피워 경건함을 더했을 것이다.

그런데 인왕백고좌법회는 법회를 열기 전에 『인왕경』의 전도봉행(前

---

60) 장경호, 1991, 『백제의 사찰건축』, 예경산업사, p.270.

導奉行)이 있었던 것으로 알려져 있다. 다만 신라시대에 행해진 것은 알
수 없다. 고려에서는 선종 2년인 1085년에 처음 제도화되었는데, 이 전
도봉행 행사는 송의 영향을 받아 국왕의 권위와 밀접한 관련이 있었다
고 한다.[61] 즉 전도봉행은 『인왕경』을 7보 상자에 담고 붉은 비단을 덮
어 씌어, 어가 100보 앞에서 인도하는데, 국왕이 거둥 시에는 붉은 옷을
입은 사람들이 이를 받들고 인도하였다고 한다.

　법석은 황룡사탑을 등지고 단을 설치하였을 것이데, 위의상 또는 장
소관계상 아마도 중층으로 하였을 것으로 보인다. 마련된 자리에 100법
사가 중앙의 상수법사(원광 등)를 중심으로 하여 좌정하고, 맞은 편에
국왕 이하 대신들, 수의 사신 왕세의 등 외교사절도 좌정하였을 것이
다. 그리고 법회의 진행을 위해서는 갖가지 등을 밝히고, 갖가지 향을
태우며, 갖가지 꽃을 뿌리고, 상수 이하 100법사는 이 경을 해설한 것으
로 추정된다.

　법회는 앞서 성덕왕 대의 인왕도량에서 살펴보았듯이 7일 간 계속되
었다. 그리고 법회를 마치면 반승을 행하고, 공로있는 승려들에게는 가
사를 수여하였다.

　다음의 사진은 태국의 담마까야사원에서 행해진 법회의 모습을 예시
로 제시해 보았다.

---

61) 박용진, 2004, 위의 논문, pp.169-172.

4. 맺음말

신라의 백고좌법회는 진흥왕대에 처음 개최된 이래 10회의 기록을 남기고 있다. 고려에서의 200번에 비하면 매우 소략한 내용이라고 하겠다. 그러나 이 법회는 여러 면에서 신라불교가 호국불교로서 자리매김하는데 중요한 역할을 한 국가적인 대규모의 법회였다.

본고는 백고좌법회가 개설된 10회의 기록을 살펴보았다. 신라에서 처음 개설된 백고좌법회는 대규모법회를 개최할 수 있는 장소를 확보하기 위해 왕궁을 황룡사로 만들게 되는 배경에 혜량의 조언이 있었을 것으로 추측해 보았다. 또한 선덕여왕이 병이 나서 개최된 백고좌회는 원효가 천거되었으나 100법사에 포함되지 못한 백좌인왕경대회를 같은 법회로 간주하였다. 그리고 성덕왕 대의 인왕도량을 백고좌법회로 보고 7일간 법회가 열린 것으로 추정해 보았다. 신라에서 마지막으로 열린 경애왕 대의 백고좌법회를 통해 100명의 교종승과 선승의 선교통설로 선종이 국가적으로 점점 위세를 차지하게 되는 면을 주목하였다.

다음으로 법회의 사상적 배경인 『인왕경』의 관련내용과 법회의 실질적인 준비상황, 그리고 진행까지 엉성하게나마 인왕백고좌법회의 면모를 밝혀 보았다. 특히 『삼국유사』「사불산·굴불산·만불산」조에 나오는 담복과 망고를 들어 신라인들이 불교의 본향인 인도에서 나는 담복인 치자꽃과 망고열매를 공양물로 썼을 것임을 밝혀 볼 수 있었고, 현재 태국에서의 법회를 백고좌법회와 비슷한 그림으로 제시해 보았다.

제2장 『삼국유사』「명랑신인」조의 구성과 신인종 성립의 문제

1. 머리말

　명랑법사는 신라 문무왕 대에 문두루비법을 써서 당나라의 수군을 격퇴한 사실로 널리 알려진 인물이다. 그의 전기라 할 수 있는 내용이 바로 『삼국유사』권5 신주(神呪)편의 「명랑신인」조이다. 명랑과 신인종에 대해서는 여러 편의 논고가 나온 바 있다. 이들을 기반으로 본고에서는 「명랑신인」조의 구성 내용을 중심으로 금광사와 사천왕사, 신인종 성립의 문제를 다음과 같이 살펴보고자 한다.

　첫째로 「명랑신인」조에서 가장 먼저 내세운 내용은 그가 세운 금광사(金光寺)의 창건과 관련된 사실이다. 금광사는 금광사 외에도 금강사·금우사 등 다양한 호칭이 문제로 제기되어있다. 이 부분에 대해『고려사』에 나오는 ‘금강명경도량’의 존재와 『십륜경』 그리고 서경(西京)의 금강사에 주목하여 금광사의 호칭문제를 천착해 보려 한다. 또한 그의 용궁전법 사실에 대해서도 간략히 살펴보려 한다.

　둘째로 그가 문두루비법을 행했던 곳에 건립된 사천왕사가 안함 당시부터 거론되기 시작한 장소라는 사실 등을 함께 언급해 보고자 한다. 또한 신인종의 성립문제를 명랑이 신인종조사로 추대된 데 따른 신인종의 신라성립설과 고려 태조 대에 창건된 현성사 등으로 인한 고려성

립설을 정리해 보려 한다. 안혜·낭융의 후예 광학·대연이 고려 태조를
도와 현성사의 창건을 이루고 있고, 이외에도 원원사 등이 나오고 있어
이를 살펴 보도록 하겠다.

2. 금광사와 명랑

(1) 금광사와 그 호칭

금광사는 명랑이 유학에서 돌아와 자신의 집을 희사하여 만든 사찰
이다. 그런데 이 금광사는 사료 상으로 여러 호칭이 나오고 있어 이에
대한 문제점이 일연 당시부터 지적되어 왔다. 우선 관계 사료를 보자.

> 1) 『금광사본기(金光寺本記)』를 살펴보니, "법사는 신라에서 태어났다.
> 당나라에 건너가 도를 배우고, 돌아올 때에 해룡의 청으로 용궁에
> 들어가 비법(秘法)을 전하였다. 황금 천 냥【천근이라고도 함】을 시
> 주받고, 지하로 잠행(潛行)하여 자기 집 우물 밑으로 솟아 나왔다.
> 이에 (집을) 희사하여 절을 세우고 용왕이 시주한 황금으로 탑과
> 불상을 장식(裝飾)하니 유달리 광채가 빛났다. 이로 인하여 금광사
> 【승전에 금우사(金羽寺)라고 하였으나 잘못임】라고 하였다"고 되어
> 있다.1)

> 2) 또 신인조사 명랑이 금강사(金剛寺)를 새로 창건하고 낙성회를 베풀
> 었을 때, 고승들이 다 모였지만 스님(혜공)만 오지 않았으므로 명랑
> 이 분향하고 정성껏 기도하였더니 조금 있다가 혜공스님이 왔다. 그
> 때에 큰 비가 내렸는데 그의 옷이 젖지 않았고 발에는 진흙이 묻지
> 않았다. 명랑에게 이르되, "은근히 부르기에 왔다"고 하였다.2)

---

1) 『삼국유사』 권5 「명랑신인」조.

위의 사료에 보이는『금광사본기』에는 금광사와 금우사가, 「이혜동
진」조에는 금강사가 명랑과 관련된 사찰의 명칭으로 나오고 있다. 이
들 각각의 호칭에 대해 살펴보면 다음과 같다.

우선 금광사라는 호칭으로, 1)에 보이는 바와 같이, 신라에서 태어난
명랑이 632년(선덕왕 1)에 당나라로 건너가서 밀교의 비법을 배우고 3
년 만인 635년에 귀국하였고, 귀국 길에 해룡의 청으로 용궁에 들어가
비법을 전하였으며, 용왕으로부터 황금 1,000냥을 시주받아 탑과 불상
을 장식하자 유난히 광채가 났기 때문에 금광사로 불렸다는 것이다. 이
내용을 전하는『금광사본기』는 금광사의 사지(寺誌)로 추정된다. 이 기
록에 따르면 금광사라는 사찰의 명칭은 용왕이 시주한 황금으로 탑과
불상을 장식하여 광채가 특별히 빛났기 때문에 붙여진 것이라는 설명
이 있다.

다음은 금우사라는 호칭이다. 이는 각훈의『해동고승전』으로 추정하
고 있는 승전에 기재된 것이다.

마지막으로 금강사라는 호칭이다. 2)는 명랑이 금강사를 창건하고 낙
성식을 베풀었을 때의 상황을 그린 것으로, 신라의 고승들이 다 모였는
데 혜공만 오지 않자 명랑이 분향하고 기도하므로 혜공이 낙성식에 참
석한 사실을 전한 것이다.

이렇게 명랑이 창건한 사찰은 금광사, 금우사, 금강사로 나오고 있
다. 이 가운데 금우사는 일연이 승전에서 금광사를 금우사로 잘못 기재
한 것으로 주석을 달아 정정하고 있어 이후 별다른 언급들이 없어 왔
다. 그러나 이 호칭은 잘못 기재했다기보다는 당시인들에게 사찰의 탑
과 불상이 금으로 번쩍이는 것이 금빛 날개와 같이 보여 붙여진 별칭이

---

2)『삼국유사』권4「이혜동진」조.

아닐까 한다.

　반면 금광사와 금강사를 같은 사찰로 보는가 하는 문제에 대해서는 이미 두세 가지의 입장이 표출되어 있다. 하나는 같은 사찰로서, 금강사는 금광사의 오기로 보는 경우이고,[3] 다른 하나는 두 사찰을 다르게 보는 견해이다.[4] 그런데 금광사 내지 금강사와 관련하여 다음의 사실들이 주목된다.

　하나는 『고려사』에 보이는 '금강명경도량(金剛明經道場)' 등의 호칭이다.

　『고려사』 정종 7년 5월 경오에 "금강명경도량을 문덕전에 설하고 비를 기원하였다"는 내용을 필두로 다음 표에 나오는 것과 같이 관련 기록이 보이고 있다.

〈표 1〉

	연도	도량 명칭	도량 개설장소	기간	출전1	출전2
1	1041.5	금강명경도량	문덕전		고려사 권6 정종7년	고려사 권54 오행2
2	1047.8	금강도량	문덕전	5일	고려사 권7 문종 원년	
3	1048.8	금강명경도량	회경전		고려사 권7 문종2년	
4	1052.6	금강도량	문덕전		고려사 권7 문종6년	고려사 권54 오행2
5	1074.7	문두루도량	동경 사천왕사	27일	고려사 권9 문종28년	
6	1083.10	금강명경도량	건덕전		고려사 권10 선종 즉위년	
7	1085.2	금강경 도량	건덕전	7일	고려사 권10 선종 2년	
8	1085.5	금강명경 도량	건덕전	7일	고려사 권10 선종 2년	고려사 권54 오행2
9	1087.4	금강경 도량	건덕전	7일	고려사 권10 선종 4년	고려사 권54 오행2

3) 문명대, 1976, 「신라 신인종 연구」 『진단학보』 41, p.191; 김상현, 1996, 「사천왕상의 창건과 의의」 『신라문화제 학술발표회논문집』17, pp.134-135; 한정호, 2010, 「신라 쌍탑가람의 출현과 신앙적 배경」 『석당논총』46, p.185.
4) 고익진, 1989, 「초기 밀교의 발전과 순밀의 수용」 『한국고대불교사상사』, p.404.

10	1096.5	금강경 도량	건덕전		고려사 권11 숙종 원년	고려사 권54 오행2
11	1100.6	관정·문두루·보성등 도량				고려사 권54 오행2
12	1106.6	금강경 도량	건덕전		고려사 권12 예종 원년	
13	1107.5	금강경 도량	개국사		고려사 권12 예종 2년	
14	1108.7	문두루도량, 사천왕 도량	동계 진정사 비사문사		고려사 권12 예종 3년	
15	1109.4	문두루 도량	평양의 홍복사·영명사· 장경사·금강사		고려사 권13 예종 4년	
16	1110.9	금강경 강독	연흥전		고려사 권13 예종 5년	
17	1120.2	금강경 강설			고려사 권14 예종 15년	
18	1140.윤6	금강경 도량	금명전		고려사 권17 인종 18년	고려사 권54 오행2
19	1217.4	문두루 도량	현성사		고려사 권22 고종 4년	
20	1217.12 경신일	사천왕 도량	선경전		고려사 권22 고종 4년	
21	1217.12 임술일	문두루 도량	현성사		고려사 권22 고종 4년	
22	1227.4	금경 도량	선경전		고려사 권22 고종 14년	
23	1256.11	금경 도량			고려사 권24 고종 42년	
24	1271.10	금강 법석	내전		고려사 권27 원종 12년	

위의 <표1>[5]에 나오는 도량들을 살펴보면, 우선 '금강명경도량'은 1·3·6·8로 고려 선종 대까지 설행한 것으로 나오고 있다. 그런데 2·4의 '금강도량'과 7·9·10·12·13·18의 '금강경도량'이 문덕전과 건덕전 등에서 개설되고 있고, 비를 비는 목적이 간혹 보이고 있어, 명칭이 조금 다르지만 이들을 모두 같은 '금강명경도량'으로 분류해도 될 듯하다.

---

5) 이 표에 기재된 고려시대에 설행된 도량들은 대개 적의 침입을 물리치거나 기우(祈雨) 등을 위해 설해졌는데, 신라와 같이 문두루도량, 사천왕도량의 호칭들도 보이므로, 관련 기록 가운데 신인종과 관련있을 문두루도량, 사천왕도량, 현성사 관련 도량 등의 사료들도 함께 적출하여 『고려사』에 나오는 내용을 중심으로 만들었다.

또한 22·23의 금경도량은 금경(金經)이 『금광명경』의 약칭이므로 역시
'금강명경도량'으로 볼 수 있겠다. 그 외의 것은 신인종의 '문두루도량'
과 '사천왕도량'이 신인종의 종찰인 현성사에서 개설된 것을 적어 놓은
것이다. 이렇게 호칭은 약간 달리 표기되었지만 고려에서 '금강명경도
량'이 계속 개설되었음을 알 수 있다. 그런데 금강명경이라는 경전은
존재하지 않으며, 16·17에 연홍전에서 강설하였다고 나오는 『금강경』
과는 그 내용을 완전히 달리한다.

   그런데 '금강명경도량'에서는 금경의 호칭이 보이듯 『금광명경』을 텍
스트로 하여 도량을 개설하였을 것이므로, 금강명경은 『금광명경』과 같
은 내용으로 이해할 수밖에 없다. 이렇게 생각해 볼 때, 『금광명경』과
금강명경은 고려시기에 같은 의미로 섞어 썼을 것으로 추정되며 따라서
금광사와 금강사는 결국 같은 도량의 이칭이라고 할 수 있을 것이다.

   또 하나는 『십륜경』의 금강장보살의 등장과 관련한 사실이다. 『십륜
경』은 『대승대집지장십륜경』으로 대표적인 호국경전의 하나이다. 내
용은 남방에서 온 지장보살을 대상으로 여래가 오탁악세(汚濁惡世)에서
능히 법륜을 굴려 원적을 제압하고 번뇌를 멸하여 중생들을 삼승의 불
퇴지(不退地)에 머물게 하는 것이 십륜을 성취한 때문이라고 보고, 여래
십륜은 관정찰제리왕이 능히 외적을 멸하여 국토를 수호하는 관정왕십
륜에 비유하고 있으며, 여래십륜을 하나씩 설해가는 내용은 업설을 기
초로 한 『아함경』의 교리가 주가 되어 있다 한다.[6] 이 『십륜경』의 후
반부는 금강장보살을 대상으로 설한 내용이어서 금강장보살을 금강사
와 관련있는 것으로 보기도 한다.[7] 이에 더하여 신라 하대에 나오는 오

6) 고익진, 1989, 『한국고대불교사상사』, p.402.
7) 고익진, 1989, 『한국고대불교사상사』, p.405에서 금광이라는 말은 『관불삼매해경』,
   『금광명경』에서 유래된 것으로 보고, 금강사는 『십륜경』의 금강장보살의 등장에

대산신앙에서 남대의 지장보살을 상주자로 하여 금강사를 둔 것을 명랑과 연관짓기도 한다.[8] 그런데 신라의 신방이 651년 경에 쓴 『대승대집지장십륜경서』가 현재 전해지고 있어[9] 명랑을 전후한 시기에 『십륜경』이 유행하였음을 방증해 주고 있다.

그렇다면 혹 '금강명경도량'은 『금광명경』과 『십륜경』의 금강장보살이 합해져서 '금강명경도량'이 된 것일까.

이 문제와 관련하여 또 하나의 사실을 들어보면 고려의 서경에 있던 금강사의 존재이다. 이규보가 한림원에 있을 때 작성한 「서경 금강사 문두루도량문」[10]은 고려 강종이 즉위할 당시에 이곳 금강사에서 '문두루도량'을 열어 즉위 초 왕권의 안정과 국가의 안위를 기원하였던 것으로 보고 있다.[11] 이 금강사는 바로 신인종의 사찰로, 명랑의 금강사와 같은 의미로 쓰였을 것으로 생각된다.

이상의 세 가지 사실로 볼 때 금광사와 금강사, 두 사찰의 호칭은 한 사찰의 다른 이름으로 보는 것이 타당하리라 생각된다. 아울러 당시의 정황으로 볼 때도, 명랑이 자신의 집을 희사하여 금광사로 조성하였는데, 비슷한 시기에 또 다른 사찰을 창건했다는 것은 무리로 생각된다.

그렇다면 이미 언급한 바와 같이 이 사찰은 당시 황금으로 치장하여 유달리 빛났기 때문에 금광사, 금강사, 금우사 등 다양한 호칭이 채록

주목하고 있다.

8) 문명대, 1976, 「신라신인종 연구」 『진단학보』41, pp.191-192.

9) 허남진 외, 2005, 『삼국과 통일신라의 불교사상』, 서울대출판부, pp.212-213. 당의 현장이 영휘 2년인 651년에 총10권으로 번역하였다고 하나, 이 서문에 의하면 신방이 현장의 자문을 받기는 하였으나, 자신이 직접 번역하고 서문을 쓴 것으로 나타나 있다.

10) 『동국이상국집』 권29 「서경 금강사 문두루도량문」.

11) 한기문, 2000, 「고려시대 개경 현성사의 창건과 신인종」 『역사교육논집』26, p.489.

되어 전해진 것이라 할 수 있으며, 이 3개의 호칭은 명랑이 자신의 집
을 희사하여 만든 한 사찰을 가리킨 것이라 할 수 있다.

(2) 명랑과 용궁

명랑은 이름이고 자는 국육, 아버지는 사찬 김재량이고 어머니는 남
간부인이다.

> 3) 법사의 이름은 명랑이고, 자는 국육(國育)이니, 신라 사간(沙干) 재량
> (才良)의 아들이다. 어머니는 남간(南澗)부인으로, 혹은 법승랑(法乘
> 娘)이라고도 하는데, 소판 무림(茂林)의 딸인 김씨로서 자장법사의
> 누이동생이다. 세 아들이 있는데, 장남은 국교(國敎) 대덕이요, 차남
> 은 의안(義安) 대덕이요, 법사는 막내이다. 처음에 그 어머니가 꿈에
> 청색 구슬을 삼키는 꿈을 꾸고 임신하였다.12)

남간부인은 소판 김무림의 딸로, 자장법사의 누이동생인 법승랑13)으
로 불린 진골이었다. 남간부인은 남간사와 관련이 있는 것으로 추정되
고 있다. 남간사는 현재 당간지주만 남아있는 폐사지인데, 바로 위쪽이
탑곡14)으로 넘어가는 남산 기슭이다. 또한 신유림도 탑곡 일대와 마주
보이는 곳으로, 남간사 당간지주가 있는 일대가 이들의 장원 내지 영지

---

12) 『삼국유사』 권5 「명랑신인」조.
13) 법승랑은 시집가기 전 자장의 누이로 불린 이름이 아닐까 하는데, 낭에 대해서는
    대랑이라 하여 왕비를 지칭하는 것으로도 보나, 젊은 여인을 가리킨 것이 아닐까
    한다.
14) 문명대, 1977, 「신라사방불의 기원과 신인사(남산탑곡 마애불)의 사방불-신라사방
    불연구1-」『한국사연구』18, p.73. 금광사는 그 위치를 확인할 수는 없지만, 탑곡은
    신인사명 기와의 발견으로 신인사로 금광사와의 관련성이 언급되고 있다 따라서
    탑곡 너머 남간사 일대가 김재량과 법승랑(남간부인)의 영지였을 것으로 보기도
    하는데, 그것은 탑곡을 위요한 남간사 일대가 그 주변지역이었기 때문이다.

였을 가능성이 있다.

명랑은 어머니가 청색구슬을 삼키는 꿈을 꾸고 태어났다. 승려들이 태몽으로 보주를 삼키거나 본 사례는 가끔 보고되고 있다. 신라 말 통진대사 경보는 모친이 흰 쥐가 청색구슬 한 알(靑琉離珠 一顆)을 물고 와서 주면서 가슴에 잘 간직하여 보호하면 세상에 드러날 때 빛 무리를 휘뿌릴 것이라는 꿈을 꾸고 있고,15) 선각국사 도선은 모친에게 어떤 이가 밝은 구슬 한 알(明珠 一顆)을 주면서 삼키라는 꿈을 꾸고 임신하여 태어났다.16) 또 징효대사 절중은 천녀가 보배로운 구슬(寶珠)을 주는 꿈을 꾸고 태어나 7세에 걸식승을 보고 출가하고 있다.17) 청색구슬 내지 명주, 보주는 야명주 내지 여의주로서 진리의 한 상징으로 표현되므로, 이미 진리를 선양할 인물이 될 것이라는 징조를 예견한 꿈이라 하겠다.

외삼촌 자장법사는 당 유학 후 대국통으로 활약하였으나, 김춘추의 개혁에 밀려 진덕여왕 대에 중앙에서 물러나 태백산지역에 머물다 죽은 것으로 나오고 있다. 그의 조카들도 크게 활동을 하지 못하다가 문무왕 대에 이르러 국가적 위기상황에서 김천존에 의해 천거됨으로써 국가를 위해 활동을 재개한 것이 아닌가 한다.

명랑은 3형제 가운데 막내로, 큰 형이 국교대덕이고 작은 형이 의안대덕이다. 국교대덕은 별다른 활동이 보이지 않지만 대덕의 지위에 있으면서 국왕의 자문역을 하였을 것이고, 의안대덕은 문무왕 대에 대서성을 지낸 의안대서성이다.18) 진흥왕대에 처음 안장법사를 대서성으로

---

15)「옥룡사 통진대사 보운탑비」.
16)「옥룡사 선각국사 혜등탑비」.
17)「흥녕사 징효대사 보인탑비」.
18)『삼국사기』권7 문무왕 14년 9월조, "命義安法師爲大書省".

임명한 이래 진덕여왕 대에 1명을 더하여 2명의 대서성이 있었다.[19]

의안대덕은 명랑이 문두루비법으로 당의 수군을 물리친 670, 671년 이후인 674년에 대서성에 임명되고 있어, 문무왕 대에 국가적 위기 상황에서 활동을 재개한 사실을 뒷받침해 주고 있다. 특히 이 674년은 신라에서 외위가 경위로 흡수되어 소멸된 해로, 의안대서성은 신라인들이 내외를 막론하고 고구려·백제인까지를 포괄한[20] 일통삼한의 신라를 만들기 위한 중심에서 정신적 지도자로서의 역할을 수행하였던 것으로 생각된다.

금광사와 명랑은 용궁과 밀접한 관계가 엿보인다. 금광사는 명랑이 귀국 길에 간 용궁과 밀접한 관련이 있다. 그곳에서 시주받은 황금 천냥으로 탑과 불상을 장식해서 붙여진 명칭이기 때문이다.

그렇다면 용궁은 어디고 용왕은 누구였을까.

---

19) 『삼국사기』권40 「직관지」하 무관조.
20) 673년으로 추정되는 계유명아미타삼존사면석상(癸酉銘阿彌陀三尊四面石像)은 연기군과 그 인접지역에서 계유명천불비상(癸酉銘千佛碑像) 등 7개나 되는 불비상이 발견되었다. 모두 흑회색의 납석제로 조각 수법과 상의양식도 같아 '연기파 불비상'으로도 불리는데, 673-689년 사이인 7세기에 집중적으로 조성한 것은 신라의 의도적 후원에 따른 것으로 볼 수 있어 새로이 편입된 지역에 대한 신라 조정의 관심을 엿볼 수 있다. 또한 불비상의 내용 가운데 50인이 이 불상의 조성에 참여하였다는 것은 연기 지방에서 대규모의 불교신앙결사가 이루어진 것으로, 이 지역 세력가들이 신라로부터 새로운 관등을 받은 후 향도(지식)들을 주도하여 이 석상을 만든 것으로 보인다. 이 석상의 조성과정은 이 지역 유민들이 새로이 관등을 수여받고 신라의 지방 세력으로 재편되어가는 모습을 보여주는 것이라고 할 수 있어 674년 의안을 대서성으로 임명한 것 역시 문무왕이 일통삼한의 단합된 신라사회를 조성하기 위한 한 방책으로 생각된다. 김수태, 1999, 「신라 문무왕 대의 대복속민 정책 -백제유민에 대한 관등수여를 중심으로-」『신라문화』16; 2003, 「연기지방의 백제부흥운동」『선사와 고대』19; 김주성, 2000, 「연기 불상군 명문을 통해 본 연기지방 백제유민의 동향」『선사와 고대』15; 윤선태, 2005, 「신라 중대말 하대초의 지방사회와 불교신앙결사」『신라문화』26 참조.

4) 이보다 앞서 밀본의 후에 고승 명랑이 있었는데, 용궁에 들어가 신인【범서에 문두루라 하였는데 여기는 신인이라 하였다】을 얻어 신유림을 세우고 여러 차례 이웃나라의 침략을 물리치도록 빌었다.21)

5) 근래에 명랑법사가 있어 용궁에 들어가서 비법을 전해 왔으니22)

6) 용궁에 가서 은밀히 보관되어 있던 경전을 다 배웠다.(신방, 「대승대집지장십륜경서」)23)

위의 명랑법사 용궁전법설의 사료에 대해서는 이미 선학에 의해 "전설로서 역사적 사실과는 거리가 먼 문제로, 금광사본기가 선무외삼장에 관한 기록 이후의 것이라면 이 용궁전법설은 선무외삼장의 내당(來唐) 시의 기록에서 파생 내지 모방한 전설"24)이라고 추찰한 바 있다.

기록에 의하면, 그가 당에서 돌아올 때 해룡의 청에 의하여 용궁에 들어가 비법을 전했다고도 하고, 그가 용궁에 들어가서 비법을 전수받아 온 것으로 보기도 한다.

그런데 명랑이 용왕으로부터 받았다는 황금은 『금광명경』의 호국사상을 뜻하는 것으로, 금광사는 그러한 금광호국사상을 신앙하려는 도량으로 보고 명랑이 용궁에 비법을 전해 준 것을 용수가 방등경전을 용궁에서 전수한 것(구마라집 역, 「용수보살전」)25)에 비견하여 명랑이 용궁전법으로 신인종의 종조가 되었을 것으로 보기도 한다.26)

명랑이 신라로 전해 온 밀교는 잡밀계통으로, 백시리밀다(帛尸梨密

---

21) 『삼국유사』 권5 「혜통항룡」조.
22) 『삼국유사』 권2 「문호왕 법민」조.
23) 허남진 외, 2005, 『삼국과 통일신라의 불교사상』, pp.212-217.
24) 김복순, 2007. 9, 「혜초의 천축순례 과정과 목적」『한국인물사연구』8, pp.69-70.
25) 『대정장』 권50, p.184c.
26) 고익진, 김상현, 문명대 등의 위의 논문 참조.

多) 역의 『불설관정복마봉인대신주경(佛說灌頂伏魔封印大神呪經)』에 있는 밀교적인 비법으로 알려져 있다.[27] 최근 5방신의 개념 등 중국적 요소가 가미된 것으로 보기도 한 견해도 있다.[28] 명랑이 밀교를 용왕에게 전해주자, 황금 천 냥을 시주받아 그것으로 탑상을 장식하였다고 한 내용으로 볼 때, 용궁에 들어가 비법을 전해주었다고 한 견해가 더 설득력이 있는 것으로 생각된다.

그는 고국으로 오면서 잠행을 하여 자기 집 우물 밑으로 솟아나오고 있다. 이는 그가 밀교 승으로 신통력을 과시하기 위해서 그런 것인지 아니면 공식적인 귀국이 어려워서 그랬던 것인지 알 수 없다. 다만 신방이 쓴 「대승대집지장십륜경서」에 의하면 현장이 인도에 간 것을 "용궁에 가서 은밀히 보관되어 있던 경전들을 다 배웠다"[29]고 표현하고 있어 당시인들의 용궁은 인도 내지 동남아 방면을 가리킨 것이 아니었을까 생각된다. 더구나 명랑이 유학한 해는 632~635년 사이로, 이때는 중국과 인도 사이의 무역이 성하여 광동에서 탐마입저국까지 오가는 무역선 내지 상선이 있었던 것으로 나오고 있어,[30] 그의 유학이 당과 동남아, 인도 방면 일대를 다녀온 것이 아닌가 추정해 본다.

3. 사천왕사의 창건

명랑의 활동과 관련하여 중요하게 거론되고 있는 또 한 곳은 사천왕

27) 박태화, 문명대, 고익진, 김상현, 한정호 등의 논문 참조.
28) 김태식, 2011, 「문두루법과 경주 사천왕사지 출토 유물」 『신라사학보』21, pp.329-330.
29) 허남진 외, 2005, 『삼국과 통일신라의 불교사상』, pp.212-217.
30) 김복순, 2007. 9, 「혜초의 천축순례 과정과 목적」 『한국인물사연구』8, pp.176-180.

사이다. 다음의 사료들은 그 사실들을 잘 대변해 주고 있다.

7) 총장 원년 무진년(668)에 당나라 장수 이적이 대군을 거느리고 신라 군과 합세하여 고구려를 멸망시킨 후에 군사를 남겨 백제에 머물게 하고 신라를 쳐서 멸망시키려고 하였다. 신라사람들이 이 일을 알고 군사를 내어 막았다. (당)고종이 이 소식을 듣고 크게 노하여 설방(薛邦)에게 명하여 군사를 일으켜 치려고 하였다. 문무왕이 듣고 두려워하여 법사에게 청하여 비법으로써 물리치게 하였다.【이 사실은 문무왕전에 실려 있다】[31]

8) 이듬해에 당 고종이 인문 등을 불러 꾸짖어 말하기를, "너희들이 우리 군사를 청해 고구려를 멸하고도 우리를 해치려는 것은 무슨 까닭이냐?"라 하고 곧 옥에 가두고 군사 50만 명을 조련하여 설방(薛邦)을 장수로 삼아 신라를 치려고 하였다. 이때 의상법사가 당에 가서 유학하고 있다가 인문을 찾아보니 인문이 그 사실을 알렸다. 의상이 곧 귀국하여 임금에게 아뢰니, 임금이 매우 염려하여 여러 신하들을 모아 놓고 방어책을 물었다. 각간 김천존이 아뢰기를 "근래 명랑법사가 용궁에 들어가서 비법을 전수해 왔으니 그를 불러 물어보십시오"라 하였다. 명랑이 아뢰기를 "낭산 남쪽에 신유림이 있으니 그곳에 사천왕사를 세우고 도량을 개설하는 것이 좋겠습니다"고 하였다. 이때 정주(貞州)에서 사자가 달려와 보고하기를 "당나라 병사들이 무수히 우리 국경에 다달아 바다 위를 순회하고 있습니다"라고 하였다. 왕이 명랑을 불러 말하기를 "일이 이미 급박하니 어찌하면 좋겠소"라고 하였다. 명랑이 말하기를 "채색 비단으로 절을 임시로 지으면 좋겠습니다"라고 하였다. 이에 채색 비단으로 절을 짓고 풀로 오방신상(五方神像)을 만들고 유가명승(瑜珈明僧) 12인이 명랑을 우두머리로 하여 문두루비밀법을 지으니, 그때 당나라와 신라의 병사가 교전하기도 전에 풍랑이 사납게 일어 당나라 배가 모두

---

31)『삼국유사』권5「명랑신인」조.

물에 침몰하였다. 그 후에 절을 고쳐짓고 사천왕사라 하였는데 지금
까지 단석(壇席)이 끊이지 아니하였다【국사에는 이 절의 개창이 조
로(調露) 원년 기묘(679)에 있었다고 하였다】. 그 후 신미년(671)에
당나라가 조헌(趙憲)을 장수로 삼아 5만 군사로 쳐들어왔으므로, 그
법을 쓴 즉 배가 전과 같이 침몰하였다.[32]

명랑은 670년과 671년에 문두루비법을 실행하였던 곳에 신라통일의
기념성소로 삼기 위하여 679년(문무왕 19) 사천왕사를 건립하였다. 사
천왕사는 현재 경주시 배반동 낭산(狼山)에 폐사지로 남아 있는데, 근래
수차에 걸친 발굴로 점차 그 면모가 확인되고 있다. 사천왕이 거주하는
사왕천은 불교에서 사바세계의 중심지로 보고 있는 수미산(須彌山)의
중턱에 위치하는 곳으로 그 꼭대기에 도리천이 있다. 선덕여왕릉과 사
천왕사의 설화에서 낭산을 수미산으로 생각하려던 신라인들의 불국토
사상의 일면을 볼 수 있는 것으로 알려져 왔다.

그런데 이곳은 선덕여왕이 지기삼사(知幾三事)의 하나로 지적한 도리
천 아래에 위치한 사천왕천으로 이미 거론된 바 있고, 그 전에 이미 안
함(안홍)에 의해 예견된 바 있는 장소였다. 이를 순서대로 하나씩 살펴
보면 다음과 같다.

9) 화상은 본국에 돌아온 뒤 참서를 한 권 지었는데, 그 활자가 흩어져
있어 만든 사람을 알기가 어렵고 그 종지가 깊이 숨겨져 있어 이치
를 찾는 사람이 연구하기 어려웠다. 그것은 마치 부엉이가, … 또
이르기를 "제1여주를 도리천에 장사지낼 일, 천리에 나아가 싸우던
군사가 패할 일, 사천왕사가 이루어질 일, 왕자가 고국에 돌아올 해,
대군이 삼국통일할 일" 등을 말하였다. (이것은) 모두 다 생각지도

못했던 일들을 예언한 것이었는데, (법사는) 똑똑히 눈으로 본 것처럼 조금도 어긋남이 없었다.[33]

10) 선덕여왕은 나라를 다스린 지 16년 동안 3가지 일을 예언하였다. … 셋째는 왕이 무병할 때에 여러 신료에게 이르기를 내가 모년 모월 일에 죽을 터이니 나를 도리천 중에 묻으라 하였다. 여러 신하들이 그곳을 알지 못하여 어디냐고 물으니, 왕이 가로되 낭산 남쪽이라 하였다. 그 달 그 날에 이르러 과연 왕이 돌아가시자 낭산 남쪽에 장사지냈다. 그 후 10여 년에 문무대왕이 사천왕사를 왕릉 아래에 세웠다. 불경에 사천왕천 위에 도리천이 있다고 하였으니 비로소 대왕의 영성(靈聖)한 것을 알게 되었다"고 되어 있는데, 이러한 사실을 안함이 예언하였다고 한다.[34]

11) 한림학사 설모가 왕명을 받들어 비를 지었다. 그 명에 이르기를 "후를 도리천에 장사지내고, (사)천왕사를 세웠다. 괴상한 새가 밤에 울고, 군사들이 모두 아침에 죽었다. 왕자는 관문을 건너 (중국) 조정에 들어가 임금을 뵙고 5년간 외지에서 보낸 후 30세에 돌아오니, 뜨고 잠기는 전륜(輪轉)을 저나 나나 어찌 면하겠는가? 나이 62세에 만선(도량)에서 입적하니 사신이 바닷길을 돌아오다가 스님을 만나니 물 위에 단정히 앉아 서쪽을 향해 가더라"고 하였다.[35]

9)는 안함(안홍)의 참서에 나오는 내용으로, 이 참서는 『동도성립기』와 함께 『삼국유사』 등에 전하고 있다. 안함이 신라로 귀국한 것이 605년이고 그가 입적한 것이 640년이므로, 이 참서는 605~640년 사이에 쓰여졌을 것이다.

10)은 선덕여왕의 지기삼사에 나오는 내용 가운데 세 번째로 거론되

---

33) 『해동고승전』 권2 「안함」조.
34) 『삼국유사』 권1 「선덕왕지기삼사」조.
35) 『해동고승전』 권2 「안함」조.

는 사건이다. 선덕여왕은 죽으면서 도리천에 묻어줄 것을 유언하였는데 그곳이 낭산의 남쪽 신유림이라 하였다. 선덕여왕이 죽은 지 30여년 만에 왕릉 아래 사천왕사를 짓게 되자 사람들은 여왕의 예언이 맞았음을 알게 되었다는 것이다. 그런데 도리천에 선덕여왕의 능을 쓴 시기는 왕이 서거한 647년 정월 8일 이후이므로, 여왕은 이 일을 646년 말경에 거론하였을 것이다.

11)은 안함의 비문에 관한 것으로, 이 비문을 쓴 한림랑 설모는 설총에 비견된다. 그의 전기에 보면, "글을 잘 지었는데, 세상에 전해지는 것이 없다. 다만 지금도 남쪽 지방에 더러 총(聰)이 지은 비명이 있으나 글자가 결락되어 읽을 수가 없으니, 끝내 그것이 어떤 것인지를 알 수 없다"[36]고 하여 그가 지은 비문이 여럿 있었음을 알려주고 있다. 당시 유학자로서 승려비문을 지을 수 있을 정도의 인물은 설총 내지 강수 정도인데 설총은 신문왕 대에 「화왕계」를 짓는 등 흔적을 남기고 있어 그가 신문왕 대 이후에 이 비문을 지은 것으로 추정된다. 그렇다면 안함의 입적은 62세인 선덕여왕 9년(640) 9월 23일의 일이었지만, 그의 비는 40-50년이 지난 이후에 건립된 것임을 알 수 있다.

이상의 내용을 통해 본다면, 사천왕사가 건립될 것이라는 예건은 이미 안함에 의해서 일찍부터 거론되고 있었고, 선덕여왕 역시 자신이 죽으면 안함이 예견한 사천왕천 위에 위치한 도리천인 낭산에 묻어줄 것을 유언함으로써 안함의 예견에 대해 공감을 하고 나름의 예견을 남긴 것이라고 할 수 있다. 그런데 이러한 예견을 하였던 안함의 공적은 수십년이 지나서야 인정이 되고 그의 비가 세워지고 있는 것이다.

그렇다면 이 수 십년 간 무슨 일이 일어난 것일까. 당시 신라와 국제

---

36) 『삼국사기』 권46 「설총」전.

관계를 주목해 보면, 수나라에서 당나라로 교체되는 정국에 이어, 나당 연합이 이루어지고 다시 나당전쟁이라는 극적인 변화가 있었던 소용돌이 정국이었다고 할 수 있다. 이에 신라는 수나라나 당나라와의 외교관계가 순탄했을 때와는 달리 나당전쟁이라는 상황에서 원광과 안함, 자장 등을 계승한 명랑과 원효 등이 신라의 자주권 확보라는 측면에서 행보를 함께 하였다.

신라는 자주권 확보에 성공을 하였고, 당과의 소강상태에서 성덕왕 이후 다시 관계를 재개하였다. 이 때 수 유학승 안함의 일은 당나라와의 변화된 정국에서 참서라는 형태로 사람들에게 알려졌고, 그 안의 위에서 언급한 내용들이 사천왕사를 중심으로 형성된 것이라 추정된다.[37]

4. 신인종 성립의 문제

명랑이 신라 신인종의 조사라는 것은 의심의 여지가 없다. 국가는 명랑을 통하여 서민사회에 영향력을 가진 밀교를 호국양병(護國攘兵)적 형태로 채용하여 밀교의 여러 가지 샤면적 기능 중에서도 전쟁수행 과정에서 특히 절실한 천문·기상적 부면을 강조함으로써 민중의 사기를 높일 수 있었던 것으로 추정하고 있다. 다만 신인종의 성립 시기에 대해서 신라 성립설과 고려 태조시기 성립설이 대두되어 있다.

우선 신라 성립설과 관련된 내용을 보도록 하자.

12) 명랑은 선덕왕 원년(632)에 당나라로 건너가 정관(貞觀) 9년(을미,

---

37) 김복순, 2006, 「수·당의 교체정국과 신라 불교계의 추이」『한국고대사연구』43, pp.187-190.

635)에 돌아왔다. 총장(總章) 원년(무진, 668)에 당나라 장수 이적
이 대군을 거느리고 신라군과 합세하여 고구려를 멸망시킨 후에
남은 군사를 백제에 머물게 하고 신라를 쳐서 멸망시키려고 하였
다. 신라인이 알고 군사를 내어 막았다. (당)고종이 듣고 크게 노하
여 설방에게 명하여 군사를 일으켜 치려고 하였다. 문무왕이 듣고
두려워하여 법사에게 청하여 비법을 열어 물리치게 하였다【이 사실
은 문무왕전에 있다】. 이로 인하여 신인종의 시조가 되었다.[38]

신라는 당이 고구려의 옛 땅에 남아 있던 당군을 강제로 철수시킨 신
라에 보복하기 위해 설인귀로 추정되는 설방을 대장으로 하는 신라 침
공을 계획하고 있음을 사전에 의상에 의해 전해 듣게 되었고, 신라 문
무왕은 김천존에 의해 추천된 명랑에게 그 계책을 묻게 되었다. 명랑은
낭산 남쪽 신유림에 사천왕사를 창건하고 도량을 개설할 것을 요구하
였으나, 당나라 군사가 국경에 다다랐다는 급보가 전해지자 풀로 오방신
상을 만들게 하고, 자신을 상수로 유가명승 12인과 함께 문두루비법을
행하자, 당나라 전함은 신라와 교전하기도 전에 사나운 풍랑으로 침몰되
었다. 다시 당군이 침략하였으나 역시 같은 방법으로 격퇴시켰다.[39]
이 공로로 인하여 명랑은 신인종의 조사가 되었다. 이러한 사실을 근
거로 해서 신인종의 성립을 680년경으로 보기도 하고,[40] 명랑의 금광

38) 『삼국유사』 권5 「명랑신인」조.
39) 이상훈, 2011, 「나당전쟁기 문두루비법과 해전」『신라문화』37에 의하면, 이에 대
   해서 최근 670년과 671년은 바람이 강하게 불던 시기여서 전선의 좌초 위험이
   상당히 높았는데, 신라는 당에 관한 정보를 지속적으로 수집하여 당 수군의 취약
   점을 잘 알아 이에 대응하는 방어계획을 수립하였고, 이 과정에서 문두루비법이
   시행되었고 실제 당의 수군은 침몰하였다는 것이다. 이러한 일련의 일들로 신라
   조정은 민심을 수습할 수 있는 계기가 되었고 사천왕사 건립을 추진할 수 있는
   배경이 된 것으로 보고 있다.
40) 퇴경, 1929, 「신인종과 총지종」『불교』59, pp.4-5.

사 창건이 650년 전후인 것을 들어 신인종의 성립도 이 무렵이었을 것
으로 추정하기도 한다.[41] 신라의 신인종은 명랑 이후에도 호국·호법과
결부되어 교세를 떨쳤다.

　　다음은 고려 태조 당시 성립설의 내용이다.

　　　　13) 고려 태조가 창업할 때에 또한 해적이 와서 소요하므로 안혜와 낭
　　　　　　융의 후예인 광학·대연 등 두 대덕을 청하여 불양진압(祓禳鎭壓)할
　　　　　　법을 지으니, 모두 명랑의 계통이었다. 그러므로 스님을 합하여 위
　　　　　　로 용수(龍樹)에 이르기까지 9조가 되었다【본사기(本寺記)에 3사가
　　　　　　율조가 되었다 함은 자세치 않다】. 또 태조가 현성사를 개창하여
　　　　　　일종의 근저를 삼았다.[42]

　　신인종의 고려 성립설은 위의 기록에 보이는 '태조가 현성사를 개창
하여 일종의 근저를 삼았다'는 내용을 중시한 것으로, 이 때 9조를 추증
하면서 신라의 명랑을 종조로 하였다고 본 것이다.[43] 즉 고려 태조가
해적의 침범을 물리치려고 명랑의 후예인 광학과 대연을 청하여 문두
루비법이라는 신인법을 베풀게 한 일이 있었고, 이 두 승려를 위하여
현성사를 세웠는데, 이곳을 근거지로 삼아 성립된 종파가 신인종[44]이

41) 문명대, 1976, 「신라 신인종의 연구-신라 밀교와 통일신라사회」 『진단학보』41,
　　p.191.
42) 『삼국유사』 권5 「명랑신인」조.
43) 고익진, 1989, 「초기 밀교의 발전과 순밀의 수용」 『한국고대불교사상사』, p.412
　　에 의하면, 신라시대에 다양하게 전개되던 명랑 계통의 밀교가 고려 초에 하나의
　　종파를 형성하게 된 것이라고 하였다.(서윤길, 1990, 「고려 유가·율·신인 등 제종
　　(諸宗)의 성격과 그 전개」 『국사론』20(고려시대의 불교), 국사편찬위원회, p.125).
44) 신인종은 조선 초기의 태종 6년(1406) 3월에 있었던 의정부의 계(啓)에 신인종이
　　11종파 중의 하나로 보이고 있으므로 고려 말까지 종파가 계승되어왔음을 알려
　　주고 있다.

라는 것이다.

태조가 직접 현성사 창건에 간여하여 신인종의 근저로 삼은 기록이
있으므로, 이 기록만으로 보면 고려 성립설이 맞다고 할 수 있다. 그러
나 이미 신라시대에 신인종 사찰과 신인종 소속의 승려들이 출현하고
있다는 사실이다.

먼저 신라의 신인종 사찰로 금광사·사천왕사·원원사(遠源寺)·돌백사
(塸白寺)를 들 수 있다.

14) 또 신라 서울 동남쪽 20여 리에 원원사가 있으니, 세간에 전하기를
   '안혜 등 4대덕이 김유신·김의원·김술종과 함께 발원하여 세운 것
   이며, 4대덕의 유골은 모두 절의 동쪽 봉우리에 모셨으므로 이로
   인해 사령산 조사암(四靈山 祖師巖)이라고 한다'. 그렇다면 4대덕은
   모두 신라 때의 고승이었다고 하겠다.

15) 돌백사주첩주각(塸白寺柱貼注脚)에 실려 있는 것을 살펴보면, '경주
   호장 거천(巨川)의 어머니는 아지녀(阿之女)이고, 아지녀의 어머니
   는 명주녀(明珠女)이다. 명주녀의 어머니인 적리녀(積利女)의 아들
   은 광학대덕과 대연삼중(大緣三重, 옛날 이름은 선회임)이다. 형제
   2인은 모두 신인종에 귀의하였다. 장흥(長興) 2년(신묘, 931)에 태
   조를 따라 서울로 올라와서 어가를 따라다니면서 분향하고 수도하
   였다. (태조는) 그 노고를 포상하여 두 사람 부모의 기일보(忌日寶)
   로 돌백사에 전답 몇 결을 지급하였다'고 한다. 그렇다면 광학과
   대연 2인은 태조를 따라 서울로 들어온 이들이며, 안법사 등은 김
   유신 등과 함께 원원사를 세운 사람이라고 할 수 있다. 광학 등 두
   사람의 뼈가 또한 여기에 안치되었을 뿐이지, 4대덕이 모두 원원
   사를 세웠다거나, 또 모두 태조를 따라온 것이 아니다. 자세히 살
   필 것이다.

신인종과 관련하여 신라의 서울에 있던 원원사라는 사찰이 등장하고 있다. 이 사찰은 안혜·낭융·광학·대연이 김유신·김의원·김술종과 함께 원을 발하여 창건하였다고 한다. 그리고 이 4대덕의 유골이 사찰 동쪽 봉우리에 묻혔기 때문에 사령산 조사암이라고도 한다는 것이다.

또한 돌백사는 광학과 대연의 사실을 싣고 있다. 이들의 어머니가 적리녀이고, 그 딸이 명주녀로 광학과 대연과는 동기지간이고, 그 딸이 아지녀이고, 그의 아들이 경주호장 거천이다. 광학과 대연이 931년에 태조를 따라 고려에 갔지만, 적리녀는 신라 왕경에 적을 두고 있었고, 그 적이 명주녀-아지녀로 이어지다가 거천이 경주호장을 하게 된 것이다. 이는 이들이 신라 왕경인임을 입증하는 충분한 조건이 되는 내용이며, 광학과 대연의 부모를 위한 기일보가 돌백사에 주어졌다는 것은 이미 신라부터 신인종 소속의 사찰임을 추정하게 한다.

다음으로 신라의 신인종과 관련된 승려로 거론되고 있는 사료를 겹치지만 다시 제시하면 다음과 같다.

16)-1. 고려 태조 창업시에 또한 해적이 와서 소요하므로 안혜·낭융의 후예인 광학·대연 등 두 대덕을 청하여 불양진압할 법을 지으니, 모두 명랑의 계통이었다. 그러므로 사를 합하여 위로 용수에 이르기까지 9조가 되었다【본사기에 3사가 율조가 되었다 함은 자세치 않다】.

16)-2. 속언에 전하되 안혜 등 4대덕이 김유신·김의원·김술종과 함께 발원하여 창건한 것이며 4대덕의 유골은 모두 절 동봉에 묻었으므로 사령산 조사암이라 한다고 하였다. 그런즉 4대덕은 모두 신라 때의 고승이다.

16)-3. 광학·대연 2인은 태조를 따라 입경한 자요, 안사 등은 김유신

등과 더불어 원원사를 세운 사람이다.[45]

이들 승려들의 이름은 안혜·낭융과 광학·대연이다. 광학·대연을 광학과 대연의 2인으로 보는데 이견이 없으나, 안혜·낭융은 안혜와 낭융의 2인으로 보는 견해[46]와 안함·혜통·명랑·융천사의 4인으로 보는 견해[47]로 나뉘어져 있다.

안혜와 낭융을 2인으로 보는 입장은 16)-2의 안혜 등 4대덕을 그 근거로 제시하고 있다. 하지만 안혜낭융을 4인으로 보는 견해는 안을 안함, 혜를 혜통, 낭을 명랑, 융을 융천사로 보고 있다. 이 가운데 융천사는 진평왕대의 승려로 혜성이 심대성(心大星)을 범하자 혜성가를 지어 노래하니 곧 괴성이 없어지고 일본의 군사를 물러가게 한 사실[48]이 보이므로 국가적인 대사와 관련하여 신인종의 승려로 본 듯하다.

실제 15)의 안사등(安師等)의 표현이 보이고 있어 이들을 安·惠·朗·融의 4인으로 볼 여지도 있다. 그러나 안혜 등 4대덕은 안혜와 낭융 그리고 광학과 대연으로 이들의 유골이 모두 사령산에 묻혔다고 명시되어 있으므로, 전자의 주장이 확실하다고 할 수 있다.

신라의 종파성립의 문제는 문명대의 주장에서 시작되어[49] 한국중세의 시작과 밀접한 관련을 가지고 언급되어 왔다. 채상식은 한국 중세불교의 이해방향에서 신라 통일기 종파 성립과 그 의미에 큰 할애를 하고

45) 『삼국유사』 권5 「명랑신인」조.
46) 강인구 외, 2002, 『역주 삼국유사』4, 이회, p.230의 주22 참조.
47) 村上四男 撰, 1995, 『三國遺事考證』 下之三, 塙書房, p.34.
48) 『삼국유사』 권5 「융천사 혜성가(진평왕대)」조.
49) 문명대, 1974, 「신라 법상종(유가종)의 성립문제와 그 미술 -감산사 미륵보살상 및 아미타불상과 그 명문을 중심으로(상)(하)」 『역사학보』62, 63, 역사학회, pp.75-105, pp.133-162.

있다.50) 그는 종파불교를 곧 중세불교로 보고, 신라 통일전쟁기의 정치·경제·사회 변동과 함께 나타난 현상으로써 화엄종·법상종·신인종의 성립시기를 7세기 말에서 8세기 초로 설정하고 있다.

현성사는 고려 태조 19년인 936년에 광흥사, 미륵사, 내천왕사, 개태사 등과 함께 창건한 사찰 가운데 하나이다.51) 이 해는 고려가 통일을 마무리하고 통일 이후의 지침을 반포하는 등 기념비적인 해로, 이들 사찰들은 통일을 이룬 기념으로 창건된 성격이 강하다고 보고 있다.52) 특히 현성사는 신라 사천왕사의 문두루도량을 행하였던 기능을 계승한 것으로 보고 있다. 즉 태조가 931년 경주를 방문하고 돌아올 때 함께 온 광학과 대연이 해적의 소요를 진압할 법을 지었는데, 이는 견훤의 수군이 예성강 일대를 공략하였을 때 이들이 문두루도량을 열어 공을 세우자 명랑계통의 신인종 승려들을 포상하면서 이들을 개경에 수용할 근거를 마련하기 위하여 세운 사찰이 현성사로서, 밀교종파인 신인종의 본산으로 삼았다는 것이다.53)

---

50) 채상식, 2003, 「한국중세불교의 이해방향과 인식틀」, 『민족문화논총』27, p.15.

51) 『고려사』 권2, 태조 19년조 "是歲 創廣興現聖彌勒內天王等寺 又創開泰寺於連山".

52) 한기문, 2000, 「고려시대 개경 현성사의 창건과 신인종」, 『역사교육논집』26, pp.476-477.

53) 한기문의 위의 논문에 의하면, 현성사는 호국의 뜻을 간직한 밀교의 사찰로, 국가의 재난이 있을 때 왕이 자주 행차하였던 곳이다. 고려 의종 때 사찰의 명칭을 바꾸었으며, 1130년(인종 8) 4월에 문하시중 이공수가 양부 대신과 회의하여 이 절에 재(齋)를 베풀고 국가를 위한 기도를 드리게 하였다. 1176년(명종 6) 5월 명종이 친히 제석재를 열었고, 고종은 1217년(고종 4) 4월과 12월에 문두루도량을 열었으며, 1229년 5월 기우제를 지냈다. 고종은 강화도로 천도하였던 기간을 제외하고는 매년 한두 차례씩 이 절에 행차하기를 잊지 않았다. 원종도 자주 이 절에 들러 국가의 안위를 기원하였는데, 1273년(원종 14) 5교 양종의 승려들을 모아 도량을 열고 남산궁(南山宮)이 적으로부터 평온을 되찾기를 기원하기도 하였

그런데 광학과 대연은 출가하면서 신라의 신인종 소속 승려로서 신분을 가지고 있었고, 태조를 따라 고려의 수도로 가서 수가승려로서 신인종 활동을 하였고, 태조는 그 공을 인정하여 고려 신인종의 본사인 현성사를 세우게 한 것이다. 이렇게 신라에서는 이미 신인종 계통의 승려들이 대를 이어 활약을 하고 있었고, 명랑은 신인종 조사로 추대되어 있었다. 그리고 명랑의 위로 9조가 있었고, 3사가 율사였다고 한다.

그렇다면 신인종은 신라시대에 성립되어 있던 종파로서, 태조가 고려적 시각으로 다시 현성사를 세워 고려의 신인종으로 재개창한 것이라고 할 수 있겠다.

5. 맺음말

『삼국유사』「명랑신인」조에는 이 내용을 구성하고 있는 자료로서 a) 금광사본기(金光寺本記), 본사기(本寺記) b) 승전(僧傳) c) 문무왕전(文武王傳), d) 돌백사주첩주각(埃白寺柱貼注脚)이 나오고 있어, 간단한 자료이지만 매우 중요한 사료들을 포괄하고 있음을 알려주고 있다. 본고에서 언급한 내용들을 정리하는 것으로 결론을 대신하고자 한다.

먼저 금광사, 금강사, 금우사는 모두 한 사찰의 이칭으로 보고, 그 근거로서 고려에서의 '금강명경도량'이『금광명경』과『십륜경』의 금강장

다. 1275년(충렬왕 1) 충렬왕이 공주와 더불어 이 절에 행차하여 원나라 황제의 축수를 기원하였고, 1278년 4월 이 절의 신궁(新宮)을 복원하도록 하였으며, 1295년 이 절에 행차하여 죄인들을 놓아주라는 명을 내리기도 하였다. 1297년 공주와 함께 이 절에 들러 궁중에 있는 쌀 100석을 가난한 사람들에게 하사하도록 명하고 공주의 복을 기원하였다. 충숙왕과 공민왕의 행차가 있었다.『동국여지승람』의 기록으로 보아 조선 중기까지 존립한 것으로 추정하고 있다.

보살이 합해진 호칭으로 보고, 금강명경과 금광명경이 서로 섞여서 쓰여졌으며 서경의 금강사가 신인종 계통의 사찰임에도 주목하였다. 이 과정에서 『고려사』에 보이는 '금강명경도량(金剛明經道場)' 등의 용례를 24개 추려서 살펴 보았다.

다음으로 명랑은 그 어머니가 청색구슬을 삼키는 꿈을 꾸고 태어났는데, 승려들이 태몽으로 보주를 삼키거나 본 사례를 함께 들었다. 그의 어머니인 남간부인은 소판 김무림의 딸로, 자장법사의 누이동생인 법승랑으로 불린 진골이었다. 남간부인과 관련이 있는 남간사는 현재 당간지주만 남아있는 폐사지로 이 일대가 이들의 장원 내지 영지였을 것이며, 그의 형인 국교대덕과 의안대서성 역시 문무왕 대인 674년을 전후하여 활약하였을 것으로 보았다. 명랑이 다녀온 용궁이 인도 내지 동남아 방면은 아니었을까도 생각해 보았다.

그리고 사천왕사 창건과 신인종 성립의 문제를 다시 한 번 다른 각도에서 정리해 보았다. 사천왕사의 창건은 이미 640년 이전 안함에 의해 예견된 사실로, 선덕여왕이 도리천에 장사지내라는 예언으로 그 입지가 더욱 굳혀졌고, 명랑에 의한 문두루비법의 설행으로 창건이 이루어진 배경을 살펴보았다. 안함의 비가 뒤에 세워지고 그의 예언이 참서의 형식으로 전해지게 된 것은 수당의 교체정국에 따른 신라의 입장 때문인 것으로 정리하였다. 신인종 성립의 문제는 신라 성립설과 고려조 성립설을 비교하고 신라 성립설에 무게를 실어 살펴보았다.

제3장 신라 왕경과 불교

1. 머리말

신라 왕경과 불교는 많은 분야에서 연구를 양산해 내었다. 또한 이와 관련된 사료는 『삼국유사』와 『삼국사기』 그리고 금석문 자료가 그 근간을 이루고 있어 이에 대한 연구도 함께 진행되어 왔다. 그런데 그 내용을 조금 더 자세히 살펴보면, 왕경불교의 근간을 이루는 내용이 조금씩 달리 서술되어 있음을 알 수 있다. 즉 『삼국유사』에서는 전불시대의 칠처가람을 중심으로 많은 이야기가 전하고 있고, 『삼국사기』에는 성전사원을 왕경불교의 중요 관부로 언급하고 있다. 이에 더하여 『삼국유사』에서는 왕경에 조성된 당·탑과 불상들의 연기담과 인구에 회자된 신앙담을 당시인들의 생활상으로 생생히 전하고 있으며, 『삼국사기』에서는 왕과 관련된 불사의 내용을 위주로 그 내용을 전하고 있다.

본고는 신라 왕경과 불교를 중고기, 중대, 하대의 시기로 나누어 각 시기별로 나타나는 대표적인 모습을 추출하여 그 변화상을 살펴보고자 한다.

2. 중고기 신라 왕경과 불교

중고기의 신라 왕경은 매우 역동적인 변화의 시기로, 가장 큰 요인은 불교의 공인이라고 할 수 있다. 신라 왕경과 불교와의 공식적인 관계형성은 527년 불교 공인을 전후한 시기이다. 법흥왕 대에는 불교옹호세력인 신라 왕실이 불교의 권위를 빌어 왕권강화를 도모하였기 때문에 불교수용에 적극적이었고, 천신을 모시던 귀족세력은 자신들의 지위가 천신의 권위와 함께 격하되는 상황에서 반대세력으로 존재하였다. 법흥왕은 이러한 상황을 타개하기 위해 이차돈의 순교라는 극적인 상황을 연출하고 불교를 공인하였는데,『삼국사기』와『삼국유사』에는 저간의 상황이 전해지고 있다.[1] 하지만 신라의 왕경은 불교를 공인한 이후 그 전에 비해 많은 변화가 일어나고 있어 주목의 대상이 되어 왔다. 이를 정리해 보면 다음과 같이 설명할 수 있을 것이다.

첫째로 왕경 중심부에 위치해 있던 왕릉을 주변 산록으로 이동시킨 일이다.『삼국사기』신라본기에서는 법흥왕을 '애공사 북봉(哀公寺 北峯)에 장사하였다'는 기사를 실은 이후 경명왕까지 왕릉의 위치를 대체로 사찰의 방향을 함께 언급하고 있다.[2] 반면 상고기의 경우 왕릉의 위치에 관한 기사는 오릉과 미추왕릉 만이 있을 뿐 거의 보이지 않는다.[3] 이는 김부식이 유학자로서 왕릉을 도성 내에 쓰지 않는다는 사실에 입각해서 법흥왕릉 이후의 왕릉은 역사서에 남길만한 가치가 있다고 본 것과 왕릉의 장소와 그 방향 표시로서 사찰을 함께 언급한 것은 능사(陵寺)로서의 역할에 주목한 때문으로 보인다.[4]

---

1)『삼국사기』권4 법흥왕 15년조;『삼국유사』권3,「원종흥법 염촉멸신」조.
2)『삼국사기』권4 법흥왕 27년, "7월에 왕이 돌아가니 시호를 법흥이라 하고 애공사 북봉에 장사하였다", 권12 경명왕 8년, "추8월에 왕이 돌아가니 시호를 경명이라 하고 황복사 북쪽에 장사하였다".
3)『삼국유사』왕력, "제17대 나물마립간 ..능은 점성대(占星臺)의 서남쪽에 있다"
4) 김복순, 2012,「6세기『삼국사기』불교관련 기사 존의(存疑)」『신라문화』39, 동국대 신라문화연구소, pp.74-78.

실제 왕경지역은 6세기 중엽 경부터 석실묘가 채용되기 시작하였고, 이러한 석실묘제를 채택한 최초의 왕릉은 법흥왕릉일 것으로 추정하고 있다. 그 이유에 대해서는 대개 법흥왕의 불교 공인과 관련이 있을 것으로 짐작하고 있다.5) 최근 『삼국사기』 신라본기에 법흥왕부터 장지기록이 나오는 것에 대해 이전 시기와는 달리 법흥왕릉부터 신라사회에서 특정한 무덤을 왕릉으로 인식하기 시작한데 그 이유가 있다고 보기도 하였다.6)

주지하듯이 6세기 신라의 왕경은 거대한 왕릉과 소도, 시조묘, 신궁등이 왕궁을 위요하면서 랜드마크로서 존재하고 있었다. 특히 왕릉은 마립간 시기에 고총고분으로 조성되면서 그 이전의 왕릉까지 고총고분으로 개분시켜7) 거대한 능원구를 형성하고 있었다. 그러한 모습의 왕경에 법흥왕은 왕릉을 시내에서 산록으로 옮겨 조성하도록 하였다. 이는 매우 중대한 사안이라 할 수 있는데, 불교공인 이후 왕경의 모습이 변모되는 전조임을 생각할 수 있다. 즉 왕릉이 빠져나간 왕경의 중앙에 사찰이 조성될 수 있었기 때문이다.

신라의 왕릉을 불교 수용 이전의 것과 수용 이후의 것으로 나누어 그 위치, 분묘형태, 출토유물을 비교하면 그 변화를 알 수 있다.8)

우선 왕릉의 외형과 내부구조에 있어서의 문제이다. 고신라의 전형적인 무덤형식은 적석목곽분의 내부구조를 가진 거대한 외형을 가지고

<hr />

5) 최병현, 1995, 『신라 고분연구』, 일지사, pp.505-507.
6) 이근직, 2012, 『신라 왕릉 연구』, 학연문화사, p.241. 특히 pp.193-242에서는 법흥왕릉과 진흥왕릉이 위치한 서악동고분군의 능묘를 자세히 분석하고 있다.
7) 『삼국사기』 권3 눌지마립간 19년, "2월에 역대의 원릉(園陵)을 수리하였다".
8) 고고학적인 정리는 생략하고, 김복순, 1995, 「신라의 왕릉」 『경주발전』4, pp.112-119에서 신라의 왕릉을 불교수용 이전과 이후로 나누어 그 위치, 분묘형태, 출토유물을 비교하여 그 변화를 중심으로 간략히 정리하였다.

있어서 왕릉을 축조하는 데에는 많은 인력이 동원되었을 뿐만 아니라 매우 공들여서 축조하였다. 이러한 형식이 법흥왕릉 이후 횡혈식 석실분으로 변하고 있고 그 규모 면에서 현저히 축소되면서 인력절감의 효과를 가져 온 것이다. 다음은 왕릉의 위치문제로, 불교 수용 이전의 신라의 왕릉은 거의 월성 근처의 평지인 황남동, 교동, 노동동, 노서동, 황오동, 인왕동에서 산록지대인 서악리, 충효동, 보문동, 배반동, 조양동으로 이동하였다는 사실이다.

그 다음은 순장(殉葬)의 문제이다. 『삼국사기』 「지증왕」조에는 국왕이 죽으면 남녀 각각 5명씩 순장하였던 것을 금지한 기사가 나오고,[9] 황남대총의 발굴 시에 순장 유구가 출토된 바 있어 지증왕을 전후한 시기까지 순장의 풍습이 있었음을 알려주고 있다. 그러나 불교 수용 이후 살생에 대한 금령이 국가적 차원에서 내려지고 점차 국민을 계도하여 순장의 풍습을 사라지게 하였다. 이는 산 생명을 죽이지 말라는 불교의 자비 정신이 지위의 고하를 막론하고 인간을 존중하는 모습으로 나타난 대표적인 예라고 하겠다.[10]

그 다음으로는 부장 유물의 풍속도이다. 미추왕릉 지구에서 출토된 토용은 작기는 하지만, 벌거벗은 남녀의 성교 장면을 적나라하게 표현하고 있어, 불교 수용 이전의 신라사회의 성 풍속도가 매우 개방적이었음을 보여주고 있다. 또한 우리가 일반적으로 혐오동물로 취급하고 있는 강장동물들로 장식된 토기들이 출토되고 있고, 기이한 형태의 금수들이 토기로 표현되어 나오고 있다. 금관을 비롯한 금은제품은 물론,

---

9) 『삼국사기』 권4 지증왕 3년, "3월에 영을 내려 순장을 금하였다. 전에는 국왕이 돌아가면 남녀 각 5명씩 순장하더니, 이때에 이르러 금지하게 되었다".
10) 이에 대해 유교의 영향이라고 보는 견해도 있다. (노중국, 2008, 「신라 중고기 유학 사상의 수용과 확산」 『대구사학』93, 대구사학회, pp.1-28).

미추왕릉 c지구 3호분에서 출토한 상감유리옥 경식은 인물과 새를 나타낸 glass eye beads의 기술을 구사한 것이고, 계림로 14호분 출토의 장식단검은 이국적인 물품이다. 그러나 불교 수용 이후 이와 같은 적나라한 인물 토용과 토기, 화려한 부장품이 대거 사라지고 대신 옷을 입은 군신 내지는 서민의 모습으로 바뀐 토용이 등장하고 있는 것이다. 이른바 불교수용 이후 윤리적 측면에서 끼쳐진 경건성의 회복을 짐작케 하는 변화이다. 이에 더하여 통일기를 전후하여 신라의 왕릉에는 석물이 등장하는데, 호석으로 12지 석상과 석사자를 배치한 것이다. 이는 신라인이 창안한 것인데, 뛰어난 조각수법은 신라인의 고도로 발달한 예술적 경지를 보여주는 것으로, 무덤내부의 박장을 석물로 보완하기 위해 외양을 장식한 예라고 하겠다.

둘째는 왕경의 중심부에 흥륜사, 황룡사 등의 국찰이 들어서게 된 사실이다.

신라 최초의 국찰인 흥륜사는 법흥왕 대부터 천경림에 조성되기 시작하였지만, 그 낙성은 진흥왕 대에 이루어지고 있다. 즉 진흥왕은 신라건국 후 10주갑이 되는 갑자년을 택하여 흥륜사를 대왕흥륜사로 낙성을 하고 있는데, 이는 흥륜사의 창건이 불교가 신라와 함께 영속하기를 바라는 진흥왕의 염원이 담긴 최초의 국찰임을 알려주고 있다.[11] 그런데 흥륜사의 입지는 왕경의 중앙이라기보다는 관문에 해당되는 곳이지만, 황룡사의 경우 그 위치는 완전히 왕경의 중앙이라 할 수 있다.

왕경의 외곽에 해당되는 흥륜사의 창건이 이차돈의 순교를 겪은 후 진흥왕 5년(544)에 낙성된 상황과 비교해 보면, 10년이 안 되는 진흥왕 14년(553)에 황룡사가 공사를 일으키게 될 수 있었던 것은 진흥왕의 기

---

11) 김복순, 2002, 「흥륜사와 칠처가람」 『신라문화』20, p.41.

지로 생각된다. 그것은 2년 전인 진흥왕 12년 거칠부 등이 고구려의 10
개 군을 탈취하면서 혜량법사를 신라로 모셔온 사건과 깊은 관련이 있
다고 보고 있다.[12]

황룡사는 월성 동쪽에 신궁을 지으려다가 황룡이 출현하게 되자 계
획을 바꾸어 사찰로 하였는데, 이곳은 자궁(紫宮)인 태극전을 조영하려
다가 불사로 바꾼 것이다. 그 이유를 추정해 보면, 북위불교를 알고 있
었을 혜량이 북위(386-534) 낙양의 영녕사의 불전이 태극전과 동일한
형태를 하고 있었던 점[13]을 들어 자궁 대신 사찰을 창건하도록 건의하
였을 가능성이 있고, 군신의 반대를 무마하고자 황룡의 출현이라는 상
황을 연출시킨 것이 아닌가 한다. 이러한 정황은 결국 신라 왕경의 중
앙에 불사가 건립되는데 그만큼 어려운 과정을 거치고 나서야 가능했
다는 것으로, 이는 왕릉이 산록으로 이동했기에 가능한 사안이었다.

진흥왕은 왕 27년인 566년에 황룡사의 공역을 14년 만에 끝내면서
나정 근처의 남산 주변에 기원사와 실제사를 낙성하였다. 그리고 선덕
여왕 대까지 영흥사,[14] 삼랑사,[15] 영묘사, 분황사 등의 창건이 이어졌
다. 이제 본격적으로 신라 왕경에 사찰이 들어서기 시작한 것인데, 능
묘 중심의 왕경에 사찰이 들어서면서 황룡사 장육존상, 황룡사 9층목탑
과 같은 불상과 당·탑의 조성이 함께 이루어져 사사성장 탑탑안행(寺寺
星張 塔塔雁行)으로 표현되는[16] 왕경의 모습으로 바뀌게 되는 것이다.

셋째는 외국과의 활발한 교류와 국가적인 불교행사의 봉행이다. 일

---

12) 이기백, 1986, 「황룡사와 그 창건」, 『신라사상사연구』, 일조각, p.66.
13) 양정석, 2004, 『황룡사의 조영과 왕권』, 서경, p.174.
14) 『삼국사기』 권4 진평왕 18년, "10월에 영흥사에 화재가 일어나 350호가 연소되니, 왕이 친히 가서 구원하였다".
15) 『삼국사기』 권4 진평왕 19년조, "삼랑사가 준성(竣城)되었다".
16) 『삼국유사』 권3 「원종흥법 염촉멸신」조.

단 왕경에 사찰이 들어서게 되자, 이에 따른 국인들의 출가가 허용되어
지고, 고구려·백제를 통해 왕래하던 중국과의 교류가 유학승들이 왕래
하면서 직접적인 교류의 물꼬를 트게 한 점이다.

즉 신라는 내물왕 26년(381)에 위두가 고구려사신을 따라 전진에 다
녀옴으로써 국가적 차원에서 불교에 대한 이해가 시작되었을 것이고,
실성왕이 고구려에 인질로 있던 때가 광개토왕 시기로 호우총의 호우
의 존재와 전도승의 활동은 그 영향을 짐작하게 한다. 또한 백제 사신
을 따라 양에 다녀온 기록이 전한다.[17] 이후 신라는 양·진과의 교류를
통해 남조불교가 유입되었는데, 양나라로부터 불사리가 봉송되고, 진나
라로부터 불교경론이 유입되었다.[18]

진흥왕 대에는 백좌강회와 팔관회[19]와 같은 국가적인 불교행사가 열

---

17) 신라는 불교와 관련된 전승과 유적들이 다른 나라와의 교류를 통해서 나타나고
있다. 우선 고구려와 신라와의 관계는 1.신라 내물왕 26년(381) 신라 사신 위두가
고구려의 사신을 따라 전진에 들어간 사실에 주목하여, 이때부터 국가적 차원에
서 불교에 대한 이해가 시작되었다는 것이다. 2.실성왕대 고구려의 영향으로 호
우총의 유물을 들 수 있다. 3.눌지왕 대에 고구려승 묵호자가 경주에 와서 양에서
보낸 향을 알아보고 왕녀의 병을 고쳐주고 왕의 허락을 받아 천경림에 초가 절을
짓고 산 기록이다. 4. 소지왕 대에 「사금갑」조에 의하면, 신라의 궁중에 내불당이
존재하였다는 것이다. 다음은 백제와 남조와의 관계로, 1.신라사신이 백제사신을
따라 양에 사신을 간 사실로,『양서』권54 열전 제48 제이 신라전 "문자가 없어
나무에 새겨 신표로 삼았으며, (중국인과의) 언어 소통에 백제 사람을 중간에 놓
아야만 했다"고 하였다. 2.양과의 교류에 따른 남조불교의 영입으로, 법흥왕 8년
"사신을 양에 보내어 방물을 바쳤다"는『삼국사기』의 기록은 신라사신이 백제
사신을 따라 양에 간 사실을 알려준다.
18)『삼국사기』권4 진흥왕 5년, "3월에 사람들이 출가해 승려가 되어서 불교를 받드
는 것을 허락하였다", 10년, "봄에 양에서 사신과 그곳에 들어가 공부하던 승 각
덕을 보내 불사리를 전송해 왔다. 왕은 백관으로 하여금 흥륜사 앞길에서 받들어
맞이하게 하였다", 26년, "진에서 사신 유사와 승 명관을 보내 와 방문했으며, 불
교의 경론 1,700여 권을 보내왔다".
19)『삼국사기』권45 「거칠부」전. 팔관회는 고구려의 승으로 신라에 귀화한 혜량법

리었다. 백고좌법회는 황룡사에서 개최되었는데, 신라시대에만 10번 개최되었다.[20]

또한 유학승인 지명, 원광, 담육, 안함 등이 진나라와 수나라에 유학 하였다가 귀국하였는데,[21] 이들은 환국 이후 국왕의 자문역으로서의 활약이 돋보이고 있다. 원광은 걸사표 작성과 백고좌법회의 상수로서 의 역할이 있었고,[22] 안함은 수나라 문제의 불교치국론을 신라에 이식 한 인물로 신라에 불경을 역경하는 역장을 마련하는 등 신라불국토설 의 1차적인 주인공이었으나, 수·당의 교체정국에 따른 혼란으로 그의 주장이 참서의 형태로 남겨지게 되었다.[23]

사의 주청에 의하여 처음 설행된 것으로 보기도 하는데, 팔관재는 중국 6조에서 도 성행하던 것으로, 8가지의 악을 관폐(關閉)한다는 불교의 8계[不殺生·不偸 盜·不邪淫·不妄語·不飮酒·不坐高廣大牀·不著華鬘瓔珞·不習歌舞妓樂]에 관한 재식(齋式)이다.

20) 김복순, 2010,「신라의 백고좌법회」『신라문화』36, pp.83-97.

21)『삼국사기』권4 진평왕 7년, "고승 지명이 진나라에 가서 불법을 구하였다", 11 년, "3월에 원광법사가 진나라에 가서 불법을 구하였다", 18년, "3월에 고승 담육 이 수나라에 가서 불법을 구하였다", 22년, "고승 원광이 수나라에 사절로 갔던 나마 제문과 대사 횡천을 따라 돌아왔다", 24년, "9월에 고승 지명이 수에 사신으 로 들어갔던 상군을 따라 돌아왔다. 왕은 지명의 계행을 존경하여 대덕을 삼았 다", 27년, "3월에 고승 담육이 수에 사신으로 들어갔던 혜문을 따라 돌아왔다".

22)『삼국사기』권4 진평왕 30년, "왕은 고구려가 자주 국토를 침범하는 것을 우려 해, 수에 군사를 요청해서 고구려를 치고자 하였다. 이에 원광에게 명해 군사를 요청하는 표문(걸사표)을 짓게 했더니, 원광이 말하기를, "자기가 살려고 남을 멸 하는 것은 사문의 할 바가 아니오나, 빈도가 대왕의 땅에 살면서 대왕의 물과 곡 식을 먹는 바에야 감히 명령을 좇지 않겠습니까" 하고, 곧 글을 지어 올렸다. 35 년, "7월에 수나라의 사신 왕세의가 황룡사에 이르매 백고좌회를 베풀고 원광 등 의 법사를 청하여 불경을 강설하였다".

23) 신종원, 1992,「안홍(安弘)과 신라불국토설」『동양의 자연과 종교의 이해』, 중국 철학연구회, pp.167-189; 김복순, 2006,「수·당의 교체 정국과 신라 불교계의 추 이」『한국고대사연구』43, pp.169-195.

3. 칠처가람과 성전사원

전불시대의 7처가람설에 등장하는 사찰은 흥륜사, 담엄사, 영흥사, 황룡사, 분황사, 영묘사, 사천왕사로 왕경의 중심부에 주로 위치한 국찰들로 대개 신라 중고기에 창건된 사찰들이다.[24] 그런데 이 가운데 사천왕사가 679년에 완공되었으므로, 이 7처가람설은 신문왕대 이후에 만들어진 설로 보고 있다.

한편 신라 중대의 대표사원격인 성전사원은 문무왕이 677년에 영창궁성전을 두면서 사천왕사성전도 비슷한 시기에 설치되어 신라 중대 성전사원의 단초를 열었고,[25] 신문왕 4년(684)에 영흥사성전을, 신문왕 5년(685) 봉성사성전이 설치되면서 사천왕사, 봉성사, 감은사, 봉덕사, 봉은사, 영묘사, 영흥사의 7곳의 성전사원이 존재하였으나, 한꺼번에 사원성전이 설치된 것은 아니다.

이들 7처가람과 성전사원 7곳 가운데, 사천왕사와 영흥사, 영묘사는 공통적으로 포함되어 있다. 특히 사천왕사는 성전사원 가운데 가장 규모가 큰 곳으로 나오고 있으며 정치적으로도 매우 중요한 내용을 포괄하고 있어, 사천왕사를 중심으로 신라 중대 왕경불교의 변화상을 엿볼

---

24) 『삼국유사』 권3 「아도기라」조, 「가섭불연좌석」조.
25) 『삼국사기』 권38 직관지 「사천왕사성전」조, "경덕왕이 감사천왕사부(監四天王寺府)로 고쳤는데, 혜공왕이 다시 전대로 하였다. 금하신(衿荷臣)은 1명이니, 경덕왕이 감령(監令)으로 고쳤고, 혜공왕이 다시 금하신으로 일컬었으며 애장왕이 또 령으로 고쳤다. 관등은 대아찬에서 각간까지로 하였다. 상당은 1명이었는데, 경덕왕이 경으로 고쳤고, 혜공왕이 다시 상당으로 일컬었으며, 애장왕이 또 경으로 고쳤다. 관등은 나마에서 아찬까지로 하였다. 적위는 1명으로 경덕왕이 감으로 고쳤더니, 혜공왕이 다시 적위로 일컬었다. 청위는 2명으로, 경덕왕이 주부로 고쳤고, 혜공왕이 다시 청위로 일컬었더니, 애장왕이 대사로 고치고 (2명 중) 1명을 감하였다. 관등은 사지에서 나마까지로 하였다. 사는 2명이었다".

수 있다.

사천왕사는 명랑이 문두루비법을 시행한 곳에 세운 기념비적인 사찰로, 선덕여왕릉이 도리천에 세워진 것을 확인하게 되면서, 중고기 홍륜사에서 시작되어 남산으로 연결된 미륵불 중심의 도솔천 개념이 중대에 사천왕사가 들어서면서 점차 그 중심이 도리천으로 옮겨지게 된 것이 아닌가 한다.[26]

그 즈음에 신문왕은 두 가지 중대한 사안에 직면하였는데, 첫째가 친당파의 척결이고 둘째가 수도를 달구벌로 천도하려는 것이었다.[27]

먼저 친당파의 척결을 보면, 신문왕 대에 일어난 김흠돌(김홍원, 김진공, 김군관) 등의 반란으로 인해 왕화상은 역적으로 몰리는 상황이었고, 경흥은 삼랑사 근처에서 말탄 비구의 조롱을 받았을 뿐 아니라, 신문왕의 국로(國老) 임명으로 인한 수모를 받고 있다. 당과 소강 상태인 가운데 친당파가 척결되는 정국 하에서 당나라 유학승 의상은 멀리 소백산에 정주하게 된다.

다음은 천도문제로서, 신문왕이 달구벌로 천도하고자 하였으나 끝내 이루지 못하였다. 당연히 왕경에 기반을 두고 있던 귀족들의 반대를 꺾지 못하였기 때문이다. 그렇다면 귀족들은 어떻게 달구벌 천도를 막을 수 있었던 것일까. 바로 칠처가람설을 내세운 것이 주효하였다고 생각

---

26) 고익진, 1989, 『한국고대불교사상사』, 동국대출판부, pp.58-62에 의하면, 도리천은 수미산 정상에 위치하며 사방8천과 중앙1천으로 구성되어 있는데, 제석천은 욕계 제2 도리천에 속해 있으면서 악신 아수라와 싸워 이기는 선신으로 33천의 중앙 선견성(善見城)에 머물며 33천을 다스리고 있다고 한다. 이와 관련된 사항으로 진평왕의 천사옥대, 내제석궁(천주사), 사천왕사, 감은사, 33천의 1자로 하강했다가 승천한 김유신의 예를 들고 있고, 이 제석신앙의 전개에 안함, 밀본, 명랑, 혜통과 같은 밀교 승들이 활약하고 있음에 주목하고 있다.
27) 『삼국사기』 권8 신문왕 9년조, "欲移都達丘伐 未果".

된다. 천도가 거론되었을 때 고구려가 평양으로 천도하기 전에 9사를 창건한 예라든가 백제가 웅진에서 사비로 옮기면서 호국사찰을 지은 것과 같은 사건이 역사적 사실로서 언급되었을 것이고, 구귀족들은 전불시대부터 불국토였던 이곳을 떠나서 새로이 수도를 정한다는 것은 있을 수 없는 사안이라고 하면서, 전세 때부터 깊은 불연을 지닌 왕경은 이들 7처가람이 진호하고 있기 때문에 천도할 수 없다는 주장을 편 것이다.[28]

이들의 중심에는 명랑계통(국교대덕, 의안대서성, 남간부인, 자장법사)의 구유식을 배경으로 하는 구귀족들이 있었을 것으로 생각된다. 원광, 안함, 자장, 원효 모두 구유식 계통으로 신라불교의 기반을 이룬 이들은 인도 유학승 혜업에게서까지 보이는 섭론(양론)인 『섭대승론』의 이해에 있었다. 특히 당과의 대결에서 드러난 수나라 보귀의 『합부금광명경』(8권)을 중시한 사례는 고려 「칠장사 혜소국사비」까지 이어지고 있다. 그들은 이러한 주장을 통해 왕경을 달구벌로 옮기는 것을 무산시키고, 왕경지역을 불국토라는 곳으로 인식시키기 위해 그 후에도 지속적으로 노력하였다.

신라의 성전사원은 왕실이나 국가의 안녕을 기원하는 기복처로서, 또한 국가적 의례가 행해진 관사로서, 봉사(奉祀)의 기능이 강조되어 왔다.[29] 왕실사원으로서의 성전사원은 경주 중심부에 위치하여 남으로는 사천왕사, 북으로는 봉성사, 서로는 영묘사, 동으로는 봉덕사, 중앙의 영홍사 등이 왕경의 사방과 중앙에 의도적으로 설치되어 사방 관도를 통해 왕경으로 들어오는 이들로 하여금 바로 접할 수 있게 하였다는 것

---

28) 김복순, 2005, 「신라 중대의 불교」『신라문화』25, 동국대 신라문화연구소, pp.167-188.
29) 이영호, 1983, 「신라 중대 왕실사원의 관사적 기능」『한국사연구』43.

이다.[30] 또한 이들 성전사원은 불교적 국가의례를 재정적으로 지원한 봉사관련 관부로서, 금하신의 명칭을 통해 남당의 금하대등에서 연원된 것으로 추정하고, 중사(中祀)와 연관이 있는 것으로 보기도 한다.[31]

성전사원이 설치되기 시작한 것이 신문왕 4년인 684년이고 7처가람설이 형성된 것이 신문왕 9년 무렵이라고 볼 때, 중고기에 의도적으로 왕경에 불교적 성역공간을 만들었다기보다는 오히려 신라 중대에 왕경이 불국토라는 개념을 형성시키면서 이에 대한 구상이 왕경에 실천된 것이 아닌가 한다.

중대 왕경에는 성전사원 외에도 황복사, 천관사, 망덕사, 인용사, 중생사, 불무사, 감산사 등이 창건되었고, 경덕왕 대에는 굴불사, 불국사, 석불사, 용장사, 보문사 등이 왕경의 중요지역에 건립되고 있다.[32] 또한 이후로 신라 왕경에는 불국토사상이 사찰 창건에 그대로 투영된 모습을 보이는 특색을 나타내고 있다. 특히 보문사와 불국사의 창건은 칠처가람설의 연속선 상에서 이해할 수 있는데, 왕경을 불국토로 인식하여 보문(사)을 통해 불국(사)에 이르는 길을 상정해 놓은 것이다. 또한 사방불이 그대로 출현하는 모습이 보이기도 하였다.

30) 윤선태, 2002, 「신라 중대의 성전사원과 국가의례」『신라문화제학술논문집』23, pp.88-92에서 봉성사를 나원리사지에 비정하여 북쪽 방향에 위치한 것으로 보고 있다.
31) 윤선태, 2002, 위의 논문, pp.83-120.
32) 김복순, 2006, 「신라 왕경 사찰의 분포와 체계」『신라문화제학술논문집』27, 경주시·신라문화선양회·경주문화원·동국대 국사학과, pp.105-135.

4. 불국사와 창림사 - 새로운 사조의 포용

신라 경덕왕 대에는 선비(先妃)인 삼모부인과 후비(後妃)인 만월부인
이 각각 황룡사와 불국사, 황룡사종과 성덕대왕신종을 조성하면서 서
로 경쟁적으로 불사를 벌이었다.[33]

만월부인의 후견인은 표훈대덕과 김대성으로 이들에 의해 불국사가
지어지고 신림을 초청하여 석불사에 주석하게 한 기록이 보인다. 하지
만 불국사는 고려시대에 유가업으로 기록된 유가계통의 사찰이다. 이
곳에 어떻게 부석적손인 신림과 관련된 내용이 전하는가 하는 의문이
있다. 이는 삼모부인 측이 연기법사와의 연계를 통해 80화엄경 사경불
사를 벌이자, 만월부인 측에서도 경쟁적으로 의상계 화엄승을 끌어들
인 것이 아닐까 한다. 이러한 결과 경덕왕 대의 인물인 표훈대덕이 급
기야 의상의 직제자로서 4영에까지 끼게 된 것이다. 경덕왕과 만월부인
측은 당시 경향각지에서 큰 존경을 받고 있던 의상계 화엄종을 표훈을
매개로 왕경불교에 받아들여 이와 같은 현상을 도출해 낸 것이라 생각
된다.

이 문제는 다음의 두 가지 예를 들어 설명해 보자면, 첫째는 표훈의
잦은 천궁의 출입문제이고, 둘째는 연호인 상원 원년의 문제이다. 먼저
상원원년의 문제로서 당의 연호인 상원은 674년과 760년의 2번이 있는
데, 경덕왕 대의 대덕을 지낸 표훈의 경우 760년의 상원 년간에 살았으
므로, 674년의 상원 원년에 황복사에서 의상의 가르침을 받았다고 한
것은 부회임을 알 수 있다.

다음은 천궁의 문제로, 『삼국유사』「표훈대」덕조에는 다음의 내용이

---

33) 김복순, 1990, 『신라화엄종연구』, 민족사, pp.78-83.

나오고 있다.

> 1) 왕이 하루는 표훈대덕을 불러 "내가 복이 없어 아들이 없으니 대덕
> 은 상제(上帝)에게 청하여 아들을 있게 하여 달라"하였다. 표훈이 천
> 제(天帝)에게 올라가 고하고 돌아 와서 아뢰되 "상제가 말하기를 딸
> 은 가하나 아들은 부당하다 하십니다"라고 하였다. 왕이 "딸을 바꿔
> 아들로 해주기를 원한다"하니, 표훈이 다시 올라가 천제에게 청하
> 니 천제가 "그렇게 할 수는 있으나 아들이 되면 나라가 위태하리
> 라"하였다. 표훈이 내려오려 할 때 천제가 다시 불러 이르기를 "하
> 늘과 사람 사이를 문란케 못할 것이니, 지금 대사가 이웃과 같이 왕
> 래하여 천기를 누설하니, 금후에는 다시 다니지 말라"하였다. 표훈
> 이 돌아와서 천어(天語)로써 말하자, 왕은 "나라는 비록 위태하더라
> 도 아들을 얻어 뒤를 이으면 족하다"하였다. 그후 만월왕후가 태자
> 를 낳으니 왕이 매우 기뻐하였다. 태자가 8세 때에 왕이 돌아가므로
> 즉위하니 이가 혜공대왕이다. ....마침내 왕은 선덕왕과 김양상이 죽
> 였으므로, 표훈 이후에는 신라에 성인이 나지 아니하였다 한다.

표훈은 천궁에 다니면서 경덕왕이 아들을 낳으려는 것을 천제에게
말하여 이를 관철시키고 있다. 그렇다면 이 천궁은 어디를 의미하는 것
일까. 이와 관련하여 탑의 상륜부를 일반적으로 천궁이라고 하는 사실
에 주목해 보려고 한다. 중국에서는 일반적으로 탑의 상륜부를 천궁이
라고 하고 지하 부분을 지궁이라고 하는데, 법문사의 경우 지궁이 유명
하고 소림사탑은 천궁이 유명하다. 이 부분에 불사리를 안치해 놓는 까
닭에 이렇게 부르고 있다. 그런데『삼국유사』에는 허공에 떠서 탑돌이
하는 기사가 있어 이를 천궁과 연계시켜 고찰해 보려고 한다.

> 2) 제자에는 오진·지통·표훈·진정·진장·도융·양원·상원·능인·의적 등

10대덕을 영수로 하였으니 모두 아성(亞聖)이며 각기 전기가 있다. 오진은 일찍이 하가산 골암사에 있어 매일 밤 팔을 뻗치여 부석사 석실등에 불을 켰다. 지통은 추동기를 지었는데 대개 친히 가르침을 받았으므로 묘한 말이 많다. 표훈은 일찍이 불국사에 있으면서 일상 천궁에 왕래하였다. 상(湘)이 황복사에 있을 때 도중(徒衆)과 함께 탑을 돌 때에 매양 허공을 밟고 올라가 층계를 밟지 아니하였으므로, 그 탑에는 사다리를 설치하지 않았다. 그 도중이 또한 3척이나 층계를 떠나서 허공을 밟고 돌았으므로 상이 돌아다 보고 "세인이 이것을 보면 반드시 괴상이 여길 것이니 세상에는 가르치지 못할 것이다" 하였다.

의상의 제자들을 언급하는 가운데 표훈을 언급하면서 그가 불국사에 있을 때 천궁을 왕래한 사실을 설명하다가, 갑자기 의상이 황복사의 탑에 떠서 탑돌이하는 광경을 묘사하고 있다. 황복사탑은 692~706년에 이루어졌으므로, 당시 부석사에 주석하고 있던 의상이 올라갈 수 없었으므로, 이는 귀국 이후 부석사에 주석해 있던 의상이 행한 일로 보기보다는, 750년부터 불국사에 주석하면서 천궁을 왕래하였다고 한 표훈이 탑 위에서 탑돌이를 한 것으로 연관지어 생각할 수 있다.

이들 신라 승들은 둔갑술의 예에서도 보듯이, 당시 상당한 무예실력을 갖추고 있었다. 이들이 탑에 오르내린다는 것은 별로 어려움이 없을 정도였을 것이다. 황복사의 천궁은 탑의 상륜부를 말하는 것으로 이들이 탑돌이를 했다는 것은 상륜부 주위를 돌 수 있었다는 능력이 있는 이들이었다는 사실을 의미한다.

결국 표훈은 이러한 능력을 이용하여 왕위계승에 적극적으로 간여하게 되고, 그 과정에서 당시 명망있던 의상계를 포섭하여 그 계보로 자신을 연결시킨 것이라고 추정된다.

이와 함께 경덕왕은 당시 큰 사회적인 반향을 일으켰던 진표를 왕경
으로 초치하여 계를 받는 등 이들을 통제하고자 한 모습이 보이고 있
다.[34] 이후 헌덕왕의 왕자인 심지는 진표계 법상종에 투신하여 그 법손
으로서 정통을 이어 동화사에 이어 창림사를 창건함으로써 진표계 법
상종을 왕경 내로 포용해 나가는 모습을 보이고 있다.[35]

5. 신라 하대 왕경불교의 변천상

신라 하대는 왕경의 불교가 여러 면에서 변화를 가져오게 되는 시기
로 이해할 수 있지만, 신라 중고기 이래 왕경 불교의 전통이 그대로 이
어지면서 선종의 전래와 같은 커다란 변화를 수용해 간 양상을 보이고
있다. 여기서는 이전과는 달리 나타나는 몇 가지 양상을 예로 들어 살
펴보도록 하겠다.

첫째로 신라 하대의 혼란상은 왕경불교에도 그대로 드러나게 되는
데, 혜공왕 이후 왕실에 난조가 나타나면서 사찰이 남설된 점이다.

신라 중대 문무왕 대에 내려진 금령으로 인해 왕경에는 성전사원 등
왕실과 관련된 국찰 외에는 남설될 수 없었으나, 신라 왕실과 귀족들의
원찰은 간간이 건립되었다. 이에 애장왕은 사찰의 신창을 금하고 수즙
만 허락하는 금령을 내리고 있으나,[36] 신라 왕경의 외곽에는 무장사,
곡사, 숭복사, 원원사, 창림사, 선방사, 호원사 등이 세워지고 있다.

반면 지방에서의 사찰 창건은 활발하여 해인사, 범어사, 청량사 등

---

34) 『삼국유사』 권4 「진표전간」조.
35) 『삼국유사』 권4 「심지계조」조.
36) 『삼국사기』 권10 애장왕 7년조.

화엄종 계통의 사찰과 함께, 9산 선문으로 대표되는 선종 사찰들의 창건이 두드러지게 나타나고 있다.

둘째로 당나라의 회창 폐불 이후 귀국 러시를 이룬 선사들 가운데 명망있는 이를 국사로 초빙하거나 왕경의 사찰에 편적시켜 지방사원을 통제한 점이다.

도의선사가 821년 귀국하였으나, 왕경인들의 냉대로 설악산 진전사로 은거하였지만 이후 계속해서 이어진 진감선사와 홍척선사의 귀국은 이들의 진가를 알리는 계기가 되었다. 이후 선사들은 신라왕에 의해 왕경으로 초치되어 설법을 하고 자문에 응하고는 있으나, 왕경에 주석하지는 않은 양상을 나타내고 있다. 오히려 이들이 머문 지방의 사찰을 왕경의 국찰에 편적시킨 내용이 몇몇 금석문 자료에 보이고 있다. 즉 낭혜 무염이 머물고 있던 성주사를 홍륜사로 편입시킨 예가 보이고 있고,[37] 민애왕이 진감혜소를 대황룡사에 관적시킨 사례도 있으며,[38] 보림사를 선교성에, 홍녕사를 중사성에 예속시키고 있다.[39] 하지만 『삼국유사』에는 선종에 관한 언급을 거의 하지 않고 있어 신라의 왕경불교는 교종불교가 주를 이루고 있음을 간접적으로 예시하고 있다.[40]

이러한 현상에 대해 이들 선사들과 지방호족과의 연관성이 강조된 견해가 주류를 이루어왔으나, 다른 한편으로 생각해 본다면 왕경의 불교계가 국통을 위시한 대덕 등이 교종 승들로 장악되고 있어 선사들의 왕경진출이 쉽지 않았음을 미루어 짐작하게 한다.

신라의 가장 대표적인 호국법회인 백고좌법회는 전국의 명망있는 고

37) 「성주사 낭혜화상비」.
38) 「쌍계사 진감선사비」.
39) 「홍녕사 징효대사비」, 「가지산 보조선사비」.
40) 최병헌, 2012, 「삼국유사 의해편과 신라불교사」『신라문화제학술논문집』33, p.24.

승 100명이 법사로 초빙되어 강설하던 법회로서, 이 법회에 선종승들이
합석을 한 것은 신라말의 경애왕 대인 924년의 일이다.[41] 이를 왕경에
있는 승려들의 방해로 원효가 백고좌법회의 강사로 진출이 늦어진 것
과 비견해 본다면, 선사들의 왕경진출이 자신들의 의지와는 달리 이미
왕경불교계를 장악하고 있던 교종승들의 텃세로 왕경으로의 진출이 용
이하지 않았음을 알 수 있다.

셋째로 원성왕의 능을 쓰기 위해 사찰을 다른 곳으로 옮긴 사실이다.
최치원이 찬술한 「대숭복사비문」에 의하면, 신라 제38대 원성왕은
유교(遺敎)로 자신의 장지를 곡사(鵠寺)로 할 것을 정해 주면서 벌어진
사안을 기록하였다. 김원량이 지은 곡사를 왕릉으로 내어주게 되었을
때 이에 대한 반대의 논의가 있었던 것을 무마하고 벼 2000점(苫)을 보
태어 왕릉을 조성한 것이다.[42]

신라 중고기 진흥왕이 자궁(紫宮)을 사찰로 바꾸어 황룡사를 창건하
였을 때와는 달리 사찰을 왕릉 터로 바꾸는 현상이 일어난 것이다. 이
는 하대에 접어들면서 왕권이 사찰과 승려를 예속시킨 데서 나온 현상
으로 생각되며, 실제 원성왕은 정법전의 설치를 통해 승려에 대한 통제
를 강화하고 있기도 하다.

넷째로 신라 하대에는 일반백성들이 사찰과 관련된 일화가 전하고
있어 불교의 대중화를 확인할 수 있는데, 특히 연등회와 관련된 예를
들 수 있다.

---

41) 『삼국유사』 권2 「경애왕」조, 제55대 경애왕이 즉위하던 동광(同光) 2년(924) 갑
   진 2월19일에 황룡사에서 백고좌법회를 개설하여 경을 설하고 겸하여 선승 300
   명에게 반승하였다. 대왕이 친히 향을 피우고 불공을 드리니 이것이 백고좌회에
   서 선과 교가 통설한 시초였다.
42) 최치원, 「대숭복사비문」.

왕경에서의 불교행사로 가장 큰 규모로 개최된 것은 연등회였다. 경문왕 6년과 진성여왕 4년 정월 15일에 왕이 황룡사에 행차하여 등을 본 것이 기록에 나와 있는데, 이는 황룡사에서 행해진 연등회에 왕이 참석하여 간등(看燈)하는 행사를 표현한 것이었다. 그런데 홍륜사에 전하는 내용 가운데, 신라 풍속에 해마다 2월이 되면 초8일부터 15일까지 서울의 남자와 여자들은 홍륜사의 전탑을 다투어 돎으로써 그것을 복회(福會)로 삼았다고 하는 내용이 전하고 있다.[43]

이는 고려에서 2월 15일에 연등회를 개최하고 관리들에게 전후 3일씩 휴가를 준 것을 참고해 볼 때, 홍륜사에서의 연등회 행사에 참여한 이들의 탑돌이 행사를 표현한 것이라 생각된다. 홍륜사의 탑돌이는 김현과 호랑이와의 사랑으로 유명하지만, 일반적으로 왕경사찰에서의 연등회 때의 탑돌이는 일반적인 행사였을 것으로 보인다. 김현의 고사가 원성왕 때의 일이므로 홍륜사에서의 연등회 때 탑돌이 행사는 신라 말까지 지속되었다고 생각된다.

6. 맺음말 -왕경불교의 특색을 중심으로-

신라 왕경불교는 육당이 해제에서 『삼국유사』가 신라중심, 불교중심, 경주중심이라고 언명한데서 알 수 있듯이 『삼국유사』의 내용을 가지고 그 특색을 논할 수 있을 정도이다. 특히 경주 중심의 불교에서 선종은 거의 언급을 하고 있지 않아, 신라불교사에서 사실상 선종은 제외하고 있다시피 하였다. 선종이 유입되면서 새로운 기운이 왕경에 전해

---

43) 『삼국유사』 권5 「김현감호」조.

져 선사들이 국사로 책봉되기도 하였으나, 국가적인 불교행사에 선승들이 집단적으로 참여한 것은 신라 말 경애왕 대에 교선합작의 백고좌법회에 불과하였다. 또한 선종사찰이 흥륜사, 황룡사에 예속되기도 하였지만, 흥륜사와 황룡사가 선종사찰이 된 것은 아니었다. 그것은 일연이 선사이면서도 『삼국유사』에서 신라불교를 언급하면서 선불교에 관한 언급을 거의 하지 않고 있어 왕경불교는 교종불교가 주를 이루고 있음을 간접적으로 예시하고 있다. 따라서 왕경불교의 첫 번째 특색은 교종불교가 그 주류를 이루었다는 점을 들 수 있다.

불교공인 이후 흥륜사의 흥망이 곧 왕경불교의 한 특색이라고까지 언급할 수 있는 것이다. 흥륜사는 치병과 관련된 사찰로 유명하다. 이는 신라 불교가 초기에 건립이 되면서 무속의 주사들이 하던 기능을 그대로 흥륜사 승들이 이어받으면서 형성된 전통이기 때문으로 생각된다. 무불습합적인 면이 보이고 있는데, 이러한 전통은 헌덕왕 9년인 817년 8월 5일에 흥륜사에서 열린 이차돈의 기일에 베풀어진 사회에 흥륜사의 영수선사를 놓고 유가제덕을 선사라고 하는 설명을 통해서 볼 때 흥륜사의 사격이 유가계통의 성격을 띠고 있었으며, 불국사도 유가업의 사찰이었다. 또한 원광과 자장에 의해 기반이 닦이고 원효, 경흥, 태현 등에 의한 교학의 뒷받침을 받으면서 왕경불교의 두 번째 특색으로 유가 계통의 불교가 꽃을 피웠다는 점을 들 수 있겠다.

의상과 진표는 문무왕과 경덕왕과의 관계가 사서에 보이고 있으나, 왕실이 이들을 견제하고 포용하는 견지에서였다. 당시 이들은 지방으로 나아가 부석산으로 대표되는 동해안 세력과 법상종으로 대변되는 금산사-법주사-금강산의 세력으로 부상해 있었고, 특히 많은 제자들과 청중을 이끌고 있었다. 이같은 의상계 화엄종과 진표계 법상종의 성장은 왕경 불교계에 변화를 가져오게 하였는데, 표훈과 심지로 대표되는 불국사와 창림사의 조성이 그것이다. 왕경불교는 유가 불교적 기반 위에 화엄종, 법상종까지 포용한 교종불교의 종합적인 모습을 갖추게 된 점이 세 번째 특색으로 들 수 있다는 점이다.

　신라 왕경의 사찰 가운데, 황룡사, 사천왕사, 감은사, 천룡사, 석굴암, 숭복사, 원원사 등은 비보사찰 내지 진호사찰로서의 명성이 있어 온 곳이다. 이들은 왕경의 중심부인 왕성 곁에 배치되어 있어 주변국들을 조복시켜 나라를 안정시키는데 큰 역할을 하였고, 해안의 진입로 내지 육로의 관문을 지키는 진호사찰로서의 역할을 하였다. 이 가운데 황룡사는 7처가람 가운데 하나로 중고기 대표적인 국찰이었다. 사천왕사는 명랑이 당군을 퇴치하기 위해 문두루법을 행한 곳으로, 이러한 전통은 감은사(수중릉)와 원원사(관문성)의 왜적방어로 이어져, 신라말 광학·대연이 해적을 진압한 데까지 연결되면서, 이들은 고려의 현성사 창건에까지 이어졌다. 또한 천룡사와 석굴암은 귀족의 원찰로서 나라의 흥망과 연계하여 사찰의 입지를 정한 곳이다. 이렇게 신라 왕경 불교의 가장 큰 목적은 진호국가에 있었으므로, 이를 위해 건립한 사찰들은 고려에까지 그 명성이 전해진 점을 네 번째 특색으로 들 수 있다고 하겠다.

제4장 『삼국유사』 「무장사 미타전」조의 검토

1. 머리말

『삼국유사』「무장사 미타전」조는 현재 경주시 암곡동에 그 유적이 남아있는 무장사지와 관련이 있는 기록이다. 이곳에는 최근 복원된 「무장사비」가 있고 그 아래쪽에 신라시대의 삼층석탑이 남아있어 세인의 관심을 끌고 있다. 또한 무장사지가 소재한 무장산은 '신라의 달밤', '선덕여왕' 등 영화나 드라마 촬영지로서 각광받는 아름다운 곳이기도 하다.

무장사는 신라 원성왕의 부친 효양이 숙부 파진찬을 추모하기 위해 지은 사찰이다. 이후 경내에 아미타불상 1구와 신중상이 조성되어 미타전에 봉안되었는데, 신라 소성왕의 왕비인 계화왕후(桂花王后)가 원성왕의 손자인 소성왕이 죽자 그의 추선(追善)을 위해 원성왕 가문의 원찰인 이곳 무장사에 조성한 것이다. 아미타불조상비라는 명칭이 말해주듯이 아미타불상 등을 조성하면서 「무장사비」에 그 내용을 기록하였다.

본고는 먼저 「무장사 미타전」조의 전문 구성을 단락별로 구분하여 보고 그 특징적 양상을 고구해 보고자 한다. 첫째 무장사와 관련된 위치와 창건연기 등을 살펴보고, 둘째 창건주 효양, 소성왕과 계화왕후 등 등장 인물을 중심으로 한 신라 하대 왕실의 한 단면을 고찰해 보려 하며, 셋째 소성왕 전후의 아미타신앙에 대해 기존의 논의를 중심으로 정리해 보려 한다.

다음으로 일연이 쓴 『삼국유사』「무장사 미타전」조와 현재 비편으로나마 남아있는 「무장사비」의 내용을 축자 비교하여, 일연이 이 비문을 직접 보고 그 내용을 「무장사 미타전」조에 정리한 것임을 재확인해 보고자 한다. 그리고 경주의 무장산에 현존하고 있는 무장사지의 「무장사비」에 관한 내용과 근래 복원된 비의 현황, 최근 제기된 문제점 등에 대해 살펴보고자 한다.

2. 신라 하대 왕실과 아미타신앙

경주시 무장산에 위치한 무장사지는 『삼국유사』에 「무장사 미타전」조라는 기록을 남기고 있어 신라 하대 왕실과 관련된 고찰의 폐사지임을 알려주고 있다. 그 전문이 길지 않으므로 원문과 해석문 전체를 제시해 보면 다음과 같다.

「무장사 미타전鍪藏寺彌陁殿」

1) 경성(京城, 경주)의 동북쪽 20리 가량되는 곳인 암곡촌 북쪽에 무장사가 있다. 제38대 원성대왕의 아버지 대아간 효양, 추봉된 명덕대왕이 그의 숙부 파진찬을 추모하여 받들기 위하여 창건하였다. 그윽한 골짜기가 너무 험준하여 마치 깎아 세운 듯하며, 절이 자리 잡은 곳이 침침하고 깊숙하며 허허하여 순백한 기운이 자연히 생기니, 마음을 쉬고 도를 즐길만한 신령스러운 곳이다.(京城之東北二十許里, 暗谷村之北有鍪藏寺. 第三十八元聖大王之考大阿干孝讓追封明德大王之爲叔父波珍喰追崇所創也. 幽谷逈絶, 類似削成, 所寄冥奧, 自生虛白, 乃息

心樂道之靈境也)

2) 절의 위쪽에 오래된 미타전이 있으니, 즉 소성(昭成 혹은 昭聖)대왕
의 왕비인 계화왕후가 대왕이 먼저 세상을 떠났으므로, 그(중궁)는
황황하여 어찌할 바를 몰랐다. 지극히 슬퍼하여 피눈물을 흘리면서
마음이 아파서, 살았을 때의 아름다운 행적을 가만히 찬양하고 명복
을 빛나게 나타내려고 생각하였다. (왕비가) 들으니 서방에 미타라
는 큰 성인이 있어, 지성으로 귀의하면 잘 구원하여 와서 맞이한다
하므로, 이는 참말이니 어찌 나를 속이겠는가 하여, 이에 6의의 성
대한 의복을 희사하고 9부에 저축했던 재물을 다 내어 이름난 장인
을 불러 미타상 1구를 만들게 하고 아울러 신중상도 만들어 봉안하
였다.(寺之上方, 有彌陀古殿, 乃昭成(一作聖)大王之妃桂花王后爲大王先
逝, 中宮乃充充焉皇皇焉. 哀戚之至, 泣血棘心, 思所以幽贊明休, 光啓玄
福者. 聞西方有大聖曰彌陀, 至誠歸仰, 則善救來迎, 是眞語者, 豈欺我哉
乃捨六衣之盛服, 罄九府之貯財, 召彼名匠, 敎造彌陀像一軀, 幷造神衆以
安之)

3) 이에 앞서 이 절에 한 노스님이 있었는데 홀연히 꿈에 진인이 석탑
동남쪽 언덕 위에 앉아 서쪽을 향해 대중을 위하여 설법하였다. 마
음에 생각하기를 이곳은 반드시 부처님의 가르침이 머무를 곳이라
하여 마음속에 숨겨두고 남에게 말하지 않았다. (절을 지으려 하니
그 지형이) 암석은 험하고 시냇물은 매우 빠르므로 장인은 돌아보지
도 않고 모두 좋지 못하다고 하였다. 터를 닦게 됨에 이르러 평탄한
땅을 얻어 훌륭히 집을 세울 만하여 마치 신령스러운 터와도 같았
으므로 보는 이가 놀라 좋다고 칭찬하지 않는 이가 없었다.(先是, 寺
有一老僧, 忽夢眞人坐於石塔東南岡上, 向西爲大衆說法. 意謂此地必佛法
所住也, 心秘之而不向人說. 嵓石巉崒, 流澗邀迅, 匠者不顧, 咸謂不臧.
及乎辟地, 乃得平坦之地, 可容堂宇, 宛似神基, 見者莫不愕然稱善)

4) 근래(고려말)에 와서 미타전은 무너지고 절만이 남아 있다. 세간에

전하는 말에 태종 무열왕이 삼국을 통일한 이후에 병기와 투구를 이 골짜기 속에 간직해 두었다고 하여 이 때문에 (무장사라) 이름하였다고 한다.(近古來殿則壞圮, 而寺獨在. 諺傳太宗統三已後, 藏兵鍪於谷中, 因名之)[1]

「무장사 미타전」조를 내용에 따라 단락을 지어 보았다. 이들 내용을 무장사 관련 부분과 소성왕 중심의 신라 하대 왕실, 그리고 아미타신앙 등으로 나누어 보도록 하겠다.

첫째로 무장사 관련 내용이다.

먼저 그 위치를 보면, 일연은 경주 동북쪽으로 20리 가량되는 암곡촌 북쪽에 무장사가 있다고 하였다. 그러나 『신증동국여지승람』「경주부」 불우(佛宇)조에 의하면, 무장사는 경주부의 동북쪽 30리인 암곡촌 북쪽에 있다고 기록하고 있다. 경주(부) 동북쪽 암곡촌 북쪽이라는 점은 같은데, 경주(부)에서의 거리가 20리와 30리로 10리의 차이를 보이고 있다. 왜 이러한 차이가 난 것일까.

「무장사 미타전」조의 20리는 문맥상으로 볼 때 월성에서 암곡촌까지의 거리를 20리로 보았을 가능성이 있지만, 조선시대의 기록인 『신증동국여지승람』의 30리는 경주시내에 위치한 경주부에서 암곡촌까지의 거리에 암곡 주차장에서 무장사지까지 2.5Km의 거리를 더하였기 때문에 10리의 차이가 난 것이 아닐까 애써 추정해 볼 수는 있을 듯하다.

무장사가 위치한 곳은 그윽한 골짜기가 너무 험준하여 마치 깎아 세운 듯하다는 사실과 그 위치가 깊숙하여 순백한 기운이 생기는 마음을

---

1) 최남선 편, 1983, 『삼국유사』, 서문문화사, pp.174-175; 이병도 역주, 1976, 『원문병역주 삼국유사』, 광조출판사, pp.374-375; 이재호 역, 『삼국유사』, 양현각, pp.456-458; 리상호 역, 『삼국유사』, pp.418-419를 참조하였다.

쉬고 도를 즐길만한 곳이라는 경치로 표현하고 있다. 또한 「무장사비」
에도 "逈絶 累以削成, 所寄冥奧, 自生虛白"이라고 하여 같은 내용이 보이
고 있다. 때문에 무장사를 지으려 할 때 지형이 암석은 험하고 시냇물
은 매우 빠르므로 장인들이 돌아보지도 않고 모두 좋지 못하다고 하였
지만, 터를 닦아 평탄한 땅을 얻게 되자 좋다고 칭찬들을 하였다고 한
것이다. 무장사비에 "巖巖"이라고 표현되어 있는데, 그것은 『시경』 소
아 절남산(節南山)편의 "節彼南山 維石巖巖"에서 나온 말로, 산에 바위
가 많음을 서술한 것이다.

경주에서 무장사가 위치한 무장산은 624m의 평범한 산이지만 시내
로부터 꽤 떨어진 깊숙한 곳에 자리한 산이다. 특별한 유적이라고는 무
장사지가 남아있을 뿐이나, 힐링을 위한 등산객들의 발걸음이 끊이지
않는 곳이다. 무장사지가 위치한 곳은 골짜기를 따라 올라가다가 깎아
지른 산 중턱을 지나야 갈 수 있었다. 현재는 이곳에 나무데코로 길을
만들어 놓아 접근이 쉽지만, 1990년대만 해도 겨우 한 사람이 지나갈
수 있는 좁디좁은 산허리 길을 지나야 갈 수 있었던 곳이어서, 이 「무
장사 미타전」조의 기록이 허탄한 말이 아님을 실감했던 기억이 있다.

무장사의 가람배치는 탑-금당-강당의 1탑1금당식의 가람배치에 금당
의 동편에 미타전이 있었을 것으로 추정되고 있다.[2] 그런데 신라에는
고려시대와 같이 국왕의 진영을 봉안한 진전사원이 여러 곳 있었다고
추정하고 있다. 예를 들면 영묘사의 선덕여왕 소상 내지 진영의 봉안,
숭복사에는 초상화를 모신 별실에 원성왕의 진영이 봉안되었다고 보
고 있으며, 불국사의 광학장에 헌강대왕의 진영이 봉안되어 있었을 것

---

2) 김지현, 2014, 「경주 무장사지 사적과 삼층석탑에 대한 재고」『신라문화』43, pp.261-
   262.

(『불국사고금창기』)으로 보고 있다.3) 이 가운데 원성왕의 진영에 대한
내용을 「대숭복사비문」을 예로 들어 보자.

> 5) 겹으로 된 불전은 용이 서린 듯한데 그 가운데에 노사나불을 주불
> 로 모셨으며, 층층 누각엔 봉황이 우뚝 섰는데 위에다 수다라라고
> 이름하였다. 고래등같은 마룻대를 높이 설비하고 난새같은 난간을
> 마주보게 하였다. 비단같은 천정엔 꽃을 포개었고 수놓은 주두(柱
> 枓)엔 곁가지를 끼우니 날개를 솟구쳐 날아갈 듯하여 볼 때마다 현
> 기증이 날 정도였다. 그밖에 더 높이고 고쳐 지은 것으로는 초상화
> 를 모신 별실과 스님들이 거처할 요사, 음식을 만드는 식당, 아침마
> 다 밥을 짓는 공양간 같은 곳이 있다.4)

　　원성왕릉이 들어서면서 옮긴 곡사에는 원성왕의 초상화를 모신 별실
이 있었고, 이를 새로 중창하여 숭복사로 사명을 바꾸면서 별실을 더
높이고 고쳐지은 것이다. 이렇게 원성왕의 초상화를 모신 별실의 예로
볼 때, 무장사에도 소성대왕의 진영을 모신 진전이 따로 존재해 있었지
않을까 추정해 본다. 즉 무장사에 미타전을 지으면서 그 옆에 소성왕의
초상화를 모신 진전으로서이다.
　　또한 「무장사비」에는 "子來成之"라고 하는 표현이 나오데, 이는 『시
경』5)의 구절을 원용한 것으로, 문왕(文王)이 영대를 지을 때에 백성들

3) 박남수, 2012, 「신라 진전사원(眞殿寺院)의 조영과 그 사상적 배경」 『신라문화』40,
　　pp.49-74.
4) 「대숭복사비문」의 이 부분에 대한 해석은 이지관, 1994, 『교감역주 역대고승비문』
　　(신라편), 가산문고, p.263; 최영성, 2004, 『최치원전집』1.사산비명, 아세아문화사,
　　pp.243-244; 이상현 옮김, 2009, 『고운집』, 한국고전번역원, p.400의 내용을 참조
　　하였다.
5) 『시경』「대아(大雅)」영대(靈臺) 편, 經始靈臺 經之營之 庶民攻之 不日成之 經
　　始勿極 庶民子來

이 자식이 부모의 일을 돕듯 몰려와서 빨리 완성한 것을 노래한 것이다. 여기서는 미타전과 아미타불상의 건립이 백성들의 호응 속에 빨리 이루어졌음을 말한 것으로, 소성왕의 이른 죽음에 대한 당시의 애도 정경이 비유적으로 표현된 것이라 생각된다.

이 때 세워진 「무장사비」는 왕명을 받들어 김육진이 비명을 찬술하였는데, 그는 애장왕 10년(809)에 사신으로 당에 간 사실이 전해지고 있어 무장사비를 찬했을 때인 800-801년의 대나마에서 이때 5위인 대아찬으로 승진되어 있음을 알 수 있다.[6]

4)는 일연 당시의 무장사의 상황으로, 고려 말에 이르러서는 미타전은 무너지고 무장사 본 절은 남아 있다는 것과 무장사라는 사찰의 명칭에 대한 것이다. 전자의 경우, 조선조의 기록인 『신증동국여지승람』에 무장사가 등장한 이후, 18C 전반부터 『훈지양선생문집』, 『이계집』, 『일성록』 등에 무장암, 무장사, 무장암 등으로 나오고 있어 조선시대 무장사의 존재를 확인할 수 있다.[7]

후자의 경우, 고려 말 당시 경주에서는 태종 무열왕이 삼국을 통일한 이후에 병기와 투구를 이 산골짜기 속에 간직하였기 때문이 지어진 이름이라는 것으로 전하고 있었다는 것이다. 이는 무장사가 무기를 감춘 곳이었다는 뜻으로 풀이되면서 그 주인공이 『삼국유사』에서는 태종무열왕으로, 『신증동국여지승람』에서는 고려 태조로 변하고 있는데, 무장사의 창건이 태종무열왕 이후라는 사실에서 이렇게 변화된 듯하다.

둘째로 소성왕 중심의 신라 하대 왕실과 관련된 내용이다.

「무장사 미타전」조에는 신라 하대 왕실과 관련된 인물로, 효양(孝讓),

---

6) 『삼국사기』 권10 애장왕 10년조.
7) 김지현, 2014, 위의 논문, p.259.

소성왕, 계화왕후 등이 등장한다. 이들은 원성왕의 아버지, 손자, 손부에 해당되는 인물로, 하대 원성왕계를 이어가는데 중요한 역할을 한 인물들이다. 이들 각각을 살펴보고, 소성왕 전후 신라 하대 왕실의 한 단면을 살펴보고자 한다.

무장사를 창건한 이는 효양이다. "신라 38대 원성대왕의 아버지 대아간 효양, 추봉된 명덕대왕이 숙부 파진찬을 추모하여 세운 것이다"라고 하였으므로, 효양이 이 사찰을 세운 것은 숙부 파진찬을 위해서였다. 대아간 효양과 숙부 파진찬은 모두 원성왕의 선대에 해당되는 인물들이다. 다음의 여러 사료들은 원성왕의 선대를 언급한 것으로 이들의 몇몇 면모가 엿보인다.

6) 원성왕이 즉위하니, 휘는 경신이고, 내물왕의 12세손이다. 어머니는 박씨 계오부인이요, 비는 김씨 신술(神術)각간의 딸이다…. 2월에 왕의 고조 대아찬 법선을 추봉하여 현성대왕, 증조 이찬 의관을 신영대왕, 조 이찬 위문을 흥평대왕, 고 일길찬 효양을 명덕대왕, 어머니 박씨를 소문태후로 추봉하고, 아들 인겸을 세워 왕태자를 삼았다. 성덕대왕·개성대왕[선덕왕의 생부]의 2묘를 철훼하고, 시조대왕[미추이사금]·태종대왕[무열왕]·문무대왕과 조 흥평대왕, 고 명덕대왕을 5묘로 하였다.[8]

7) 왕이 백제의 잔당이 배반할 것을 의심하여, 대아찬 유돈을 웅진도독부에 보내어 화친을 청하니, 듣지 않고 사마칭군[백제인]을 보내어 엿보게 하였다. 웅진도독부 백제를 토벌하였다. 품일·문충·중신·의관·천관 등은 63개성을 공격하여 빼앗고 그 인민을 내지[신라]로 옮기었다. 천존·죽지 등은 7성을 빼앗고 2,000명의 목을 베었으며, 군관·문영은 12성을 빼앗고 적병[당군에 속한 번병]을 쳐서 7,000

---

8) 『삼국사기』 권10 원성왕 즉위년조.

명의 목을 베고 전마와 병기를 얻음이 매우 많았다. 왕이 돌아올 때, 중신·의관·달관·홍원 등이 □□사영에 퇴각한 일이 있었으므로 그 죄가 당연히 사형에 처할 것이나 특사하여 면직만 시켰다.[9]

8) 10년 10월에 중시 문랑(文浪)이 죽었다. 11년 3월에 이찬 위문으로 중시를 삼았다. 12년 10월에 중시 위문이 퇴로(退老)를 청하였는데 왕이 허락하였다.[10]

원성왕의 선대로 고조 법선, 증조 의관, 조부 위문,[11] 고 효양이 언급되어 있다. 먼저 증조부 의관에 관한 기록은 문무왕 10년(670)에 백제 잔당과의 싸움에서 퇴각한 일로 면직되었는데, 그 10년 후인 680년 보덕왕 안승에게 그의 딸을 출가시킨 기록이 나오고 있다.[12] 또한 조부 위문이 성덕왕 11년(712) 3월에 집사부 시중으로 임명되었는데, 12년 (713) 10월에 늙음을 이유로 사직하고 있다. 이 위문의 형제지간이 바로 효양 대아간의 숙부이다.

그리고 대아간 효양과 관련해서는 그가 간직해 오던 만파식적을 원성왕에게 전한 기사가 있다.

9) 왕의 아버지 대각간 효양이 조종(祖宗)의 만파식적을 간직해 왕에게

---

9) 『삼국사기』 권6 문무왕 10년 7월조.
10) 『삼국사기』 권8 성덕왕 10·11·12년조.
11) 『삼국사기』 권10 원성왕 즉위조에는 이찬 위문으로, 『삼국유사』 권2 「원성대왕」 조에는 훈입 잡간(訓入 匝干)으로 나온다.
12) 이에 대한 사료가 복잡하여 여러 견해가 있는데, 특히 김의관이 무열왕의 딸이고 문무왕의 누이를 아내로 맞이했다고 보는 견해(김창겸)에 대해, 문구대로 보덕왕의 아내가 문무왕의 여동생 또는 김의관의 딸로 해석하는 것이 타당하다는 견해 (전덕재)가 있다.(김창겸, 2010, 「신라 원성왕의 선대와 혈연적 배경에 대한 재검토」 『한국학논총』34, p.400).

전하여 왕이 얻게 되었으므로, 두터이 천은을 받아 그 덕이 멀리 빛
났다. 정원(貞元) 2년 병인 10월 10일에 일본왕 문경(文慶)【일본서
기를 보면 제55대주 문덕왕인 듯하다. 그밖에 문경은 없다. 어떤 책
에는 이 왕의 태자라 한다】이 군사를 일으켜 신라를 치려다가 신라
에는 만파식적이 있어 적병을 물리친다는 말을 듣고 사자를 보내어,
금 50냥으로 그 적(笛)을 청하였다. 왕이 사자에게 이르되 내가 듣
기에는 상세(上世) 진평왕 때에 있었다 하나 지금은 그 소재를 알 수
없다 하였다. 이듬해 7월 7일에 다시 사자를 보내어 금 1,000냥으로
청하면서, 과인이 신물을 얻어 보기만 하고 돌려보내겠다고 하였다.
왕은 또한 전과 같이 대답하여 거절하였다. 그 사자에게는 은 3,000
냥을 주고, 금은 받지 않고 돌려보냈다. 8월에 일본 사신이 돌아가
자, 적을 내황전에 장치하였다.[13]

10) 왕 5년 여름 5월에 일본국에서 사신을 보내 황금 300냥을 진상하
    였다. 7년 3월 일본국 사신이 이르자 조원전에서 접견하였다. 9년
    봄 2월 일본국 사신이 도착하자 왕이 두터운 예로 그들을 접대하
    였다.[14]

만파식적 설화의 정치사상적 의의는 호국의 보물로서의 의미, 유교
정치이념의 표방, 예약사상의 강조, 신라인의 음악관으로 나타난다고
보고 있다. 신라 중고기의 삼보가 중대 신문왕 대에 이르러 만파식적으
로 그 중요성이 대치되면서 성왕이 소리로써 천하를 다스린다는 표방
을 내세우기 위한 것이었다. 실제 혜공왕 11년 김은거의 반란, 염상·정
문의 반란을 진압하고, 12년 봄 정월에 교서를 내려 관직의 이름을 모
두 옛 것으로 회복시키고 나서, 왕이 감은사에 행차하여 바다에 망제를
지낸 것은[15] 만파식적이 등장하지는 않지만 같은 맥락으로 이해할 수

---

13)『삼국유사』권2「원성대왕」조.
14)『삼국사기』권10 애장왕 5·7·9년조.

있다.

만파식적설화가 문헌에 정착한 것은 형성된 시기로부터 100여 년이 지난 원성왕 대 이후의 일로 보는 것은 위의 효양의 사건에 말미암는 것으로 생각된다.

효양은 아들인 원성왕이 즉위하게 된 것이 권도가 아닌 천의이고 천은에 의한 것임을 만파식적의 신성함을 빌려 강조하고 있고 이로써 그의 즉위를 정당화하려는 것이었다. 이는 만파식적의 예악사상적 의의가 드러난 대목으로, 『예기』「악기」편에 '樂由天作', '樂者德之華也'를 표방한 것이었다.16) 그러나 효양은 원성왕이 즉위할 당시 이미 사망한 것으로 보이는데, 그가 명덕대왕으로 추봉되고 있기 때문이다. 따라서 이 설화는 원성왕 측에 의해 정치적 목적을 반영하여 의도적으로 형성·유포된 것으로 볼 수 있다.17)

또한 그 내용에 있어 호국적 기능이 강조되고 있기도 한데, 그것은 일본이 신라를 치려는 야욕이 만파식적으로 인해 포기되고 있음이 보여지기 때문이다. 하지만 이 일에 보이는 연대와는 달리 『삼국사기』에는 애장왕 5년, 7년, 9년에 신라와 일본의 사신이 왕래한 기록이 나오고 있으므로, 소성왕과 애장왕 시기를 전후하여 신라와 일본 간의 실제적인 교류가 있었다고 하겠다. 그것은 후술할 바와 같이 소성왕 대의 청주 거로현(菁州 居老縣)에 학생녹읍을 설치한 것도 신라와 일본 간의 교통을 나타내주는 사건으로 볼 수 있기 때문이다.

김경신 가문의 원찰인 무장사는 갈항사, 영묘사, 숭복사 등의 사찰과

---

15) 『삼국사기』 권9 혜공왕 11·12년조.
16) 김상현, 1981, 「만파식적설화의 형성과 의의」 『한국사연구』34, pp.3-4, 17-21
17) 김경애, 2006, 「신라 원성왕의 즉위와 하대 왕실의 성립」 『한국고대사연구』41, pp.290-292.

직간접적으로 연결되는 사찰이기 때문에 그의 가문은 상당한 세력을 가진 신라 최고의 가문으로 평가되기도 한다.[18] 실제 효양은 박창근의 딸 소문태후와 혼인하였는데, 소문의 3형제가 갈항사의 3층 석탑을 이룬 단월임을 볼 때,[19] 원성왕 대에 이루어진 정관직의 개편은 승전(僧詮)으로 대표되는 중국 유학승 출신의 화엄승들에게 그 작업이 맡겨진 것으로도 볼 수 있겠다.

다음으로 소성왕과 계화왕후에 관한 내용이다.

무장사 내의 아미타불을 모신 미타고전은 원성왕의 손자로 원성왕을 이어 왕위에 오른 소성왕(799-800)이 그 이듬해 죽자, 왕비인 계화왕후가 슬퍼하다가 아미타불을 모시면 그 영혼을 편안히 하고 서방정토에 갈 수 있다는 말을 듣고 명장을 불러다가 미타상을 만들어 봉안한 오래된 전각이다.

소성왕은 원성왕의 손자 준옹(俊邕)이다. 원성왕은 태자 인겸(시호 혜충태자)이 왕 7년(791) 정월에 죽자, 손자 준옹을 궁중에서 길렀다. 어머니는 김씨, 비도 김씨 계화부인으로, 대아찬 숙명의 딸이다. 준옹은 789년에 당에 사신으로 다녀온 후 대아찬이 되었고, 이듬해 파진찬으로 재상이 되었으나, 다음 해에 그의 아버지가 죽자 시중이 되었다가, 다시 이듬해 그의 숙부 의영이 태자가 되자 칭병 사면하였고, 병부령이 되었다. 794년 태자 의영이 죽자, 이듬해 준옹은 태자가 되었다. 원성왕이 799년에 죽자, 왕위를 계승하였으나, 이듬해인 800년에 죽었다.[20]

---

18) 권영오, 1995, 「신라 원성왕의 즉위 과정」『부대사학』19, p.162.
19) 「갈항사석탑기」, "두 탑은 천보(天寶) 17년 무술에 세우시니라. 남형제와 여형제 모두 3인이 업으로 이루시니라. 남형제는 영묘사의 언적법사이시며, 큰누이는 조문황태후님이시며, 작은 누이는 경신대왕의 이모이시다".
20) 『삼국사기』 권10 소성왕 즉위년조의 내용을 정리한 것이다.

원성왕의 3차에 걸친 태자 책봉은 신라에서 유례가 없었던 것으로, 그의 후계 왕위계승은 복잡하고 긴 과정을 거쳐 이루어진 것이었다. 손자 준옹이 태자로 지명된 때인 795년에 원성왕은 70에 가까운 나이였을 것으로 보고 있다.[21]

암곡과 무장산 일대는 원성왕 김경신 일가의 소유지가 있었던 곳으로, 그가 왕위에 오르기 위해 북천신에게 가만히 제사를 지낸[22] 북천은 보문호반 일대로 암곡과는 지근 거리에 있다. 이 제사를 김경신의 지지세력 포섭과 즉위의 결정적 요인으로 보고, 이를 통해 진골귀족들과 관련을 맺고자 했으며(김창겸), 원성왕이 즉위하면서 문무관 전원의 관등을 하나씩 올려준 것은 자신의 즉위를 가능하게 도와 준 귀족세력에 대한 배려(김수태)로 파악하였다. 또한 그가 천관사 우물에 들어가는 꿈은 김경신이 혜공왕 15년 왕을 대신해 김유신묘에 제사드린 사건과 연관하여 김유신가문과 김경신세력이 정치적으로 연결되어 있음을 암시하는 것으로 보고 있기도 하다.[23]

소성왕은 2년 간 재위해 있었으므로 그가 한 업적이 많지 않은 가운데 눈에 띄는 기사가 있다.

> 11) 원년 3월에 청주(菁州)의 거로현을 학생녹읍으로 삼았다. 냉정현령(冷井縣令) 염철이 백록을 진상하였다. 5월에 아버지 혜충태자를 추봉하여 혜충대왕이라 하였다.[24]

---

21) 권영오, 2012, 「신라 하대 인물들의 정치활동과 연령-국왕들과 왕족들의 활동을 중심으로-」 『지역과 역사』31, p.133.
22) 『삼국유사』 권2 「원성대왕」조.
23) 김경애, 2006, 위의 논문, pp.271-272.
24) 『삼국사기』 권10 소성왕 원년조.

청주의 거로현(현 거제시)을 학생녹읍으로 삼았다는 기사이다. 청주
는 신문왕 5년(685)에 설치되었다가 경덕왕 16년(757)에 강주로 바뀌었
는데,[25] 혜공왕 대 관명을 복고하면서 다시 청주로 바뀐 것이 이곳에
등장한 것이다. 그런데 이 시기 청주는 대일관계의 측면에서 중요한 역
할을 했음이 거듭 강조되고 있다.

즉 836년 신라의 집사성이 일본의 태정관(太政官)에게 보낸 문서를
청주에 보내고, 845년 강주에서 대재부(大宰府)로 문서를 보낸 기사[26]
에 주목하여 신라 하대에 청주가 대일 외교의 관문역할을 수행한 것으
로 보고 있는 것이다.[27] 물론 성덕왕 21년(722) 관문성 축성 이전에는
울산이 대일외교의 통로였으나, 점차 청주로 그 루트가 옮겨진 것으로
본 것이다. 특히 이 학생녹읍의 설정은 이곳이 대일 교통로뿐 아니라
대당 교통로의 출항지 가운데 하나였을 가능성도 언급하고 있다.

그런데 이 기사와 관련하여 경남 사천 신라비에 나오는 "神述時州總
官蘇干"의 구절이 주목된다. 즉, 김신술이 혜공왕 대에 소판의 관등으
로 강주 지역의 총관을 지냈음을 알려주고 있다.

이 구절로서 김신술이 강주총관으로 재직하면서 이 지역에 형성한
세력기반은 뒷날 사위인 김경신의 즉위에 기여한 것으로 보고 있다.[28]
또한 이곳에서 언급된 학생녹읍은 도당유학생이나 내성의 소내학생(所
內學生)인 상문사를 개편한 한림대 소속의 관료를 위해 마련된 것으로

---

25) 『삼국사기』 권34 「지리지」 1 강주조.
26) 『續日本後紀』 권15 承和 3년 12월 정유, 12년 12월 무인.
27) 윤선태, 2002, 「신라의 문서행정과 목간-첩식문서를 중심으로」 『강좌 한국고대사』
    5, p.72; 김창석, 2004, 「청주의 녹읍과 향도-신라 하대 지방사회 변동의 일례-」
    『신라문화』26, pp.139-140.
28) 김창겸, 2005, 「최근 발견된 사천선진리신라비 검토」 『금석문을 통한 신라사 연
    구』, 한국학중앙연구원, pp.95-142.

보고 왕권과 직결된 사안이었다고 보고 있다.29) 따라서 청주 거로현은 원래 왕실 소속지였을 가능성이 높다고 보았는데, 그것은 녹읍의 경우 왕실과 특별한 연고가 있어야 하기 때문이라고 본 것이다.

하지만 소성왕이 즉위하자 청주 관할의 거로현을 학생녹읍으로 하였다고 독립된 기사로서 명기한 것은 또 다른 의미가 있다고 여겨진다. 즉 소성왕의 왕위계승에 그의 할머니와 외증조 쪽의 영향력이 강하게 끼쳐진 것에 대한 대응으로서 나타난 현상으로 보여지기 때문이다.

계화왕후는 소성왕의 왕비로, 대아찬 숙명의 딸이고 애장왕의 어머니로, 애장왕 6년(805) 정월에 대왕후로 봉해졌는데, 당의 순종(順宗)이 병부낭중겸어사대부 원계방(元季方)을 보내면서 어머니 숙씨를 대비로 삼은 기록이 나온다. 이는 그의 아버지 숙명이 내물왕의 13세손인 김씨이나, 당시 중국과의 외교상 혈족 혼인을 감추기 위하여 아버지의 이름으로 숙씨라는 가성(假姓)을 삼은 것으로 보고 있다. 소성왕의 어머니를 신씨라고 외교문서에 쓴 것도 같은 맥락으로 이해된다.30)

> 12) 왕 2년(800) 정월에 왕비 김씨를 봉하여 왕후를 삼고, 6월에 왕자를 봉하여 태자로 삼고 곧 죽었다. 태자 청명이 13세의 나이로 즉위하자 숙부인 아찬 병부령 언승이 섭정하였다.31)

계화왕후는 소성왕의 추선에 더 적극적이었던 듯한데, 그것은 김언

29) 김창석, 2004, 위의 논문, pp.143-145에서 그동안 학생녹읍이 국학생의 녹읍이라는 번역(이병도)과 함께 국학이나 독서출신과 학생이 그 지급대상이 되었을 것이라는 김철준(1975, 「신라귀족세력의 기반」『한국고대사회』, 지식산업사, p.237)의 견해와 다른 내용을 제시하였다.
30) 『삼국사기』 권9 애장왕 9년조.
31) 『삼국사기』 권9 애장왕 2년조.

승이 섭정을 하고 있고 그녀는 정치에 나서지 않고 있다. 802년에 가야산 해인사가 창건되는 것으로 볼 때, 미타전은 800-801년 무렵 창건된 것으로 추정된다.

계화왕후는 소성왕의 죽음을 슬퍼하다가 아미타불을 모시면 그 영혼을 편안히 하고 서방정토에 갈 수 있다는 말을 듣고 명장을 불러다가 미타상 1구와 신중상을 만들어 봉안하게 되었다. 「무장사비」에 보이는 계화왕후의 지극한 슬픔을 표현한 내용이 이를 잘 보여준다고 하겠는데, "鬱陶"과 "瘺寐求之"라는 표현이 그것이다.

울도는 『맹자』만장 하의 "鬱陶思君爾"에 나오는 말로, 깊은 시름에 잠겼다는 표현인데, 『삼국유사』에서는 "泣血棘心"이라 하여 왕후가 피눈물을 흘리고 마음이 상하였다고 표현하였다. 또한 오매구지는 『시경』 국풍 주남 관저(關雎)에 나오는 싯구의 한 소절로, 문왕이 왕비를 구하지 못하여 안타까운 마음을 노래한 것으로, 여기서는 소성왕을 그리는 왕비의 마음을 나타낸 것이어서 당시 계화왕후의 추선을 다하려는 심정을 엿볼 수 있게 한다.

셋째로 아미타불상의 조성에 따른 아미타신앙에 대한 내용이다.

계화왕후는 미타고전으로 불린 미타전에 미타상 1구와 신중상을 봉안하기 위한 단월로서 "六衣之盛服 罄九"하였다. 즉 6의의 성대한 의복을 희사하고 9부에 저축하였던 재물을 다 내어 이름난 장인을 불렀던 것이다. 6의는 주나라 때 왕후가 입던 위의(褘衣), 유의(揄衣), 궐적(闕狄), 국의(鞠衣), 전의(展衣), 연의(緣衣)의 6가지 옷(『주례』내사복(內司服))이고, 9부(府)는 주나라 때에 왕실의 재물을 관리하던 9개의 관청 혹은 창고(대부, 왕부, 내부, 외부, 천부(泉府), 천부(天府), 직내(職內), 직금(職金), 직폐(職幣))로서, 소유하고 있던 많은 재물을 희사하여 불사를 행한 것이 이렇게 표현된 것이라 하겠다.

그의 이러한 불사는 신라 중대의 효소왕 대부터 나타나는 왕실의 추선이 아미타상의 봉안이라는 여러 사례를 통해 입증된 사실을 계화왕후가 공감하면서 이루어진 것으로 보인다. 즉 효소왕대에 인용사의 관음도량이 미타도량으로 바뀐 것은 김인문의 추선을 위한 것이었고,[32] 성덕왕 대에 김지성이 국왕과 부모를 위해 미륵상과 아미타상을 봉안한 것도 그들의 추선 때문이었으며,[33] 경덕왕 대에 김대성이 불국사와 석불사를 창건한 것도 현생과 전생의 부모를 위한 추선이 목적이었다.[34] 이렇게 성덕·경덕왕 대의 아미타불 조상은 국왕과 왕실 및 그들의 부모와 밀접한 관련을 가진 것으로, 아미타신앙은 사후의 극락왕생을 기약한 것이어서 사후왕생이라는 측면이 강하였다.[35]

아미타불은 범어로 Amitabha Buddha, 혹은 Amitayus Buddha라고 하며 아미타바불타, 아미타유사불타의 두 이름이 있으며, 흔히 아미타불, 미타, 무량수불로 불리는데, 서방정토불로 신앙된다. 즉 아미타신앙이란 6도를 윤회하지 않는 극락에의 왕생이 아미타불의 서원에 의해 보장된다는 점이다.[36]

「무장사 미타전」조에는 "聞西方有大聖 曰彌陀"로 되어 있다. 원래 아미타불은 서방정토의 부처로서 특히 신라시대에는 정토사상과 연관되어 많은 신앙의 대상이 되었으며 죽은 사람이 서방정토에서 태어나기를 바라는 마음에서 죽은 사람을 위한 기원의 대상이 되었다. 특히 신

---

32) 『삼국유사』 권2 「문호왕 법민」조.
33) 『삼국유사』 권3 「남월산 감산사」조.
34) 『삼국유사』 권5 「대성효이세부모」조.
35) 김영미, 1985, 「통일신라시대 아미타신앙의 역사적 성격」 『한국사연구』50·51, p.58.
36) 김영미, 위의 논문, p.44.

라 중·하대는 중고기의 미륵하생사상과는 달리 미륵상생신앙이 주를 이루면서 귀족들에 의한 미륵상생신앙이 크게 대두되던 때로,『삼국유사』에는 경덕왕 대의 사례가 7건 등장한다. 때문에 이에 대한 경전인 『아미타경』,『무량수경』,『관무량수경』 등이 자장·원측·원효·의상·경흥·의적·도증·태현·법위·현일·도(둔)륜 등에 의해 주석되어졌다.

따라서 계화왕후는 소성왕이 정토왕생할 수 있으리라는 법문을 듣고 불상을 조성하고자 결심하였을 것으로 생각된다.

『관무량수경』에 의하면 정토에 왕생할 수 있는 이로 삼배자(三輩者)가 운위되고 있다. 상배자(上輩者)는 출가사문이 되어 보리심을 일으켜 한결같이 무량수불을 생각하고 모든 공덕을 쌓고 극락에 왕생하기를 원하는 자들이다. 하배자(下輩者)는 10번이라도 아미타불을 생각하고 그 명호를 외우며 지극한 마음으로 극락세계에 태어나고자 하는 이들이다.

중배자(中輩者)는 시방세계의 제천(諸天)의 인민들 가운데 지극한 마음으로 극락에 태어나고자 원하고 사문이 되어 큰 공덕은 닦지 못하더라도 위없는 보리심을 내어 한결같이 무량수불을 생각하며 다소의 착한 일을 하고 계율도 받들어 지키며, 탑을 세우고 불상을 조성하고 사문을 공양하고 부처님께 비단을 바치고 등불을 밝히며 꽃을 뿌리고 향을 사르는 등의 공덕을 회향하여 극락에 태어나고자 하는 자들이다.

계화왕후는 자신과 소성왕을 중배자 정도로 생각하여 불상을 조성하고 사문을 공양하는 등의 불사를 계획하고 이를 실행에 옮겼던 것이라 생각된다.[37]

---

37) 김영미, 2011,「『삼국유사』 감통편「광덕 엄장」조와 아미타신앙」,『신라문화제학술 논문집-감동과 신통을 보여준 신라인-』32, p.191에는『관무량수경』의 16관 중 중 배자의 수행과 과보를 정리해 놓았다. 중품 하생의 경우 그 과보로 7일을 지나 관

그런데 신라 하대 소성왕 시기를 전후하여 신라의 왕경에는 360방을 향하여 아미타불을 염불한 염불사가 남산에 거주하고 있었다. 그는 남산의 피리사에 살았는데, 사후 소상(塑像)이 빚어지고 민장사에 안치된 사실이 전하고 있다.[38]

이에 대해 염불사는 본래 관음도량 민장사에 주석한 승려였는데, 미타신앙의 필요성이나 중요성을 강조하다가 받아들여지지 않으므로 남산으로 피신하여 염불을 하다가 죽자 마침내 두 신앙이 융합을 이루어 민장사로 돌아가게 된 것으로 해석한 논고가 주목된다.[39] 아미타신앙의 대중적인 지지기반이 확인된 것을 의미하기 때문이다.

이러한 현상은 점차 전국적인 유행의 양상으로 변해갔는데 이를 지방사회의 불교신앙결사와도 연관지어 신라 하대 지방민들의 대두로까지 연관짓고 있다.[40] 앞서 청주와 관련하여 언급된 경남 사천 신라(향도)비는 혜공왕 대에 건립되었다고 보고 있는데, 이 비는 당시 사천에 대덕을 칭하는 중앙불교계와 연결된 승려를 비롯하여 현령, 상촌주 그리고 그 지역 유력자들이 참가한 향도가 조직되어 있음을 알려주고, 강주에 존재하였던 경덕왕 대 아미타정토신앙을 추구한 아간 귀진이 주도적으로 참여한 향도집단과도 밀접한 관련이 있다고 본 것이다. 이곳 강주 즉 청주는 대일외교의 관문이며 왕경과 강주가 수운교통망을 통해 빠르게 연결되는 곳이어서 중앙에서 각별히 관심을 가지는 곳이라

세음보살과 대세지보살을 만나 법문을 들으며, 1소겁을 지나 아라한이 된다고 하였다.

38) 『삼국유사』권5 「염불사」조.

39) 주보돈, 2010, 「『삼국유사』'염불사'조의 음미」『신라문화제학술논문집-명예보다 구도를 택한 신라인』31, pp.33-45.

40) 윤선태, 2005, 「신라 중대말~하대초의 지방사회와 불교신앙결사」『신라문화』26, pp.123-135.

고 하였지만, 이미 살펴본 바와 같이 이 지역은 소성왕의 할머니인 원성왕의 왕비와 관련된 지역인 까닭에 더욱 주목된 곳이라고도 하겠다.

그러나 강주와 같은 대일 창구, 주치, 소경, 군통의 파견지 등 행정거점지역을 제외하고는 촌주 이하 지방 유력자들이 신앙결사를 주도하는 성격을 띠었으므로, 중대 왕실의 중앙 집권력이 취약한 것에 비례하여 촌주 이하 지방사회의 유력자들이 자신들의 권력공간을 만들어가고 있다는 것이다. 즉, 중대 재이의 시대에 중앙권력이 방기한 지방민들을 신앙결사를 통해 추스르고 불사를 통해 그들의 불안감을 씻어주면서 지역민의 내적 결속을 이끌어 낸 것으로 정리되고 있다.[41]

3. 「무장사비」와 「무장사 미타전」조

경주시 암곡동 산1-1에 소재한 무장사지(鍪藏寺址)는 현재 폐사지의 상태이다. 몇 년 전까지만 해도 3층 석탑(보물 제126호)과 아미타불조상비의 귀부와 이수(보물 제125호)가 조금 떨어진 곳에 남아 있었다. 현재 3층 석탑은 그대로이지만, 이 글에서 관심을 가지고 살펴보고 있는 「무장사비」는 원래의 위치로 추정되는 3층 석탑의 약간 위쪽에 복원되어 있다. 「무장사비」의 존재에 대해서는 적어도 조선 후기까지는 그에 대한 언급이 이어지고 있어 그 존재를 확인할 수 있다.

이종문에 의하면, 『신증동국여지승람』 권21 「경주부」 신증 무장사

---

41) 윤선태, 2005, 위의 논문, pp.123-133. 중앙과 관련된 결사로 강주의 미타결사와 사천신라(향도)비를 예로 들고 있고, 지방민에 의한 결사로는 미황사비명에 나오는 경덕왕 대의 향도사례와 소성왕 원년 홍성의 용봉사마애불조상명에 보이는 향도, 영암신라구림리 매향비(786)의 매향결사를 들고 있다.

부분에 "옛 비석이 있다"라는 구절과 홍양호의 『이계집』 권16 「제무장
사비」에 "어느 장서가가 일찍이 무장사비의 전면과 후면이 모두 있는
탁본을 소장하고 있다고 들었으나 지금 내가 탁본한 것은 전면의 절반
뿐이고 후면은 콩을 가느라 마멸되어 버렸으니 더욱 더 안타깝다"라고
한 구절을 들어 홍량호가 비편을 발견하기 얼마 전까지는 비가 있었던
것으로 보고 있다.[42]

「무장사비」는 현재 국립중앙박물관에 보관되어 있다. 이들의 발견
경위 및 자세한 비편에 대한 상황에 대해서는 이종문, 최영성 등 여러
학자에 의해 언급되어 이미 잘 정리되어 있으므로[43] 이곳에서는 간단
히 비편이 발견된 순서대로 살펴보도록 하겠다.

ㄱ) 첫 비편은 1760(영조 38)년에 경주부윤 홍양호가 경주 암곡에서
발견하였다.

ㄴ) 둘째 비편은 1817년(순조 17)에 김정희가 경주 일대를 뒤져 깨진
비석 한 부분을 다시 찾아낸 것을 『해동금석원』(청나라 유승간(劉
承幹) 찬) 부록에 싣게 되면서 세간에 소개되었다.

ㄷ) 셋째 비편은 일제시대에 무장사지 부근에서 귀부, 이수 및 깨진 비
석의 한 부분이 발견되었다.

「무장사비」는 파손되면서 주위에 버려진 것으로 보이는데, 그것은

---

42) 이종문, 2004, 「무장사비를 쓴 서예가에 관한 고찰」 『남명학연구』13, 경상대학교
남명학연구소, pp.223-227.
43) 이종문, 2004, 위의 논문, pp.223-253; 경주시, 2009, 『무장사 아미타불 조상사적
비(造像事蹟碑) 정비연구보고서』, pp.13-20; 최영성, 2010, 「신라 「무장사비」의
서자(書者)에 대한 연구」 『신라사학보』20, pp.179-218.

깨진 비석의 비편 3개가 이미 언급한 것처럼 모두 무장사지 근처에서 발견되었기 때문이다.

최근 이 3개의 비편을 가지고 복원작업이 시도되었다. 즉 이 3개의 비편이 서로 맞물리면서 상하문맥이 통한다고 보고, 전체 행을 28행으로 추정하고, 이에 따른 비의 크기를 파악하였다. 현재 전하는 3개의 비편 중 (ㄴ)는 제3행과 5행에 아무 글자도 새겨져 있지 않은데 이것은 비편 (ㄱ)의 제5행과 7행의 아래 부분이 여백으로 남아 있는 것과 이어지는 것이어서, 2~3글자 정도의 간격을 두고 (ㄱ)의 앞부분과 연결되어 있는 것으로 파악한 것이다. 현재 무장사지에 세워져 있는 무장사비는 이러한 복원의 결과를 수용하여 새로이 새겨서 먼저 존재하던 귀부와 이수에 끼여 맞추어 놓은 것이다.

그러나 현재 복원된 내용에 대해 이견이 제출된 상황이라, 대강의 전모만을 살필 수 있을 뿐 정확한 비의 크기와 전체 행에 대한 확정은 유보할 수밖에 없는 형편이다. 즉 무장사비가 복원되고 난 후, 이 학술회의에도 참여하였던 학자에 의해 복원된 무장사비의 여러 문제점이 제기되었다는 점이다.

물론 현재 복원된 비의 전체적인 면모에 대해서는 상당히 원형에 가깝게 근접되어 있다고 생각할 수 있으나, 비의 건립 이후에 그 문제점이 더 잘보이는 법이고 또한 이러한 문제제기는 무장사비의 완성도를 높이는데 기여하리라 생각되므로 그 지적사항을 간략히 언급해 보고자 한다.[44]

첫째는 조선 후기인 순조 17년(1817)에 이곳 무장사에 와서 비신의

---

44) 이종문, 2014, 「복원된 무장사비(鍪藏寺碑)의 몇 가지 문제점」 『신라사학보』31, pp.145-183.

204 신라 사상사 연구

양쪽에 새겨놓은 추사의 친필글씨를 신라시대 비를 복원하면서 함께 새겨 넣은 것은 뭔가 맞지 않는다는 점이 언급되었고, 그나마 복원해 놓은 추사의 글씨도 그 위치가 뒤바뀐 사실이 지적되고 있다.

둘째는 복원된 이수(螭首)의 방향이 문제 삼아지고 있다. 현재의 신라 시대의 비석으로 이수가 남아있는 10기는 그 이수가 앞면에만 전액이 새겨져 있어 무장사비만 앞뒤로 모두 전액을 새긴 것은 문제라는 것이다. 즉 조선시대에 비가 파괴되고 이수가 나뒹굴었던 상황에서 이곳의 상태가 여러 번 바뀌었는데, 후에 이수를 비좌에 올려놓은 사람이 별 생각 없이 올려놓은 데서 나온 실수가「무장사비」가 복원되는 과정에 서 그대로 반복된 것으로 본 것이다.

셋째는 비신의 높이에 대한 것이다. 복원된 28행*51자, 163.2cm에 대 해 글자의 크기를 3.2cm의 정방형을 문제삼아 논자가 소장한 탁본으로 재조사해 본 결과, 1자가 차지하는 세로공간을 3.063cm로 보고 한줄을 51자로 하면 높이가 163cm가 아니라 156cm 남짓이 된다는 것이다. 또 한 신라시대의 비석이 폭의 2배가 넘는 비신을 갖고 있음을 예로 들어 무장사비의 비신은 95cm 내외로 복원비의 폭도 95cm이므로 비의 높이 는 163cm보다 높았을 것으로 보고 있다.

다음으로 이 비문의 글씨를 쓴 서자(書者)의 문제이다. 이는 (1) 김육 진(金陸珍)[45]이 찬하고 쓴 것으로 보는 견해, (2) 왕희지의 글자를 집자 한 것으로 보는 견해, (3) 황룡사 승려가 서자인 것으로 보는 3가지 견 해가 있다.

---

45) 김육진은 이곳에는 수대나마(守大奈麻)로 나오고 있으나, 애장왕 10년(809) 7월 에 대아찬(大阿飡)으로 당에 사신으로 보내진 기록이 나오므로, 소성왕의 사후 1 년이 지나고, 해인사가 창건되기 전 해인 801년에 이 글을 썼을 가능성이 가장 크다고 생각된다.

먼저 (1) 김육진이 찬한 것으로 보는 이는, 낭선군 이우가 『대동금석서』와 『대동금석서목』에서 김육진이 서자라고 본 이래 이계 홍양호가 확인을 하고 있고, 오세창의 『근역서화징』, 문일평의 「신라 명필 김육진」, 이종문의 논고에 이르기까지 우리나라 학자들의 주장이다.[46]

다음으로 (2) 김육진은 문장만 지었고 왕희지 집자비로 본 이는 청나라 옹방강, 이상적(김정희의 문인), 『조선금석고』葛城末治 등의 주장으로 왕희지의 행서를 집자한 것이라는 설이다. 이는 비슷한 시기에 김입지가 문장을 지어 건립한 「창림사 무구정탑원기」나 「성주사비」가 왕희지 집자비인 까닭에 이러한 주장을 하고 있다.

(3) 최근 황룡사 승려가 서자라고 하는 새로운 견해를 최영성이 내어놓았다. 1914년에 발견된 비편에 보이는 '金陸珍奉 敎' 아래 부분의 '皇龍寺...' 운운의 대목에 의거한 주장이다.[47]

마지막으로 현재까지의 연구결과를 토대로 복원된 「무장사비」의 내용을 참조하여 『삼국유사』 권3 「무장사 미타전」조와 「무장사비」와의 내용을 대조해 보고자 한다. 이 내용은 『한국금석문집성』 권14 「12.무장사아미타여래조상사적비」에 나오는 내용[48]과 경주시의 『무장사 아미타불 조상사적비(造像事蹟碑) 정비연구보고서』를 참조하여 「무장사비」의 판독문을 제시해 보고자 한다.

---

46) 이종문, 2004, 위의 논문.
47) 최영성, 2010, 위의 논문.
48) 김복순·한정호 편저, 2012, 「12.鍪藏寺阿彌陀如來造像事蹟碑」 『韓國金石文集成』 권14, 한국국학진흥원·청명문화재단, pp.74-82.

(螭首의 題額)[49]

전   ▨▨▨
      ▨▨▨
후   阿彌陀」
      佛▨▨」

[50]▨▨▨守大奈麻[51]臣金陸珍奉 敎[52]… 皇龍寺[53]

(1석과 2석의 합)

     …..▨守大奈麻臣金陸珍奉　敎.. 皇龍寺

     …..測 氾兮[54]若存者 敎亦[55]善救[56] 歸于九[57]▨▨物乎 嘗試論之

     佛道之…..」

     …..▨以雙忘 ▨而不覺[58] 遍法界而冥立 ▨▨而無機 齊大空而▨…..」

     …..是微塵之刹 沙數之區 競禮微言 爭崇[59]▨▨　廟生淨心者 久而

     ▨…..」

     …..能與於此乎 鍪藏寺者」

     …..(幽谷)迥絶 累以削成 所寄冥奧 自生虛白 碧澗千尋 ▨▨▨塵 勞而

---

49) 이 비는 그 규모가 크지 않아, 첫 줄에 비의 명칭과 찬자와 서자를 함께 쓴 것으로 파악된다고 하는데, 이종문은 이에 대해서도 상당히 회의적이다.

50) 앞쪽에 海東新羅國鍪藏寺阿彌陀如來造像碑銘幷書가 있는 것으로 써넣었으나, 실제 비편에는 보이지 않으므로 생략하였다.

51) 『해동금석원』 부록(이하 해동)과 『한국금석전문』(이하 허)은 大南令으로 읽음.

52) 敎 : 해동은 考로 읽음. 허는 이하의 皇龍寺□□□는 읽지 않음.

53) 寺 : 『조선금석총람』(이하 총람)은 □로 읽음.

54) 氾兮 : 해동은 記予로 읽음.

55) 亦 : 해동은 以로 읽음.

56) 救 : 해동은 數로 읽음

57) 九 : 총람은 □로 읽음.

58) 覺 : 총람은 □로 읽음.

59) 崇 : 해동은 尙으로 읽음.

滌蕩 寒...」

     .....中宮奉爲」

    .....明業 繼斷鼈功 崇御辨[60]運 璇璣而照 寅[61]德合天 心握金鏡.....」

    .....何圖 天道將變 書物告凶 享國不永 一朝晏駕 中宮.....」

    .....身罔極 而喪禮也 制度存焉 必誠必信 勿之有悔 送終之事.....」

.....密藏 鬱陶研精 寤寐[62]求之 思所以幽贊冥[63]休 光啓玄福者 西方.....」

.....(九)府之淨[64]財 召彼名匠 各有司存 就於此寺 奉造阿彌陀佛像一軀[65]....」

.....(夢)見眞人 於石塔東南崗上之樹下 西面而坐 爲大衆說法 旣覺.....」

    .....也[66] 當此之時 崖[67](石)巉崒 溪澗激迅 維石巖巖 山有朽壞[68] 匠者不顧 咸謂不祥 及[69].....」

    .....基 攘[70]之剔之 更將[71]▨▨之固 正當殿立 有若天扶 于時見者 愕然而驚 莫不▨▨.....」

    .....歟是歟 故知萬法殊▨ ▨▨▨至 百慮多岐[72] 一致于[73]誠 誠也者 可以動天地.....」

    .....伴[74]之材畢至 班石之巧▨▨ ▨▨▨▨ ▨▨旣得[75] 匪棘[76]其[77]欲

---

60) 辨 : 최연식과 총람은 辯으로 읽음.

61) 寅 : 해동은 寓로 읽음.

62) 寤 : 총람은 寤로 읽음.

63) 冥 : 최연식은 明으로 읽음.

64) 淨 : 해동은 紆로, 허는 紵로 읽음.

65) 軀 : 총람, 해동, 허는 읽지 않음.

66) 也 : 총람은 □로 읽음.

67) 崖 : 해동은 豈로 읽음.

68) 壞 : 총람은 壞으로 읽음.

69) 及 : 총람은 □로 읽음.

70) 攘 : 최연식은 壞로, 허는 壞으로 읽음.

71) 將 : 총람은 □로 읽음.

72) 岐 : 총람은 歧로 읽음.

73) 于 : 허는 於로 읽음.

74) 伴 : 해동과 허는 幹으로 읽음.

75) 得 : 총람은 □로 읽음.

76) 棘 : 총람은 □로 읽음.

77) 其 : 총람은 □로, 최연식은 手로 읽음.

子來成之[78] 其像則.....」

(3석)

.....普照 八十種好 出衆妙.....」

.....鋪綺檻 朝日暎而炫燿 ▨.....」

.....苦[79]節潔行修身 專思法.....」

.....▨德 貞順立節 着[80]于稱首[81].....」

.....▨路 若斯之盛乎 欲比.....」

.....▨見[82]燕然之作 便察鷹揚.....」

.....有[83]物混成 載我以形 勞我以[84]生[85].....」

.....慧炬 用拯迷類 正敎難測[86].....」

.....鼇業 泰登樞位 襲聲敎▨.....」

.....忘不忘維何 思崇冥祐.....」

.....▨寶 紛敷[87]香花 周繞天人[88].....」

위의 비편의 내용과 「무장사 미타전」조의 내용과 겹치는 부분을 표
시해 보면 다음과 같다.

1-京城之東北二十許里, 暗谷村之北有鍪藏寺, 第三十八元聖大王之考大阿干
孝讓追封明德大王之爲叔父波珍喰追崇所創也. 2-幽谷 逈絶, 類似[89] 削成,

---

78) 之 : 총람은 □로 읽음.
79) 苦 : 최연식과 허는 若으로 읽음.
80) 着 : 해동과 허는 著로 읽음.
81) 首 : 최영성, 해동, 허는 道로, 총람은 □로 읽음.
82) 見 : 총람과 허는 □로, 해동은 안 읽음.
83) 有 : 총람은 □로, 해동과 허는 안 읽음.
84) 以 : 허는 □로 읽음.
85) 生 : 허는 안 읽음.
86) 難測 : 총람은 □門으로 읽음.
87) 敷 : 해동은 散으로 읽음.
88) 繞天人 : 총람은 □로 읽음.

所寄冥奧, 自生虛白, 乃息心樂道之靈境也. 3-寺之上方, 有彌陁古殿, 乃昭
成(一作聖)大王之妃桂花王后爲大王先逝, 中宮乃充充焉·皇皇焉, 哀戚之
至, 泣血棘心, 思所以幽贊明休, 光啓玄福者, 聞西方有大聖曰彌陀, 至誠歸
仰, 則善救來迎, 是眞語者, 豈欺我哉 乃捨六衣之盛服, 罄九府之貯財, 召
彼名匠, 敎造彌陀像一軀, 幷造神衆以安之. 4-先是, 寺有一老僧, 忽夢眞人
坐於石塔東南岡上, 向西爲大衆說法. 意謂此地必佛法所住也, 心秘之而不
向人說. 嵓石巉崒, 流澗激迅, 匠者不顧, 咸謂不臧, 及乎辟地, 乃得平坦之
地, 可容堂宇, 宛似神基, 見者莫不愕然稱善. 5-近古來殿則壞圮, 而寺獨
在. 6-諺傳太宗統三已後, 藏兵鍪於谷中, 因名之.

『삼국유사』권3「무장사 미타전」조의 내용과「무장사비」의 같은 내용
을 밑줄 긋고 옆으로 글씨를 뉘어 놓았다. 그 내용을 살펴보도록 하겠다.

첫째, 비의 (幽谷)逈絶 累以削成, 所寄冥奧, 自生虛白의 부분은 幽谷이
잘 보이지 않고 있다. 그리고「무장사비」의 累以는『삼국유사』권3「무
장사 미타전」조에는 類似로 되어 있다.

둘째, 思所以幽贊明休, 光啓玄福者, 西方, 九府之貯財, 召彼名匠, 巉崒,
流澗激迅, 匠者不顧, 咸謂不臧, 及, 見者는 비와『삼국유사』의 내용과 같
다. 이로 인해『삼국유사』권3「무장사 미타전」조가 이 비를 보고 이
조를 작성하였을 것으로 보는 이유이기도 하다.

셋째, 그 내용상에 있어 약간의 다른 표현들이 나온다는 점이다.

비에 나오는 一朝晏駕 中宮의 부분은 大王先逝, 中宮으로 표현되어 있
다. 비의 奉造阿彌陀像一軀의 부분을 일연은 敎造彌陀像一軀로 바꾸어
쓰고 있다. 실제 아미타와 미타는 그 의미에서 차이가 있는데 이를 같
이 쓰고 있는 부분이다.

비의 眞人 於石塔東南崗上之樹下 西面而坐 爲大衆說法의 부분을 일연

89) 累以 :『삼국유사』권3「무장사 미타전」조에는 類似로 되어 있다.

은 眞人 坐於石塔東南岡上, 向西爲大衆說法으로 축역해서 썼다.

비의 乃得平坦之地, 可容堂宇, 宛似神基의 부분을 일연은 乃得平坦之地, 可容堂宇, 宛似神基로 썼다. 비의 見者 愕然而驚 莫不▨▨의 부분을 일연은 見者 莫不愕然 稱善으로 바꿔쓰고 있다.

<표1>은 무장사비와 『삼국유사』「무장사 미타전」조의 같은 내용을 비교하여 이를 간단히 정리한 내용이다.

〈표 1〉

	무장사비	『삼국유사』「무장사미타전」조
1	(幽谷)逈絶 累以削成	(幽谷)逈絶, 類似削成
2	一朝晏駕 中宮	大王先逝, 中宮
3	奉造阿彌陀像一軀	教造彌陀像一軀
4	眞人 於石塔東南岡上之樹下 西面而坐爲大衆說法	眞人 坐於石塔東南岡上, 向西爲大衆說法
5	乃得平坦之地, 可容堂宇, 宛似神基	乃得平坦之地, 可容堂宇, 宛似神基
6	見者 愕然而驚 莫不▨▨	見者 莫不愕然 稱善

이상의 내용으로 볼 때, 일연은 이 비를 보고 「무장사 미타전」조를 썼음을 분명히 알 수 있다. 내용상의 윤문은 있지만, 「감산사」조 역시 불상의 광배 뒤에 새겨져 있는 명문을 그대로 전재하지 않았음을 볼 때 같은 유형으로 옮겨 적은 것이라 하겠다. 다만 그 내용이 대부분 1석에 해당되는 부분에만 국한되어 있고, 비에 대한 언급이 없어 이 때 이미 파손된 것은 아닐까 하는 의문이 들기도 한다. 어쨌든 일연은 깨어진 상태라고 해도 분명히 이 비를 보았고 「무장사 미타전」조는 그 내용을 반영하여 쓴 것이 틀림없다고 하겠다.

4. 맺음말

『삼국유사』「무장사 미타전」조는 현재 비편으로나마 「무장사비」의 내용이 전해지고 있어 그 내용을 확인할 수 있는 귀중한 기록이다.

내용은 크게 두 부분으로 나누어 고찰하였다. 우선 「무장사 미타전」 조의 전문을 단락별로 구분하여 그 내용을 정리하였다. 첫째 무장사와 관련된 위치와 창건연기 등을 고찰하였다. 둘째 원성왕의 아버지 대아 간 효양, 소성왕, 계화왕후 등 이 조에 등장하는 인물들을 살펴본 결과, 신라 하대 소성왕 대를 전후로 청주(菁州)를 중심으로 하는 왕실세력이 파악되었고, 이곳은 대일·대당 교통로로서의 중요성을 가지고 있던 곳 이었다는 사실이다. 셋째 이곳에 봉안된 아미타불을 중심으로 한 아미 타신앙에 대해 기존의 연구 성과를 중심으로 재정리하였다.

다음으로 일연이 쓴 『삼국유사』「무장사 미타전」조와 현재 비편으 로나마 남아있는 「무장사비」의 내용을 축자 비교하여, 일연이 이 비문 을 직접 보고 그 내용을 「무장사 미타전」조에 정리한 것임을 재확인하 였다. 그리고 경주의 무장산에 현존하고 있는 무장사지의 「무장사비」 에 관한 내용과 근래 복원된 비의 현황, 최근 제기된 문제점 등에 대해 살펴보았다.

제Ⅲ부
김유신과 유학자

제1장 김유신 활동의 사상적 배경

1. 머리말

김유신(595-673)은 전투에 나가서는, 장수로서 조정에 있으면서는 재상(出將入相)으로서의 면모를 보인 일통삼한의 주역이었다. 그가 이렇게 활동을 할 수 있었던 데에는 나름의 사상적 배경이 있었다. 이미 그의 신앙을 미륵신앙이라고 하는 고찰과, 그의 사상이 유학적 배경이었다는 견해, 도교 방술가적인 배경이었다는 연구가 있었다.[1] 이렇게 그는 사상적으로 다양한 면모를 지닌 이로 밝혀진 것이다. 그런데 그의 활동상을 세밀히 살펴본 결과 그는 유·불·도의 측면과 함께, 구체적인 덕목으로 드러나는 사상적 배경을 찾을 수 있었다.

본고는 먼저 김유신이 성장하면서 그의 사상이 형성되는 과정에서 크게 세 부류의 영향을 받았다고 보고, 각각의 측면에서 살펴보려 한다. 즉 庚信의 영향, 임전무퇴의 가훈, 병법서의 수련 등이 그것이다.

그가 활동하였던 시대가 수당이 교체하던 요동치던 국제적 환경 하에 있었으므로, 이에 주목하여 시대적 환경과 신라를 보위하고자 한 김유신의 결의, 『개황력(록)』의 편찬 등에 주목해 보고자 한다.

---

1) 김영태, 1989, 「김유신의 통일의지와 미륵신앙-용화향도와 난승노인을 중심으로-」
   『한국불교학』14; 주보돈, 2007, 「김유신의 정치지향」 『신라사학보』11; 김태식,
   2007, 「방사로서의 김유신-도교교단으로서의 화랑탐구를 겸하여-」 『신라사학보』11.

2. 김유신의 사상형성 과정

(1) 유신(庾信)의 영향

김유신은 그의 아버지가 『주서(周書)』에 입전되어 있는 유신(庾信)이라는 인물의 이름을 본떠서 지은 이름이다. 때문에 그는 성장하면서 중국의 庾信이라는 인물에 대해 많이 들었을 것이며, 그의 사상 형성 과정에 커다란 영향을 끼쳤을 것으로 생각된다.

> 1) 서현이 경진 일 밤에 형혹성과 진성 두 별이 자기에게로 내려오는 꿈을 꾸었다. 만명도 역시 신축일 밤 꿈에 동자가 금으로 만든 갑옷을 입고 구름을 타고 방안으로 들어오는 것을 보았다. 이윽고 임신을 하여 20개월 만에 유신을 낳았다. 이때가 진평왕 건복(建福) 17년으로, 수 문제 개황(開皇) 15년 을묘(595)였다. 이름을 지으려 할 때, 부인에게 이르기를 "내가 경진일 밤에 길몽을 꾸어 이 아이를 얻었으니 마땅히 이름을 삼아야 한다. 그러나 『예기』(곡례, 취명지법(取名之法))에 날이나 달로 이름을 삼지 않는다고 하였으니, 이제 庚이 庾字와 서로 비슷하고, 辰이 信과 음이 서로 가깝다. 더구나 옛날 어진이로 유신이라는 이름이 있으니 그렇게 이름짓는 것이 좋지 않겠는가"하고 드디어 이름을 유신이라 하였다.2)

김유신의 아버지인 김서현이 유신으로 이름을 지은 것에 대해, 그가 중국문화에 대한 일정한 이해와 상당한 수준의 유교적 소양을 갖추고 있었으며, 이를 선망하여 적극 수용하려는 자세를 가진 것으로 보고 있다.3)

---

2) 『삼국사기』 권41 「김유신」전 상.
3) 이문기, 2004, 「금관가야계의 시조 출자전승과 칭성의 변화」『신라문화제학술논문집-삼국사기 열전을 통해 본 신라의 인물-』25 p.24; 주보돈, 2007, 위의 논문,

그런데 『주서』 권41 열전33 「유신전」의 내용을 보면, 그는 유교적 소양을 갖춘 인물이라기보다는 표기대장군개부의동삼사(驃騎大將軍開府儀同三司)를 지내 '유개부(庾開府)'로 통칭된 경세가라고 할 수 있다. 특히 그의 인물됨이 많은 책들을 폭넓게 본 학자로서 특히 『춘추좌씨전』에 능통하였던 정치가로 표현되고 있다.[4] 또한 「애강남부(哀江南賦)」를 지은 문장가로, 역시 역대 군주들의 치란(治亂)에 관심이 많았던 인물이었다.

중국의 유신은 『주서』 외에도 『북사』 권83 열전71에 또한 입전되어 있다. 이 권83은 「문원(文苑)」편으로 문장가들을 모아 놓은 열전이다. 앞서 권81과 권82는 「유림(儒林)」 상·하 편으로 되어 있다. 따라서 그는 유학자라기보다는 「애강남부」를 지은 문장가로서 높이 평가되고 있음을 알 수 있다.

김유신이 임금에게 올린 진언 가운데 중국 고대의 제왕에 관한 예를 들고 있는 것이[5] 혹 庾信의 영향이 아닐까 한다. 따라서 중국의 庾信이

---

pp.23-24.

4) 『주서』 권41 열전33 「유신전」, 信幼而俊邁 聰敏絶倫 博覽群書 尤善春秋左氏傳, 『주서』는 동위·서위가 분열되어 양견의 수가 주를 대신하게 되는 534년에서 581년까지의 48년간의 서위와 북주의 역사를 다룬 사서로서 당나라 태종 정관 10년인 635년에 令狐德棻(영호덕분)이 주편하여 완성하였다.

5) 『삼국사기』 권41 「김유신」전 상에는 선덕왕 16년 비담의 난 때, 유신이 왕에게 "길흉은 무상하여 오직 사람하기에 따르는 것입니다. 그러므로 주(紂)는 붉은 새가 모임으로써 망하고, 노나라는 기린을 잡음으로써 쇠약해졌으며, 고종은 꿩이 옮으로써 일어나고, 정공은 용이 싸움으로써 창성하였습니다. 그러므로 덕이 요사를 눌러 이길 수 있으니, 성진의 변이는 두려울 것이 없습니다. 왕은 근심하지 마소서"라고 한 부분과, 유신이 압량주 군주로 있을 때 백제를 치려 하자, 진덕여왕이 걱정하므로, "싸움의 승부는 세력의 대소에 있지 않고 그 인심의 어떠함을 보아야 합니다. 주(紂)는 억조의 인민을 가지고 있지만 인심과 덕이 떠나니, 주(周)의 10난이 마음을 같이하고 덕을 같이함만 같지 못했습니다..."고 한 예를 들

김유신에게 끼친 영향력은 유학자로서보다는 경세가, 문장가로서의 경향이 강조되어야 할 것이다.

(2) 임전무퇴(臨戰無退)의 가훈

김유신은 자신이 가훈으로까지 삼은 임전무퇴를 비롯한 원광법사의 세속오계가 사상형성 과정에서 가장 결정적인 영향이었던 것으로 나타나고 있다.

> 2) 처음 문무왕이 고구려의 부흥군을 받아들이고, 또 백제의 옛 땅을 점거하여 소유하니, 당 고종이 크게 노하여 군사를 파견하여 신라를 공격하였다........ (672년) 당나라 군사가 말갈병과 함께 우리 군사가 아직 진을 치지 못한 틈을 타서 공격하니 우리 군사가 크게 패하여 장군 효천과 의문 등이 죽었다. 김유신의 아들 원술이 비장(裨將)으로서 나아가 싸우다 죽으려 하니, 그를 보좌하는 담릉이 말리며 "대장부는 죽기가 어려운 일이 아니라 죽을 경우를 택하는 것이 어려운 일이니, 만일 죽어서 성과가 없다면 살아서 후에 공을 도모함만 같지 못합니다"고 하였다. 원술이 대답하기를 "남아는 구차롭게 살지 않는 것이다. 장차 무슨 면목으로 우리 아버지를 보겠는가" 하고, 말을 채찍질하여 달려 가려고 하니 담릉이 고삐를 잡아당기며 놓아 주지 않았다. (그래서) 그만 죽지 못하고, 상장군을 따라 무이령으로 나오니 당나라 군사가 추격해 왔다. 거열주대감 아진함 일길간이 상장군에게 "공등은 힘을 다하여 빨리 가라. 내 나이 이미 70이니 얼마나 더 살 수 있으랴? 이때야말로 나의 죽을 날이다"하며, 창을 비껴들고 적진으로 달려들어 전사하였는데, 그 아들도 따라 죽었다. 대장군 등이 소로길로 나서서 서울에 들어왔다. 대왕이 듣고 유신에게 "군사의 실패가 이러하니 어찌할 것인가"하자 대답하기를 "당나라 사람들의 모계(謀計)를 헤아릴 수 없으니 장졸들로

수 있다.

각기 요해처를 지키게 하여야 하겠습니다. 다만 원술은 왕명을 욕
되게 하였을 뿐 아니라, 또한 가훈을 저버렸으니 베어야 합니다" 하
였다. 대왕이 "원술은 비장인데, 혼자에게만 중한 형벌을 시행함은
불가하다"하고 용서해 주었다. 원술이 부끄럽고 두려워서 감히 아
버지를 뵙지 못하고 시골에서 숨어지내다가 아버지가 죽은 뒤에 어
머니를 뵙기를 청하였다. 어머니가 "부인은 삼종지의(三從之義)가
있다. (내가) 지금 과부가 되었으니, 아들을 따라야 하겠지만, 원술
같은 자는 이미 선군(先君)에게 아들노릇을 하지 못하였으니 내가
어찌 그 어머니가 될 수 있느냐?"하고 만나보지 아니하였다. 원술이
통곡하며 가슴을 두드리고 땅을 구르면서 차마 떠나지 못하였으나,
부인은 끝내 만나지 않았다. 원술이 탄식하며 "담릉의 그르친 일로
이렇게까지 되었다"하고 이에 태백산으로 들어갔다. 을해년(675)에
당나라 군사가 와서 매소천성을 치니, 원술이 듣고, 죽어서 전의 수
치를 씻으려 하여 드디어 힘써 싸워 공과 상이 있었다. 부모에게 용
납되지 못한 것을 분한히 여기어 벼슬하지 않고 한세상을 마쳤다.[6]

　위의 사료는 김유신의 아들 원술이 비장, 즉 장군을 보좌하는 부장으
로 672년에 벌어진 당나라와의 전투에 참가하였을 때, 사정상 후일을
기약하고 전장에서 물러난 것이지만 부모님에게까지 용납되지 못한 유
명한 일화를 담고 있는 내용이다. 이 전투에서 신라 장군 효천과 의문
이 죽고, 거열주 대감 아진함 일길간도 70의 나이에 전사하였다. 반면
에 원술은 담릉의 만류로 더 이상 진격하지 못하고 조용히 서울로 돌아
온 것이다. 문무왕이 원술이 비장이라는 이유로 용서하였으나, 김유신
은 가훈을 저버린 자식이어서 목을 베어야 함이 마땅하다고 진언하고
있다.
　이 때 김유신이 언급한 그 '가훈'이라는 것이 무엇인가 하는 점이다.

---

6) 『삼국사기』 권43 「김유신」전 하.

우선 그가 가훈을 언급하게 된 배경이 원술이 전투에 임하여 용감하게 싸우지 않고 물러났기 때문에 나온 말이므로, 그의 가훈에는 반드시 임전무퇴의 내용이 들어 있었을 것이다.

임전무퇴를 그의 가훈으로 삼았을 정도였다면 그 역시 화랑 때부터 임전무퇴의 사상으로 철저히 무장하고 실천하였을 것이므로, 이에 관한 내용을 살펴볼 필요가 있다.

> 3) 건복(建福) 46년 기축(629) 8월에 왕이 이찬 임영리(任永里), 파진찬 용춘(龍春)·백룡(白龍), 소판 대인(大因)·서현(舒玄) 등을 시켜 군사를 거느리고 고구려의 낭비성(娘臂城)을 공격하였다. 고구려 사람들이 군사를 출동하여 맞받아치매 우리 군사가 패배하여 죽은 자가 많고 사기가 꺾이어 다시 싸울 마음이 없었다. 유신이 당시 중당당주로 있었는데, 아버지 앞으로 나아가 투구를 벗고 고하기를 우리군사가 패하였습니다. 제가 평생 충과 효로서 살기를 스스로 기약하였으니 전쟁에 임하여 용감하지 않을 수 없습니다. 대개 듣건대 '옷깃을 들면 옷이 발라지고 벼리를 당기면 그물이 펴진다'고 하니 제가 그 벼리와 옷깃이 되겠습니다"하고는, 말에 올라 칼을 뽑아들고 참호를 뛰어 넘어 적진을 들락날락하면서 적장의 머리를 베어들고 돌아왔다. 우리 군사들이 보고, 이긴 기세를 틈 타 맹렬히 공격하여 5천여 명을 목을 베고 1천 명을 사로잡으니, 성 안에서는 공포에 떨어 감히 대항하는 자가 없이 모두 나와서 항복하였다.[7]

이 부분은 대체로 내가 강령이 되겠다(吾其爲綱領乎)는 그의 말이 강조되어 왔다. 그러나 그에 앞서 '내 평생 충과 효로서 살기를 스스로 기약하였으니 싸움에 임하여 용감하지 않을 수 없다(吾平生以忠孝自期, 臨戰不可不勇)'고 한 부분을 새삼 주목할 필요가 있다. 즉 강령이 되겠다

---

7) 『삼국사기』 권41 「김유신」전 상.

는 것은 개문(盖聞) 즉 '대개 들으니', '듣건대' 정도로 표현되어 있어, 자기(自期)라고 하여 '그 스스로 충과 효로 기약'한 것과 비교해 볼 때, 그 말의 강도가 다른 것을 알 수 있다.

그런데 중요한 것은 이 대목을 자세히 살펴보면, 원광법사의 세속오계에 해당되는 내용을 그대로 요약해서 쓴 말임을 알 수 있다. 즉 사군이충과 사친이효의 충과 효, 그리고 임전무퇴의 임전불가불용이 그대로 녹아있는 부분이다. 이렇게 볼 때, 김유신이 말하는 가훈은 '충과 효로서 스스로 기약하여 임전무퇴'하는 내용일 것이라고 생각된다.8) 그가 전투에 임하여 임전무퇴를 작전으로 행한 부분은 다음과 같은 내용으로도 확인할 수 있다.

> 4) 겨울 10월에 백제 군사가 침입하여 무산, 감물, 동잠 등 3성을 포위하므로 왕이 유신을 보내어 보병과 기병 1만을 거느리고 이를 막게 하였다. 김유신이 애써서 싸우다가 기운이 다해졌다. 김유신이 비령자에게 이르기를 "오늘의 사태가 위급하여졌으니 그대가 아니면 누가 군사들의 사기를 격려할 수 있겠느냐"하니 비령자가 절을 하며 말하기를 "명령대로 복종하지 않을 수 없습니다"하고 드디어 적진으로 달려가니, 그의 아들 거진과 그 집 노비 합절이 비령자의 뒤를 따라 적의 칼과 창을 맞받아 힘껏 싸우다가 죽었다. 군사들이 이것을 바라보고 감격되어 서로 앞을 다투어 나아가서 적의 군사를 크게 깨뜨리고 3천여 명의 머리를 베었다.9)

진덕여왕 원년인 647년 백제와의 전투에서 비령자, 거진, 합절이 임

---

8) 이미 그의 가문은 3대로 군주를 지낸 무장집안으로 조부 때부터 임전무퇴를 중시하여 가훈으로 내려왔을 가능성이 있으나, 성문화된 것은 원광의 영향 이후로 생각된다.
9) 『삼국사기』 권41 「김유신」전 상.

전무퇴 즉 물러나지 않고 싸움으로써 승리를 거둘 수 있었다. 그런데 자신의 아들인 원술이 이러한 임전무퇴의 정신에 벗어나는 행위를 한 것이다. 그로서는 가훈으로까지 정해놓은 임전무퇴가 지켜지지 않았다 면 당연히 자신의 아들로서 받아들일 수 없었을 것이다. 그가 장년이 되어서도 화랑 때부터 기약해 온 임전무퇴 사상을 얼마나 철저히 실천 하고 있는지를 알 수 있다.

그런데 김유신의 이러한 행동은 당시 이미 신라인들에게 보편적인 사실로 받아들여지고 있음이 보이고 있다. 즉 황산벌에서의 전투가 신 라 측에 불리하게 전개되자 김흠순이 그의 아들 반굴에게 "신하된 자 로서 충성만한 것이 없으며, 자식으로서는 효도만한 것이 없다. 나라의 위급함을 보고 목숨을 바치면 충과 효를 모두 완전히 할 수 있다"고 하 자, 반굴이 적진으로 뛰어 들어가 힘써 싸우다가 죽은 일이 있었는 데,[10] 이는 당시 신라인들에게 충·효와 함께 임전무퇴가 가장 우선시 되었음을 보여주는 사례인 것이다.

김유신은 15세에 화랑이 되었다. 그런데 당시 사람들이 그에게 흔연 히 복종하여 용화향도라고 불렀다 한다.[11] 김유신의 무리를 미륵을 의 미하는 용화향도라고 불렀다는 것은, 그의 무리가 신라의 미래를 밝혀 줄 무리로 촉망받았다는 것을 의미한다고 하겠다. 그 때가 609년으로, 원광법사가 수나라에 「걸사표」를 쓴 608년의 이듬해에 해당되는 때이 다. 화랑으로서의 김유신은 600년에 신라로 귀국한 원광이 가슬갑에서 귀산과 추항에게 주어 이후 화랑들의 5계로 정착된 원광법사의 가르침 을 익히 알고 있었을 것이다. 그 가운데 특히 임전무퇴는 그가 무장으

---

10) 『삼국사기』 권5 태종무열왕 7년조.
11) 『삼국사기』 권41 「김유신」전 상.

로서 가장 중요하게 여기는 덕목이었음은 이미 확인하였다.

실제 신라는 진평왕 대 이후 화랑도의 세속오계 중에서 임전무퇴의 정신으로 싸우다가 많은 사람들이 전쟁에서 물러나지 않음으로써 목숨을 잃은 예가 수없이 전하고 있다. 귀산과 추항은 물론이고, 찬덕과 해론, 눌최, 그리고 김흠운에 이르기까지 『삼국사기』 권44, 권47에 무수히 실려 있다. 흔히 '순국지상주의'라고까지 표현되고 있기도 하다. 7세기 삼국전쟁에 참여하였던 이들은 강렬한 국가의식을 가지고 전쟁터에서 물러섬이 없이 끝까지 싸우고자 했던 임전무퇴의 불굴의 전투의지가 특징적인 의식세계로 규정지어지기도 한다.12)

(3) 병법서의 수련

김유신은 17세 때인 611년에 고구려·백제·말갈이 번갈아 국경을 침입하는 것을 보고 비분강개하여 적을 평정해야겠다는 의지를 가지고 홀로 중악 석굴이 들어가 기도를 올린 바 있다. 이른바 난승 노인과의 만남이 이루어진 시기이다. 그는 방술(方術)을 원하였고, 비법(秘法)을 받았다. 그리고 이듬해인 건복 29년, 612년에 열박산 심심산곡을 홀로 보검을 가지고 들어가 역시 수련과 기도를 한 일이 있었다. 그의 나이 18세 되던 임신년으로 이 검술공부를 마치고 그는 국선이 된 것으로도 알려져 있다.13)

이 때 김유신이 받은 비법에 대해 여러 언급이 있었다. 김영대는 난승에 주목해서 미륵신앙을 언급하고 있고, 김태식은 방술에 유의해서

12) 강종훈, 2004, 「7세기 통일전쟁기의 순국인물 분석」 『신라문화제학술논문집』25, pp.144-145.
13) 『삼국유사』 권1 「김유신」조.

도교 방술가로서의 언급을 하고 있다.[14] 그런데 김유신은 특별히 도교의 술수를 부리거나 불교의 교리만을 가지고 활동한 인물은 아니었다. 그는 신라를 외적으로부터 지키기 위해 필요한 것은 모두 수용하였다. 때문에 그는 유학뿐 아니라, 도교, 불교와 관련된 면모가 보여진 것이다.[15]

그렇다면 그가 받아 활동하는데 썼던 비법은 무엇이었을까.

아마도 그것은 손자병법과 같은 병법서들이 아니었을까 한다.

김유신의 전기를 비롯하여 그가 언급한 말들을 모아 놓고 볼 때, 그는 병법에 달통한 인물이라는 생각이 들기 때문이다. 흔히 『무경칠서』[16]로 모아져 있는 병법서 가운데 특히 「손무병법」과 「위료병법」 등에 나오는 내용을 그의 활동양상과 비교해서 언급할 수 있다. 그 구체적인 예를 살펴 보면 다음과 같다.

먼저 「손무병법」에 나오는 내용이 차용된 첫 번째 예이다.

김유신이 압량주군주로 있으면서 대야성 탈환을 계획하자, 여왕이 "적은 군사로써 많은 군사와 접촉하다가 위급하게 되면 어떻게 하려는가?(以小觸大 危將奈何)"라고 물은 일이 있었다.

이에 대해 김유신은 "전쟁의 승패는 군사의 많고 적음에 있는 것이 아니라 민심의 동향여부에 달렸을 뿐입니다.... 지금 우리는 한 뜻으로 결속되어 생사를 같이 할 만하므로 저 백제쯤은 두려워할 것이 없습니

---

14) 김영태, 위의 논문, pp.19-23; 김태식, 위의 논문, pp.84-88.

15) 유학은 주보돈, 도교는 김태식, 불교는 김영태의 논문을 참조할 수 있다.

16) 『무경칠서』는 손무의 『손자』, 오기의 『오자』, 태공망의 『육도』, 황석공의 『삼략』, 전양저의 『사마법』, 위료의 『위료자』, 이정의 『이위공문대』 등 7가지 병서를 한데 모은 것이다. 본고에서는 1987년에 국방부 전사편찬위원회에서 성백효·임홍빈 등이 번역하여 펴낸 『무경칠서』를 텍스트로 삼아 사용하였다. 이 본에는 「손무병법」, 「오기병법」, 「육도」, 「삼략」, 「사마법」, 「위료병법」, 「이위공문대」로 번역되어 있는 바 이를 그대로 사용하도록 하겠다. 이하 『무경칠서』로 생략 표기함.

다(兵之勝否 不在大小 顧其人心何如耳…今吾人一意 可與同死生 彼百濟者 不足畏也)"라고 답한 사실이 보인다.[17]

이 부분은 「손무병법」 모공(謀攻)편에 나오는 전쟁 승리의 5가지 요인(知勝有五)의 내용이 많이 담겨져 있다. 즉 1)싸워야 할 때와 싸워서는 안될 때를 명확히 판단할 줄 아는 자는 승리한다(知可以戰與不可以戰者勝), 2)병력이 많거나 적거나 간에 능숙하게 지휘할 줄 아는 자는 승리한다(識衆寡之用者勝), 3)상하가 일치단결되어 있으면 승리한다(上下同欲者勝), 4)장수가 유능하며, 군주가 작전에 간섭하지 않으면 승리한다(將能而君不御者勝)는 것이 그것이다.[18]

김유신은 석 달 동안을 아무 일도 하지 않고 때를 기다려 군사의 마음이 하나로 뭉쳐 전운이 고조되는 시기를 잡았고, 진덕여왕이 작전을 믿고 맡겼음을 볼 때, 그는 이 모공편에 나오는 승리의 요건을 잘 이해하고 있었다고 할 수 있다. 그리고 지피지기(知彼知己)하여 백전불태(百戰不殆)를 이룬 것이다.

두 번째 예이다. 당나라가 고구려를 침입하여 고전하고 있을 때 김유신이 소정방에게 식량을 전해주러 고구려에 갔을 때의 상황이다.

　　5) 또 고기에 이르되 총장(總章) 원년 무진(668)에 국인이 청한 당나라 군사가 평양의 교외에 주둔해 있으면서 신라에 서신을 보내어 급히 군자를 보내 달라고 하였다. 왕이 여러 신하들을 모아놓고 물었다. "적국에 있는 당군 진영까지 간다는 것은 매우 위험한 일이요, 우리가 청해 온 당나라 군사의 군량이 다하였는데 이를 보내주지 못한다면 이 역시 마땅치 못한 일이다. 어찌하면 좋겠는가"라고 하였다. 유신이 아뢰되 "신 등이 능히 그 군량을 나를 수 있으니 청컨대 왕

17) 『삼국사기』 권41 「김유신」전 상.
18) 성백효·임홍빈 역, 1987, 『무경칠서』, 국방부 전사편찬위원회, p.15.

은 근심하지 마소서"하고 유신과 인문 등이 수 만인을 거느리고 고구려 경내에 들어가 이 만석을 가져다주고 돌아오니 왕이 크게 기뻐하였다. 또 군사를 일으켜 당나라군과 회합하고자 김유신이 먼저 연기와 병천 등 두 사람을 보내어 그 회기를 물으니 당나라 장수 소정방이 종이에 난새와 송아지 두 물건을 그려서 보내왔는데 국인(國人)이 뜻을 풀지 못하므로, 사람을 시켜 원효법사에게 묻게 하였다. 그가 해석하여 말하기를 "속히 군사를 돌이키라는 뜻이다. 송아지와 난새를 그린 것은 둘이 끊어짐을 이름이다"라고 하였다. 이에 유신이 군사를 돌이켜 패강을 건너고자 명령을 내려 "뒤에 건너는 자는 목을 벤다"고 하였다. 군사들이 앞을 다투어 절반쯤 건넜을 때 고구려 군사가 쫓아와서 미처 건너지 못한 자들을 죽였다. 이튿날 유신이 군사를 돌려 고구려 군사를 추격하여 수만 명을 잡아 죽였다.[19]

이 부분은 「손무병법」 가운데 구지(九地)편의 사지(死地)에 해당되는 내용으로, "속전속결로 전병력이 용전분투하면 살아날 수 있고, 그렇지 않으면 전멸당하는 지역을 사지라고 한다(疾戰則存 不疾戰則亡者 爲死地)....사지에 처하였을 때는 전력을 다하여 결사적으로 싸워 죽음 속에서 활로를 찾아야 한다(死地則戰)"의 실천이다.[20] 또한 전군을 절대 절명의 궁지에 몰아넣고 그들로 하여금 결사적으로 싸우게 만드는 것이 바로 장수의 임무라는 것이다. 위의 사료에 보이는 김유신의 행동은 사지에서의 장수의 임무를 병법에 따라 잘 이행하고 있다.

세 번째로 방어 전략에 관한 예이다.

672년 원술이 참가했던 사료 2)의 전투는 당장 고간이 이끌었던 석문 전투였다. 고간은 신라군을 석문으로 유인하여 역습을 가해 커다란 타격을 주었다. 또한 그 해 12월에는 백수성(白水城)을 함락시키고 있다.

---

19) 『삼국유사』 권1 「태종춘추공」조.
20) 성백효·임홍빈 역, 『무경칠서』, p.44.

사태가 이렇게 심각해지자, 문무왕은 "군사의 실패가 이러하니 어찌해야 하는가"하면서 크게 근심하였고, 김유신은 이에 대해 "당나라 사람들의 묘책은 헤아릴 수가 없사오니 장졸들로 하여금 각기 요소를 지키게 하여야 하겠읍니다"라고 건의하고 있다.

이는 수세에 몰린 군의 방어전략을 의미하는 것으로 「손무병법」을 찾아보면, 형(形)편에 "수비에 능한 자는 깊이를 헤아릴 수 없는 땅 속에 숨듯 지형을 최대한 이용하여, 아군의 역량을 깊숙이 은폐시킨다(善守者. 藏於九地之下)"[21]는 대목과 많이 닮아 있다.

네 번째로 김유신이 가장 많이 운용하였고 확실한 예는 「손무병법」의 용간(用間)편으로, 첩자의 활용인 정보전에 관한 부분이다.

신라의 군사작전이 그를 중심으로 이루어지고 있었으므로 김유신의 주변에는 늘 첩자들이 붙어 있었다. 때문에 그는 첩자의 꼬임도 많이 받았고, 또한 그가 상대국에 대해 첩자를 부리기도 하였다. 내용이 많기는 하지만 관련 사료들을 적시해 보면 다음과 같다.

> 6) 나이 18세 되던 임신년에 검술을 닦아 국선이 되었다. 이때에 백석이라는 어디서 온지도 모르는 자가 있어, 여러 해 동안 낭도 중에 속해 있었다. 유신공이 고구려·백제 두 나라를 치려고 밤낮으로 깊이 꾀하고 있을 때 백석이 그 일을 알고 유신에게 말하기를 "내가 청하고 싶은 것은 당신과 함께 먼저 비밀히 적국을 정탐한 후에 일을 도모함이 어떻겠습니까"하였다. 유신이 기뻐하여 친히 백석을 데리고 밤에 떠나서 고개 위에서 막 쉬고 있을 때 두 여자가 나타나 유신을 따라 왔다. 골화천(骨火川)에 이르러 유숙하매, 또 한 여자가 홀연히 왔으므로, 유신공이 세 낭자와 더불어 기쁘게 이야기하였다. 그때 낭자들이 맛있는 과자를 드리니 유신이 받아 먹고 마음으로

---

21) 성백효·임홍빈 역, 『무경칠서』, p.16.

서로 허락하고 그 정을 이야기하였다. 낭자들이 고하되 "공의 말하는 바는 이미 알고 있다. 원컨대 공은 (잠깐) 백석을 떼어두고 우리와 함께 수풀 속에 들어가면 다시 실정을 말하겠다"하고 이어 함께 들어갔다. 낭자들이 문득 귀신이 되어 말하기를 "우리들은 나림(奈林)·혈례(穴禮)·골화(骨火) 등 3곳의 호국신인데 지금 적국인이 유신을 유인하는 것을 알지 못하고 따라가므로 우리가 만류시키려고 이곳에 온 것이다"고 말을 마치자 보이지 아니하였다. 공이 듣고 놀라 쓰러지며 두 번 절하고 나와 골화관에서 유숙할 때 백석에게 이르기를 "지금 가면서 긴요한 문서를 잊었으니 함께 집에 돌아가서 가지고 오자"고 하였다. 드디어 함께 집에 돌아와서 백석을 결박하고 그 실정을 물었다. 백석이 말하되 "나는 본래 고구려인인데 우리나라의 여러 신하들이 말하기를 신라의 유신은 우리나라 점쟁이 추남이 환생했다고 합니다..... 그날 밤에 대왕의 꿈에 추남이 신라 서현공 부인의 품속으로 들어가는 것을 보고 여러 신하에게 이야기하니, 모두 추남이 맹세하고 죽더니 이 일이 과연 맞았다 하고 그것 때문에 나를 보내와서 이렇게 꾀하게 한 것입니다"라고 하였다. 유신공이 백석을 처형하고 백미를 갖추어 삼신에게 제사를 지내니 모두 사람으로 현신하여 나타나 흠향하였다.[22]

7) 유신이 드디어 왕에게 청하여 떠날 기일을 정하였다. 이 때 고구려의 첩자인 중 덕창이 고구려왕에게 사람을 보내어 이 사실을 알리었다. 고구려왕이 전날 춘추의 맹세하는 말을 들었고, 또 첩자의 말을 듣고 보니, 더는 머물러 두지 못하고 도리어 후하게 대접하여 춘추를 돌려보냈다.[23]

8) 2년 8월에 백제 장군 은상이 석토성 등 7성을 공격하였다. 왕이 유신과 죽지·진춘·천존 등 장군들에게 명하여 나가 막게 하였다. 3군을 나누어 5길로 공격했으나 서로 이겼다 졌다 하여 열흘이 지나도

---

22) 『삼국유사』권1「김유신」조.
23) 『삼국사기』권41「김유신」전 상.

록 해결이 나지 않아, 엎어진 시체가 들을 뒤덮고 흐르는 피에 방패가 떠다닐 지경이었다. 이에 우리 군대는 도살성 아래 주둔해 말을 쉬게 하고 군사들을 잘 먹이어 재차 진격할 계책을 도모하였다. 그때 물새 한 마리가 동쪽으로 날아와서 유신의 군막을 지나가니, 장병들이 보고서 상서롭지 못하다고 여겼다. 유신이 "이것은 괴이하게 여길 일이 아니다"고 하면서 여러 사람들에게 이르기를 "오늘 반드시 백제인이 정탐하러 올 것이니, 너희들은 거짓 모르는 체하고 누구냐고 묻지 말라"고 하였다. 또 군중에 널리 알리기를 "성벽을 굳게 지키고, 움직이지 말며, 내일 구원병이 온 다음에 결전한다"고 하였다. 첩자가 듣고 돌아가 은상에게 보고하니, 은상 등은 병력 증가가 있을 것이라 여겨 의혹과 두려움을 금치 못하였다. 이에 유신 등이 일시에 떨쳐 크게 이기고, 백제장군 달솔 정중과 사졸 100명을 사로잡고, 좌평 은상, 달솔 자견 등 10명과 군사 8,980명을 베고, 말 1만 필과 투구·갑옷 1,800벌을 얻고, 다른 노획한 기계도 이런 정도였다. 그리고 돌아올 때에는, 길에서 백제의 좌평 정복이 군사 1,000명을 거느리고 와서 항복하므로 모두 놓아주어 갈 데로 가게 하였다.[24]

9) 이에 앞서 조미압(租未押) 급찬이 부산현령으로 백제에 사로잡혀 가서 좌평 임자의 집 종이 되었다. 일하기를 부지런히 하고 정성껏 하여 태만한 적이 없었다. 임자가 가엾게 여기고 의심하지 않아 마음대로 출입하게 하였다. 이에 도망해 돌아와 백제의 사정을 유신에게 고하였다. 유신은 조미압이 충성스럽고 정직하여 쓸 만함을 알고 말하기를, "내가 들으니 임자가 백제의 국사를 전담한다 하니, 함께 의논하고 싶은 생각이 있으나 기회를 얻지 못하고 있다. 그대가 나를 위하여 다시 돌아가 이것을 말하라"하니, 대답하기를 "공이 나를 불초하다 않으시고 시키시니 비록 죽는다 해도 후회가 없겠습니다"라고 하였다. 그리고 다시 백제로 들어가서 임자에게 고하기를 "제 스스로의 생각에 이미 이 나라의 백성이 되었으니, 마땅히 나라의

24) 『삼국사기』 권42 「김유신」전 중.

풍속을 알아야겠기에 집을 나가 다니면서 수십일 동안 돌아오지 못
했습니다. 그러나 개와 말이 주인을 그리워하는 마음을 참을 수 없
어 이렇게 왔습니다"하였다. 임자가 믿고 책망하지 않았다. 조미압
이 틈을 타서 고하기를 "전번에는 죄를 받을까 두려워서 감히 바른
대로 말하지 못하였습니다. 사실은 신라에 갔다가 돌아왔습니다. 김
유신이 저에게 이르기를, 다시 가서 그대에게 '나라의 흥망은 미리
알 수 없는 것이니, 만일 그대의 나라가 망하게 되면 그대가 우리나
라에 의지하고, 우리나라가 망하면 내가 그대의 나라에 의탁하자'고
전하라 하였습니다"고 하였다. 임자가 듣고 묵묵히 말이 없었다. 조
미압이 황공하여 물러나와 처벌받기를 기다리고 있었다. 두어 달 만
에 임자가 불러서 묻기를 "네가 전번에 이야기한 유신의 말은 어떤
것인가"하였다. 조미압이 놀라고 두려워하여 전에 말한 대로 대답
하니 임자가 "네가 전한 말을 내가 잘 알았다. 가서 알리라"고 하였
다. 그리하여 조미압이 돌아와서 보고하고 아울러 백제국 안팎의 일
을 정녕 상세하게 말하니, 이에 유신은 백제병탄 계획을 더욱 서두
르게 되었다.25)

10) 일찍이 유신이 한가위 날 밤에 자제들을 데리고 대문 밖에 섰노라
    니 갑자기 서쪽에서 오는 사람이 있었다. 유신은 그가 고구려 첩자
    임을 알고 불러 앞으로 오게 하여 말하였다. "너희 나라에 무슨 일
    이 있느냐"하니, 그 사람이 허리를 굽히고 감히 대답하지 못하였
    다. 유신이 "두려워할 것 없다. 사실대로 고하라"고 하였는데 또
    말하지 아니하였다. 유신이 이르기를 "우리나라 왕은 위로 하늘의
    뜻을 어기지 않고, 아래로 인심을 잃지 않았으므로 백성들이 기뻐
    하여 모두 자기 생업을 즐기고 있다. 지금 네가 보았으니 가서 너
    희 나라 사람들에게 말하라"고 위로하여 보냈다. 고구려 사람들이
    이를 듣고 "신라는 작은 나라지만 유신이 재상이 되었으니 가벼이
    여길 수 없겠다"고 하였다.26)

---

25) 『삼국사기』권42 「김유신」전 중.
26) 『삼국사기』권42 「김유신」전 중.

손자는 용간(用間), 즉 정보전 편에서 영특한 군주와 현명한 장수는 일단 출병하면 전승을 거두고 남보다 뛰어난 공적을 세운다고 하였다.27) 그 까닭은 바로 사전에 적정(敵情)을 정확하게 파악하고 있기 때문이라는 것이다. 적정은 오직 적정을 아는 사람인 첩자를 통하여서만이 수집할 수 있는 것이다.

첩자에는 인간(因間), 내간(內間), 반간(反間), 사간(死間), 생간(生間)의 다섯 종류가 있다고 하였다. 인간은 적국의 평범한 주민을 첩자로 이용하는 것이고, 내간은 적국의 관리를 매수하여 첩자로 이용하는 것이고, 반간은 적의 첩자를 매수하거나 역이용하는 것이고, 사간은 우리 측 첩자에게 허위정보를 주고 적방에 밀파하여 허위정보를 적측에 제공하는 것으로, 발각되면 죽음을 당하게 되므로 사간이라 하였고, 생간은 적국을 정탐한 후에 살아 돌아와서 적정을 보고하는 것이다. 이 5종류의 첩자를 동시에 활용하되, 적이 눈치채지 못하게 한다면 이를 신기(神紀)라고 하며, 군주에게 가장 소중한 비보(秘寶)가 되는 것이라고 하였다.28)

삼국은 모두 첩자의 활용에 적극적이었다. 고구려의 경우 백제에 침투하여 위험에 빠뜨린 개로왕 대의 도림을 예로 들 수 있다. 고구려는 신라에도 역시 첩자를 활용하여 내부 사정을 정탐하였을 것이고, 병권을 쥐고 있던 김유신에게는 6), 7), 10)에 나오는 백석과 덕창, 그리고 이름없는 고구려의 첩자가 늘 옆에서 그를 정탐하고 있었다. 백제에서도 첩자를 활용하여 8)과 같이 김유신의 진영을 염탐하였다.

김유신은 이러한 첩자들을 잘 활용하여 백제와 고구려의 작전에 휘말리지 않을 수 있었다. 특히 생간이라 할 수 있는 조미압의 활용은 압

---

27) 성백효·임홍빈 역, 『무경칠서』, p.54.
28) 성백효·임홍빈 역, 『무경칠서』, pp.54-55.

권이라 할 수 있다.

무열왕은 의자왕 대에 말기적 현상을 예고하는 여러 변고가 백제에서 일어나고 있음을 확인하고 당에 청병하고 있는데, 그에 앞서 의자왕 대의 백제의 사정이 상세하게 기술되고 있다.[29] 이는 신라에서 백제에서 일어나고 있는 일들을 손바닥 들여다보듯이 환히 알고 있었음을 의미하는 것으로, 신라에서 백제에 대한 첩자의 활용이 대단했음을 보여주는 예라 하겠다.

다음은 「위료병법」에 나오는 내용으로, 첫 번째 예이다.

김유신은 비담이 난을 일으켰을 때, 여왕이 있는 월성의 자기진중으로 유성이 떨어져 상대방의 사기가 오르자, 허수아비를 만들어 불을 붙여 연으로 하늘에 올려 보내고 떨어진 별이 하늘로 다시 올라갔다는 소문을 퍼뜨린 것은 군중심리를 이용하여 사태를 역전시키는 고도의 심리전에 능한 모습을 보여주었다.[30]

11) 네 번 접전에 모두 이겼으나 군사는 적고 힘은 지쳐서 결국 패하고 계백은 여기서 죽었다. 이때에 신라 군사는 당나라 군사와 연합하여 나루 어귀에 육박하여 강가에 진을 치고 있는데, 돌연히 웬 새가 소정방의 군영 위로 빙빙 돌므로 사람을 시켜 점을 쳤더니 "반드시 원수님이 부상할 것이다"고 하므로, 소정방이 겁을 먹고 군사를 끌어들여 싸움을 그만두려 하였다. 김유신이 소정방에게 말하기를 "어찌하여 나는 새의 요괴스러운 일 때문에 하늘이 주는 기회를 놓칠 것인가? 하늘과 사람의 의사에 따라 죄악을 정벌하려는 때에 나쁜 조짐이 어디 있을 것인가?"하고는 곧 신비로운 칼을 뽑아서 새를 겨누어 치니 새가 찢어져 소정방의 좌석 앞에 떨어졌다. 그제야 소정방이 강 왼쪽 기슭으로 나와 산 밑에 진을 치고 싸

29) 『삼국유사』 권1 「태종춘추공」조.
30) 『삼국사기』 권41 「김유신」전 상.

우니 백제 군사가 크게 패하였다.31)

또한 11)에 의하면 나당연합군의 사비성 공격을 앞에 두고 소정방이 망설이는 이유를 안 김유신은 거침없이 소정방의 주위를 맴돌던 새를 베어버림으로써 의혹을 없애고 함께 진격할 수 있었다.

그런데 「위료병법」 천관(天官)편에 보면, 위나라 양혜왕이 위료에게 황제가 둔갑법이나 점성술 등의 형덕(刑德)으로 백전백승을 거두었다고 하는데 과연 그러하냐는 물음에 대한 답변 가운데, "초나라 장수 공자 심이 제나라군과 싸울 때, 혜성이 나타나 그 꼬리가 제나라 쪽으로 향해 있었습니다. 그것을 본 공자 심의 측근 중의 한 사람이 '『천관서』에 따르면, 혜성의 꼬리가 가리키는 쪽이 승리한다 하였으니, 제군이 승리할 것이 틀림없습니다'라고 건의하자, 공자 심은 "혜성 따위가 무엇을 알겠느냐. 빗자루를 가지고 싸울 때에는 그 자루를 거꾸로 잡고서 상대방을 쳐야 이기는 법이다"고 하였고, 이튿날 공자 심의 초군은 제군과 싸워 크게 격파하였습니다. 황제도 신령을 믿거나 귀신의 말을 듣는 것보다는 먼저 내 자신의 지혜를 헤아리는 것이 낫다고 한 것은 『천관서』의 형덕이란 인간으로서 해야 할 일을 능력껏 다해야 한다는 점을 강조하는 것입니다"라는 내용이 있다.32)

김유신은 『천관서』의 내용보다, 위료자가 '인간으로서 해야 할 일을 능력껏 다해야 한다'는 쪽으로 실천하고 있음을 위의 두 사실을 통해 확인할 수 있다.

두 번째 예이다.

668년 6월 27일 문무왕은 서울을 떠나 고구려 출정길에 올랐다. 김유

---

31) 『삼국유사』 권1 「태종춘추공」조.
32) 성백효·임홍빈 역, 『무경칠서』, pp.275-277.

신은 풍병으로 출정을 하지 못하게 되어 흠순과 인문에게 이르기를 "위로는 천도(天道)를 얻고, 아래로는 지리(地理)를 얻으며, 중간으로 인심(人心)을 얻은 후에야 성공할 수 있다"고 하였다.[33] 그는 「위료병법」 병담(兵談)편에 나오는 "장수된 자는 위로는 하늘, 아래로는 땅, 그리고 중간에 있는 사람에 이르기까지 제약을 받아서는 안된다"[34]는 내용과 닮아 있음을 알 수 있다. 김유신은 장수로서의 역할을 「위료병법」 등의 내용을 염두에 두고 이들에게 훈시한 것으로 생각된다.

세 번째의 예는 선덕여왕 14년의 일이다.

> 12) 김유신이 백제를 치고 돌아와 아직 왕을 뵙지 못한 때에 백제의 대군이 또 변경을 침범하므로 왕이 그에게 명하여 막게 하였다. 그는 드디어 집에 들르지 못하고 곧 가서 이를 쳐 깨뜨려 적 2,000명의 목을 베었다. 3월에 왕에게 복명하고 아직 집에 돌아오지 못할 즈음에 또 백제가 침범한다는 급보가 있었다. 왕은 일이 급한 까닭에 유신에게 말하기를, "나라의 존망(存亡)이 공의 일신에 달렸으니 수고로움을 꺼리지 말고 가서 도모하기를 바란다"고 하였다. 유신이 또 집에 들르지 못하고 밤낮으로 군사를 훈련시켜 서쪽으로 떠날 때 길이 집 문 앞을 지나게 되었다. 집안의 남녀들이 바라보고 눈물을 흘렸으나 그는 돌아다보지도 않고 갔다.[35]

> 13) (선덕여왕 14년)을사년 정월에 돌아와서 아직 왕에게 뵙지도 못하였을 때, 국경을 지키는 관원이 급히 보고하기를, 백제의 대군이 와서 매리포성(買利浦城)을 공격한다 하므로, 왕은 또 유신을 상주 장군에 임명하여 가서 막게 하였다. 유신은 처자도 보지 않고 명을 받들고 곧 떠났다. 백제군을 요격하여 패주시키고, 2,000명의 목을

---

33) 『삼국사기』 권43, 「김유신」전 하.
34) 성백효·임홍빈 역, 『무경칠서』, p.279.
35) 『삼국사기』 권5 선덕왕 14년조.

베었다. 3월에 돌아와 왕궁에 복명하고, 집에 돌아가지도 않았는데, 또 급보가 들어오기를, 백제군병이 그 국경에 출둔하여 크게 군사를 들어 우리를 침범하려 한다고 하였다. 왕이 다시 유신에게 이르되, "공은 수고를 생각지 말고 빨리 가서 적군이 이르기 전에 대비하라"하므로, 유신은 또 집에 들어가지 않고, 군사를 조련하고 병기를 수선한 후 서쪽을 향해 떠났다. 이 때 그 집의 사람들이 모두 문 밖에 나와서 오기를 기다렸는데, 유신은 문 앞을 지나면서도 돌아다보지 않고 50보쯤 가다가 말을 멈추고, 장(漿)물을 집에서 가져오게 하여 마시며 "우리 집 물이 아직도 예전 맛이 있다"고 말하였다. 이에 군사들도 모두 말하기를 "대장군이 이렇게 하는데, 우리들이 어찌 골육을 떠나는 것을 한스럽게 여기랴"하였다.[36]

김유신은 선덕여왕 14년에 백제와의 전투가 치열하게 전개된 까닭에 연이어 3번이나 전투에 나가게 되면서 집에도 들르지 못하고 나아가 승리한 유명한 내용이다.

그런데 「위료병법」 무의(武議)편에 보면 "장수가 출전 명령을 받게 되면 그 날로 집안일을 잊어야 하며, 군사를 거느리고 야전에 들어가게 되면 부모친지를 잊어야 하며, 북채를 잡고 전투를 지휘하게 되면 자기 자신도 잊어야 한다"는 내용이 있다.[37]

이를 연관지어 본다면, 그가 출전명령을 세 번이나 받고 한 행동은 집안일을 잊고 적국과 싸울 것만을 생각해야 하는데서 나온 것임을 알 수 있다.

네 번째 예는 이미 위에서 살펴 본 바와 같이 김유신은 임전무퇴를 제대로 실행하지 못한 아들 원술을 평생 보지 않고 지낸 사건에 관한 것이다.

---

36) 『삼국사기』 권41 「김유신」전 상.
37) 성백효·임홍빈 역, 『무경칠서』, p.306.

「위료병법」제담(制談)편에 보면, "신 위료의 병력통제 방법대로 실행하면, 전군 장병들을 다스림에 있어 단 한 사람도 형벌을 잘못 적용하여 처벌되는 일이 없을 것입니다. 부자지간이라도 형벌을 서로 감싸줄 수가 없는데, 하물며 남남끼리야 더 말할 나위가 있겠는가"라는 내용이 있다.[38] 이 사실에 견주어 본다면 김유신이 아들 원술을 용서하지 못한 행동의 이유를 알 수 있을 것이다.

특히나 원술이 참가했던 672년의 이 전투는 신라가 당나라와의 결전을 공식적으로 선언하고 벌인 석문전투였다. 그런데 이 전투에서 신라는 처절하게 패배함으로써 이후 당과의 대결에 있어 수세적인 방어 전략으로 선회하지 않으면 안 되게 만든 계기가 된 전투였다. 김유신으로서는 문무왕이 용서해주라는 부탁에도 불구하고, 신라군 전체를 이끄는 입장에서 자신의 아들만을 용서하여 전 병력의 통제에 문제가 생기게 할 수는 없었을 것이다.

뿐만 아니라 신라에서는 성을 지키다가 지원군이 이르지 않자 성을 지키다가 순절한 찬덕·해론 부자와 심나·소나 부자와 같은 예는 「위료병법」수권(守權)편에 "수성군이 결전의지를 버리지 않고 항전을 계속하게 하는 것, 이것이 바로 수성(守城)의 요체이다"[39]라고 하는 내용을 그대로 실천하고 있는 것이다.

그런데 이렇게 병법의 달인이었던 김유신은 672년의 석문전투에서의 패배로 큰 충격을 받았고, 이듬해인 문무왕 13년(673) 7월 1일에 죽음을 맞이하였다.[40] 그는 상대등으로 군령권자로서 672년 석문전투에서 신라군이 당군에 참패당하자, 문무왕에게 신라군의 당군과의 전투

---

38) 성백효·임홍빈 역, 『무경칠서』, p.282.
39) 성백효·임홍빈 역, 『무경칠서』, p.298.
40) 『삼국사기』권7 문무왕 13년조, 권43 「김유신」전 하.

를 수비전으로의 전환할 것을 건의한 바 있다.

　이후 신라군은 당군에게 단기적인 정면승부를 걸지 않고 각지의 요소를 지키는 방어전으로 전술을 선회하였으며, 전투의 소규모화, 잦은 전투횟수, 전국적인 산성의 축조로 그 양태가 나타났다.

　그 이듬해 8월에 문무왕은 서형산 아래에서 군대를 크게 사열하고 있다. 또 9월에는 영묘사 앞길에 행차하여 군대를 사열하고 아찬 설수진의 6진 병법을 관람하고 있다.[41)]

　이는 김유신이 대장군으로 군령권을 가지고 있을 때에는 그의 작전에 의해서 신라군을 움직였으나, 672년의 패배로 더 이상 그의 작전이 유효하지 못하였다. 그는 문무왕에게 유종의 미를 거둘 수 있는 임금이 되어 달라는 부탁을 마지막으로 하면서,[42)] 자신의 힘으로는 해결할 수 없었던 당과의 전투에 대한 해결책으로, 요해처를 지키는 방어전의 방책과 함께, 진법의 혁신을 건의한 것이 위와 같은 형태로 나타난 것으로 생각된다.

　이상의 내용으로 볼 때, 김유신의 사상 형성과정은 첫째로 태어나면서부터 중국문화의 영향을 받은 부친의 영향으로, 경세가로서의 (중국) 유신의 행적에 많은 영향을 받았다는 점이다. 때문에 그는 출장입상(出將入相) 즉 장수로서 뿐 아니라 재상도 겸할 수 있었다.

　둘째로 원광법사의 세속오계에 큰 영향을 받아 충과 효로서 스스로 기약하여 임전무퇴를 실천하였고, 가훈으로까지 징하여 이를 어긴 아들 원술을 용서하지 않을 정도로 평생 굳건히 지키고자 한 것이다.

　셋째로 신라를 지키기 위한 임전무퇴의 정신을 구체적으로 실천하기

---

41) 『삼국사기』 권7 문무왕 14년조.
42) 『삼국사기』 권7 문무왕 13년조, 권43 「김유신」전 하.

위한 방안으로 병법서를 익히고 수련하였다는 점이다. 그는 삼국의 항쟁에서 이를 잘 활용하여 일통삼한을 이룰 수 있었던 장수였다.

3. 김유신 활동의 사상적 배경

김유신의 사상적 배경을 알 수 있는 저술이라고는 할 수 없지만, 그의 가문과 관련하여 『개황록(력)(開皇錄,曆)』이라는 책명이 사서(史書)에 전하고 있다. 개황은 수나라 문제의 연호인데, 왜 그의 가문과 관련된 왕대력에 수의 연호를 제목으로 삼았는가 하는 것이다. 또한 김유신은 출생도 진평왕 건복(建福) 17년, 수 문제 개황 15년 을묘(595)였다고 명기되어 있다.43) 이러한 점을 염두에 두고 그의 사상적 배경을 살펴보고자 한다.

김유신은 안으로 진평왕, 선덕여왕, 진덕여왕, 태종무열왕, 문무왕의 5조를 거쳤을 뿐 아니라, 대외적으로 수(581-618), 당(618-907)이 교체되는 전환기적 환경에서 살았다는 점이다. 때문에 그의 활동에 나타난 사상적 배경은 이러한 시대적 특성과도 연관이 있다고 생각된다.

595년에 태어난 김유신은 수가 망하고 신라가 621년에 새로운 파트너로 당을 택하였기까지 수의 영향력을 느끼고 살았을 것이다.44) 20-30

---

43) 『삼국사기』 권41 「김유신」전 상.
44) 이계명, 1999, 「위징의 역사인식」, 『중국고중세사연구』5, p.2에 의하면, 위징 등은 『수서』를 관찬사서로 편찬하면서 이수위감(以隋爲鑑), 즉 수나라 시대에 전개된 여러 가지 혼란 상태를 명확히 살펴서 정상상태로 되돌림으로써 그것을 교훈삼자는 경세사학으로 제시하고 있기도 하다. 하지만 수 양제는 황제가 되기 전인 589년 50만 대군의 원수로 남조의 진을 평정하고 매우 치세를 잘 하였기 때문에 좋은 평가를 받았다. 물론 황태자로 되면서부터 음란·무도함을 드러내어 무리한

년 간에 해당되는 이 시기는 대개 원광법사 등 수나라 유학승들이 국가
를 주도하였던 때와 맞물려 있기 때문이다. 원광이 수에 있을 당시인
개황 14년인 594년에 신라의 진평왕이 처음으로 수나라와의 통교를 시
작하여 수의 고조(문제)로부터 '상개부낙랑군공신라왕(上開府樂浪郡公
新羅王)'을 제수받고 있다.[45] 『수서(隋書)』의 '대업이래 세견조공(大業以
來 歲遣朝貢)'의 기사[46]와 611, 612년의 긴밀한 관계로 볼 때, 신라와 수
나라와의 통교는 매년 긴밀히 이루어지고 있었음을 알 수 있다. 수는
38년으로 마감되기는 하였지만, 위진남북조의 정치적 혼란과 북방민족
의 남하를 극복한 강성한 제국이었다.

김유신이 19세 때인 613년에 수나라 사신 왕세의가 신라에 와서 황
룡사에서 백고좌법회를 개최하였을 때 원광법사가 상수의 지위에 있기
도 하였다. 『인왕경』을 강경하여 호국의 의지를 불태웠을 당시의 정황
을 볼 때, 이미 화랑으로서 원광의 가르침인 임전무퇴에 경도되어 있던
그로서는 매우 감명받았을 가능성이 있다.

때문에 김유신에게 있어서 수 유학승인 원광법사의 영향은 다대한
것이라고 하겠다. 특히 원광이 「걸사표」에서 "자기가 살려고 남을 멸
하는 것은 승려로서 할 일이 아니나, 빈도(貧道)가 대왕의 나라에서 대
왕의 수초(水草)를 먹으면서 어찌 감히 명령을 좇지 아니하오리까"[47]
하였던 점에서 신라인들의 자구의식을 확실히 볼 수 있고, 이러한 의식
은 그대로 심유신에게로 전해졌을 것으로 생각된다.

그러나 국제정세의 변화로 수가 멸망하고 당이 건국됨으로써, 신라

고구려 원정으로 멸망하였기 때문에 이후의 평가는 가혹한 것이었다.
45) 『삼국사기』 권4 진평왕 16년조.
46) 『수서』 권81 열전 제46 동이 신라전.
47) 『삼국사기』 권4 진평왕 30년조.

는 국제관계에 있어 수년간 혼란을 겪었을 것이다. 그렇지만 수와의 관계에 있어 수 유학승들이 그 통로였던 전철에 따라, 당과의 통교에 있어서도 자장이 그 역할을 담당하였고, 그 위에 김춘추의 청병외교가 더해진 것이다.

그러나 신라는 당과 연합하여 백제를 멸망시켰으나 태종무열왕이 660년에 죽고, 663년 4월 계림주대도독부의 설치, 신라왕의 도독 임명, 웅진도독 부여융과 회맹 강요 등 반당 감정을 일으킬 일련의 사건이 발생하였다. 뿐만 아니라 668년 고구려 멸망 때까지 당군으로 인해 당한 신라의 고역(苦役)은 대단한 것이었다. 반당감정이 자연스럽게 형성되었을 것이고, 신라까지 넘보려 하자 그 감정은 극에 달하였을 것이다. 이에 당과의 항전이 주창되었을 것이고 이를 주도한 층은 수 유학승을 중심으로 한 일군의 승려들과 원효, 명랑 등이었을 것이다.[48]

김유신은 원효와의 관련 사실이 보이고 있다.

> 14) 또 군사를 일으켜 당군과 회합하고자 유신이 먼저 연기와 병천 등 두 사람을 보내어 그 회기를 물으니 당나라 장수 소정방이 종이에 난새(鸞)와 송아지 두 물건을 그려서 보내왔다. 국인이 그 뜻을 풀지 못하므로 사람을 시켜 원효법사에게 물었다. 그가 해석하여 말하기를 "속히 군사를 돌이키라는 뜻이다. 송아지와 난새를 그린 것은 둘이 끊어짐을 이름이다"라고 하였다.[49]

사지에 처한 김유신의 행동에서 이미 보았던 사료의 일부분이다. 구체적으로 김유신과 원효가 관련을 맺고 있는 것으로 나오고 있지는 않

48) 김복순, 2006.9, 「수당의 교체정국과 신라 불교계의 추이」 『한국고대사연구』43, pp.172-175.
49) 『삼국유사』 권1 「태종춘추공」조.

지만, 이 서신을 원효에게 보낼 수 있었던 것은 김유신이었을 것이다. 원효와 태종무열왕과의 깊은 관계를 생각해 볼 때, 김유신과의 관계 역시 긴밀하였을 것이다. 태종무열왕은 일찍 갔지만, 김유신과 원효는 당과의 연합에 이어 당과의 대결을 결정하는 과정에서 가장 큰 역할을 하였을 것이기 때문이다. 원효는 671년 당의 현장법사를 겨냥하여『판비량론』을 간행하므로써, 신라인의 자긍심을 높일 수 있었다.[50]

명랑은 문두루비법을 행하면서 수나라 대에 보귀에 의해 역출된『금광명경』을 텍스트로 써서 당군에 대항하기도 하였다. 또한 보귀의 8권으로 된 수대의『금광명경』을 원효가 주석하고 있고 이 전통은 경덕왕 대의 태현에게까지 이어져, 궁중에서 기우제를 위한 법회에서 역시 이 본을 텍스트로 쓰고 있다. 그런데 성덕왕 대에 당과의 화해가 이루어지면서 김사양이『금광명최승왕경』을 당에서 들여와 경흥이 이를 주석하고 법회에 사용하였을 것이므로, 시대에 따른 달라진 법회의 모습을 감지할 수 있다.[51]

이들과 친분관계가 깊었던 김유신으로서는 자주국가로서의 신라가 서기 위해서는 당과의 대결이 필요하다고 생각했을 것이다.

김유신은 김춘추와의 결의동지로서 신라를 외적으로부터 지키기 위해 평생토록 수많은 전투에 참가하여 지성으로 임해 승리를 쟁취하였다. 특히 김춘추에 의한 당과의 연합으로 백제를 멸망시키고 이어 고구려를 멸함으로써 일통삼한이라는 소기의 목적을 달성할 수 있었다. 그러나 당나라가 신라를 넘보려 하자, 문무왕으로 하여금 당에 대한 항전을 결정하는데 가장 큰 역할을 하였을 것이다.

50) 김복순, 2005,「신라 중대의 불교」『신라문화』25, p.175.
51) 김복순, 2006.9, 위의 논문, pp.183-184.

그 전에 이미 김유신은 당과 연합하여 백제를 공격하는 작전을 수행
하면서도 당에 대해 매우 당당한 태도를 보여 주었다. 다음은 이를 잘
보여주고 있다.

> 15) 이 날(7월 9일) 소정방은 부총관 김인문 등과 함께 기벌포에 도달
> 하여 백제 군사를 맞아 크게 격파하였다. 김유신 등이 당의 군영에
> 이르자, 소정방은 유신 등이 기약보다 늦게 왔다고 하면서 신라 독
> 군 김문영을 군문에서 목 베려 하였다. 김유신이 무리에게 말하기
> 를, "대장군이 황산전투를 보지 않고 기일에 뒤진 것을 죄로 삼으
> 려 하니, 나는 죄 없이 치욕을 당할 수 없다. 반드시 먼저 당군과
> 결전을 하고 후에 백제를 부수겠다"하였다. 이윽고 김유신은 도끼
> 를 잡고 군문 앞에 섰는데 성난 머리털은 꼿꼿이 서고 허리춤에서
> 는 보검이 저절로 칼집에서 튀어나왔다. 소정방의 우장 동보량이
> 소정방의 발등을 밟으며, "신라 군사가 변란을 일으킬 것 같습니
> 다"고 하니, 소정방이 곧 문영의 죄를 풀어 주었다.52)

> 16) 당나라군이 신라군과 연합하여 백제를 쳐서 멸하였다. 이 전쟁에
> 서 유신의 공이 많았다. 당나라 황제가 이 소식을 듣고 사신을 보
> 내어 포상하였다. 당나라 장수 소정방이 유신·인문·양도 세 사람
> 에게 이르기를 "내가 황제의 명을 받아 적당한 권한을 가지고 일
> 을 보게 되었으니, 지금 (싸워) 얻은 백제 땅을 공들에게 나누어
> 주어 식읍을 삼아 공(功)에 대한 보수로 하려 하는데 어떻겠소"하
> 였다. 유신이 답하기를 "대장군이 귀국의 군사를 거느리고 와서
> 우리 임금의 소망에 부응하고 우리나라의 원수를 갚았으니, 우리
> 임금이나 온 나라 신민이 기뻐 날뛰느라 다른 겨를이 없습니다. 그
> 런데 우리들만이 주는 것을 받아 자신의 이익을 삼는다면 그것이
> 어찌 의리이겠습니까"하고 거절하고 받지 않았다.53)

---

52) 『삼국사기』 권5 태종무열왕 7년조.
53) 『삼국사기』 권7 문무왕 11년조.

17) 당나라 사람들이 백제를 멸한 다음, 사비에 진영을 베풀고 은밀히 신라를 침략하려고 꾀하였다. 우리 왕이 이것을 알고 여러 신하들을 불러 대책을 물으니, 다미공이 나와 말하였다. "우리 백성으로 하여금 거짓으로 백제인의 복장을 하고 적대할 듯이 하면, 당나라 사람들이 반드시 공격할 것이니, 그로 하여 함께 싸우면 뜻을 펼 수 있습니다"하였다. 유신이 "그 말이 취할 만하니 청컨대 따르십시요"하였다. 왕은 "당나라 군대가 우리를 위하여 적을 멸하였는데 도리어 싸움을 한다면 하늘이 어찌 우리를 도울 것인가"하였다. 유신이 "개가 그 주인을 두려워하지만, 주인이 그 다리를 밟으면 물어뜯는 것이니, 어찌 어려운 경우를 당하여 스스로 구할 방도를 찾지 않겠습니까. 대왕께서는 허락해 주소서"하였다. 당나라 사람들이 우리 편의 대비가 있는 것을 정탐해 알고 백제왕과 신하 93명, 군사 2만 명을 노획하여 9월 3일 사비에서 배를 띄워 돌아가고, 낭장 유인원 등을 머물러 진영을 설치하고 수비하게 하였다. 소정방이 돌아가 포로를 바치니, 천자가 위로하며 말하기를 "어찌하여 내친김에 신라를 치지 않았는가"하였다. 소정방이 "신라는 임금이 어질고 백성을 사랑하며, 그 신하는 충성으로 나라를 섬기고 아랫사람들이 윗사람 섬기기를 부형(父兄)과 같이 하니, 비록 (나라는) 작지만 도모할 수 없었습니다"하였다.[54]

이 세 사료에 보이는 김유신의 태도는 당군을 불러 들여 백제를 친 신라의 장수치고는 대단히 당당한 모습이라고 할 수 있다. 15)에 따르면 소정방이 나당연합군이 만나기로 한 기일을 지키지 못한 죄를 독군 김문영에게 물어 죽이려 하자, 김유신은 황산전투의 상황을 언급하면서 이를 이해하지 못한다면 연합군인 당과의 일전도 불사하겠다는 태도를 보인 것이다. 뿐 아니라 16)에 보이듯이 김유신은 소정방이 당나라 황제를 대신하여 백제 땅을 식읍으로 주려는 것을 거절하고 있다.

---

54) 『삼국사기』 권42 「김유신」전 중.

그리고 17)의 기록과 같이 당나라군이 백제를 멸하고 신라까지 도모하려 할 때, 김유신의 강경한 태도로 인해 더 이상의 행동을 못하고 돌아가게 한 것이다.

이후 신라는 당의 고구려 원정을 도와 많은 고역을 당하면서도 백제의 고지를 점차 점령해 나가는 등 당 태종과 김춘추와의 영토보존 약속을 이행하기 위해 노력하였다. 하지만 당은 신라까지 획책하기 위해 고구려를 치는데 필요한 물자의 수송뿐 아니라 친당파를 조성하여 신라 내부의 정보를 염탐하였다. 김유신에게도 두 번에 걸친 회유가 보이고 있다.

첫 번째는 인덕(麟德) 2년인 문무왕 5년, 665년에 당 고종이 사신을 통해 김유신에게 봉상정경평양군개국공(奉常正卿平壤郡開國公)의 작호와 식읍 2,000호를 제수한 것이다. 그는 이미 전 해에 치사를 청하였으나 궤장만 하사받았던 때였으므로, 고구려 원정 때문에 신라에 공력을 들이고 있던 당은 그를 독려하여 신라로 하여금 당에 협조하도록 하였을 것이다.55)

두 번째는 총장 원년인 668년에 당황제가 영국공의 공로를 포상한 다음, 사신을 보내 우리가 군사를 보내 전투를 도운 노고에 대해 치하했으며 황금과 비단을 보내 주었다. 이와 함께 유신에게도 조서를 주어 포상하고 장려했으며, 당의 조정에 들어와 조알하도록 한 일이 있었다.56) 신라의 자주파로서 반당감정을 가지고 있는 김유신에 대한 회유와 함께 그를 장안으로 불러들이고자 획책한 것이다.

그런데 신라고전에는 "소정방이 고구려와 백제 두 나라를 치고 나서

---

55) 『삼국사기』 권6 문무왕 4·5·6년조.
56) 『삼국사기』 권42 「김유신」전 중.

다시 신라를 칠 계획으로 머물고 있더니 이때에 김유신이 그 계획을 알고 당나라 군사를 초대하여 독약을 먹임으로써 모조리 죽여 이를 구덩이에 묻었다"고 하였다. 지금도 상주지방에 당나라 다리가 있으니 이것이 그 때 묻은 자리라는 속설을 언급하고 있다.[57] 물론 소정방이 이 때 죽지 않은 것을 별도로 설명하고는 있지만, 이러한 내용 속에는 김유신의 뿌리깊은 반당의식이 깔려 있어 이러한 전설을 만들어냈다고 할 수 있다.

김유신의 뿌리깊은 반당의식은 원광을 비롯한 수 유학승들과의 친연성으로 인해 수나라를 당에 대항하는 배경으로 삼은 것이 아닐까 한다.

앞에서 언급한 바와 같이 김유신은 그의 가문과 관련되어 『개황록(력)』의 문제가 크게 대두되어 있다. 개황(開皇)은 수나라 문제의 연호로서 581-600년에 사용되어졌다. 『삼국유사』「가락국기」조에 나오는 이 『개황록(력)』에 대해 이미 여러 학자들이 편찬시기에 대한 논란과 함께 그의 성씨에 관한 내용도 언급하고 있다.

김유신의 선조인 금관가야의 시조 김수로왕의 출자에 관한 내용 가운데,[58] 천강금란 출생설이 바로 이 『개황력(록)』의 기록에 의한 것이다.

---

18) 김유신은 왕경인이다. 12세조인 수로(首露)는 어떤 인물인지 알지 못한다. 후한 건무(建武) 18년 임인에 귀봉(龜峰)에 올라 가락(駕洛)의 9촌을 바라보고 드디어 그 땅에 나라를 열고 가야라 불렀다. 뒤에 금관국으로 고쳤다. 그 자손이 서로 이어서 9세손인 구해(仇亥)에 이르렀다. 혹 구차휴(仇次休)라고도 이르는데, 유신에게는 증조부가 된다. 신라인들이 스스로 이르기를 소호 김천씨(少昊 金天氏)의 후예인 까닭에 성을 김으로 한다고 하였다. 유신비(庾信碑)에서

---

57) 『삼국유사』 권1 「태종춘추공」조.
58) 이문기, 2004, 위의 논문, p.8.

또 이르기를 헌원(軒轅)의 후예요 소호(少昊)의 자손이다라고 하였다. 그런 즉 남가야의 시조 수로는 신라와 같은 성이다. 조부 무력은 신주도(新州道) 행군총관(行軍摠管)이 되어 일찍이 군사를 거느리고 백제왕 및 그 장수 4인을 잡았고 1만여 수급을 베었다. 아버지 서현은 관이 소판 대양주도독 안무대양주제군사(蘇判 大梁州都督 安撫大梁州諸軍事)에 이르렀다. 유신비(庾信碑)를 살펴보면 고소판 김소연(考 蘇判 金逍衍)이라 하였다. 서현은 혹 고친 이름인지, 혹 소연이 맞는 글자인가 의심하여 둘 다 둔다.59)

19) 『개황력』에서 말하기를, 성은 김씨로 무릇 나라의 세조가 금란에서 태어났으므로, 김으로 성을 삼았다.60)

20) 수로왕은 임인 3월에 알에서 태어나 이 달에 즉위하여 156년 간을 다스렸다. 금란에서 태어났으므로 성을 김씨라 했다. 『개황력』에 실려있다.61)

21) 『개황록』에서 말하기를 "양 중대통 4년 임자에 신라에 항복하였다"고 하였다.62)

『삼국유사』「가락국기」조의 말미에는 거등왕부터 구형왕까지의 계보가 소개되어 있고, 『개황력』과 『개황록』이 인용되어 있다.

거등왕이 「국세조가 금란에서 나왔다고 하여 김성을 칭했다」는 『개황력』의 기록과 구형왕이 「양 중대통 4년(532) 임자에 신라에 항복했다」는 『개황록』의 기록이 그것이다.

따라서 『개황력(록)』 편찬시기로 이 설의 성립연대를 알 수 있기 때

---

59) 『삼국사기』 권41 「김유신」전 상.
60) 『삼국유사』 권2 「가락국기」조.
61) 『삼국유사』 왕력 「수로왕」조.
62) 『삼국유사』 권2 「가락국기」조.

문에 여러 견해들이 도출되었는데, 특히 문무왕 대(661-680)설과 개황
년간(581-600)설 등이 주목된다.

먼저 문무왕 대설을 보면, 문무왕 대를 전후한 시기에 김유신, 문명
왕후(문희) 등 가야계 후손의 정치적 비중이 절정에 달하고 금관소경도
설치되었으므로, 가락국의 역사가 문자로 정착되었을 가능성이 크다고
보았다. 개황은 수나라 문제의 연호이고 김유신이 개황 15년(595) 을묘
에 출생한 것으로 보아, 이『개황록(력)』은 김유신과 관련하여 문무왕
대 전후에 편찬되었고, 그 내용에는 수로신화를 비롯한 가락국 왕력이
포함되어 있었으리라는 점이다.[63]

한편 김유신의 사망 후 문무왕이 그의 본관지인 남가야를 소경으로
승격하였을 당시(680) 금관이라는 명칭을 사용하게 되었다는 견해로서,
전설상의 소호김천의 아들인 해(該)가 금관(金官)을 관장한 것을 모델로
해서 소경의 명칭을 금관으로 하고 이것을 소급시켜 옛부터 금관국이
었다는 것이다. 결국 김유신의 대활약과 춘추·법민 부자의 친밀한 관
계에 의해 통일 사업이 일단락된 문무왕의 시대에 논공을 하면서 수훈
인 김유신 본인은 물론 그의 조·부까지 추증되어 재평가됨과 함께 그
의 씨족, 조선(祖先)에 대한 격상과 미화작업이 이루어졌다는 것이다.
또한 이 사업에 문무왕이 관여한 것은 남가야의 외래계를 모계로 하는
문무왕 자신에게 있어 남가야계의 격상은 혈통이 중시되는 폐쇄적 골
품사회인 신라에서 자기의 출자를 미화하는 의미가 있었다는 것이다.
결국 미화작업에는『개황록(력)』도 한 부분을 차지했을 것이므로, 문무
왕 대로 보는 입장이라고 할 수 있다.[64]

63) 김태식, 1990,「가야의 사회발전단계」『한국고대국가의 형성』, 민음사, p.55.
64) 이용현, 1998,「가야의 김씨와 금관국」『사총』48.

다음으로 수나라 개황 년간인 581-600년에 『개황력(록)』이 만들어졌다고 보는 견해로서, 그 골자는 이미 김유신비에서 시조의 출자를 소호김천씨로 기록하고 있기 때문에 문무왕 대로 보기 어렵다는 것이다. 따라서 이 책은 금관가야계에 의해 사적으로 편찬된 금관가야의 역사서라는 설이다.[65]

그런데 신라가 중국의 연호를 처음 쓰게 되는 것이 진덕여왕 4년(650)이므로 수대의 연호를 차용하여 책의 이름으로 삼는 것이 가능했을까라는 자문이 있기도 하다.

이에 대해서는 이미 『개황력』이라는 책이름으로 보아 그것이 수 문제 개황 년간에 편찬되었다고 추정해 볼 수도 있겠지만 그럴 가능성은 거의 없다고 단정하고 있다. 그것은 당시 신라가 건복이라는 독자 연호를 사용하고 있었고, 중국 연호의 사용은 진덕여왕 4년(650)의 일이므로, 『개황력』은 적어도 그 이후에 편찬된 것으로 보아야 한다는 것이다.[66]

이들의 견해에 따른다면, 금관가야의 왕대력을 편찬하면서 수나라 연호인 개황을 차용한 것이라는 점에서는 의견을 같이하면서 시기에 대해서는 이견을 보이고 있다.

이상의 내용으로 볼 때 금관가야의 왕대력을 『개황력』 내지는 『개황록』이라고 제목을 붙인 것은 김유신이 수나라와 관련이 깊기 때문에 붙여진 제목으로, 김유신은 문무왕의 외가이고, 자신의 선조에 대한 역사를 편찬하면서, 당에 대한 저항의식에서 수대의 연호를 혹 연대기의 제목으로 삼은 것은 아닌가 한다. 그것은 그가 수나라 유학승 원광법사의 절대적인 영향을 받아 사상적 형성을 이루었고 활동을 하였던 데서

65) 이문기, 2004, 위의 논문, p.23.
66) 김태식, 1990, 「가야의 사회발전단계」 『한국고대국가의 형성』, 민음사, p.55.

도 연유한 것이라 생각된다.[67]

4. 맺음말

김유신은 수나라가 중원을 지배할 때 태어나 원광법사 등 수 유학승들의 깊은 영향을 받아, 임전무퇴의 정신으로 무장하고 구체적인 병법들에 달통함으로써 훌륭한 장수로서의 면모를 갖출 수 있게 되었다. 그는 수와 당이 교체되는 정국에서 원효 등 반당의식이 투철하였던 인물들과 유대를 가지고 있었다. 그는 무열왕과 문무왕의 2대를 섬기면서 군령권을 가진 대장군으로서 결과적으로 일통삼한이라는 꿈을 이루어 낸 것이다.

그런데 『개황록(력)』 등 수나라와 관련된 내용이 역사서에 나온다는 점이 주목된다. 그 편찬시기에 대한 이견이 있기는 하나, 그가 수나라 유학승들의 영향을 받아 사상적 형성을 이루었기 때문에 그의 가문인 금관가야를 현창하는 왕대력에 개황이라는 제목을 붙인 것으로 보았다. 뿐만 아니라 그의 신라인이라는 투철한 의식이 나당연합과 나당전쟁에 있어 반당의식으로 나타났고, 이러한 결의는 신라를 보위하는 자주적인 모습으로 나타난 것으로 보았다.

---

67) 김복순, 2006.9, 위의 논문에서 『삼국사기』 등에서 수나라와 관련된 안함 등의 사료가 착종된 것은 당과의 관계로 인한 것임을 밝힌 바 있다. 김유신과 원광법사 등이 수와 관련된 내용 역시 생략되었을 것인데, 『개황록(력)』 등이 전해져 이를 밝힐 수 있었다.

제2장 신라 유학자의 저술

1. 신라의 유학자

강수, 설총, 최치원은 신라 유학자로 널리 알려진 인물이다. 이들은 『삼국사기』권46 이른바 「유학자전」에 전기가 세워져 있다. 「유학자전」에는 최승우·최언위·김대문·박인범·원걸·거인·김운경·김수훈과 6문장가로는 강수를 비롯하여 제문·수진·양도·풍훈·골답의 이름이 함께 거론되어 있다.

그런데 현전하는 신라의 금석문에는 이들과 함께 학자로서 이름을 전하는 이들이 다수 있다. 김필오·김헌정·최하·김영·김원·김입지·김육진·박거물·요극일 등이다. 이들은 중사성·선교성의 근시기구와 서서원·숭문대·홍문감 등의 문한기구에 적을 두었던 한림학사들이다. 경문왕과 경명왕도 선사비문을 찬술하고 있어 역시 학자로서의 면모를 과시하고 있다.

(1) 상문사에서 한림학사까지

신라의 유학은 고구려와 백제 그리고 중국으로부터 유입되었다. 하지만 신라에서 유학자를 필요로 하게 된 것은 중국과의 대외관계가 잦아지면서였다. 국왕의 서신인 국신(國信, 외교문서)을 담당할 문장가로서의 유학자가 필요하였기 때문이다. 신라의 상문사(詳文師)는 그러한

필요성에서 만들어진 것으로, 원광법사가 그 산파역을 한 것으로 보고
있다. 원광은 진평왕 대에 수에 보내는 걸사표(乞師表)를 직접 초하면
서, 앞으로 늘어날 외교문서의 작성을 담당할 인재를 길러낼 필요를 느
껴 조정에 건의한 것으로 추정되고 있다. 상문사는 당과의 외교관계가
정상화되는 성덕왕 13년에 통문박사(通文博士)로 고쳤고, 경덕왕이 한
림(翰林)으로 개칭하였으며, 후에 학사를 두었다.(『삼국사기』 권39 직관
지 중) 신라 하대에는 중국과의 교류가 잦아지고 많은 유학생들이 배출
되었다. 이들은 귀국하여 한림학사로서 많은 저술을 하였는데 선사 비
문 등이 현전한다.

(2) 「유학자전」에 의거해 본 강수, 설총, 최치원의 생애

「유학자전」에 의하면, 강수는 자신의 이름을 내세워 외교문서를 작
성한 초창기 인물이고, 설총은 유교경전에 통달하여 이를 이두로 풀이
하여 신라인들이 쉽게 쓸 수 있게 만들었으며, 최치원은 중국에서 문명
을 떨치고 돌아와 동국 문인의 종조로 추앙될 정도로 많은 저술을 남긴
것으로 기술하고 있다. 이들의 생애를 자세히 살펴보도록 하겠다.

강수 _ 신라 유학자로 처음 언급된 인물은 강수이다. 임나가야인으
로 이름이 우두였는데, 그의 머리 뒤에 높은 뼈가 있어서 후일 태종무
열왕이 이를 보고 강수 선생이라 한데서 강수(强首)라는 이름이 붙여졌
다. 강수는 나이가 들면서 저절로 책을 읽을 줄 알아 의리에 통달하므
로 아버지가 그 뜻을 알아보려고, 불교를 배울 것인지 유교를 배울 것
인지를 물었다. 강수는 "불교는 세속을 떠난 가르침이라 하니, 저와 같
은 세속의 사람이 어찌 불교를 공부하겠습니까?"라고 대답하면서 유교
를 배우겠다고 하였다. 그가 유교를 선택한 이 부분의 내용은 한국 고

대의 유학과 관련된 내용으로 많이 언급되어 왔다. 즉 신라에서 유교의 진흥이라는 측면과 함께 주로 불교에 대한 비판적 시각에서의 해석이 었다. 하지만 이 부분은 신라의 아동이 7-8세가 되어 배움을 선택할 당시 불교를 배울 수도 있었고, 유교를 배울 수도 있었음을 알려준다. 이는 불교식 한문과 유교식 한문을 익히는 방법이 달랐기 때문에, 배우는 이가 선택할 수 있었던 것이다. 그런데 김부식은 이를 단순히 불교와의 대비로만 부각시켜, 불교를 세외교로 간단히 치부해 버린 것이다. 때문에 이 대목은 중원 소경 거주 임나가야 출신 귀족들의 문화적 분위기를 대변한다고 하였으나, 강수의 결혼과 장례 이후 처리로 볼 때 잘못된 이해로 생각된다.

강수는 글을 읽을 줄 알게 되면서 의리를 중히 여겼다. 그는 대장장이 딸과 연애를 했는데, 20세가 되자 부모가 "너는 지금 명성이 높아 모르는 사람이 없는데, 미천한 자를 짝으로 삼으니 부끄러운 일이다. 새로이 마을의 인물로 아름답고 행실이 좋은 여자에게 장가들어라"고 하자, 강수는 "가난하고 천한 것은 부끄러운 바가 아니지만, 도를 배우고 행하지 않는 것이 진실로 부끄러운 일입니다"고 한 고사가 유명하다. 강수는 스승을 맞아 공부해 학문이 뛰어났다. 그는 『효경』·『곡례』·『이아』·『문선』을 수학하였으며 벼슬에 나아가 여러 관직을 지냈다. 태종무열왕이 즉위한 뒤 당의 사신이 가져온 국서(國書)에 알기 어려운 대목이 있어 그에게 묻자 해석과 설명에 막히는 곳이 없었다. 특히 당에 보내는 답서를 훌륭하게 지어 문무왕은 이름을 부르지 않고 '임생(任生)'이라고만 하였다. 그는 재물에 뜻을 두지 않아 가난하게 지내자 태종무열왕은 해마다 남산신성의 창고에 있는 조 100석을 하사하였다. 신라가 삼국을 통일한 뒤에 문무왕이 논공행상을 할 때 그는 외교문서를 통해 삼국통일에 큰 공을 세웠다며 사찬의 관등과 세조 200석을 증봉(增俸)받았다.

강수가 죽자 문무왕은 후하게 장사를 지내주었고 많은 물품을 하사하자, 집안사람들은 이를 모두 불사(佛事)에 보내었다. 또한 그의 아내가 생활이 곤란해 향리로 돌아가려고 했을 때, 대신이 왕에게 청해 조 100석을 내리게 했으나 받지 않았다. 그녀는 천한 처지에 남편을 따라 입고 먹어 나라의 은혜를 많이 받았는데, 홀로 된 처지에 거듭 후한 하사를 받는 것은 옳지 않다면서 고향으로 돌아가 버렸다. 그녀가 남편이 선택하지 않았던 불교를 신봉하여 절에 재를 지낼 수 있었다는 것은 당시인들의 불교 신봉에 대한 보편적인 정서를 보여주는 부분이라 생각된다.

설총 _ 설총은 태종무열왕 대에 출생하여 경덕왕 대까지 여섯 임금 대를 살았다. 고려 현종 13년(1021) 홍유후(弘儒侯)로 추증되어 시호를 받았으며, 문묘에 종사(從祀)되었다. 그의 증조부는 잉피공(仍皮公, 또는 赤大公), 할아버지는 담날(談捺)나마, 아버지는 원효대사, 어머니는 요석공주이다.

그는 방언으로 내려오던 이두를 정리하여 집대성하고, 이두로써 유교경전인 9경을 해독하여 읽고 후생을 가르쳤다. 즉 방언으로 9경을 읽어 후생을 가르쳤으므로 고려 당시까지 학자들이 그를 추앙하였다. 그런데 『삼국유사』에는 6경으로 나오고 있어, 9경과 6경의 차이가 있다. 그러나 「설총전」에 "설총이 일찍이 당나라에 가서 공부를 하였다고 하나 그런지 아닌지는 알 수 없다"고 하였다. 그가 중국유학을 하였다면 그곳에서 수학한 9경을 이두로 해독한 것으로 보인다.

설총은 문필에 관계되는 한림직에 있으면서, 신문왕 때 국학을 설립하는 데 주동적인 역할을 했던 것으로 추측된다. 그가 유교경서와 고전 문학을 우리말로 풀어 새겨 읽는 방법을 집대성하여 발전시킨 것은 획기적이어서 이두, 이도, 이토, 이찰 등으로 불렀는데, 고려와 조선조에 이르기까지 관부의 공문서에 원용되어 사용되었다.

설총은 한문으로 된 유려한 문장을 즐겨 짓기보다는 이두를 써서 문장을 만들었다. 그는 이두야말로 우리나라 사람들에게 필요한 문자로 인식하였던 때문이다. 신라인들이 이두를 통해 중국의 경전을 쉽게 읽을 수 있도록 한 공으로 그는 신라 10현 가운데 한 사람으로 추앙받고 있다. 유교 경서를 읽고 새기는 방법을 이두라고 하는 형태로 집대성하여 정리함으로써, 한문을 국어화하고 유학과 한학의 연구를 발전시키는 공을 세운 것이다.

설총과 관련된 고사가 있다.

하나는 분황사에 원효의 유골을 가루내어 진용을 만들어 봉안해 두고, 돌아가신 아버지에 대한 존경과 흠모의 뜻을 표하면서 배례하자 소상이 홀연히 돌아보았는데 고려시대까지 그대로 돌아본 채로 있다는 것과 원효가 입적한 혈사 곁에 설총의 집터가 남아 있다는 것이다. 또 하나는 설중업의 일본 사행관련 사실이다. 설총의 자손인 설중업이 일본에 갔을 때 일본국 진인(淡海三船)을 만났을 때, 그가 원효의 『금강삼매경론』을 읽고 받은 감명을 그에게 전달하고 있다. 원효에 대한 추모 열풍으로 「서당화상비」가 세워지는 배경이 되는 사건이다.

최치원 _ 최치원은 신라 왕경에서 태어났는데 어려서부터 모습이 아름답고 배움을 좋아하였다. 그의 재능은 경문왕(861-874)에게 인정받아, 868년 12세의 조기 유학생으로 당나라에 유학하였다. 그는 10년 안에 급제하지 못하면 내 아들이 아니라는 아버지의 엄훈에, 당에서 6년 간 수학하면서 남들의 10배 노력(人百之 己千之)으로, 18세에 황금방을 뚫어 빈공진사가 되었다. 이후 그는 많은 저술을 하였는데, 이를 그의 생애와 관련지어 살펴봄으로써 저술의 배경으로 삼고자 한다.

첫 번째는 율수현(溧水縣)의 현위와 양주에서 고병의 종사관으로 활동한 시기이다. 그가 당의 관리로 첫 부임을 한 곳은 지금의 난징(南京)에서 한 시간 남짓 걸리는 율수현으로, 현위를 지내면서 틈틈이 지은 글들로 『중산복궤집』(전하지 않음)을 만들었다. 이어 회남의 실력자인 제도행영병마도통(諸道行營兵馬都統) 고병(高騈)의 관역순관, 도통순관 등 서기관으로 양주에서 880~884년까지 활동하였다. 당시 당나라는 황소의 난을 당하여 큰 곤경에 처해 있었다. 고병을 대필한 「격황소서(檄黃巢書)」는 황소가 이 글을 읽고 놀라서 자신도 모르게 자리에서 내려왔다는 사실로 인해, 그를 유명하게 만든 문서이다. 그는 귀국 후 『계원필경집』을 헌강왕에게 헌납했는데, 이 시절 지은 시문을 모은 것이다.

두 번째는 885년 귀국하여 시독겸한림학사수병부시랑지서서감사(侍讀兼翰林學士守兵部侍郎知瑞書監事)를 역임하면서 한림학사로서 문장력을 발휘하던 시기이다. 그는 왕명으로 사산비명(四山碑銘)과 왕실의 원문 등을 찬술하였다. 그는 병부시랑으로 자신의 포부를 펴보려 하였으나 조정 내의 질시를 견디지 못하고 태인, 서산, 함양의 지방관으로 나아갔다. 그가 태인군수를 끝내자 생사당이 세워졌고, 함양태수 시절 대관림(현 상림공원)을 조성하는 등 선정을 베풀었다. 이 와중에 그는 한림학사로서 신라왕을 대신해서 당에 보내는 신라의 외교문서를 작성하였으며, 『제왕연대력』, 난랑비서, 향악잡영 5수 등도 저술한 것으로 보인다. 그는 유학자로서 현실정치의 개혁에 대한 미련을 버리지 못하고 894년 정치개혁안인 「시무10여조」를 진성여왕에게 올려 당시의 정황

을 변화시켜보려 하였다. 진성여왕이 이를 좋게 여겨 받아들여 아찬에
제수되었으나 개혁이 실행되지는 못하였다.

세 번째는 전국을 소요하다가 해인사에 은거한 시기이다. 벼슬에 미
련이 없어진 그는 전국을 유랑하며 재미있는 이야기와 글도 남기고 석
각도 여러 곳에 새겨놓았다. 해운대(海雲臺), 월영대(月影臺), 쌍계사 지
증대사비문 등은 지금도 우리가 만날 수 있는 그의 글씨이다. 그는 898
년 무렵에 가족을 데리고 해인사로 은거하게 되는데, 병도 다스리고 난
리도 피하려는 의도였다. 이곳에서도 그는 고승들의 전기와 해인사 관
련 결사문을 저술하였다. 908년 「수창군호국성팔각등루기」를 끝으로
그의 저술은 보이지 않는다. 20년 후인 927년에 작성된 「답견훤서」를
그가 지었다고 한 것은 후대의 부회일 것이다.

(3) 김대문 등 기타 유학자

김대문(金大問) _ 신라 중대 진골 출신의 학자로 성덕왕 3년(704) 한
산주도독에 임명되었다. 김대문은 「유학자전」에 부전되어 있지만, 그
의 저술이 단편적이나마 전하고 있어 자주 언급되는 인물이다. 그가 독
립된 전기가 아닌 부가적으로 짧게 전기가 세워진 것은 사상적으로 유
교보다는 선교나 불교에 대해서 옹호하는 입장에 있었던 때문으로 보
고 있다.

최언위(崔彦撝, 868~944) _ 신라 말 고려 초 문신으로, 당나라 빈공
진사로 귀국하여 집사성시랑서서원학사(執事省侍郎瑞書院學士)를 제수
받았다. 신지(愼之)·인연(仁渷)이라 쓰다가 신라가 망하자 고려에 가서
언위로 썼다. 고려의 태자사부로 문한을 담당하였다. 본래 성품이 너그
럽고 글을 잘해 태자사부로 있을 때 궁원의 액호는 모두 그가 찬정한

것이었으며 섬기지 않는 사람이 없었다고 한다. 최치원·최승우와 함께 일대 3최라 불렸고, 서법(書法)도 출중하여 「성주사 낭혜화상비문」은 그가 썼으며, 여러 비문을 찬술하였다.

최승우(崔承祐) _ 신라 하대 문인으로, 890년(진성여왕 4) 당나라로 유학하여 893년 예부시랑 양섭(楊涉) 아래에서 급제한 뒤 관직에 있다가 귀국하였다. 최치원·최언위과 함께 '신라 말 3최'의 한 사람으로 이름을 날렸다. 최언위 등이 고려에 가서 문한직을 맡았던 것과는 달리, 후백제의 견훤에게 갔다. 그는 927년 견훤을 대신해 고려태조에게 보내는 격서 「대견훤기고려왕서(代甄萱寄高麗王書)」를 지었다. 또한 『동문선』(권12)에 「경호(鏡湖)」 등 칠언율시 10수가 남아 있다. 이 작품들은 당말 재상 위소도(韋昭度) 등에게 주는 것이어서 그의 교제범위가 넓었음을 알려준다. 문장에 능해 사륙집(四六集) 5권인 『호본집(餬本集)』이 있었다 한다.

박인범(朴仁範) _ 신라 효공왕 때의 문신·학자로 당에 유학하여 빈공과에 급제하였고 시문에 뛰어나 명성이 높았다. 신라에 귀국 후 한림학사·수예부시랑을 역임하였다. 898년(효공왕 2) 동리산조사 도선이 백계산 옥룡사에서 입적하자 왕명에 의하여 비문을 지었으나 돌에 새기지 못하여 전해지지 못하였고, 고려의 최유청이 선각국사비명을 짓는 자료가 되었다. 현전저술로 찬문(贊文) 2편과 칠언율시 10수가 있다.

김영(金穎) _ 신라 하대의 학자로 창부시랑(倉部侍郎)으로 897년경 하정사(賀正使)로 당나라에 갔다. 이때 최언위 등 유학생 8인을 데리고 갔으며, 10년 기한이 다 된 학생 김의선(金義先)·최광우(崔匡祐) 등 4인을 데리고 돌아왔다. 그도 당 유학생으로 빈공과에 합격하여 조청랑수정변부사마사비어대(朝淸郎守定邊府司馬賜緋魚袋)의 직함을 띠고 있다. 금성군(錦城郡)태수를 지냈다. 「보림사보조선사비문」, 「월광사원랑선사비문」을 찬술하였다.

신라 6문장인 강수, 제문, 수진, 양도, 풍훈, 골번 가운데 강수는 이미 살펴 보았고, 수진과 양도의 사적이 보인다.

수진 _ 설수진(薛秀眞)으로, 진법(陣法)을 연구하여 특히 당나라의 이정(李靖)이 제갈량의 8진법에 의거하여 만든 6진병법(六陣兵法, 일명 六花陣法)에 조예가 깊었는데, 이는 대진(大陣)이 소진을 싸고, 대영(大營)이 소영을 싸며 곡절(曲折) 상대하는 진법이었다. 674년(문무왕 14) 9월에 국왕은 영묘사 앞에서 열병식을 거행하고 그의 6진병법을 관람한 일이 전한다.

양도 _ 김양도(金良圖, ?~670)로, 김유신(金庾信)·김인문(金仁問) 등을 도와 백제·고구려 및 그 잔민을 토벌하는 데 큰 공을 세웠다. 중국을 6번 왕래하였다 하므로 중국에 보내는 서한을 많이 작성한 것으로 인해 6문장에 든 듯하다. 669년 파진찬이 된 그는 각간 흠순과 함께 사신으로 당나라에 가서 대당 항쟁에 대한 당나라의 질책을 해명하였으나, 당은 670년에 흠순을 돌려보내면서 그는 계속 억류시켜 그곳에서 옥사하게 하였다.

2. 유학자의 저술

강수의 저술 _ 강수는 저술을 많이 하였지만 전해지는 내용이 없다. 다만 그 제목이 전하고 있을 뿐이다. 그는 당에 보내는 답서를 훌륭하게 지어 문무왕이 이름을 부르지 않고 '임생(任生)'이라고만 하였다. 당시 당나라에 갇혀 있던 김인문을 석방해 줄 것을 청한 「청방인문표(請放仁問表)」는 당의 고종을 감동시켜 김인문을 풀어 돌려보내주었다. 또한 당과 고구려·백제에 보내는 외교문서를 전담하였는데, 671년(문무왕 11) 당나라의 장수 설인귀(薛仁貴)에게 보내는 글도 지었다 한다.

설총의 저술 _ 신라의 유학자로 그 저술 내용이 전하는 최초의 인물은 설총이다. 그의 저술은 「화왕계」과 「감산사아미타여래조상기(甘山寺阿彌陀如來造像記)」이다. 먼저 『삼국사기』에 전하는 「화왕계」의 내용이다.

"신라 신문왕(681-691)이 한 여름에 높고 밝은 방에 거처하면서 설총을 돌아보며, '오늘은 오랫동안 내리던 비가 처음으로 그치고 향기로운 바람이 살랑살랑 부니 비록 좋은 반찬과 애처로운 음악이 있더라도 고상한 말과 좋은 웃음거리로써 울적한 회포를 푸는 것만 같지 못하다. 그대는 틀림없이 기이한 이야기를 들은 것이 있을 것이니 나를 위해서 이야기해주지 않겠는가?'하였다. 설총은 말하기를 '신이 들으니 옛날 화왕(花王)이 처음 전래하였을 때 이를 향기로운 정원에 심고 비취색 장막을 둘러 보호하자 봄 내내 그 색깔의 고움을 발산하니 온갖 꽃을 능가하여 홀로 빼어났습니다. 이에 가까운 곳과 먼 곳에서 아름답고 고운 꽃들이 달려와 찾아뵙고 오직 자기가 뒤질까 걱정하지 않는 자가 없었습니다. 그런데 문득 한 아리따운 사람이 나타났는데 붉은 얼굴에 옥같이 하얀 이빨에, 얼굴을 곱게 단장하고 예쁜 옷을 입고 하늘거리며 와서 천천히 다가서며 말하였습니다. '은 눈처럼 흰 모래를 밟고 거울처럼 맑은 바다를 대하면서 봄비에 목욕을 하여 때를 벗기고 맑은 바람을 쏘이며 스스로 즐기는 장미인데, 왕의 아름다운 덕을 듣고 향기로운 휘장 속에서 잠자리를 모실까 하오니 왕께서는 저를 받아 주시겠습니까?' 또 한 대장부가 있어 베옷을 입고 가죽 띠를 둘렀으며, 흰 모자를 쓰고 지팡이를 짚고 노쇠하여 비틀거리며 굽어진 허리로 걸어와 말하였습니다. '저는 서울 성 밖의 큰 길 가에 살면서 아래로는 넓은 들 경치를 바라보고, 위로는 뾰죽히 높다란 산에 기대어 사는 백두옹(白頭翁)이라 합니다. 생각하옵건대 좌우에서 공급하는 것이 비록 풍족하여 기름진 음식으로 배를 채우고 차와 술로 정신을 맑게 하고 옷장에 옷을 가득 저장을 하고 있더라도 반드시 좋은 약으로 기운을 북돋우고 아픈 침으로 독을 없애야 합니다. 그러므로 비록 실을 만드는 삼이 있더라도 띠를 버릴 수 없다고 합니다. 무릇 모든 군자는 어느 세대나 없지 않으니 모르겠습니다만 왕께서도 그러한 뜻이 있으신지요?' 그때 어느 사람이 말하기를 '두 사람이 왔는데 누구를 취하고 누구를 버리겠습니까?'하였습니다. 화왕이 말하기를 '장부의 말에도 합당한 것이 있으나 아름다운 사람은 얻기 어려운 것이니 이를 어떻게 함이 좋을까?'하니 장부가 다가가 말하였습니다. '저는 왕께서 총명해서 이치와 옳은 것을 알 것으로 생각하여서 왔는데 이제 보니 그것이 아닙니다. 무릇 임금된 자가 사특하고 아첨하는 자를 친근히 하고 정직한 사람을 멀리하지 않음이 드뭅니다. 이런 까닭에 맹가(孟軻)가 불우하게 몸을 마쳤고, 풍당(馮唐)은 낮은 낭중(郎中) 벼슬에 묶여 늙었습니다. 옛부터 이러하니 저인들 이를 어찌하겠습니까?' 화왕이 말하기를 '내가 잘못하였구나! 내가 잘못하였구나'하였답니다."

설총이 이야기를 끝내자, 신문왕이 슬픈 얼굴빛을 지으며, "그대의 우화 속에는 실로 깊은 뜻이 있으니 청컨대 이를 써서 임금된 자의 교훈으로 삼도록 하라"하고 드디어 설총을 발탁하여 높은 벼슬을 주었다고 전한다.

이 「화왕계」는 우화적 단편 산문이다. 그가 신문왕을 풍자로써 간하기 위해 지은 것인데, 「풍왕서(諷王書)」라는 이명으로 『동문선』 권53에도 실려 있다. 그런데 그 내용에 있어 군주를 간하는 숨은 뜻이 있기는 하나 비유의 방법은 오히려 불교에 가까운 것으로, 불교문화를 체질로 하면서 유교적으로 표현된 것으로 보고 있다. 당시 신라는 불교가 성행하던 때로 설총은 불교설화의 비유적 수법을 원용하여 꽃을 의인화하고 비유법을 써서 「화왕계」를 구성하였다고 보고 있다.

다음의 「감산사아미타여래조상기」는 성덕왕 18년(719)의 저술이다. 현재 국립중앙박물관에 소장되어있는 감산사 아미타불상의 광배 뒷면에 행서로 음각된 21행 391자의 조상기로, 1916년 경북 경주시 내동면 신계리에 위치한 감산사지에서 발견되었다. 김부식이 "설총이 글을 잘 지었는데 세상에 전해지는 것이 없다. 다만 지금도 남쪽 지방에 더러 설총이 지은 비명이 있으나 글자가 떨어져 나가 읽을 수가 없으니 끝내 그것이 어떤 것인지를 알 수 없다"고 한 비명이 바로 이 조상기이다.

"무릇 지극한 도는 생기지도 않고 멸하지도 않는 것이나...중략..., 중아찬 김지전은 신령스러운 산천의 기운으로 태어났으며 성진(星辰)이 내린 덕을 받아 성품은 구름과 노을에 맞고 정은 산수와 벗하였다. 현명한 자질을 갖추어 명을 이어받았고 지략을 품어서 조정을 보좌하니 대궐에 나아가 경륜을 쌓아 곧 상사(尙舍)를 제수하여 어명을 받들었고 계림의 뛰어난 관인을 끌고 집사시랑을 맡았다. 나이 67세에 관직을 버리고 물러나 세간을 피하여 한적한 곳에 거처하니 사호의 고상함과 같고, 영화를 버리고 성품을 기르니 양광과 양수가 족함을 알고 물러난 것과 같다. 무착의 진종을 우러러 사모하여 때때로 『유가론』을 읽으며 장자의 그윽한 도를 사랑하여 날마다 「소요편」을 열람하고, 자애로운 부모 은덕에 보답하는 것은 부처님의 위신력 만한 것이 없으며, 성스러운 임금의 은혜에 보답함은 삼보의 인을 능가하는 것이 없다. 그러므로 국주대왕과 이찬 개원공, 망고, 망비, 망제 소사 양성, 사문 현도, 망처 고로리, 망매 고보리 또 처아호리 등을 위하여 그의 감산장전을 희사하여 이 가람을 세웠다. 이에 석소 아미타상 1구를 조성하니 엎드려 바라건대 이 작은 인연이 피안에까지 넘어가 사생육도의 중생 모두가 보리를 증득하소서. 개원 7년 기미 2월 15일 나마 설총(聰)이 교를 받들어 지었고 사문 석경융(釋京融) 대사 김취원(金驟源) □□□ … 망고 인장 일길찬은 나이 47세에 고인이 되어 동해 바윗가에 (유골을) 흩뿌렸다. 후대에 추모하고 그리워하는 자는 이 선업의 도움이 있으리라. 김지전 중아찬은 삼가 생전에 이 선업을 만들었으며, … (69세인) 경신년 4월 22일 서거하여 …하였다."

이 조상기의 발원자는 중아찬 김지성(金志誠, 金志全)으로, 국왕과 이
찬 개원(愷元), 돌아가신 부모 및 가족 그리고 모든 중생의 복을 빌기
위해 감산사를 창건하고, 미륵보살상과 아미타불상을 조성하였다. 그
내용을 기록한 것이 이 조상기이다. 이 내용은 『삼국유사』 권3 남월산
조에도 있는데, 미륵보살상은 돌아가신 어머니를 위하여, 아미타불상은
돌아가신 아버지를 위해 조성하였다고 하였다. 이러한 해석은 아마도
각 조상기의 말미에 미륵상은 어머니의 몰년과 장법이, 그리고 미타상
은 아버지의 몰년과 장법이 언급된 사실에서 비롯된 것으로 추정되고
있다.

최치원의 저술 _ 최치원은 신라 유학자의 대명사로, 신라 최대문호
답게 가장 많은 저술이 전해지고 있다. 그의 재당시절의 글들을 엮은
『계원필경집』을 비롯하여, 귀국 후 왕명에 의하거나 왕실과 사원의 부
탁으로 많은 글을 남겼다. 이 글들은 조선초 서거정이 편찬한 『동문
선』에 16쟝르 191개 작품이 수록되어 있고, 『최문창후전집』에 거의
실려 있다.

저술의 내용을 요약하면 1) 『계원필경집』으로 그의 문재를 당에 떨
친 문장을 모은 책이다. 2) 사산비명으로 1사3선사비명인데, 왕명으로
찬술한 비문이다. 3) 외교문서로 한림학사로서 당에 보낸 문서이다. 4)
시무10여조로 최치원의 경세론을 집약한 상소문이나 전하지 않는다. 5)
연표인 『제왕연대력』이다. 6) 향악잡영 5수와 「난랑비서」 등 신라문화
관련 내용이다. 7) 고승전기로 해인사에 은거해 있으면서 저술한 「법장
화상전」과 「부석존자전」, 그리고 「석이정전」과 「석순응전」이다. 8)
『삼국유사』 등에 전하는 한국상고사 관련 그의 설이다.

(1) 『계원필경집』20권

최치원이 귀국한 이듬해인 886년에 정강왕에게 바친 문집이다. 우리 나라에서 가장 오래된 개인문집으로 『신당서』에 소개되어 있다. 그가 쓴 서문에 "모래를 헤쳐 금을 찾는 마음으로 계원집(桂苑集)을 이루었고, 난리를 만나 융막(戎幕)에 기식하며 생계를 유지하였기 때문에 필경(筆耕)으로 제목을 삼았다"고 하였다. 『계원필경집』의 체재와 내용을 정리해 보면 다음과 같다.

권의 수	내용
서문	자서
권1.2	표(表) 20수
권3	장(狀) 10수
권4.5	주장(奏狀) 20수
권6	당장(堂狀) 10수
권7-10	별지(別紙) 80수
권11	격서(檄書) 4수와 서(書) 6수
권12.13	위곡(委曲) 20수
권14	거첩(擧牒) 50수
권15	재사(齋詞) 15수
권16	제문·서(書)·소(疏)·기 10수
권17	계(啓)·장 10수
권18	서(書)·장·계 25수
권19	장·계·별지·잡저 등 20수
권20	계·장·별지·제문·시 등 40수

권1~5는 고변이 황제에게 올리는 표와 장을 최치원이 대필한 것이고, 권6~10은 고관대작들에게 주었던 공문별지(公文別紙)이며, 권11은 「격황소서」를 비롯한 격문과 서(書)로 짜여져 있다. 권15의 「재사」 15

수는 당대의 도교연구에 귀중한 자료이다. 권16의 「보안남록이도기(補安南錄異圖記)」는 월남의 역사연구에 필요한 사료로 평가된다. 권17의 고병을 칭송한 기덕시(記德詩) 30수는 그의 상사인 고병을 장량(張良)에 비유하여 천하를 평정한 국태민안의 주역으로 높인 송덕시(頌德詩)로 문학적 가치에는 한계가 있다고 평가된다.

권20의 내용은 귀국 직전의 작품으로 대부분 자신의 정감을 읊고 있다. 「사허귀근계(謝許歸覲啓)」는 신라와 부모님에 대한 그리움과 당나라에서 얻은 영광이 얽힌 착잡한 심경을 표현하고 있다. 이 권에 실린 시 30수에는 그의 심경이 잘 나타나 있다. 예를 들면, 「산정위석(山頂危石)」에는 자존의 긍지와 이기적인 세태에 대한 울분이 담겨 있고, 「제참산신문(祭巉山神文)」에는 귀로의 뱃길이 무사하기를 비는 마음이 간절하게 묘사되어 있다.

『계원필경집』은 최치원의 문재를 당과 신라에 떨친 변려문으로 풍부한 고사와 적절한 대구(對句)와 압운(押韻)은 후세인의 경탄을 자아내기에 족한 화려한 문체이다. 9세기 당의 사정을 알려주는 사료로서 그 가치를 국내외적으로 인정받고 있다. 또한 고병을 위한 대필과 공식문서가 대부분이나, 중국의 사실들로 이루어져 있어 우리나라 저술에 머무르지 않고 동양의 명저로 자리를 굳힌 책이다.

(2) 사산비명

왕명을 받아 많은 자료를 기반으로 여러 번 고친 까닭에 완성도가 높은 비문들로, 「진감선사비」, 「무염화상비」, 「대숭복사비」, 「지증대사비」를 말한다. 신라 하대의 한림학사는 고려 한림과 같이 불교와 도교의 소문(疏文)을 찬술하였다. 최치원 역시 한림학사로서 서(序)와 명(銘)으로 구성된 고승비문을 찬술하면서 만당의 4.6변려체를 구사하였다.

「진감선사비문」은 쌍계선문을 개창한 진감선사 혜소(774-850)의 생애 및 행적을 쓴 것이다. 최치원은 혜소가 최씨로, 선조는 중국 산동지방의 벌족(閥族)인데, 수나라 군대에 참여하여 고구려와 싸우다 항복하여 고구려 백성이 되었고 다시 신라에 속하면서 전주 금마인이 되었다고 하였다. 때문에 최치원이 한족을 칭한 것으로 보고, 경주 최씨의 기원을 고구려계에서 찾은 것이라는 견해까지 있다. 또한 범패관련 내용이 보이며, 초기 신라에 선종이 정착되는 모습이 상세히 그려져 있다.

「대낭혜화상비문」이다. 낭혜화상 무염(800~888)은 헌강왕·정강왕의 양조에 걸친 국사이며, 김씨로서 족강(族降)하여 득난(得難)이 된 사실 등으로 신라 골품제 연구에 주목받는 비문이기도 하다. 또한 부석사에서 『화엄경』을 수학하고 중국 유학을 가서 지상사에서 『화엄경』을 듣다가, 남종선으로 전향하는 과정이 서술되어 있다. 그는 중국의 장안 부근에 거주하면서 30여 년간 보살행을 하였다. 귀국 이후에는 신라의 국사로서, 임금의 국정자문에 대해 "능력있는 이를 쓰라"는 내용을 특기하고 있어 능관인(能官人)정책으로까지 명명되고 있다. 최치원은 이 비가 무염화상의 3번째 비임을 앞선 2개의 비문을 소개하면서 밝히기도 하였다.

「대숭복사비명」은 곡사를 원성왕릉으로 하기 위해 새로이 숭복사를 개창하면서 지은 비문으로, 신라 하대 원성왕 이후 화엄종 승려들이 활동한 양상을 보여준다. 이 비문으로 괘릉이 원성왕릉임을 확실히 해 주었고, 그 터가 곡사임도 확인해 주었고, 대숭복사에서 승려들로 하여금 하루에 여섯 번 6시 예불을 행하도록 한 사실도 밝혀져 있어 신라 국찰 역시 6시 예불을 하였음을 알게 해 준다. 뿐만 아니라, 국가에서 원성

왕릉 주변지역을 사기 위해 돈을 치룬 기록은 일제 식민사관인 토지국
유제설을 일축할 수 있는 근거로 제시되어 그 내용이 널리 회자된 비
문이다.

「지증대사비명」은 지증대사 도헌(824~882)의 비문으로, 최치원은 신
라불교사에 대한 시기구분과 서술을 비롯하여 지증대사 도헌의 생애를
6가지 신이한 사실(六異)과 6가지 옳은 일(六是)을 한 것을 들어 서술하
였다. 음기와 후기를 통해 헌강왕이 찬술을 명한 것이 885년인데 최치
원이 찬술한 것은 진덕여왕 7년인 893년으로 스스로 여러 번 고쳤음을
밝히고 있다. 그렇지만 문경 봉암사에 비가 세워지기는 924년인 경명왕
8년, 고려 태조 7년으로, 당시 문경은 고려의 영향 하에 있었기 때문에
그의 관직명 등에 의문이 제기되고 있기도 하다.

사산비명은 숭엄산성주사·지리산쌍계사·초월산대숭복사·희양산봉
암사의 4곳의 산을 합하여 '사산비명'이라 한 것이다. 현재 대숭복사비
를 제하고는 비교적 양호한 상태로 보전되어 있으며, 임진왜란 때 절과
함께 파괴된 것으로 알려진 대숭복사비는 1931년 이후 그 잔편이 몇 차
례 발굴되었고, 현재 경주시 외동의 숭복사지에 복원하여 새로이 조성
해 놓았다.

(3) 외교문서

「상태사시중장」은 『삼국사기』 최치원전에 수록되어 있는데, 신라왕
을 대신해서 쓴 외교문서로 신라와 당의 국제관계 실상을 잘 보여주는
문서이다. 그는 만당의 혼란기에 신라사신이 중국에 갔을 때 사용할 수
륙통행증, 선박, 식사, 짐말과 사료, 당의 장졸에 의한 신라사신의 호위
를 요구하는 주장을 하면서, 신라의 연원인 진한의 문제, 고구려와 백

제의 강성과 대륙진출, 태종무열왕의 공로, 북국인 발해의 연원과 성덕
왕의 발해 협공 등을 도론으로 하여 신라사신의 처우를 개선하여 달라
고 쓰고 있다. 김부식은 「상태사시중장」을 최치원의 전기에 실으므로
써, 당시 신라의 국제관계와 그 실상을 드러내고자 하였다.

신라와 발해의 쟁장(爭長)사건을 알려주는 「사불허북국거상표(謝不許
北國居上表)」는 897년 7월 발해왕자 대봉예가 신라사신보다 윗자리에
앉기를 청하자 당이 거절한 것에 대한 감사의 표문이고, 「신라왕여당
강서고대부상장(新羅王與唐江西高大夫上狀)」과 「여예부배상서찬상(與禮
部裵尚書贊上)」은 875년 실시된 당의 과거시험에서 발해의 오소도가 수
석을, 신라의 이동이 차석을 하여 신라에 수치감과 굴욕감을 주었는데,
906년 신라의 최언위가 오광찬(오소도의 아들)을 제치고 상위에 합격하
자 당에 머물던 오소도가 항의한 사건에 대한 내용을 쓴 것이다. 당이
주변국 가운데 신라를 제일로 대우한 사실과 이를 유지하려는 노력이
발해와의 쟁장사건으로 나타난 경우이다.

(4) 「시무일십여조(時務一十餘條)」

전하지 않으나 그 내용으로 추정되는 핵심적 주장은 골품제 하에서
신분보다 능력에 의한 적재적소의 인재등용을 주장하였을 것으로, 설총,
녹진, 낭혜 등의 주장을 이어, 그 자신도 이를 주장한 것으로 보인다.

(5) 『제왕연대력』

중국의 제와 신라의 왕으로 표기된 중국과 신라의 역사적 사실을 비
교 서술한 연표로 추정하고 있다. 『삼국사기』 권4 지증마립간 즉위년
조 사론(史論)에 의하면, 최치원은 신라의 왕호를 사실주의로 표기하지

않고, 거서간, 니사금, 마립간 등의 호칭이 비루하다 하여 전부 왕으로
바꾸어 썼다. 이는 고대문화의 원형을 보존한다는 측면에서는 비판의
대상이 되겠지만, 신라문화의 국제화 내지 보편성의 측면에서 기여한
바가 크다.

(6) 신라 풍속

향악잡영, 풍류 등이다. 향악잡영은 신라에서 유행하던 놀이를 5수로
지은 것으로『삼국사기』에 나오는 가면희에 대한 가장 오래된 내용이
다. 5수는 금환(金丸)·월전(月顚)·대면(大面)·속독(束毒)·산예(狻猊)로, 금
칠한 공놀이인 금환에서부터 동물 의장무(擬裝舞)라 할 수 있는 사자탈
춤인 산예에 이르기까지 최치원 시대에 이미 신라문화 속에 융해되어
신라 나름의 독특한 가무와 음악으로 자리잡고 있었음을 시로 표현한
것이다.

풍류에 관한 내용이다. 최치원은 화랑 난랑(鸞郞)의 비문을 쓰면서
「난랑비서」에서 풍류를 정의하였다. "우리나라에 현묘한 도가 있으니
풍류라고 이른다. 가르침의 기원은『선사(仙史)』에 자세히 실려 있는데
실로 3교를 포함하며 뭇중생을 접하여 교화한 것이다. 그리하여 집에
들어와서는 효도하고, 나가서는 나라에 충성하는 것은 공자의 주지 그
대로이며, 무위지사(無爲之事)로 처리하고 불언지교(不言之敎)로 행함은
노자의 종지 그대로이며, 모든 악을 짓지 않고 모든 선을 봉행함은 석
가의 교화와 같은 것이다"(『삼국사기』권4 진흥왕 37년조)

그는 우리 고유의 풍류도를 유교, 불교, 도교의 용어로 새로이 지적
한 것으로, 풍류사상이 유교의 충효, 도교의 무위불언, 불교의 봉선을
포괄한 내용으로 중생을 교화하는 교임을 현재의 우리에게 분명히 해

준 것이다. 이렇게 그는 신라의 고유풍속을 당시 국제성을 띠는 언어인 한자로 표기하여 우리문화의 우수성과 독창성을 오늘날까지 전해주었다. 그의 노력은 동인의식을 잘 표현한 것으로도 신라문화를 개악한 처사로 폄하되기도 하나, 신라문화를 동아시아 세계 속에 포함시키려는 의도를 가지고 한문으로 표기한 것이라 생각된다.

(7) 법장화상전

중국 화엄종의 제3조인 현수법장의 전기로 10과로 구성되어 있다. 「법장화상전」은 그 전기와 후기가 온전히 남아 있다. 법장은 당나라의 화엄종을 완성하였다는 평가를 받는 인물로, 측천무후의 명으로 천복사(薦福寺)에 주석하면서 화엄종을 선양한 인물이다. 그는 의상과 함께 중국 화엄종의 제2조인 지엄의 문하에서 동문수학하며 매우 절친하게 지냈던 인물로, 의상의 귀국 후 그의 저술을 보내 읽어봐 줄 것을 요청하기도 할 정도였다.

법장의 전기 23종 가운데 최치원의 것은 단연 으뜸되는 저술로 평가되는데 최치원의 저술은 여산 혜원을 부각시킨 것이 특징이다. 최치원은 60화엄이 여산(廬山) 혜원(慧遠)의 주선으로 남경의 도량사에서 50권본의 화엄경을 이루었다가 다시 윤문을 거쳐 60권 본의 화엄경이 이루어진 것으로 보았는데, 이는 그가 남경과 양주에서 관인을 지내면서 얻은 식견과 자료를 구할 수 있었기 때문에, 혜원을 중심으로 60화엄이 번역된 상황을 그려낸 것으로 생각된다.

최치원은 후기에 천복(天復) 4년인 신라 효공왕 8년(904)에 해인사에서 이 전을 저술하였음을 표기하였다. 자신이 「법장화상전」을 찬술한 것을 신라가 중국 연호 영휘를 처음 사용한 것에 비견하였다. 신라가 영휘를 사용한 것은 오늘날 서기를 쓴 것과 같은 것으로서, 그의 주장은 고유성에서는 부정적인 평가를 받고 있지만 국제화라는 측면에서는 긍정적인 측면이 있어 신라 지식인의 저술이 국제적인 경쟁력을 갖추게 된 선구적인 역할을 한 것으로 자부할 만하다 하겠다.

「부석존자전」은 해동화엄초조 의상의 전기이다. 지엄의 문하에서 법장과 서로 호형호제하던 해동화엄초조 의상의 전기인 「부석존자전」도 찬술하였으나 현재 전해지지 않는데, 『삼국유사』 등에 편린이 전한다.

「석이정전」은 가야산신 정견모주(正見母主)가 천신 이비가지에 감응되어 대가야왕 뇌질주일과 금관국왕 뇌질청예 두 사람을 낳았다. 뇌질주일은 이진아시왕의 별칭이다.

「석순응전」은 대가야국 월광태자는 정견의 10세손이요, 아버지는 이뇌왕이다. 이뇌왕이 신라에 구혼하여 이찬 비지배의 딸을 맞다가 월광태자를 낳았으니 즉 이뇌왕은 뇌질주일의 8세손이라 한다.(『신증동국여지승람』 권29 「고령군」 건치연혁)

그는 해인사에 은거해 있으면서 해인사의 창건주인 이정과 순응의 전기를 찬술하였다. 가야사 연구에 반드시 인용되는 내용으로 가야의 시조로 정견모주가 확인되고 있고 대가야와 금관가야의 연맹의 모습, 그리고 월광태자와 신라왕녀와의 혼인 등 여러 가지 사실을 언급해 주고 있다.

(8) 한국 상고사를 언급한 내용

기자, 삼한, 가야, 신라와 발해, 당과의 관계에 대한 인식이다. 먼저 기자에 대한 인식으로 그가 가장 멀리 인식한 내용이다. 그가 선사(仙史)를 언급한 것으로 보아 선인(仙人, 단군)에 대해 알고 있었을 것이나,

『사기』의 기자동래설, 『삼국지』「동이전」을 근거로 기자를 한국상고
사의 상한으로 언급하였는데, 이는 김부식과 이후의 유학자들에게 큰
영향을 끼치었다. 삼한은 삼한삼국계승론의 내용으로 조선전기까지 그
영향력이 전해졌다.

김대문의 저술 _ 김대문의 저술로는 『계림잡전(鷄林雜傳)』·『화랑세기
(花郎世記)』·『고승전(高僧傳)』·『한산기(漢山記)』·『악본(樂本)』 등이 있는
데, 김부식 당시까지 남아 있었으나, 현재 단편적인 내용이 전하고 있다.

(1) 『계림잡전(鷄林雜傳)』

신라의 불교 수용에 관한 사실과 신라 초기의 왕호(王號)에 대한 것
을 실은 설화집이다. 『삼국사기』의 편찬자가 이 책에서 인용했을 가능
성이 있기 때문에, 신라 역사상 중요한 사건들을 다룬 저술로 보고 있
다. 『삼국사기』 법흥왕 15년조의 신라 불교수용기사 중 이차돈의 순교
기사 분주에 "이것은 김대문의 『계림잡전』에 기록되어 있는 것을 쓴
것인데, 한나마 김용행(金用行)이 찬한 「아도화상비」에 기록한 바와 아
주 다르다"고 하였다. 『계림잡전』은 박인량의 『수이전』이나 그 밖의
신라 고사일문(故事逸文) 등을 볼 때 신라 설화문학의 매우 귀중한 자료
로 보인다.

(2) 『화랑세기』

화랑들의 전기를 모아 놓은 책이다. 『삼국사기』에 기록된 화랑과 낭
도의 전기는 이 책에 근거한 것으로 보인다. 즉 "현명한 재상과 충성스
런 신하가 여기서 솟아나오고, 훌륭한 장수와 용감한 병졸이 이로 말미

암아 생겨났다"는 구절이 인용되어 있기 때문이다.『삼국사기』김흠운
전의 사론에서는 '김대문의 세기'라 하였고, 최치원의 「난랑비서」에서
는 '선사(仙史)'라 하였으며, 각훈의『해동고승전』에는 '세기(世記)'라고
하였다. 김대문은 8세기 초 사람이므로 이 전기에 소개된 화랑은 신라
의 화랑 전부가 아니라, 그들의 활약이 가장 두드러졌던 진흥왕 대로부
터 통일을 완성한 문무왕 대까지의 화랑들이라고 할 수 있다.『삼국사
기』열전의 화랑들이 대부분 삼국 및 통일기 초의 인물이라는 사실이
이를 뒷받침해 주며, 화랑의 본래 모습을 가장 잘 전해준 기록이라 할
수 있다.

1989년에 필사본 화랑세기가 발견되고, 1995년 모본(母本)이 알려졌
는데, 32명의 풍월주의 계보와 그 구체적인 삶의 모습이 기술되어 있으
나 진위 여부를 둘러싸고 박창화에 의한 위작설이 제기되는 등 논란이
계속되었다. 현재 필사본『화랑세기』가 한문소설 내지 도가류의 저작
이라는 의견이 인정되고 있다.

(3)『한산기』

김대문이 704년(성덕왕 3) 한산주도독이 된 후 그곳 관리를 지내면
서, 한산의 풍물이나 사정을 기록한 한산 지방의 지리지로 보인다.

(4)『악본』

음악에 관한 책으로 짐작되나 자세한 내용은 알 수 없다.

(5)『고승전』

고승들의 전기서로 보이지만 고려 인종 때까지 전해졌을 것이나 현

재 전하지 않는다. 우리나라 최초의 고승전이라는 점에서 역사적 의의
가 있다.

김대문의 이러한 저술들은 신라사에 특히 관심이 집중되어 있으며,
비교적 객관성을 띠고 사실의 단순한 서술에 그치는 것이 아니라 때로
는 그것에 대한 자신의 해석이 포함되어 있다는 점 등에서 사학사적 의
의를 찾을 수 있다고 보고 있다.

3. 저술의 특징

신라 유학자들의 저술에 보이는 첫 번째 특징은 문장가로서『문선』을
익히고 애호하였다는 점이다. 강수·설총·최치원은 신라의 3문장으로
불리는데, 이는 신라 유학자들의 문장가적인 특성을 드러내는 표현인
것이다.『문선』은 양나라 소명태자가 편찬한 것으로, 법흥왕 때 양의
문물제도를 받아들인 이래 유입되어 중요한 문학서로서 애호되었다.
신라의 국학에서『문선』을 가르친 것은 당의 국자감에서『노자도덕경』
을 수학한 것과 대비되는 것으로,『문선』이 이들에게 끼친 영향을 알려
준다.

강수는『문선』을 배웠으며, 설총의「화왕계」는『문선』을 전고로 많
이 들었다. 조선시대 유학자들은 강수와 최치원의 문장 가운데 특히 공
문서는『문선』의 것과 대동소이함을 언급한 바 있다.『문선』이후 중
국과 고려에서 비슷한 문학서가 나왔지만 서거정이『동문선』을 편찬할
때까지도『문선』이 중요한 문학서로서 언급이 되고 있다.『문선』이후
그 30배의 분량이 될 것으로 추정되는『문관사림』이 신문왕 때에 유입

되었으나, 당시 정치적 상황에서 일시적으로 유행하였을 정도였다. 이렇게 『문선』은 신라 전 시기를 통해 애호되었음을 알 수 있다. 최치원은 고병의 종사관으로 있을 때, 『문선』의 저작지라고 할 수 있는 양주에 머문 기간이 4년여 이상 된다. 그는 회남절도사가 있었던 양주 지역을 중심으로 한 여러 가지 일들을 문서로 작성하면서 옛 전거를 들어 당시의 상황을 썼으므로 『문선』을 많이 원용하였다. 실제 그의 문풍을 문선풍으로 규정짓기도 한다.

신라의 유학자들의 저술에는 문장보국의 충을 실행한 점을 두 번째 특징으로 들 수 있다. 강수, 제문, 수진, 양도, 풍훈, 골번의 6문장이 대표적 사례로, 강수는 외교문서의 작성을 통해 큰 공을 세우고 있고, 양도는 삼국 전쟁시기에 많은 활약을 한 바 있고, 수진은 신라 중대 군사전략가로 6진병법에 능하였다. 「임신서기석」에는 『시경』, 『서경』, 『예기』를 3년 간 배울 것을 맹서하면서 충도집지(忠道執持)를 맹서하고 있다.

신라의 유학자들의 저술에 보이는 세 번째 특징은 시무책을 통한 인재등용에 대한 건의이다. 유학자들은 정치는 그들이 하고 임금은 인재를 능력에 맞게 잘 택해서 등용해 써야 한다는 것으로, 설총의 「화왕계」, 최치원의 「시무일십여조」, 녹진의 충언, 낭혜화상의 건의 등이다. 이러한 시무책 건의는 신라 유학자들과 승려들이 함께 한 것으로 나온다. 신라 유학자의 시무책 건의는 신하로서 왕에게 정책건의를 한 것이라면, 불교 승려들은 주로 왕의 자문역으로서 인재등용에 관한 건의를 하였다. 「낭혜화상비문」에도 최치원과 낭혜화상의 입장이 잘 비견되어 나타나 있고, 각자의 의견이 개진되어 있어 신라 하대의 모습을 보여주고 있다.

신라 유학자들의 저술에 보이는 네 번째 특징은 삼교혼융적 측면이 드러난다는 점이다.

강수가 배움에 나아갈 때, 유교와 불교를 선택하여 배울 수 있는 길이 공존하고 있었다. 설총이 찬한 「감산사아미타불조상기」에 김지성이 『유가론』과 장자의 「소요편」을 함께 열람한 내용을 특기한 것은 자신도 이를 즐긴 것으로 생각된다. 최치원의 「난랑비서」의 내용은 가장 대표적인 삼교혼융적 측면이 보이는 저술이다. 최치원 당시 당과 신라 사상계의 시대적 상황은 유·불·도 3교의 일치 내지 3교 융회적 경향을 보이고 있었다. 당나라의 현종은 『효경』, 『도덕경』, 『금강경』에 주를 달아 유포하는 등 3교 융합의 경향을 보이었다. 신라의 경문왕과 헌강왕도 3교에 융통하여 이른바 유불일치론이 등장하기도 하였다. 최치원은 당유학생으로 삼교혼융의 가장 대표적인 인물로 조선조 성리학자들과는 달리 불교와 도교에 대해 우호적이었다. 최치원이 해인사에 은거하게 된 것은 유학자였지만 3교에 대한 회통적 입장이 있었기 때문으로 이로 인해 그는 많은 불교관계 저술을 남기어 고대문화의 보존이라는 측면에서 큰 역할을 한 것으로 평가받고 있다.

4. 후대에 끼친 영향

신라 유학자들의 저술이 고려와 조선에 끼친 영향은 적지 않다. 고려의 『삼국사기』와 『삼국유사』, 조선 전기의 『동문선』, 『신증동국여지승람』, 『동국통감』 그리고 조선 후기 실학자들의 저술 속에서 확인된다. 그 내용을 몇 가지로 정리하여 살펴보면 다음과 같다.

첫 번째로 최치원의 저술이 고려와 조선에서 계속 영향을 끼치고 있다는 점이다. 우선 그의 『계원필경집』은 천년 동안 계속 간행되었는데,

그 요인은 4.6변려문의 유려한 문체에 수많은 전고(典故)를 담고 있어 고려와 조선의 문과시에 출제된 과문(科文)의 모범답안으로 원용되었기 때문이었다. 또한 그의 사산비명은 자료적 가치와 중요성으로 인해 불교학인들에게 과외독본(課外讀本)으로 읽혀져 주해본이 여럿 나왔다는 사실이다. 철면노인(鐵面老人) 해안(海眼)이 처음으로 『고운집』에서 4개 비문을 뽑아 책으로 엮고 주석을 붙인 이래, 연담 유일(蓮潭有一)·몽암(蒙庵)·홍경모(洪景謨) 등의 주해가 이어져 근세까지 십 수종의 주해본이 나왔다. 이 가운데 『문창집』과 『계원유향(桂苑遺香)』, 『사산비명주』, 『정주(精註)사산비명』 등이 꼽힌다. 또한 이덕무·정약용·성해응과 같은 저명한 실학자들도 중시하고 있음이 주목된다.

두 번째로 신라의 유학자들이 선사비명 등을 찬술한 사실이 고려에도 이어져 하나의 전통이 되고 있다는 사실이다. 최치원이 왕명으로 4개의 비명을 찬술한 외에도 많은 학자들이 찬술한 비명이 남아 있다. 김헌정의 「단속사 신행선사비문」, 최하의 「대안사 적인선사탑비문」, 김영(金穎)의 「보림사 보조선사비문」·「월광사 원랑선사비문」, 김원(金蒍)의 「사림사 홍각선사비문」이 그것이다. 이 외에도 김입지는 「무구정탑원기」, 「성주사비문」을, 박거물은 「황룡사구층목탑찰주본기」, 「삼랑사비문」을 찬술하였다. 이들 대부분은 도당유학생이었을 것으로 추정되고 있다. 또한 경문왕은 「심묘사 무염화상비문」을, 경명왕은 「창림사 진경대사비문」을 찬술하였다.

고려의 김부식이 「대각국사비문」을 찬술한 것을 비롯하여, 최언위의 「광조사 진철대사비문」, 「보리사 대경대사비문」 등, 이몽유의 「봉암사 정진대사비문」, 손소의 「대안사 광자대사비문」, 김정언의 「옥룡사 통진대사비문」, 「고달원 원종대사비문」, 「보원사 법인국사비문」, 최충의

「거돈사 원공국사비문」, 고청의 「부석사 원융국사비문」, 김현의 「칠장사 혜소국사비문」, 정유산의 「법천사 지광국사비문」 등이 있다. 또한 태조 왕건이 「홍법사 진공대사비문」을 찬술하였다.

신라의 유학자에서부터 비롯된 고승비문의 찬술 전통이 고려에까지 이어져 내려간 것을 확인할 수 있다.

세 번째로 신라 유학자의 한국 상고사 인식이 고려와 조선에 끼친 영향이다.

최치원이 중국 고대 사서인 『사기』·『삼국지』 등에 보이는 기자까지만 한국 상고사의 상한으로 언급한 것은, 김부식과 이후의 유학자들에게 큰 영향을 끼쳤다.

김부식은 당시 동아시아 보편적 이념인 유교적 관점에서 『삼국사기』를 편찬하여 한국 중세 사학의 기초를 닦았으나 유교사관에 배치되는 고대 문화적 요소를 전부 삭제함으로써 큰 비판을 받고 있으며, 한국 상고사의 상한을 기자로 못 박고 있다(『삼국사기』 권29 「연표」상). 이는 전적으로 최치원의 유학자로서의 인식과 궤를 같이 하는 것이라 하겠다.

일연은 최치원과 김부식이 쓰지 않았던 단군 등의 상고사에 대해 특별히 언급하고 있어 신이사관을 나타내 주고 있다. 중국적 세계관은 인정하지만, 우리도 중국과 동등한 연원을 가진 나라로 인식한 것으로, 최치원과 김부식의 역사인식 위에 신이사관을 더한 면을 보인 것이다. 조선시대의 유학자들조차도 『삼국사절요』, 『동국통감』에서 삼국의 본기에 앞서 「외기(外紀)」를 설정하여 단군과 기자에 대한 내용을 서술하고 있는 사실과 비견되는 모습이다. 조선시대 사서에서의 「외기」의 설정은 고려 말의 역사인식을 조선 초에 수용한 결과일 것이다.

다음은 삼한에 대한 인식 문제이다. 『삼국사기』·『삼국유사』에서 최
치원설을 인용하여 '마한-고구려', '변한-백제', '진한-신라'의 연계 내용
을 전해주고 있다. 삼한삼국계승론 내지 삼한이 곧 삼국이라는 관념은
고려, 조선에 이르기까지 그 위치를 어디에 비정할 것인가를 놓고 많은
학자들이 언급할 정도로 영향력이 있었다. 이에 대해 최치원이 중국군
현과 대립했던 마한을 고구려와 자의적으로 연결하여 그 후예인 발해
의 당에서의 정치적 입지를 축소시키려는 의도에서 나온 것으로서 신
라가 발해와 대립하던 현실의 산물이라는 견해와, 고구려의 마한 계승
인식이 고려시대의 역사서에 집중적으로 소개된 것은 고구려의 평양천
도를 통해 형성된 고조선 계승인식이 준왕의 남래로 마한과 연결되고
보덕국의 금마지역 건립과 연결되어 마한-고구려 계승인식이 확립된
것이라는 견해가 있다. 이는 신라와 발해를 보는 관점의 문제와도 연결
된 것으로, 남북국문제와 관련하여 신라인의 양면적 인식을 나타내 준
것으로 보고 있다. 최치원은 현실적으로 발해를 염두에 둘 수밖에 없는
상황이었지만, 삼한삼국계승론은 삼국의 연원을 좀 더 올려 보고자 했
던 의도에서 나온 것으로, 김부식과 일연은 그의 설을 적극적으로 채택
하여 삼한에 관한 내용에 활용하였던 것이다. 이러한 관념은 고려, 조
선에 이르기까지 한반도 역사주체를 총칭하는 용어로 작용할 정도로
영향력이 있었다.

네 번째로 당나라 중심의 세계관을 기본 바탕으로 한 특징을 보인다
는 점이다.

먼저 중국연호를 쓰기 시작했다는 점이다. 『계원필경집』권1의 첫머
리에 「하개연호표(賀改年號表)」를 배치해 놓은 것은 연호의 중요성을
웅변해 주는 것이라 하겠다. 또한 자신이 쓴 「법장화상전」을 신라가 당

의 영휘 연호를 처음 쓴 것에 비유한 바도 있다. 이는 그가 당나라를 세계시장으로 간주하고 있음을 보여주는 것으로, 신라인으로 당당히 자신의 저술을 내세우고 있는 것이다.

향악(鄕樂)과 향사(鄕史)의 표현으로, 향악은 최치원의 향악잡영 외에 『삼국사기』 박제상과 김인문의 내용에도 보이고 있다. 이들은 모두 당과 고구려, 왜 등 신라와 국제관계를 가진 인물들로서 향악이라는 표현은 중국의 당악에 대비해서 향악이라고 한 것이다. 조선조에 가면 당악을 향악으로 바꾸는 과정이 나오고 있다. 결국 향악은 중국과의 관계 속에서 설정된 명칭으로, 기록상으로 최치원이 언급한 향악이라는 설정에서부터 우리의 것을 향(鄕)으로 표기한 것이다.

김부식은 최치원이 국제적인 사고를 가진 인물로서 당 위주의 역사 서술을 한 점에서는 후한 점수를 주고 있지만, 그가 불교에 대해 긍정적이었던 것에 대해서는 함구하고 있는데 이러한 평가는 이후 조선조의 유학자들도 그대로 따르고 있다.

제IV부
신라의 지방과 화엄불교

제1장   안동문화의 형성과 화엄불교

1. 머리말

안동의 문화는 철학적 깊이에 있어 한국에서 제일가는 모습을 보여왔다. 그것은 주자학에 있어 두드러지게 나타난 바 있다. 그렇다면 안동문화의 형성에 있어 주자학이 뿌리내리기 이전에 어떠한 사상적 배경이 있었던 것인가라는 의문이 생긴다. 이에 대한 답은 고려와 신라시대에 성행하였던 불교, 그 가운데서도 화엄불교에 주목해야 할 듯하다.

안동지역 사찰들의 종파성격과 관련기록들을 살펴 볼 때, 이곳은 불교 가운데에서도 특히 화엄종이 중심을 이루고 있던 곳이었다. 그럼에도 불구하고, 안동문화와 화엄종과의 관련 내용이 역사적 흐름 속에서 제대로 밝혀진 바가 없으므로, 이에 주목해서 관련사실을 규명해 보고자 한다.

본고는 우선 안동지역으로 불교가 유입되는 배경을 고찰해 보고자 한다. 이 부분은 신라로 불교가 유입되는 과정에서 나타난 고구려 불교의 영향이 있었다는 점과 신라에 불교가 공인된 이후 왕경지역을 중심으로 형성된 불교문화와는 달리 의상이 부석산에 정주한 후에 나타나는 영향이 어떻게 안동지역으로 전해지게 되었는가 하는 점을 살펴보려는 것이다.

다음으로 안동지역 불교의 특징을 화엄종과 연관하여 개관해 보고자 한다. 안동 지역의 사찰 현황과 기록들을 참조하여 화엄종이 성행한 내용들을 추적해 보려는 것이다. 우선 의상의 제자 가운데 안동지역에서 활약한 오진과 능인에 대해 살펴봄으로써 안동지역 불교문화 형성의 기저를 밝히고자 한다. 그리고 최치원의 청량산 정주와 공민왕 당시 부석국사 천희의 등장과 화엄종의 존재 등에 주목해 보고자 한다.

2. 안동으로의 불교유입

안동지역으로의 불교유입은 여러 번에 걸쳐서 일어났을 것이나, 여기서는 가장 특징적으로 나타나는 두 단계의 과정에 대해서 살펴 보고자 한다. 하나는 고구려 불교의 간접적인 영향이고, 또 하나는 의상의 부석산 주석에 따른 본격적인 영향이다.

먼저 고구려 불교의 영향부터 살펴보려 한다. 영남지역은 태백산맥과 소백산맥, 그리고 그 지맥으로 둘러싸여 있고, 여기에 낙동강과 그 지류들에 의하여 크고 작은 분지와 평야로 형성되어 있다. 이들 지역은 사람들이 생활하기에 비교적 좋은 환경이 되었으나 외부와의 교통이 불편하였기 때문에 외래문화의 유입이 상대적으로 늦어질 수밖에 없었다. 이러한 영남의 지리적 특성이 다른 지역과 구별되는 문화적 특성과 전통을 갖게 하였는데, 그 가운데 안동은 대표적인 지역이라고 할 수 있다.[1] 이렇게 안동지역은 외부와의 교통이 불편하였기 때문에 외래문화의 유입이 늦어졌으며, 불교가 고구려로부터 신라로 유입되는 노선상에서도 약간 비켜나 있었다. 그렇지만, 안동은 일선군과 순흥지역, 낙

1) 이형우, 2001, 「영남문화의 형성과 불교」 『대구사학』 62, pp.33-38.

동강과는 모두 지근거리에 있었기 때문에 간접적으로나마 불교에 대해 인지하고 있었던 것으로 생각된다.

고구려에서 신라로 불교가 유입되는 과정은 흔히 죽령루트로 불리는 영주, 봉화를 거쳐 의성, 군위를 통해 경주로 유입되는 노선과, 조령루트로 불리는 문경에서 상주와 선산을 거쳐 경주로 유입되는 두 노선을 상정하고 있다. 그것은 영주의 순흥지역에서는 을묘년 어숙묘(於宿墓)와 기미명(己未銘) 벽화고분에 그려져 있는 만개한 연꽃무늬, 연꽃과 서향한 새 그림이 각각 남아 있고, 영주 가흥리에는 마애삼존불과 석포리 사면불이 각각 남아 있으며, 봉화 북지리에는 마애여래좌상과 마애조상군 그리고 반가사유석불상 등의 유적이 이 노선 상에 위치해 있기 때문이다.

이러한 상황으로 볼 때 안동지역으로의 초기 불교유입은 간접적이나마 고구려 불교적인 영향을 받았을 것으로 생각된다.

다음으로 의상의 영향에 대한 것을 밝히기에 앞서 신라 왕경불교의 발전과 그 동향에 대해 먼저 살펴보고자 한다.

불교가 한 지역의 문화로서 그 지역에 정착되기 위해서는 일정한 역사성이나 국가에서 불교를 공인한 이후 구체적으로 유입되는 과정이 밝혀져야 할 것이다. 그런데 신라는 992년 동안 한 곳에 도읍을 하고 있었던 까닭에 왕경 지역과 기타 지역과의 사이에는 여러 가지 차이가 있었다. 실제 중고기까지 왕경인과 지방민 사이에 경위와 외위가 따로 주어지기도 하였다. 이에 의상이 부석산에 정주하기까지의 배경으로 신라불교의 전개상황을 살펴 보고자 한다.

신라의 불교는 법흥왕과 진흥왕의 홍법 이래, 원광과 자장 등을 거치면서 국가 불교적인 성격이 강하게 나타나고 있었다. 그것은 신라가 처하고 있던 정치적 상황과 결부되어 나타난 현상이라고 할 수 있다. 6세기 중엽에 불교가 공인이 되면서 기존의 왕경 지역에 커다란 변화를 가져왔다. 그것은 거대한 왕릉과 시조묘, 신궁과 같은 건물로 상징되던 왕경이, 왕릉은 점차 산록으로 이동하고 그 중심에는 사찰들이 들어선 것이다. 특히 중고기에는 많은 사찰들이 왕실의 재정적인 뒷받침을 받아 조영되었으므로 왕경의 모습이 변화될 수 밖에 없었다.

또한 승려들의 활동을 보면 원광의 경우 세속오계는 물론이고 걸사표의 작성과 수나라 사신의 응대에 이르기까지 그야말로 국사 아닌 국사로서의 소임을 한 것이라고 볼 수 있다. 자장은 신라 귀족으로 선덕여왕이 일찍부터 재상감으로 점찍어 놓은 인물이었다. 그러한 그가 중국 유학 후 대국통이 되자, 전국의 승니들을 관장하면서 신라 전역을 불교와 유관한 국토를 만들고자 정치, 군사적으로 중요한 지역에 사찰을 건립하였다. 특히 왕경에는 황룡사9층탑을 조영하여 외적들의 침입을 방어하고자 하는 염원을 발하였는데 황룡사의 2대 사주로서 백좌강회와 간등을 베풀었으며, 전국의 불교계를 통괄하였다. 뿐만 아니라 신라가 동해안을 끼고 남북으로 그 세력을 진출하게 되자, 자장은 동해안을 끼고 태화사, 압류사, 간월사, 정암사, 월정사, 수다사 등을 직·간접으로 창건하고, 통도사와 원녕사도 건립하였다.[2]

이 시기의 안동은 신라의 5소경에 해당되지 못하여 중앙의 불교문화가 바로 전해지지는 못했을 것으로 생각된다.

---

2) 신라 중고기에 창건된 것으로 확인된 50여 개 사찰 가운데 12곳의 사원(울주 동축사·대화사, 문경 대승사, 청도 영미사, 양산 통도사, 강릉 수다사, 언양 석암원·압류사, 오대산 정암사·월정사, 경산 초개사·사라사)이 지방에 위치하였고, 나머지 38개소는 왕경 일원에 위치하였다(진성규·이인철, 2003, 『신라의 불교사원』, pp.221-229).

그런데 원광과 자장 등이 중국에서 들여온 불교는 『섭대승론』으로 대표되는 구유식 계통이었다. 이에 신라에서는 유관 주석서들이 나오게 되었고, 이 계통 승려들의 활동이 두드러지게 나타나고 있다. 원효와 의상, 자장의 세 조카인 명랑법사와 국교대덕, 의안대서성, 신방과 경흥 등을 들 수 있다. 이 가운데 650년과 661년 두 번에 걸쳐 현장의 유식학을 배우고자 중국유학을 시도한 원효와 의상(625-702)의 행보에 주목할 필요가 있다.

의상이 661년부터 10여 년간 중국에 유학하고 있을 때, 원효는 치열한 전쟁이 벌어지고 있던 국내에서 다른 승들과 함께 활동하고 있었다. 원효와 함께 명랑, 국교대덕과 의안대서성, 지의, 경흥에 의해 문무왕 대의 불교계가 장악되었다.

문무왕이 삼국을 통일한 이후 왕경의 모습을 일신하려고 했던 것을 상기해 보면, 신라 왕경의 불교 모습도 거의 이 시기에 그 틀을 갖추었던 것이 아닌가 생각된다. 즉 흥륜사를 위시한 7처가람들과 사원성전에 그 성격이 투영되어 있다고 생각된다.

특히 흥륜사는 법흥왕의 불교 공인 과정에서 불거진 사찰이었다. 흥륜사의 창건은 법흥왕이 시작하였지만, 진흥왕 대에 가서 이루어진 바, 대왕흥륜사라고까지 하였다. 흥륜사의 흥망이 곧 왕경불교의 한 특색이라고까지 언급할 수 있는 것이다. 흥륜사는 치병(治病)과 관련된 사찰로 유명하다. 이는 신라 불교가 초기에 건립이 되면서 무속의 주사들이 하던 기능을 그대로 흥륜사승들이 이어받으면서 형성된 전통이 아닌가 한다. 또한 헌덕왕 9년인 817년 8월 5일에 흥륜사에서 열린 이차돈의 기일에 베풀어진 사회에 나오는 흥륜사의 영수선사를 당시 유가제덕을 선사라고 하였다는 일연의 설명을 통해서 볼 때,[3] 흥륜사의 사격이 유가계통의 성격을 띠고 있었다고 생각된다.

신라 하대에 조성되는 선종사찰은 흥륜사에 예속되기도 하고,[4] 흥륜사 승들이 간여하기도 하는 모습이 보이고 있다.[5] 그리고 왕경에 있는 불교 유적 가운데 흥륜사 오당의 미륵 삼존불은[6] 단석산 신선사 석굴의 미륵 삼존상, 경주 남산의 삼화령 미륵삼존 등의 조성과 관련하여 6·7세기 왕경불교의 하나의 성격으로 규정할 수 있을 것이다.

위와 같은 사실로 볼 때, 왕경 지역의 불교는 원광과 자장 등에 의해 전래되고 원효, 경흥, 신방 등에 의해 익숙해진 유가계통의 불교에 의해 그 특징이 지워진 것이 아닌가 생각된다.[7]

한편 671년 당이 신라를 치려 한다는 급보를 가지고 귀국한 의상은 조정으로부터 크게 환영받지 못하였다.[8] 그것은 그가 전한 급보를 해결하기 위해 명랑법사가 뽑혀 호국기도를 주도하게 되었을 뿐 아니라,[9] 그가 수학해 온 화엄종에 대한 인식이 유가유식의 논설에 익숙해 있던 신라인들에게는 낯선 것이기 때문이었다. 이에 상심한 그는 귀국 직후 낙산에 나아가 2·7일간 기도를 드리고 5-6년 간 전국을 유행하였다.[10]

의상의 귀국과 낙산에서의 기도에 대해 주목하는 것은 이러한 의상의 행보가 곧 안동으로의 불교 유입과 직접적인 관계가 있기 때문이다.

---

3) 『삼국유사』 권3 「원종흥법 염촉멸신」조.
4) 「성주사 낭혜화상 백월보광탑비문」(이지관 편, 1994, 『역대고승비문』-신라편-, p.160, p.189).
5) 「봉림사 진경대사 보월능공탑비문」(이지관편, 위의 책, p.343, 357).
6) 『삼국유사』 권5 「밀본최사」조.
7) 김복순, 1992, 「신라 유가계 불교」 『한국고대사연구』 6, pp.27-53
8) 김복순, 1988, 「신라 중대 화엄종과 왕권」, 『한국사연구』 63, pp.101-105.
9) 『삼국유사』 권2 「문무왕 법민」조.
10) 『삼국유사』 권4 「의상전교」조.

낙산은 왕경과는 동떨어진 궁벽한 곳으로, 진전사와는 약 4km 정도의 거리에 있다. 주지하듯이 진전사는 도의선사가 처음 선종을 전래해 왔을 때(821), 왕경인들에게 마어(魔語)를 한다는 배척을 받고 은거해 버린 곳이다.[11]

신라 하대에도 궁벽겨서 은거지로 삼아졌던 이곳에 의상이 귀국 직후 행보한 것은, 그가 수학해 온 화엄종을 신라사회에 전교해야 할 것인가 그냥 은거해 버릴 것인가의 고민을 풀기 위한 기도를 드리기 위해서였을 것으로 생각된다. 그는 기도의 감응으로 관음진신을 뵙고 수정염주까지 얻게 되는 바,[12] 이는 곧 화엄종의 전교에 대한 밝은 미래를 열어 보인 것이라고 할 수 있다. 이에 힘을 얻은 의상은 화엄종을 전교하기 위한 터전을 찾기 위해 5-6년 간 전국을 돌아 다녔고, 이 과정에서 의상이 창건했다는 설화를 가진 사찰들이 나온 것이다.[13]

의상은 왕경을 벗어나 수도처가 될 만한 곳에서는 머물면서 수행하였다. 그는 특히 영주를 중심으로 오룡쟁주의 소백산, 태백산, 청량산, 학가산, 희양산 일대에 집중적으로 주석하였다. 그것은 의상이 창건했다고 전해지는 사찰들의 분포가 주로 영주 부석사를 중심으로 안동, 의성, 원주, 제천, 상주 등에 있기 때문이다. 이곳의 사찰들은 화엄 10찰과는 달리, 소박한 창건사실과 함께 그에 따른 연기설화가 전하고 있다.

그런데 의상은 교학승이면서도 그 수행에 있어서는 매우 실수적(實修的)인 양상이 나타나고 있다. 그것은 의상이 중국 유학 당시 의지(義持)라는 별호를 얻었을 정도로 실천 위주의 수행을 하였음이 현재 안동

---

11) 「봉암사 지증대사 적조탑비명」(이지관편, 위의 책, p.282, 302); 「보림사 보조선사탑비명」(이지관 편, 위의 책, p.97, 106).
12) 『삼국유사』 권3 「낙산 이대성 관음 정취 조신」조.
13) 김복순, 2003, 「의상의 행적 연구」 『경주사학』22, pp.97-102.

지역을 중심으로 전해지고 있는 사적들을 통해 확인할 수 있다. 그 내
용을 살펴 봄으로써 그에 따른 영향력을 가늠해 보고자 한다.

첫째는 그가 안동지역에 행적을 남긴 장소들의 형태가 대개 산 정상
가까이의 토굴이나 암자 형식이 많다는 사실이다.

1) 청량산(淸凉山) : 연화봉은 연적봉 서쪽에 있는데, 우뚝 솟은 모습이
   마치 부용(芙蓉)과 같아서 승가(僧家)에서 말하는 의상봉이다. 봉의
   동쪽에 연대사가 있다. 의상봉 역시 의상굴이 그 아래에 있기 때문
   에 그렇게 불렀다.[14]

2) 신라 효소왕이 유밀(有密)에 있을 때에 부석존자(浮石尊者)가 (천관
   산) 아래에서 살았는데, 지금의 의상암이다. 면세(面勢)가 요소(要所)
   를 차지하고 맑고 수려하기가 천하에 제일이어서 창문을 열어놓고
   내려다 보면 호수와 산의 만 가지 떨기가 한꺼번에 궤안(几案)으로
   들어온다. 한가롭게 앉아 있노라면 사람으로 하여금 마음이 엉기고
   형상이 풀리어 심오한 진리의 경지로 들어가게 한다. 후에 통령화
   상이 탑의 동쪽에 절을 창건하였는데 지금의 탑산사이다.[15]

3) 신라 시대에 관기와 도성이라는 두 성사(聖師)가 있었는데, 어떤 사
   람인지는 알 수가 없었으나 함께 포산에 숨어 살았다. 관기는 남쪽
   고개에 암자를 정하였고, 도성은 북쪽 바위 구멍에 자리를 잡아 서
   로 찾아 다녔다. 도성이 관기를 청하려고 하면 산중의 나무들이 모
   두 남쪽으로 향하여 엎어져서 마주 환영하는 것처럼 되어 관기가
   이것을 보고는 갔으며, 관기가 도성을 맞을 때에도 역시 이와 같이
   하여 나무가 모두 북쪽으로 쓰러지면 도성이 곧 왔으니 이렇게 하
   기를 여러 해가 되었다. 도성은 그가 살고 있는 뒷산 높은 바위 위
   에 늘 좌선을 하고 있었다. 하루는 바위틈으로부터 몸이 뛰쳐나가

---

14) 국역 『영가지』, 1991, 안동군, p.96.
15) 석천인(釋天因), 「천관산기(天冠山記)」 『동문선』 권68.

전신이 공중으로 올라가 버리니 간 곳을 알지 못하였다. 혹은 말하기를 수창군에 와서 죽었다 하고 관기도 그 뒤를 따라 죽었다고 한다. 지금도 두 스님의 이름으로 살던 터를 명명하였는데, 모두 유지(遺址)가 있다. 도성암은 높이는 두어 길이나 되는데, 뒷날 사람들이 그 굴 아래에 절을 지었다. 현재 산중에는 아홉 성인이 남긴 행적이 있으나 자세하지는 않다. 아홉 성인은 관기(觀機), 도성(道成), 반사(㮽師), 첩사(㭐師), 도의(道義), 자양(子陽), 성범(成梵), 금물녀(今勿女), 백우사(白牛師)이다. 반(㮽)자의 음은 반이니 우리말로 비나무라고 이르며, 첩(㭐)자의 음은 첩이니 우리말로 갈나무이다. 이는 두 분 스님이 오랫동안 바위 너덜에 숨어 살면서 인간세상과 사귀지 않고 모두 나뭇잎을 엮어서 추위와 더위를 넘기며 비를 막고 앞을 가렸을 뿐이니, 이 때문에 나무이름으로 호를 지었다.16)

의상이 왕경을 벗어나 지방에 머문다는 것은 귀족으로서의 편안함에 안주하지 않겠다는 의지의 표현이었다. 그는 문무왕의 후원도 거절하고 자연적으로 비를 피하고 수도를 할 수 있는 곳을 택하여 머물기도 하였다. 때문에 산 속의 굴이 그가 수도했던 곳으로 가끔 언급되고 있다. 안동의 학가산과 청량산은 의상과 그의 제자들의 흔적이 기록상 분명히 남아 있는 곳으로 주목된다. 청량산의 의상봉은 주신재가 청량산의 봉우리들의 명칭을 바꾸기 전에 불리던 명칭으로 그 이유가 의상이 그 봉우리 아래의 굴에서 수도를 했기 때문이라는 것이다. 의상이 이 일대에 머물면서 도를 닦았던 모습을 확인할 수 있다.

의상봉이라는 명칭이 유래된 사실로서, 의상굴이 의상봉 아래에 있었기 때문이라는 설명이다. 그런데 의상대, 의상암, 의상봉 등과 같은 명칭은 이곳에만 나오는 것이 아니고 2)의 천관산 등 여러 곳에 나온다. 이와 함께 그가 창건했다고 전해지는 사찰의 흔적도 많이 존재하고 있

16) 『삼국유사』 권5 「포산이성」조.

다. 따라서 이 사료들은 그의 수행의 면면을 들여다 볼 수 있는 매우 중요한 의미를 지닌다고 할 수 있다. 비슷한 예로 포산에 머물면서 수행하였던 신라승 관기와 도성 등 9성사(聖師)의 면면이 전해지고 있음을 참고할 필요가 있다. 이들은 높은 바위 굴에 머물면서 늘 좌선을 하였을 뿐 아니라, 피나무나 떡갈나무의 잎을 엮어 옷으로 입고 추위와 더위를 겪었으며 습기를 막고 하체를 가릴 뿐이어서 반사, 첩사로 호를 삼을 정도였다. 『삼국유사』 피은편에 나오는 고승들의 예와 같이 신라 승들이 수행을 하였던 한 단면이라고 하겠다. 의상의 이름은 세상에 드러나 있지만 그 역시 수행승으로서 비슷한 수행을 하였기 때문에 의상 굴과 같은 내용이 전해지고 있는 것이라고 생각된다.

또한 그가 창건하였다고 하는 사찰이나, 머물렀다고 전하는 곳의 위치는 대체로 종남산의 지상사나 영주 부석사와 같이, 거의 산의 정상에 가까운 곳에 위치해 있다는 사실이다. 그것은 그 위치가 수행하기에는 적합한 반면 세속과 많이 떨어져 있어 수도승으로 수행에 힘썼음을 알수 있게 한다. 그런데 조선시대 연화봉으로 부르는 봉우리가 승가에서 말하는 의상봉이라고 한 표현이 주목된다. 이는 신라 이래 고려시대까지 전해오던 전승들이 조선시대에 오면서 일정하게 굴절된 사실을 보여주는 사료라 하겠다. 때문에 후대에 전해지는 사찰의 기록이나 전승들을 무조건적으로 신봉해서도 안되겠지만, 전부 믿지 못하는 태도도 버려야 하리라 생각된다. 오히려 엄격한 사료 비판을 거쳐 자료로서 이용할 수 있다면 적극 활용할 필요가 있다고 생각된다.

둘째로 의상의 수행은 제자들에게 『화엄경』을 강경하여 화엄종을 전교하면서 철저하게 관법(觀法)을 닦는 수행을 겸하였던 것으로 생각된다. 의상은 왕경을 벗어나서 제자들을 모아 『화엄경』을 가르치기 시작하였는데, 이는 신라에 최초로 화엄종을 전교하고 이를 널리 알리기 위해 노력한 것이다. 그리고 그의 철저한 수행을 견디어 낼 수 있는 이들에게 전교가 가능하였으므로, 『화엄경』을 배우고자 원하여 찾아 온 이들에게 강경과 수행을 가르쳤다.

의상의 제자들은 신분이 다양하였으므로, 의상으로서는 비교적 신분이 낮은 이들을 기준으로 하여 강경하였을 것으로 생각된다. 즉 그는 자신이 지은 『화엄일승법계도기』(1권)과 『입법계품초기』(1권)을 중심으로 『화엄경』을 우리말로 쉽게 풀이해 주고 제자들이 의문이 나는 점을 묻게 해서 그 의문을 말끔히 해소시켜주는 방법으로 제자들을 육성하였다.[17] 이 때 그가 제자들과 하였던 문답의 내용이 그의 제자인 도신과 지통이 정리하여 「도신장」(일명 일승문답)과 「추혈문답」(일명 요의문답) 등으로 남아 있다. 이른바 이두의 형식인 것이다. 어려운 중국의 한자 대신에 우리 글로 쓰이던 이두를 가지고 『화엄경』의 어려운 내용을 문답식으로 풀어서 기재한 것이다.[18]

그가 중국으로부터 들여온 새로운 불교 사조인 『화엄경』에 대한 강설을 우리말로 쉽게 풀어서 강경해 주었을 뿐 아니라, 그 내용을 그 제자들이 석독구결(釋讀口訣, 한문에 토를 달아 그 한문을 우리말로 새겨서 읽는 방법)로 기록하여 전수한 사실은 당시 일반민들에게는 대단한 반향을 일으켰을 것으로 생각된다. 그것은 진정사의 예에서 볼 수 있다. 즉 그가 군대에 있을 때 남들이 의상법사가 태백산에서 불법을 풀

---

17) 『송고승전』권4 「의상」전. 의상이 제자에게 『화엄경』을 강경한 것에 대해서는 김복순, 2003, 「원효와 의상의 행적비교연구」 『원효학연구』8, pp.67-87 참조.
18) 「추혈문답」, 「요의문답」 외에도 「화엄경문답」으로도 불려졌음이 밝혀졌는데, 그 전해지는 내용에 있어서도 역시 문답식으로 『화엄경』의 내용을 요약하여 설하고 있다 (김상현, 1996, 「추동기와 그 이본 화엄경문답」 『한국학보』84).

이하여 사람을 이롭게 한다는 말을 듣고 그리워하는 마음이 생겼다는
사실인데, 이는 어려운 한문으로 된 불교교리에 능통한 왕경의 승려들
에게서는 찾아 볼 수 없는 것이었기 때문으로 생각된다.

　의천의『신편제종교장총록』에 의하면,『송고승전』의 내용을 인용하
면서 의상의『화엄경』강의를 기록한『요의문답』(추혈문답) 2권과『일
승문답』(도신장) 2권에는 우리말이 섞여 있어 문체가 아름답지 못하다
고까지 하였다.[19] 이를 되짚어 말한다면, 의상은 중국 유학까지 한 지
성인이었지만, 그의 제자들은 제대로 배우지 못한 이들이 많았으므로,
의상은 되도록이면 쉽게 우리말로 풀어서 강의하였을 것이고, 이를 정
리한 내용이 향찰을 섞어서 정리된 것으로 생각된다. 근래 의상계 화엄
학파의 문헌적 특징으로 구전성(口傳性)과 비의성(秘義性)이 언급된 바
있다.[20] 그러나 이는 후대의 문헌에 나타난 내용을 정리한 데 지나지
않는다. 당시의 의상은 제자와 문답을 통해 그가 의심을 남기지 않도록
성실히 답변해 준 사실이 그것도 우리말로 해 주었던 것이 그의 제자에
의해 향언 즉 이두로 기록이 된 것이다. 그리고 그 형태는 토가 붙은
석독구결의 형태일 것으로 보고 있다.[21]

　현재 이두로 된 문장 가운데「감산사아미타여래조상기(720)」의 내용
이 연대상 가장 빠른 것으로 보고 있다. 그러나 의상이 702년에 입적한

---

19) 의천,『신편제종교장총록』권3, 要義問答 2卷 僧傳云 錐穴問答是 智通述 一乘問答
　　 2卷 僧傳云 道身章是 道身述 [安大宋僧史義湘傳云 或執筆書紳 懷鉛札葉 抄如結
　　 集 錄似載言 如是義門 隨弟子爲目 如云道身章是也 或以處爲名 如云錐穴問答等
　　 云云 但以當時集者 未善文體 遂致章句鄙野 雜以方言 或是大敎濫觴 務在隨機耳
　　 將來君子 宜加潤色]
20) 佐藤 厚, 2001.「의상계 화엄학파의 사상과 신라불교에서의 위상」『보조사상』16,
　　 pp.130-132.
21) 남풍현, 1988,「석독구결의 기원에 대하여」『국어국문학』100, pp.236-239.

사실을 감안할 때, 가장 빠른 석독구결의 형태가 의상과 그의 문도 사이에 행해졌음을 알 수 있다. 이러한 의상의 강의형태는 의상의 문도에게는 하나의 전통이 되어 내려갔음을 고려 초 균여에게서 보아 알 수 있다. 즉 균여의 기석(記釋)들은 균여가 부분적으로는 직접 쓴 것도 있으나, 대부분 그 문인들이 균여의 강론을 기록한 형태인 것이다.[22) 의상계 화엄승려였던 균여는 많은 화엄관계 장소(章疏)들을 저술하였는데, 그 문장이 모두 방언(方言), 고훈(古訓), 가초(歌草)로 되어 있었다는 사실이 전하고 있기 때문이다.[23)

또한 의상에 관한 초기 기록은 부석사에 대한 것이 아니고 태백산 내지 소백산, 부석산과 같은 표현들이다. 부석산 40일회, 태백산 대로방 강경 등은 부처님의 산상법문을 연상케 하는 법회로서, 이는 그가 절을 창건하는데 힘을 썼다기보다는, 어떻게 하면 신라인들에게 제대로 화엄대교를 전해 줄 것인가를 고심한 흔적이었다고 생각된다.

> 4) "....그는 다만 매일 저녁 몸을 단정히 하고 바르게 가부좌하여 한결같은 목소리로 아미타불을 외우거나 혹은 16가지의 관법을 행하고 있었습니다. 관이 절정에 달할 때면 밝은 달이 문 안으로 깊숙이 들어 왔으며, 때로는 그 달빛을 타고 결가부좌하고 있었습니다. 이토록 정성을 들이는데 비록 극락을 가려고 아니 한들 어데로 가겠소. 무릇 천리 길을 가는 자도 한 걸음에서 알아볼 수 있습니다. 지금 스님의 태도는 동쪽으로나 갈 만하오. 서방 극락은 모를 일인가 하오"하니, 엄장이 부끄럽고 무안하여 물러 나와, 원효법사의 처소로 가서 정토왕생에 대한 묘방을 간절히 청하니 원효가 삽관법(揷觀法)

---

22) 남풍현, 위의 논문, p.236. 균여의 시대에 고승의 강론을 방언을 섞어 기록하는 것이 극히 보편화되어 있음을 말하는 것이라고 보고 있는데, 이러한 전통은 의상에게서부터 유래된 것으로, 균여의 시대인 고려 초까지 잘 지켜져 내려왔음을 알 수 있다.
23) 균여, 『십구장원통기』하.

을 지어 지도하였는데, 엄장이 이때서야 조행을 깨끗이 하고 잘못을 뉘우쳐 한 마음으로 관을 공부하여 역시 극락에 갈 수 있었다. 삽관법은 원효법사의 전기와 해동 승전 중에 실려 있다. 광덕의 부인은 분황사의 노비였지만 실은 관세음보살의 19응신의 하나였다.[24]

위의 사실은 문무왕 대에 있었던 광덕과 엄장의 설화에 나오는 내용이다. 의상의 수행에 관한 자세한 기록이 없어 같은 시대에 행하여지고 있던 관법의 모습을 알기 위해 인용한 것이다. 물론 이들은 서방정토에 왕생하기 위해 관법을 수련한 것이지만, 의상 역시 아미타불을 서방으로 모시고 일불승(一佛乘)을 닦기 위해 노력한 흔적이 부석사에 남아 있기 때문이다. 또 『송고승전』에는 그의 인품에 대하여 "의상은 설한 바와 같이 행함을 귀하게 여겨 강의를 하는 일 외에는 수련을 부지런히 하였다. 세계와 국토를 장엄하여 조금도 두려워하거나 꺼리는 일이 없었다. 또 언제나 의정(義淨)의 세예법(洗穢法)을 좇아 실행하여 어떤 종류의 수건도 쓰지 않았으며, 시간이 되어 그냥 마르도록 내버려두었다. 또, 의복과 병과 발우의 세 가지 외에는 아무것도 몸에 간직하지 않았다"라고 하였다.

이러한 의상의 수행 방법이 그대로 제자들에게 전해져 같은 형태로서 수행을 한 모습이 보이고 있다. 그의 제자 가운데 지통은 이량공 댁의 종이었는데, 7세 때 울주 영취산으로 가서 낭지에게 사사하다가 의상의 문하로 온 인물이었다. 그가 태백산 미리암굴에서 화엄관을 닦는 모습이 보이고 있다.

5) 하루는 갑자기 큰 멧돼지가 굴 앞을 지나갔다. 그 때 지통은 평상시

24) 『삼국유사』 권5 「광덕 엄장」조.

와 같이 목각존상 앞에 정성을 다하여 예불을 드리고 있었다. 그 목
각불상이 지통을 보고 이렇게 말하는 것이었다. "굴 앞을 지나간 멧
돼지는 네 과거의 몸이다. 나는 네가 미래에 받을 과보로서의 부처
가 되리라." 지통은 이 말을 듣고 곧 삼세가 일제(一際)라는 뜻을 깨
달았다. 훗날 스승 의상에게 이 말을 하였더니 의상은 지통의 그릇
이 이미 완성되었음을 알고 법계도인을 그에게 주었다 한다.[25]

그의 제자인 지통이 굴에 거주하면서 도를 닦고 있는데, 정성을 다하
여 예불을 드리고 있는 모습이 표현되어 있다. 의상이 지은 것으로 알
려져 있는 투사례(投師禮)를 하면서 예불을 했을 것으로 보인다. 뿐만
아니라 그는 이 굴에 머물면서 관법을 닦았을 것으로 생각되는데, 의상
과 그의 제자들이 닦은 화엄관은 140원, 10회향원, 초지원, 성기원 등을
이루기 위한 것으로 보인다.[26] 그의 저술 가운데 유독 발원문이 많은
것은 이러한 그의 수행태도와도 관련이 있다고 생각된다.

셋째로 의상의 수행 양상은 부처님을 닮고자 노력하였다고 생각된
다. 실제 그는 "세상에 전하기를 의상은 금산 보개(金山 寶蓋)가 현신한
것이라 하였다"[27]고 하여, 금산 보개의 화신으로 비유하고 있는데, 그
것은 그의 수행이 부처님의 여정과 비슷하였다는 데서 나온 별칭으로
생각된다. 이는 원효를 진나보살의 화신으로 비유한 것과 대조되는 형
식이다. 「불영사사적기」에서 언급한 일명 불귀사(佛歸寺)는 불영사 근
처 인근 마을 사람들이 의상을 부처님으로 여길 정도로 존숭하고 있었
다는 사실을 말하는 것이라 하겠다. 이는 앞에서 언급한 두 양상에서
그가 부처님의 수행을 따라 행하고자 하였음에서 잘 드러났다고 할 수

---

25) 『법계도기총수록』 권상지일(『대정장』45, p.723 중).
26) 전해주, 1992, 「의상화상 발원문 연구」 『불교학보』29, pp.330-334.
27) 『삼국유사』 권4 「의상전교」조.

있다. 그런데 이에 더하여 그는 왕권에 예속되지 않으려 하였음을 살펴
볼 수 있다. 즉, 왕이 하사한 전장과 노비를 거부한 점이다. 의상이 왕
명을 받들어 부석사를 창건하였다고 하는데, 그렇다면 그는 왜 왕이 하
사한 노비와 전장을 거절하였으며, 왕이 왕경에 성을 쌓으려는 것을 편
지까지 보내어 막을 수 있었겠는가의 문제이다.

　문무왕 당시의 신라 조정은 당군을 물리친 이후 논공행상으로 어수
선했을 것이며, 왕실은 궁궐을 중수하고 남산성의 증축 등으로 위세를
과시했을 것이다. 이들과 궤를 같이 하여 의상이 그 오지에 대가람을
짓기 위해 많은 인력과 물자를 투입하면서, 왕이 성을 쌓는 것에 대해
비판을 할 수 있었겠느냐는 것이다. 이 상반된 내용에 대한 논의들을
볼 때, 논자들은 자신의 논지에 유리한 쪽으로 해석들을 해 왔다고 생
각된다. 그러나 의상에 관한 다른 기록에서는 그가 권부이종을 내쫓고
들어간 부석사에서 겨울에는 양지바른 곳에서 여름에는 그늘에서 화엄
경을 강의하였다고 전하고 있다.[28] 흔히 이적이 나타나거나 수행이 뛰
어난 것이 보고되면 왕실에서 불러들여 조정과 관련을 맺은 예에서 보
듯이 문무왕은 부석산에서 화엄을 전교하면서 백성들을 이롭게 하고
있던 그에게 전장과 노비를 하사하고 일정하게 조정과 관계를 유지하
려 했을 것이다. 이러한 사실은 시대는 다르지만 신라 하대에 쓰여진
비문에 나오는 예를 들어 볼 수 있다.

　즉, 신라 하대에 쓰여진 비문에는 한결같이 임금의 교서나 조칙이 내
려지고, 사찰에 사액(賜額)을 하거나, 방생경계를 표해주고, 나아가 왕
경에 있는 사찰에 연계시켜 적(籍)을 편입하게 해 주어 재원을 충당하
게 해 주고 있다.[29] 당시 신라에서는 사찰의 창건에 왕의 허가가 있어

---

28)『송고승전』권4「의상」전.

야 했던 것으로 알려져 있다.[30]

그렇다면 과연 이러한 형식의 내용이 의상이 창건한 부석사에도 적
용이 되었는가의 문제이다. 이 문제는 의상이 문무왕이 내려준 전장과
노비를 거부함으로써 조정에 예속되지 않은 것으로 생각된다. 따라서
의상이 조정의 뜻을 받들어 대규모 가람의 부석사를 세웠다고 보기 보
다는 그의 소식을 들은 조정에서 그의 활동을 인정해 준 것이라 생각된
다. 그는 오로지 화엄대교를 신라에 전교하는 데에만 전력하였다고 생
각되는데, 그것은 그가 귀족의 신분도 버리고 의복과 병, 발우의 세 가
지 외에는 아무 것도 몸에 가지지 않고 오로지 사문(沙門)으로서 부처
님의 수행을 따르고자 한 데서 나온 결과로 생각된다.

이러한 의상의 수행은 부석산을 중심으로 그 일대에 커다란 영향을
끼치게 되었다. 특히 안동의 학가산과 청량산을 중심으로 많은 사적을
남길 정도로 그의 교화가 주위로 퍼져 나간 것이다.

3. 안동 지역의 화엄불교

현재 한국 불교의 주류는 선불교라고 할 수 있다. 고려 말 이래의 전
통이 오늘날까지 이어진 것이라고 할 수 있다. 이는 곧 조선시대의 불
교의 모습이 오늘날까지 계승되고 있다고도 할 수 있다. 성리학이 주조
를 이루던 시대에 명맥을 유지하던 불교가 오늘에도 그대로 계승되고

---

29) 「적인선사비문」(이지관편, 위의 책, p.90); 「보조선사비문」, p.110; 「진감선사비문」,
    p.144; 「낭혜화상비문」, p189, p.199; 「원랑선사비문」, p.225; 「대숭복사비문」, pp.265-
    266; 「지증대사비문」, p.320, p.323; 「진경대사비문」, pp.355-358, p.361.
30) 박남수, 1994, 「통일신라 사원성전과 불사의 조영체계」『동국사학』28, p.56.

있는 것이다. 그런데 그 선종의 내부모습을 들여다보면 그 안에는 잡다한 교학들이 들어 있다. 『금강경』과 『능엄경』은 물론이고 제일 큰 비중을 차지하고 있는 것이 『화엄경』이라고 할 수 있다. 그 이유는 여러 가지가 있을 것이나 현실적인 측면에서 볼 때, 과거의 현상이 역사적으로 융해되어 나타난 현상이 아닐까 한다. 특히 안동 지역은 조선조 시기에 성리학의 메카라고 불릴 정도로 많은 성리학자들이 배출된 곳이다. 도에 대한 이 지역인들의 집중적인 관심을 반영하는 것이라고 할 수 있겠다.

그렇다면 성리학 이전에 이곳에는 어떠한 학문적, 종교적 기반이 있었던 것일까. 그것은 당연히 신라와 고려를 거쳐 이곳에서 유행하였던 불교, 그 중에서도 화엄종과 선종이 당연히 주목의 대상이 될 수 있다. 빈약한 자료이기는 하나, 이 지역에 산재해 있는 불교문화를 조명해 보고, 그토록 왕성하였던 불교문화가 왜 성리학이 이 지역의 문화를 지배하게 되면서 사라지게 되었는가 하는 것을 이 지역문화의 특색으로 고찰해 보고자 한다.

안동에 불교가 성하였음은 오늘날의 사찰들과 100개가 넘는 폐사지로도 쉽게 알 수 있다. 이러한 성황과 함께 이 지역불교의 특징을 들자면 의상계 화엄종이 뿌리를 내린 지역이라는 점이다. 안동지역에는 의상의 제자인 오진(悟眞)과 능인(能仁)의 사적이 분명하게 드러나고 있어, 이들이 이 지역의 불교문화를 주도하였음을 알 수 있다. 먼저 오진에 관한 내용부터 보도록 하겠다.

6) 의상의 제자에는 오진, 지통, 표훈, 진정, 진장, 도융, 양원, 상원, 능인, 의적 등 10명의 고승이 영수(領首)가 되었는데, 모두 아성이며, 각기 전기가 있다. 오진은 일찍이 하가산 골암사(下柯山 鶻巖寺)에

살면서 밤마다 팔을 뻗쳐서 부석사 석등에 불을 켰다.[31]

오진은 『삼국유사』에 의상의 제자로 제일 먼저 나오고 있다. 또한 그는 저술이 있었던 것으로 전해지고 있다. 즉, 『성유식론의원초(成唯識論義苑鈔)』3권과 『인명론비궐략초(因明論備闕略鈔)』2권, 『법원의림집현초(法苑義林集玄鈔)』3권 등이 의천의 『신편제종교장총록』제3에 나오고 있다. 이에 대해 그의 저술이 유가계라는 사실로, 중국으로 유학을 갔다가 토번에서 죽은 오진으로 보는 경우도 있다. 그러나 그것은 다음과 같은 두 가지 이유로 볼 때 신라에 있었던 오진으로 보는 것이 타당하리라 생각된다.

하나는 오진이 매우 학식이 있었던 학승이라는 것을 알려주는 사실이 있기 때문이다. 즉, 80화엄이 신라에 전해진 후, 60화엄과는 다른 80화엄의 품수(品數)에 대해 당나라의 자원(子源)에게 편지로 질문했던 일이 있을 정도였다.[32] 중국의 승려에게 편지를 할 수 있을 정도의 인물이라면 그의 학문적 배경은 상당하였을 것이기 때문이다. 이렇게 오진은 의상계 승려로서 수학하였을 60화엄에 이어 80화엄까지 능통했던 인물로, 이곳에 화엄종이 뿌리를 내리는데 큰 역할을 했을 것이라 추정된다. 그리고 오진이 유가계 승려로서 의상의 제자가 되었다는 것은 기존 불교세력이 새로운 화엄종으로의 유입이라고 볼 수 있을 것이다.[33]

---

31) 『삼국유사』권4 「의상전교」조.
32) 균여, 『석화엄교분기원통초』권상.
33) 『영가지』에는 연비원불사에 대해 부 서북쪽 12리 떨어진 오도산 남쪽에 큰 돌을 세워 불상을 만들었는데 높이가 10여 장으로, 당나라 정관 8년(634)에 만들었으며 여섯 칸의 누각으로 위를 덮었으며, 집 모양이 날개를 펴는 듯하다고 나와 있다.(『영가지』권6 불우 연비원불사) 이곳은 조선 후기에 폐사될 때까지 안기역 옆에 위치하여 여행자들의 편의를 돕는 기능을 하였던 것으로 알려져 있다. 만약

의적과 같이 법상종 계통에 있다가 의상의 제자가 되었다고 볼 수 있을 것이다.

또 하나는 671년에 원효에 의해 이루어진『판비량론』의 내용으로 볼 때, 당시 신라 승들과 당나라 승들이『인명론』과『성유식론』등에 매우 관심을 가지고 있었다는 사실이다.[34] 특히『성유식론』은 당시 신라 승들이 관심을 가지고 많은 주석을 하였던 저술들이었다. 원측, 혜관, 현범, 의적, 도증, 경흥 등의 저술에 모두 나타나고 있다.[35] 이러한 사실은 그가 외국에서 여행 중에 죽었다는 오진의 상황과는 달리 국내에 있으면서 여러 학승들이 관심을 보였던 문제에 대해 함께 관심을 가지고 자신의 의견을 개진한 것으로 생각된다.

이와 관련하여 그가 하가산 즉, 학가산에 주석하면서 매일 밤 부석사의 석등에 불을 켰다고 한 사실에 주목해 볼 필요가 있다. 지역적으로 제법 떨어져 있는 부석사에 매일 불을 켠다는 것이 쉽지 않았을 텐데 이러한 기록이 전한다는 것은 이와 관련된 사실이 있기 때문이 아닌가 한다. 그런데 이와 관련하여 주목해 볼 수 있는 내용이 있다. 즉 장명등(長明燈)과 관련된 내용이다. 즉, 부의 북쪽 15리에 있는 대사동(大寺洞)의 옛 절터에 있었던 장명등을 기록해 놓은 것이다.[36] 이 대사동의 옛 절터는 석탑사로 추정하기도 하는데, 석탑사의 동쪽 산을 조골산이라 부르기 때문으로 알려져 있다. 장명등에 대해서는 여러 해석이 있을 수 있으나, 학가산으로부터 부석산까지의 불교세력이 모두 의상의 문하로

이 영가지의 연대가 맞는다면 그 시기는 선덕여왕 대가 되므로 혹 오진과 관련이 있을지 모르겠다.
34) 김성철, 2003,『원효의 판비량론 기초연구』, pp.143-147 참조.
35) 이만, 1993,「신라인 찬술의『성유식론』소 산일본 복원」『불교학보』30, p.376.
36) 국역『영가지』권6 고적「장명등」조와「대사동의 장명등」조, p.338, 341.

되면서 학가산에서 붙인 불이 부석사까지 연결된 것을 장명등으로 표현한 것이 아닐까 한다.

다음은 능인에 대한 내용이다. 능인과 관련된 곳으로 나오는 봉정사에서는 1995년 10월 15일 만세루 마루 밑에서 사찰의 연기에 관한 자료들이 출토되었다. 즉, 봉정사는 의상법사가 점유하던 곳으로, 능인이 창건한 것으로 다음의 인용문과 같이 기록되어 있다.

> 7) "花府之西 天燈之南 有刹曰 鳳停寺也 羅代古刹而 義湘法師之所占處也"37) "安東府 西三十里許 天燈山 山之麓有寺曰 鳳停寺 寺則地勢有若鳳停故 號此名也 是寺者 昔祖師 能仁大德 新羅始創建"38)

봉정사는 현재 안동의 학가산과 천등산에 위치해 있다. 의상법사가 점유하던 곳이라는 표현을 한 것은 이미 앞에서 본 바와 같이 의상이 산 정상 가까운 (의상)굴에서 수도를 한 바 있었기 때문으로 생각된다.

> 8) 학가산 : 산의 동쪽에 능인굴이 있다. 천등굴 : 안동부 서쪽 25리 천등산에 있다. 세전에 의하면 "능인이 여기에 거하면서 도를 닦았는데, 천등(天燈)이 항상 여기에 달려 있었기에 이렇게 이름했다"고 한다. 굴 입구에 소암자가 있고, 굴속에는 능인선사가 앉았던 선판(禪板)이 있다. 능인굴 : 안동부의 서북쪽 30리 학가산 동쪽 모서리에 있다. 고승이 전하기를 "신라 대덕승 능인이 인세를 절연하고 이 굴에 숨었다. 업경승(業經僧) 천 여명이 부석사에서 찾아 왔으나 끝내 그를 만나보지 못했는데, 떠날 때에 각각 돌을 모아서 탑을 만들었으니 그것을 이름하여 석탑이라고 했다"고 한다.39) 봉정사 : 안동

---

37) 『慶尙左道 安東西岑 天燈山鳳停寺 大藏經鏤板 部數及 印出體例 規模記』 (1769), 『天燈山 鳳停寺 大藏經目錄 及 印經記』, 1998. 4. 2, p.36.

38) 봉정사 「記文藏處의 上樑文」, 천등산 봉정사.

부 서쪽 30리 천등산에 있다. 신라시대에 이름난 절이 되었다.[40]

의상의 제자인 능인이 이곳에 머물면서 도를 닦은 기록이 천등굴과 능인굴의 형태로 전하고 있고, 봉정사는 그가 창건한 것으로 기록되어 있다. 이렇게 682년 봉정사를 능인이 창건했다고도 전하는 것은 의상이 귀국 후에 이 일대를 돌아보고 수도했던 곳이 10여 년 후에 그의 제자들이 머물게 된 것이 아닐까 생각된다.

그런데 안동 일대에는 봉정사와 함께 석탑사, 개목사, 광흥사, 석수암, 봉서사, 영봉사가 모두 의상과 관련된 설화를 가지고 있는 곳이다. 특히 개목사는 관음불상(원통전)을 모시는데 불경에 관음보살의 천 개의 눈이 인간을 제도한다는 뜻을 취한 것이라고 하는데,[41] 이는 의상이 관음신앙을 강조하였던 것과 연계해서 생각해 볼 수 있겠다.[42] 이 사찰들의 특징은 모두 그 위치가 매우 높아서 산 정상 가까이에 있고 매우 협소한 자리를 차지하고 있으며, 한 눈에 아래의 전경이 들어온다는 특징이 있다. 다시 말하자면, 의상이 화엄종의 전교를 시작한 초기에는 대개 수도를 위하여 굴이나 초가를 짓고 거처했을 것으로 추정할 수 있는 장소들인 것이다. 이렇게 의상과 그 문도들의 이곳에서의 생활은 『화엄경』의 수학과 산 속 굴에서의 정진을 주로 했던 매우 청빈한 수도자들의 삶이었을 것으로 생각된다.

안동 지역의 의상의 문도들이 왕경과 연관되기 시작하는 것은 대개 경덕왕 대를 전후한 시기가 아닌가 생각된다. 그것은 경덕왕 대에 대덕

---

39) 국역 『영가지』 권2, p.89, 115.
40) 국역 『영가지』 권6, 「봉정사」조, p.354.
41) 국역 『영가지』 권6, 「개목사」조, p.354.
42) 의상의 관음신앙에 대해서는 정병조, 1978, 「의상의 관음신앙」『동국사상』10·11 과 정병삼, 1982, 「통일신라 관음신앙 연구」『한국사론』8 참조.

을 지낸 표훈이 의상의 제자로서 연결이 되고 있고,[43] 표훈과 신림이
불국사와 석불사에 주석한다고 나오는 것이 대개 경덕왕과 혜공왕 대
이기 때문이다.[44] 따라서 이곳의 사찰과 탑들은 대개 경덕왕 대 이후
왕경에 있던 사찰에 연계되면서 그 후원을 받고 점차 큰 사찰의 모습으
로 바뀌어 갔을 것으로 추측된다. 또한 안동의 전탑들이 발해의 영광
탑[45]과 비슷한 양식을 나타내는 것으로 볼 때, 역시 왕경의 후원이 이
루어졌던 것은 경덕왕 대를 전후한 시기로 추정할 수 있겠다. 그리고
그 양식에 있어 전탑의 형식을 갖춘 것은 중국유학을 했던 화엄승들의
영향으로 언급되고 있는데,[46] 중국이 전탑의 나라라는 점에서 긍정적
으로 생각해 볼 수 있는 문제라고 생각된다. 의상의 손제자로 나오는
신림은 경덕왕 대의 인물로 역시 중국에 유학을 하였던 기록이 보이고
있다.[47]

　안동에는 의상과 그의 제자인 오진과 능인의 주석 이후, 김생과 최치
원이 주석했던 것으로 나오고 있다. 이들이 머물던 곳은 김생사와 치원
대로 남아 있고, 최치원은 고운사에 머물렀던 기록이 남아 있기도 하다.

　　9) 금탑봉은 경일봉 아래에 있는데, 어떤 이는 치원봉이라 한다. 최치
　　원의 독서처가 치원대의 아래에 있다. 주세붕의 기문에 ... 그 내외
　　에 있는 여러 봉우리가 옛날에는 그 이름이 없었으나, 승들이 전해

43) 『삼국유사』 권2 「경덕왕 충담사 표훈대덕」조.
44) 『삼국유사』 권5 「대성효이세부모 신문왕대」조.
45) 방학봉, 1998, 『발해불교연구』, 연길, p.160. 1980년과 1982년에 걸쳐 조사한 소
　　춘화의 견해에 의거하여 이 탑이 당대 전탑과 유사한 점을 밝혀 발해의 탑으로
　　규정하고 있다.
46) 임세권, 2002, 「전탑의 고향을 찾아서」, 『내일을 여는 역사』 9, pp.249-265.
47) 균여의 『일승법계도원통기』하와 『석화엄교분기원통초』, 그리고 『법계도기총수
　　록』 권 하지일 등에 수록.

내려 오는 것으로 오직 보살봉, 의상봉, 금탑봉, 연적봉 만이 있는데, 외봉으로는 오직 큰 봉우리는 금탑과 같은데 간혹 치원봉이라 부르는 것은 치원대가 그 아래에 있기 때문이다.48)

10) 상대승암 : 김생굴 서쪽에 있다. 주신재의 시에 "대승암 앞에서 날이 저물었는데 김생사 위에는 달이 소반처럼 떠 있구나"49)

11) 치원암, 극일암 : 치원암 동쪽에 있다. 송풍대 풍혈이 그 뒤에 있으며, 몇 아름 씩이나 되는 천척노송이 허공을 떠받고 있다. 굴에는 두 개의 판이 있는데 전하기를 최치원의 바둑판이라고 하며, 판이 굴속에 있어 천년 세월에도 썩지 않았다고 한다.50)

12) 상청량암 : 안중암 동쪽에 있다. 주신재의 시가 있다. "고운은 옛날 여기서 세상을 피해 살았는데 술 한잔 따라 놓고 영혼을 위로하네"51)

청량산에는 김생과 최치원이 주석했던 곳이 김생사와 치원대로 남아 있다. 김생은 신라의 명필로서 불교와 관련된 글씨를 남기기도 하였다. 그가 이곳에 머물면서 수련을 하였다는 것은 신라 하대에도 이곳이 수도처로서 이름이 있는 곳이었음을 알려준다 하겠다.

최치원이 이곳에 머문 것으로 생각되는 것은 그와 관련된 사적들이 여럿 전하고 있기 때문이다. 최치원은 유학자이면서도 불교 등 삼교에 회통했던 인물로, 특히 불교관계 저술을 많이 남긴 인물이다.52) 그는 885년에 중국유학에서 돌아오자 헌강왕의 명으로 「대숭복사비문」을

48) 국역 『영가지』 권2, pp.96-100.
49) 국역 『영가지』 권6, p.362.
50) 국역 『영가지』 권6, pp.362-363.
51) 국역 『영가지』 권6, p.363.
52) 김복순, 1983, 「최치원의 불교관계저술에 대한 검토」『한국사연구』43, pp.159-160.

짓고, 이후 「진감선사비문」, 「낭혜화상비문」, 「지증대사비문」을 지은
바 있다. 또한 이 시기에는 「화엄경사원문」, 「화엄사회원문」, 「해동화
엄초조기신원문」, 「고종남산엄화상보은사회원문」 등을 짓기도 하였다.
그러나 그가 원하였던 정치개혁이 진성여왕에 의해 가납되어 아찬에
봉해졌을 뿐 실행이 되지 않으므로 그는 많은 곳을 돌아 다니면서 그의
우울한 심경을 달랜 바 있다. 청량산에 머문 기록은 『신증동국여지승
람』과 주신재의 『유청량산록』에 나오고 있다.

결국 그는 모형(母兄)이 머무르던 화엄종찰 해인사로 은거하게 되면
서 화엄관계 여러 저술들을 남기었는데, 해동화엄 초조인 의상의 전기
「부석존자전」과 중국화엄종의 제3조인 현수의 전기 「법장화상전」이
오늘까지 전하고 있다.[53] 특히 그는 시대적인 차이는 있지만, 그가 유
학하였던 장안에서 함께 유학하였던 의상의 사적은 중국 유학시부터
들었을 것이고, 종남산에도 가보았을 것으로 생각된다. 현재 완전하게
전해지고 있는 「법장화상전」의 내용은 최치원이 중국에 있으면서 들었
던 사적들이 많이 참고가 되었을 것으로 보이기 때문이다. 이러한 최치
원이 이 지역에 머물렀다는 것은 의상의 화엄종과 관련하여 그 영향이
있었으리라 생각된다. 즉 그가 「부석존자전」을 쓰는데 당시의 현상이
일부 반영되었을 것으로 보이기 때문이다.

신라 말에 풍산현에는 300개나 되는 사찰이 있었는데, 고려가 삼한
을 통합한 후 이를 다 합하여 이름을 300암(庵)이라고 하였다 한다.[54]
신라 말까지 불교가 매우 성하였음을 알게 해주는 내용이다.

안동에는 아직도 고려불교의 특징이라고 운위되는 비보사사(裨補寺

---

53) 김복순, 1987, 「최치원의 법장화상전 검토」 『한국사연구』57 참조.
54) 국역 『영가지』 권6, p.358.

社)의 존재가 남아 있다. 임하사, 성산사, 마라사가 모두 부(府)터의 물이 빠져 나가는 곳을 지키는 비보사찰이고, 본부 사악(本府 四嶽)으로 서악사, 동악사, 낙타사 등이 나오고 있어[55] 조선조의 기록이기는 하지만 그 내용은 고려조 불교문화의 유산으로 생각된다.

이곳 안동에는 고려시대에 공민왕이 와서 머문 것이 매우 큰 기록으로 남아 있다. 공민왕이 안동부에 머물렀을 때 내려준 물건들에 대한 기록이 현재까지 전해질 정도이기 때문이다. 또한 공민왕 10년에는 왕이 홍건적의 침입을 피하여 남쪽으로 피난하여 이곳에 머물고 있었을 때, 이 주 사람들이 정성껏 왕을 접대하였다고 하여 다시 안동대도호부로 승격시키고 있다. 공민왕이 1361년 안동에 머물다 간 후, 1366년 영호루(映湖樓)라는 영호금액을 써서 내리고[56] 직접 쓴 교지를 안동에 보낸 사실이 있다. 이 때 이 영호루에 기(記)를 쓴 인물이 이색이다. 이색은 그 후 부석국사 천희(千熙)의 비문을 쓰기도 하였다.

공민왕은 신돈을 등용하여 개혁정치를 펴면서 낙산에 두 번 다녀온 바 있다. 왕 15년(1366) 9월과 왕 16년(1367) 9월의 일이다.[57] 이에 앞서

---

55) 국역 『영가지』 권6, p.350.
56) 『영가지』 권2 영호루, pp.170-172, "(이색의 찬과 서문)지정 신축년(1361) 겨울에 국가가 남으로 복주(福州, 안동)로 이사하여 군사를 내어 북으로 토벌하고 이듬해 드디어 서울에서 도적들을 섬멸하였다. 복주를 올려 안동대도호부로 삼으니 대개 그 옛날을 회복함이요, 또한 기쁨을 기록함이다. 병오년(1366) 겨울 상께서 서연(書筵)에 계시다가 영호루 세 글자를 크게 써서 정순대부 상호군 신 홍경에게 교지를 전하도록 명하고, …… 신에게 그 까닭을 갖추어 말하고 또한 기를 청하는데, 신은 말하기를 '누를 기록함에는 비록 능치 못하지만 신은 홀로 느낀 바가 있다. 상께서 복주에 계심에 일찍이 이 누에 행하셨는데, 신은 모시는 신하로 실제로 따라갔다. 그러나 당시의 경계하던 마음은 게을러지고 또 있은 지 오래되었다. 아 임금님께서 안동을 못잊어 돌아보심이 여기에 이르렀는데 신이 어찌 마음에 부끄럽지 않겠는가? 이에 그 고루함을 잊고 손 올려 절하고 머리숙여 절하오며 찬하여 말한다"
57) 『고려사』 권41 세가 41 공민왕 15년 9월조, 16년 9월조.

공민왕은 중국 유학을 다녀 온 화엄승 천희를 1366년 7월에 방문하였
고, 이듬해인 1367년 5월에 공민왕은 사신을 보내어 원응존자(圓應尊
者)라는 존호를 주면서 국사에 책봉하였다.[58] 그런데 신돈은 편조(遍照)
라는 이름이 화엄사상과 관련이 있어 그와 화엄종과 관계가 있는 것으
로 보고 있다.[59]

천희는 의상-균여-결응-수기를 이은 의상계 화엄종 승려로서, 특히
66세에 부석사로 옮긴 후 수원의 창성사에서 입적할 때까지 10여 년간
부석사에서 머물면서 중창에 힘을 써서 부석국사(浮石國師)의 칭호까지
받고 있다.[60] 즉, 공민왕과 신돈, 천희, 이색 등이 의상계 화엄종과 관
련을 맺고 1366년 이후 개혁정치를 펴려고 하였으나 신돈의 실각과 함
께 실패하고 말았다. 이 과정에서 알 수 있는 것은 안동지역의 화엄종
이 신라 문무왕 대 이래 고려 공민왕 대까지도 부석사의 영향 아래 그
세력이 지속되고 있다는 점이다. 즉 신라시대부터 내려오는 화엄종 사
찰에 고려시대에 이르기까지 의상계통의 승려들이 머물고 있었고, 부
석국사 천희가 국사가 되면서 이 계통의 사찰들이 크게 중창되는 모습
을 보이고 있는 것이다. 그런데 신돈의 좌절과 함께 화엄종의 교학적인
측면에서의 발전은 이미 끝났다고 할 수 있고, 단지 불교사찰 내지 불
교행사를 통해 그 명맥을 유지하고 있었다고 생각된다.

---

58) 「창성사 진각국사원조탑비」, 『동국통감』 권48 공민왕 16년 8월조, "僧千熙爲國
   師 禪顯爲王師 二僧皆辛旽所善者也".
59) 이계표, 1987, 「신돈의 화엄신앙과 공민왕」, 『전남사학』 창간호, p.36.
60) 「봉황산부석사개연기」와 「무량수전묵서명」에 의하면 우왕 2년인 1376년에 당우
   와 가람을 보수하였고, 이듬해에 조성된 부석사벽화의 간기에 의하면, 천희는 공
   양왕과 순비 노씨의 둘째 딸인 정신옹주가 시주하여 사찰에 벽화를 조성한 내용
   이 있다. 그리고 1386년(우왕 12)에 부석사 주지 경남은 이색으로 하여금 1382년
   6월 16일 창성사에서 입적한 화엄종 부석국사 천희의 비문을 짓게 한 것이 「창
   성사 진각국사 대각원조탑비문」이다.

이러한 안동의 불교문화는 조선조 초까지 그대로 이어지고 있다. 아래의 <표 1>은 『신증동국여지승람』 중 안동권 사찰을 정리한 것이다.

<표 1> 『신증동국여지승람』소재 안동권 사찰[61]

연번	지 방	사 원	소 속	특 기
1	안 동	開目寺		
2		白蓮寺		16세기말 폐사, 여강서원
3		法林寺		
4		法龍寺		
5		法興寺		16세기 폐사, 고성이씨종택
6		臨河寺		
7		淸凉寺		
8	예 안	骨乃寺		
9		聖泉寺		
10		龍壽寺		
11	영 주	浮石寺	화 엄	
12		凝石寺		
13		淨佛寺		
14		行依寺		
16		黑石寺		
17	풍 기	聖穴寺		
18		草 菴		
19		雙岳寺		
20		陽地寺		
21		龍泉寺		고려태조진전
22	봉 화	太子寺	선 종	태종7.12.신사 - 山水勝處(中神宗)
23		覺華寺	화 엄	
24		金鼎菴		

61) 이 표는 김현숙, 김형수, 2003, 「경북 북부지방 사원에 대한 지역사적 검토」『낙동강 유역의 인간과 문화』에서 전재한 것이다.

25		智林寺		
26	의 성	氷山寺		태종7.12. 신사 - 山水勝處 (曹溪宗)
27		修量菴		
28		白丈寺		
29	비 안	龍泉寺		
30		安長寺		
31		彌屹寺		

조선시대에 접어 들면서 조정에 의해 불교에 대한 처우가 각박해지
자 지방에서도 사원이 유생들에 의해 훼철되거나, 양반가가 사지(寺址)
에 들어서는 경우도 있게 되었다. 안동의 유생이었던 김언기(金彦機)는
백련사를 훼철하고, 본당에 안치되어 있던 불상을 연못에 던져 넣기도
하였고, 법흥사지에 고성 이씨 종택이 들어서기도 하였다. 그런 한편
이미 16세기 접어들면서 폐사가 된 숙수사지(宿水寺址)에[62] 최초의 서
원인 소수서원이 세워지기도 하였다.

그렇지만 이러한 와중에서도 안동의 불교문화는 조선조 초까지 그대
로 이어지고 있음을 알 수 있다. 그러다가 신재 주세붕(1495-1554)과 퇴
계 이황이 이 산을 주류하면서 이후 점차 변화된 것으로 생각된다.

즉 청량산은 사찰과 크고 작은 암자들이 26개소나 있었으며, 신재를
위시해서 이후 이어지는 청량산 유록(遊錄) 속에 줄기차게 중들에게서
유쾌한 신이하고 허탄한 이야기들을 통해서 볼 때[63] 가위 신재나 퇴계
당시에는 불가(佛家)의 산임이 틀림없었을 것으로 보고 있다.[64] 이렇게

---

[62] 이미 『신증동국여지승람』 편찬 시에 숙수사는 고적 조에 기재되어 있으므로, 15세기
에 폐사가 된 것으로 보인다.

[63] 퇴계가 시를 지어준 승려만 해도 학가산의 육청산인(陸淸山人), 소백산 묘봉암
의 종수산인(宗粹山人), 용수사, 부석사, 석륜사, 청량산승, 용천사, 봉정사 승들
이 거론되고 있다.

청량산은 유학자들로부터 불가산(佛家山)으로 불리고 있었다. 신라의 문장가 최치원의 전설과 그 외의 수많은 전설을 간직하고도 있는 이 산은 과거 불교의 중심지로서 활발했던 역사를 지니고 있으면서 조선 중기에 이르러 12개의 기이한 봉우리와 여전히 많이 남아 있었던 대소 암자들을 이 지역의 유림들은 유교문화 진흥의 도장으로 삼고자 했는데, 가장 큰 역할을 담당했던 이들이 바로 신재 주세붕과 퇴계 이황이었다는 것이다.[65] 따라서 청량산은 44편의 청량산 기행문을 쓴 신재의 풍류와 퇴계의 독서 이후 유가(儒家)의 오가산(吾家山)으로 변하고 있다는 사실이다. 퇴계 이선생의 발문에 나오는 "거룩하도다. 선생이 이 산에서 얻음이여. 하물며 산의 모든 봉우리가 모두 불서(佛書)의 황망한 말과 불가의 음혼한 이름을 무릅쓰고 지어졌으니 이것은 참으로 선구(仙區)의 욕이 되며 오배(吾輩)의 수치이다. 이제 주선생이 모두 고치고 절실하게 그 오욕을 씻었으니 산령에 위로가 되고 정채가 빛남이 어떠하겠는가"라고 한 사실을 통해서 볼 때에도 조선 중기까지도 청량산에는 불교가 유지되고 있었음을 알 수 있으며, 이러한 사실은 『신증동국여지승람』에 나오는 이 지역의 사찰과 『영가지』에 보이는 사암을 보아도 알 수 있다.

이렇게 불교가 교학적인 면에서 발전이 중단되고 권력과 밀착되면서 사회사상으로서의 역할이 유명무실해지고 새로운 사회사상으로 등장한 성리학이 그 자리를 차지하게 되자 그 내용에 있어서도 변화가 수반되어 점차 지역문화를 바꿔나간 것으로 생각된다.[66]

---

64) 서수용, 1991, 「청량산을 배경으로 이루어진 문화의 두 국면 -퇴계의 독서와 신재의 풍류를 중심으로-」『창곡 김세한교수 정년퇴직기념논총 한국한문학과 유교문화』, p.740.
65) 서수용, 위의 논문, p.722.

4. 맺음말

안동 지역은 조선조 시기에 성리학의 메카라고 불릴 정도로 많은 성리학자들이 배출된 곳이다. 곧 도에 대한 이 지역인들의 집중적인 관심을 반영하는 것이라고 할 수 있겠다. 그렇다면 성리학 이전에 이곳에는 어떠한 학문적, 종교적 기반이 있었던 것일까. 그것은 당연히 신라와 고려를 거쳐 이곳에서 유행하였던 불교, 그 중에서도 화엄종과 선종이 당연히 주목의 대상이 될 수 있다. 빈약한 자료이기는 하나, 이 지역에 산재해 있는 불교문화를 조명해 보고, 화엄종이 가장 왕성하게 자리를 잡아 의상 이래 오진과 능인을 거치면서 최치원의 영향과 고려 말 공민왕 대의 천희에까지 그 명맥이 이어지는 것으로 파악할 수 있었다. 그리고 그토록 왕성하였던 불교문화가 주신재와 퇴계를 거치면서 이 지역의 문화를 성리학으로 바꾸게 되는 계기가 된 것을 이 지역문화의 특색으로 고찰해 보았다.

---

66) 화엄사상과 주자학은 그 체계에 있어 법계이론과 이기론과의 유사성이 논의되기도 한다. 따라서 신라시대부터 화엄종이 가장 왕성하였던 이 지역에 주자학이 가장 깊이 있게 연구되었다는 사실은 큰 국면으로 볼 때 당연한 귀결이라고 할 수 있을 것이다.

제2장 『삼국유사』 「진정사 효선쌍미」조와 일연과 김부식의 효 인식

1. 머리말

5권으로 구성된 『삼국유사』는 9개의 편목으로 나뉘어져 있다. 「진정사 효선쌍미」조가 속해있는 편목은 권5의 제일 마지막인 제9 효선편이다. 이 편목의 제목이 효선인 것은 제일 앞에 위치해 있는 이 「진정사 효선쌍미」조를 대표적인 사례로 인식한 때문이다. 효선쌍미의 효(孝)는 유교를 대표하는 의미로, 선(善)은 불교를 대표하는 의미로 쓰여진 것으로, 일연은 신라인들의 조화로운 정신세계를 진정사가 유교의 효와 불교의 수행인 선을 둘 다 잘 하였다는 의미로서 효선쌍미라 표현하였다.

이에 앞서 신라인들은 삼국의 쟁패 속에서 충효, 그 가운데 충을 제일주의로 삼고 있음은 임신서기석이나 김유신가의 가훈을 통해 알 수 있다. 그러나 신라 중대 이후 신라사회가 안정기에 접어들면서 충효적 인식보다는 효와 선을 강조하는 인식이 시대적인 화두로 떠올랐던 듯하며, 그 대표적인 예가 바로 「진정사 효선쌍미」조에 나오는 진정사와 그 모친의 효와 선에 대한 인식이라고 생각된다.

본고는 신라 중대의 진정사와 그의 어머니에 의해 표출된 신라인들의 효선의식과 그 실천을 「진정사 효선쌍미」조의 분석을 통해 살펴보는 것이 주목적이지만, 고려후기의 일연은 왜 이러한 진정사의 효선실천을 한 편의 제목으로 내세우면서 이를 강조하려 했는가 하는 점을 김부식의 효인식과 대비시켜 비교해 보고자 한다. 이미 이에 대해 여러 견해가 도출되어 있으나, 명쾌한 해답이 없는 상태이므로 이에 대한 답을 찾아보려는 것이다. 이를 통해 신라와 고려의 유학자와 불교 승려의 효에 대한 인식의 일단을 가늠해 볼 수 있다면 다행이라 생각한다.

2. 「진정사 효선쌍미」조의 내용

「진정사 효선쌍미」조의 내용을 다음과 같이 5개의 단락을 나누어 살펴보고자 한다. 즉, 진정사의 출가 전 생활양상, 출가 동기와 배경, 어머니의 출가 권유, 진정사의 의상문하로의 투신, 의상의 추선법회와 『추동기』에 관한 내용이다.

1) 법사 진정은 신라인이었다. 출가 전에 병정(卒伍)에 속하였는데, 집이 가난하여 장가들지 못하였다. 부역의 여가에 품을 팔아 곡식을 얻어 홀어머니를 봉양하였다. 집안의 재산이라고는 오직 다리 부러진 솥(鐺) 한 개가 있을 뿐이었다. 하루는 중이 문간에 와서 절을 지을 철물의 시주를 구하매 그 어머니가 솥을 주었다. 얼마 아니하여 진정이 밖으로부터 돌아오니 어머니가 그 연고를 말하고 아들의 뜻이 어떠한가를 살펴보았다. 진정이 기쁜 빛을 나타내고 말하되 "불사(佛事)에 시주하는 것이 얼마나 좋은 일이겠습니까. 비록 솥이 없더라도 상관 없습니다"하고 오지그릇으로 솥을 삼아 음식을 익히어 봉양하였다.

2) 일찍이 군대에 있을 때에 남들이 의상법사가 태백산에서 불법(佛法)을 설하여 사람을 이롭게 한다는 말을 듣고 흠모(向慕)하는 마음이

있었다. 그 어머니에게 고하기를 "효를 다한 후에는 의상법사에게
투신하여 머리를 깎고 불도를 배우겠습니다"고 하였다. 어머니가
말하되, "불교의 가르침은 만나기 어렵고 인생은 너무도 빠르다. 효
를 다한 뒤라면 또한 늦지 않겠는가 (어찌) 내 생전에 네가 가서 도
를 깨우쳤다는 소식을 듣는 것만 하겠느냐. 너는 주저치 말고 속히
가거라"고 하니, 진정이 "어머니 만년에 오직 제가 옆에 있을 뿐인
데 어찌 차마 어머니를 버리고 출가할 수 있겠습니까"하였다. 어머
니가 "나를 위하여 출가를 못한다면 나를 곧 지옥에 빠뜨리는 것이
다. 비록 살아서 좋은 음식으로 봉양해 준다 하더라도 어찌 효라고
할 수 있겠느냐. 나는 남의 집 문간에서 의식을 빌어서라도 타고난
수명은 누릴 수 있을 것이니 나에게 효를 하고자 하거든 그런 말을
말라"고 하니, 진정이 오랫동안 생각에 잠겼다.

3) 그 어머니가 곧 일어나서 (집에 있는 쌀) 자루를 모두 털어보니 쌀
이 7승(升)이었다. 그날 그것으로 다 밥을 짓고 이르기를 "밥을 지
어 먹으면서 가자면 더딜 것이니, 내 눈 앞에서 그 하나를 먹고 나
머지 여섯 개는 싸가지고 속히 가라"고 하였다. 진정이 울음을 머금
고 고사하며 "어머님을 버리고 출가하는 것도 사람의 자식으로 차
마 하지 못할 일인데, 더구나 한 그릇의 간장과 여러 날의 양식을
모두 싸가지고 간다면 천지가 저를 뭐라고 하겠습니까"하고 3번 사
양하자 3번 권하였다.

4) 진정이 그 뜻을 어기기 어려워 길을 떠나 밤낮으로 가서 3일 만에
태백산에 이르러 의상에게 투신하여 머리를 깎고 제자가 되어 이름
을 진정이라고 하였다. 그 후 3년에 그 어머니의 부음이 이르매 진
정은 가부좌를 하고 선정에 들어가 7일 만에 일어났다. 설자(說者)
가 이르되 추모와 슬픔이 지극하여 거의 견디지 못하고, 입정으로써
(슬픔을) 물에 씻은 듯이 하였다 하고, 혹은 입정으로써 그 어머니
의 환생한 곳을 보았다 하고, 혹은 이리함은 실리와 같이, 명복을
빈 것이라 하였다.

5) 이미 입정에서 나온 후에 사실을 의상에게 고(告)하였다. 의상이 문
   도를 이끌고 소백산 추동에 가서 초가를 짓고 도중 3천을 모아 약
   90일간 화엄대전을 강하였다. 문인 지통은 강에 따라 그 요지를 뽑
   아 두 권을 만들어 『추동기(錐洞記)』라고 하여 세상에 유통하였다.
   강경을 마친 후 그 어머니가 꿈에 나타나 "나는 이미 하늘에 태어
   났다"고 하였다.

우선 첫 번째 1)의 단락에서는 진정사의 출가 전의 생활양상을 통해
신라 중대초 하급군인들의 생활상과 서민들의 불사(佛事)에 대한 인식
을 궁구할 수 있다는 점이다.

먼저 전자의 경우부터 보면, 신라 남자들로서 가난한 하급군인은 장
가도 가지 못하였다는 사실이다. 신라 중대에 혼인을 할 수 있는 요소
로서 경제력이 중요했음을 알 수 있는 대목이다. 또한 신라인들은 다리
가 부러진 당(鐺)이지만 이를 재산으로 취급하고 있으며, 철솥으로 밥을
해먹는 것을 귀히 여긴 듯하다. 하지만 철솥이 없을 때는 와분을 솥을
삼아 음식을 익힌 것을 보여주고 있다. 그리고 어머니와 아들이 사는
단촐한 가구에서 장성한 아들은 부역의 여가에 품을 팔아 어머니를 봉
양한 것도 알 수 있다.[1]

다음으로 후자의 경우를 보면, 정말 없는 살림이지만, 철물시주를 선
뜻할 수 있었던 어머니와 이를 반긴 아들과의 사이에는 불사에 대한 긍
정적 인식이 공통적으로 형성되어 있었다는 점이다. 이는 「대성효이세
부모」에서도 나오는 것과 같이 선인(善因)을 심어 선과(善果)를 기대하
려는 신라인들의 인식을 보여주는 것으로, 불교의 윤회설이 신라사회

---

1) 「진감선사비」에 의하면, 신라 하대의 사실이기는 하지만 진감선사 역시 한치의
   땅도 없는 가난한 집에서 양친을 봉양하기 위해 노력하는 모습이 부각되어 있는
   데, 이와 부합되는 내용이다.

에 받아들여지면서 죽음이 끝이 아니며 사후의 지위와 다음 생애의 존재는 현재의 지위에 의해서가 아닌 자신이 지은 행위의 결과에 의해서 결정된다는 인과응보설이 유행한 것을 알 수 있다.[2]

두 번째 2)의 단락에서는 진정의 출가 동기와 배경에 관한 내용으로, 진정이 출가하여 불도를 닦고자 하는데, 노모에 대한 봉양이 문제가 되고 있는 부분이다. 또한 의상이 멀리 태백산에 머물면서 불법을 강설하고 있었던 것을 확실히 보여 주고 있는데, 이 문제는 뒤에서 다시 상론하고자 한다.

왕경에 살고 있던 진정은 멀리 태백산에 가서 의상의 문하에 투신하여 불도를 닦으려는 마음이 간절하였다. 그러나 어머니를 봉양해야 했으므로 그는 봉양을 다한 후 출가하려는 뜻을 밝혔고, 어머니는 자신이 걸림돌이 되어 아들이 출가하지 못한다면 오히려 자신을 지옥에 빠뜨리는 것이라는 인식을 가지고 있었다. 그의 어머니는 불법은 만나기 어렵고 인생은 짧다는 분명한 인식을 하고 있었던 불교신자로서, 자신의 편안함보다는 아들이 훌륭한 수행자가 되기를 바라는 신라여인의 깊은 속내를 보여주고 있다.

이는 신라에 불교가 들어와서 서민에게까지 그 수행의 중요성이 인식되어지고 있었음을 알려 준다. 「진정사 효선쌍미」조는 신분제 사회인 신라에서 불교를 통한 자기 완성을 이룰 수 있음을 보여준 하나의 전형으로, 신라에 들어 온 불교가 왕실을 중심으로 하여 지배이념으로서의 역할을 하던 시대를 지나 개인의 완성을 의미하는 성불을 추구해 나가는 단계에 이르렀음을 보여주는 내용인 것이다.

---

2) 윤종갑, 2004, 「신라불교의 신체관과 영혼관-『삼국유사』와 『삼국사기』를 중심으로-」『한국철학논집』15, p.305.

또한 진정의 어머니로 대표되는 신라의 여인들은 모친에 대한 효성이나 가문을 잇게 하려는 생각보다는, 아들이 도를 깨우쳐 중생의 고해를 벗어나는 것이 더 중요하다는 생각을 하고 있었다. 즉 출가가 대효(大孝)라고 하는 출가 대효론적인 인식3)을 하고 있음을 보여준다. 『삼국유사』에 보이는 관음의 화신으로서의 여러 여성들의 모습들과는 달리 진정의 어머니는 평범한 신라의 여인으로서 불교를 믿는 신도로서 아들이 불도를 닦아 성불하기를 기원하고 있다.

진정은 원효가 천촌만락을 다니면서 '나무아미타불'을 염하며 대중들에게 염불을 권하던 시기에 살았다. 원효는 아미타신앙을 통해 극락에 왕생할 것을 대안으로 제시한 것이다.4) 이렇게 신라인들은 불교에 대한 이해가 깊어져 가면서 윤회를 초월한 극락정토에 왕생할 것을 기원하는 경향이 두드러지는 것으로 보고 있다.5) 왕경에 살던 그는 이러한 분위기에서 불교에 대한 인식을 새로이 할 수 있었던 것이다.

진정이 남들로부터 들은 의상이 사람을 이롭게 한다고 한 내용은 아마도 의상이 신분고하를 막론하고 제자를 받아들여 쉬운 강경을 통해 교육한다는 것이었을 것이다. 당시 이미 『금강경』이 독송되고 있었으며, 진정의 어머니는 『금강경』에 나오는 "시법평등 무유고하(是法平等無有高下)"의 내용을 알고 있었으리라 생각된다. 신라의 칠불암에서도 『금강경』 석경이 나온 바 있어, 이 시기에 신라인들이 수지독송했을 것으로 생각된다. 그의 어머니는 어쩌면 의상의 이러한 모습 때문에6) 더

3) 도단양수, 목정배역, 1994, 『불교의 효 유교의 효』, 불교시대사, pp.196-197.
4) 김영미, 2000, 「불교의 수용과 신라인의 죽음관의 변화」 『한국고대사연구』20, p.164.
5) 윤종갑, 위의 논문, p.313.
6) 김복순, 2008, 『신사조로서의 신라불교와 왕권』, 경인문화사, pp.128-129.

욱 진정을 재촉해서 그 문하에 가게 했는지도 모르겠다.

　당시 의상이 제자를 교육한 방법은 『화엄경』의 전체 내용을 「화엄일
승법계도」를 가지고 요약적인 설명을 통해 알기 쉽게 전달한 것으로
추정된다. 그것은 지금까지 문답형식으로 전하는 「추동기」 등의 내용
이 이를 알려주고 있다. 이 내용들은 석독구결 형식의 이두였을 것으로
추정된다.[7] 당대 최고의 스승이었던 의상은 모든 계층의 사람들이 쉽
게 알 수 있는 언어로 불법(佛法)의 대요를 『화엄경』과 「화엄일승법계
도」를 통해 설명하였고, 제자들 가운데 학식이 있었던 지통과 도신이
각각 법회의 내용을 「추동기」와 「도신장」 등으로 기록하여 전해준 것
이다.

　신라의 여인들은 자신들이 불경을 수지 독송하고 신행을 하는 것은
잘 알려져 있지만,[8] 진정의 어머니처럼 적극적으로 출가를 권하는 내
용은 잘 보이지 않는다. 반면 고구려의 고도령은 아들 아도를 5세에 출
가시켜 불법을 익히게 한 후 신라로 전교하게 하는 적극성이 나타나기
도 한다.[9] 이는 불교가 처음 전래되어 이를 널리 펴려는 데에 여성들이
적극적이었음을 보여주는 내용이라 하겠다.

　세 번째 3)의 단락에서는 진정사 어머니의 출가 권유에 대한 내용이
특기되어 있다. 불교 수행의 지중함을 아들에게 속히 깨우쳐 주려는 어
머니와 어머니를 봉양해야 하는 아들과의 갈등양상을 잘 보여주는 단
락으로, 진정의 어머니는 불교의 선에 대한 실천 인식을 아들을 통해

7) 의천은 『신편제종교장총록』에서 '당시 집철자(輯綴者)가 문체에 익숙하지 못해서
　문장이 촌스럽고 방언이 섞여 있어서 장래에 군자가 마땅히 윤색을 가해야 할 것'
　이라 할 정도였다.(김복순, 위의 책, pp.142-143)
8) 김영미, 1995, 「신라불교사에 나타난 여성의 신앙생활과 승려들의 여성관」, 『여성
　신학논집』1, p.120.
9) 『삼국유사』 권3 「아도기라」조.

이루고자 한 것이라고 할 수 있다. 출가를 망설이고 있는 아들을 독려하기 위해, 가는 길에 먹을 양식까지 준비해 주면서 길을 떠날 것을 재촉하는 진정사 어머니의 모습에서, 신라 여성의 불교수행에 대한 적극성을 엿볼 수 있다.

반면 진정의 고뇌하는 모습에서 당시 자식으로서 어머니를 봉양해야 하는 것이 사람으로서의 도리라는 인식이 일반적이었음을 알려 주고 있다. 그런데 진정의 어머니는 남은 양식마저 싸주면서 가라고 재촉하자 진정은 정말 세상 사람들이 자신을 뭐라겠냐며 어머니를 만류하고 있다.

신라인들은 일찍부터 『효경』을 수학하였으므로, 효에 대한 개념이 분명하였을 것이다. 그러나 진정의 어머니는 자신의 수발을 들고 있기보다는 불도를 이루려는 아들의 뜻을 존중하는 것이 대효임을 실제로 보여준 것이다.

신라인들은 공포의 대상이었던 죽음과 사후의 세계에 대해서 불교의 생사관을 적극적으로 수용하여 자신의 존재와 삶의 질을 높일 수 있는 출구로 삼았던 것으로 보고 있는데,[10] 진정의 어머니 역시 자신은 타고난 수명대로 살 것이라면서 남은 생과 죽음에 대해 매우 담담히 받아들이고 있는 것이다.

네 번째 4)의 단락에서는 진정이 의상에게 투신하는 모습을 그려내고 있다. 진정이 어머니에게 못다 한 효행을 지극한 수행으로 갚기 위해 노력한 사실은, 그가 길을 떠나 조금도 쉬지 않고 의상이 머물고 있는 태백산으로 간 것에서부터 보여주고 있다.

진정은 어머니의 죽음에 이르러서도 7일 간의 선정을 행함으로써 수

10) 윤종갑, 위의 논문, p.305.

행자로서의 태도를 견지하고 있는데, 진정이 선정에 든 태도에 대해, 일연은 설자(說者)를 통해 당시 사람들의 진정에 대한 평가가 매우 긍정적이었음을 표명하고 있다. 즉 어머니의 죽음에 대한 슬픔을 입정으로 극복하고 어머니의 환생과 명복을 빈 내용이다. 이는 일연의 불승으로서의 인식이 투영된 부분으로, 사복이 어머니가 죽었을 때 원효와 함께 장사지낸 사실에 대해 '괴로운 생사(生死)가 본시 괴로움이 아니니 화장에 떠도는 세계가 넓기도 하다'고 읊고 있기도 하다.[11]

다섯 번째 5)의 단락에서는 의상의 추선법회와 「추동기」 저술배경에 대한 내용이다. 이 단락에서는 앞서 2)와 4)의 단락에서 이미 나왔던 의상과 그 제자들의 수행행태와 기록에 대한 내용을 구체화시켜 살펴 볼 수 있다. 즉 의상은 왕경이 아닌 태백산과 소백산에 정주하면서 『화엄경』을 강경하고 있음이 확인되고 있고, 이를 매개로 제자들을 양성하고 있었으며, 의상이 화엄대전을 강경한 장소가 소백산 추동임을 여실히 밝혀주고 있다는 사실이다.

또한 이 단락은 의상이 강경하는 모습도 알려주고 있는데, 초가를 짓고 도중을 모아 90일 간이나 『화엄경』을 강설했다는 광경을 묘사한 것이다. 이는 의상이 왕명을 받들어 대부석사를 창건하고 그곳에 안주하였던 형태의 삶이 아니었음을 생생히 보여주는 자료인 것이다.

의상은 『화엄경』의 강경과 함께 관법 수행을 중시하였다. 때문에 그는 주로 산의 정상 부근에 머물면서 수행을 하였고, 청량산과 같이 의상봉, 의상굴과 같은 이름들이 여러 곳에 전하고 있다. 그가 정주한 부석사가 위치한 소백산은 주변에 태백산, 청량산, 학가산 등이 펼쳐져 있는 곳이다. 의상은 자장이 창건한 사찰이 있는 정선, 양양 쪽으로 나

11) 『삼국유사』 권4 「사복불언」조.

아가지 않고, 내륙의 안동, 의성, 원주, 제천, 상주로 뻗어 나가면서 『화엄경』을 강경하고 관법수행을 중심으로 한 교화를 펼쳤다. 때문에 이 지역들에는 봉정사를 비롯하여 의상 내지 그의 제자들과 관련된 창건 설화를 가진 사찰들이 집중적으로 분포되어 있기도 하다.[12)

의상이 부석산에 정주하게 되면서 많은 이들이 그에게 불교를 배우기 위해서 찾아 왔다. 진정사는 이러한 소문을 멀리 왕경에서 듣고 3일 밤낮을 쉬지 않고 걸어서 그를 찾아 온 것이다. 그는 다양한 계층의 제자들을 위해 화엄불교를 문답식으로 풀어서 강경해 주었다. 그리고 강경을 위해서 조용한 곳을 택해 초가를 짓고 수십일 간 강경하곤 하였다. 또한 수행을 위해서는 바위굴 속에서 정진하도록 배려하기도 하였다. 이상과 같이 「진정사 효선쌍미」조의 내용은 의상과 그의 제자들이 오로지 수행을 위해 강경과 관법수행에 매진하고 있었음을 보여주는 귀중한 자료라고 하겠다.

『화엄경』을 강경한 후 어머니가 꿈에 나타나 "나는 이미 하늘에 태어났다"고 한 기록은 죽은 이를 위해 행하는 추선법회(追善法會)가 의상의 주도로 행하여졌음을 알려준다. 추선법회는 자신의 능력으로 경전을 읽을 수 없었던 여성 등이 승려 등 다른 이들의 도움을 얻어 극락에 왕생하고자 한 데서 사후에 열리는 법회이다.

신라의 경우 팔관회에서부터 추선법회의 시원을 잡고 있으며, 특히 『범망경』이 널리 유포되면서 추선공양이 널리 시행된 것으로 보고 있다. 7세기 중엽 이후 특히 원효 이후 통일신라시대에는 『범망경』 보살계가 유포되고 수지되었으므로, 신라인들에게 죽은 가족의 사후를 위해 기도하고 경율을 독송해 주는 풍습이 점차 자리잡게 된 것으로 보고

---

12) 김복순, 2004, 「안동문화의 형성과 화엄불교」 『안동학연구』3, pp.215-220.

있다.[13]

이상으로 「진정사 효선쌍미」조를 분석한 내용을 정리해 보자면, 첫째 신라 중대 초의 서민들의 생활상을 적나라하게 볼 수 있다는 점이다. 둘째 서민, 여성에게까지도 출가 수도하는 것이 매우 중요하다는 인식이 확산되어 있었다는 점이다. 셋째 의상은 신라 왕경이 아닌 태백산에 정주해 있으면서 『화엄경』의 강경을 통해 제자를 양성하고 있었음을 확인시켜주고 있다는 점이다. 넷째 불교의 선인선과에 대한 신라인들의 인식을 확실히 볼 수 있다는 점과 사후 추선법회를 통해 극락에 왕생한다는 인식이 보이는 점이다.

3. 일연과 김부식의 효 인식

『삼국유사』 효선편에 대해 언급한 연구자들은 한결같이 불교와 관련이 있는 성각을 왜 일연이 『삼국유사』에서 한 마디도 하지 않고 있는가에 대해 의문을 나타낸 바 있다.

이기백은 성각은 스스로 거사라 칭하며 불사에 머물던 불교신자로서 효선의 입장에서 본다면 향득보다는 성각이야말로 『삼국유사』 효선편에서 더 다루어야 할 것으로 보인다고 하면서, 일연이 성각을 무시하고 향득만을 다룬 이유를 찾아봐야 할 것으로 보고 있다.[14] 특히 윤용혁과 김영태가 그들의 논문에서[15] 언급하고 있는 '별도의 기록이 발견되지

---

13) 김영미, 2000, 위의 논문, pp.167-168.
14) 이기백, 1976, 「신라 불교에서의 효관념 -『삼국유사』 효선편을 중심으로-」 『동아연구』2, pp.35-36.
15) 윤용혁, 1978, 「신라 효자 향덕과 그 유적」 『백제문화』11, p.55; 김영태, 1979, 『삼국유사 소전의 신라불교사상연구』, p.21.

않은 때문'이라고 한 것이라든가, '찬자의 손이 미치는데까지 수록하였
다'고 한 이유에 대해 불만을 표하고 있다.

　김상현은 일연이 『삼국사기』의 열전에 수록되어 있는 성각에 관해
서는 전혀 언급하지 않았을 뿐만 아니라, 『삼국사기』에는 없는 내용을
『삼국유사』에 수록하기도 했다며, 진정·대성·손순 등의 효행담이 그것
이라고 하였다. 일연의 효관을 살펴보기 위해서는 이들 기록에 유의할
필요가 있는데 진정과 대성의 효행은 불교적이라는 점에 주목된다고
하면서, 이를 고려의 무기(無寄)가 설명하는 부모 은혜의 대표적 사례로
보고 불교적인 효의 실례를 보여주려는 것이라고 하였다.16)

　이렇게 그동안 여러 연구자들이 의문을 표해 온 일연이 성각을 누락
시킨 문제에 대한 해답에 접근해 보는 것은 원론적인 문제에서 출발해
야 한다고 생각된다.

　이 문제의 결론부터 말하자면, 신라시대의 효를 보는 일연의 입장이
김부식의 생각과는 강조점이 다른데서 성각을 일부러 언급하지 않은
것이 해답이라고 하겠다. 이 논문의 주제인 「진정사 효선쌍미」조는 효
를 보는 일연의 입장이 김부식과는 다르다고 하는 바로 그 전형적인 예
에 해당되는 것으로, 『삼국사기』에서만 언급되고 있는 성각의 효에 관
한 내용에 대응하여 설정된 것으로 판단된다.

　다시 말하자면 효를 보는 일연과 김부식의 입장이 완연히 다르기 때문
에 나타난 현상이라고 답할 수 있겠다. 『삼국유사』는 김부식이 쓴 『삼국
사기』에 빠져있던 신이사와 불교관계 사적을 정리한 까닭에 유사라고
명명하였음은 주지의 사실이다. 그런데 일연은 『삼국유사』를 쓰면서
각훈의 『해동고승전』에 대해서는 매우 비판적이었으면서도 김부식의

---

16) 김상현, 2000, 「삼국유사 효선편 검토」 『동양학』30, p.164.

『삼국사기』에 대해서는 거의 신뢰를 보내면서 매우 긍정적으로 서술하고 있다. 이는 김부식이 유학자이기 때문에 불승의 입장과는 다르다는 것을 인정하였다는 것을 의미하며, 따라서 불승인 자신의 입장에서 『삼국사기』에 빠진 내용을 보완하였을 뿐 아니라 김부식과는 다른 불교적 기준에서 서술하였다고 생각된다.

먼저 『삼국유사』에서는 언급하고 있지 않고 『삼국사기』에만 실려 있는 성각에 관한 전기와 『삼국사기』와 『삼국유사』에 실린 향득의 일화를 살펴보도록 하겠다.

> 6) 성각은 청주 사람인데 기록에 그의 가계가 전해지지 않는다. 세상의 이름난 벼슬을 좋아하지 않아, 거사라고 자칭하며 일리현 법정사에 머물렀다. 나중에 본가로 돌아가 어머니를 봉양하였는데, 어머니가 늙고 병들어서 채식만으로는 부족하였으므로 다리 살을 베어서 먹였다. 어머니가 돌아가시자 지성으로 불공을 드려 복을 빌었다. 대신 각간 경신과 이찬 주원 등이 이를 아뢰니, 국왕이 웅천주 향덕의 고사로서 가까운 고을의 조 3백 석을 상으로 주었다. 저자의 견해 : 송기의 『당서』에 이르기를 "한유의 논지는 훌륭하도다! 그가 말하기를 '부모의 병환에 약을 달여서 드리는 것을 효도라고 하는데, 아직 자신의 몸을 훼손하여 봉양했다는 말은 들어보지 못했다. 진실로 이 일이 의리를 손상시키지 않는다면 성현들이 다른 사람보다 먼저 이렇게 했을 것이다. 이렇게 하다가 불행하게도 잘못되어 목숨을 잃게 된다면, 도리어 부모가 주신 몸을 상하게 하고 대를 잇지 못하는 죄가 돌아갈 것이니, 어찌 그 집에 정문을 세워 표창할 수 있으랴?' 라고 하였다. 비록 그렇다고는 하나 누추한 마을에 살아 학술과 예의의 자질을 갖추지도 못했으면서도 능히 자기의 몸을 잊고 부모를 생각한 것은 성심에서 나온 것이니, 이 또한 칭찬할 만하기 때문에 기록해 둔다"고 하였다. 그런즉 향덕과 같은 이도 기록해 둘 만한 인물일 것이다.[17]

7) 14년 봄에 곡식이 귀하여 민간에 기근이 있었다. 웅천주(공주)의 향
   덕(向德)이란 사람은 가난하여 부모를 봉양할 수 없어, 다리의 살을
   떼어 그 아비를 먹였다. 왕이 이를 듣고 자못 후히 하사하는 동시에
   그 문려(門閭)를 정표(旌表)하였다.18)

8) 향덕은 웅천주 판적향(板積鄕) 사람이다. 아버지의 이름은 선(善)이
   요 자는 반길(潘吉)인데, 천성이 온량하여 향리에서 그의 행실을 떠
   받들었다. 어머니는 그 이름을 모른다. 향덕도 역시 효순(孝順)으로
   세상에서 칭찬을 받았다. 천보(天寶) 14년 을미(755)에 농사가 흉년
   이 들어 백성이 굶주렸는데, 유행병까지 겹쳤다. 부모가 주리고 병
   들었으며, 더욱이 어머니는 종기가 나서 모두 죽게 되었다. 향덕이
   밤낮으로 옷을 풀지 않고 정성을 다하여 위안하였으나 봉양할 수
   없었다. 이에 넓적다리 살을 베어 먹이고 또 어머니의 종기를 빨아
   내어 모두 평안하게 되었다. 향사(鄕司, 지방관청)에서 주에 보고하
   고, 주에서는 왕에게 아뢰니, 왕이 하교하여 벼 300가마, 집 한 채
   와 구분전 약간을 내리고, 당해 관에 명하여 석비를 세우고 사실을
   적어 표시하였는데, 지금까지 사람들이 그곳을 효가(孝家)라고 이름
   한다.19)

9) 웅천주에 향득(向得)이란 사지(舍知)가 있었다. 흉년이 들어 그 아버
   지가 거의 굶어죽게 되자 향득은 다리살을 베어 봉양했다. 고을 사
   람들이 사실을 자세히 상주(上奏)하니, 경덕왕은 조 500석을 상으로
   하사했다.20)

「성각」의 전기에 대해 언급한 이들은 주로 성각이 출가를 하였다가
환속을 하여 부모를 봉양하였다는 사실21) 내지는 성각이 다리살을 베

---

17) 『삼국사기』 권48 「성각」전.
18) 『삼국사기』 권9 경덕왕 14년조.
19) 『삼국사기』 권48 「향덕」전.
20) 『삼국유사』 권5 「향득사지 할고공친 경덕왕대」조.

어 부모를 봉양하였다는 사실에 초점을 맞추어 언급한 바 있다. 그러나
『삼국사기』 열전은 유교의 기준에 맞추어 필요한 인물만을 입전하였으
므로, 불교와 관련있는 인물인 성각을 입전하였을 때에는 김부식 나름
대로의 생각이 있었을 것이다.

이에 대한 김영하의 지적은 매우 시의적절한 것이라고 할 수 있다.
즉 성각은 재가 시에는 부모를 위한 효도와 출가 시에는 부모를 위한
효도로서 불공을 하였는데, 이에 대한 평가에 있어 유불의 가치가 서로
부딪칠 경우에 유가의 효도와 불교의 선행을 병행하는 효선쌍미의 논
리로 해결할 수 있는 사례에 해당하는 것으로 본 것이다.[22] 이는 신라
하대 초의 상황으로, 부모님께서 살아계실 때는 봉양이라는 유교적 효
를 하고 돌아가신 후에는 불교적 의례를 통해 명복을 비는 효행을 하는
절충적 형태로써 신라사회에 정착된 것으로 본 것이다.

이렇게 김부식은 신라에서 유가의 효도와 불교의 선행을 해결하는
방식으로 성각의 예를 내세워 열전에까지 입전한 것이다.

그런데 일연은 신라에서의 효도에 대해 『삼국사기』적 해결사례로서
성각을 제시한 것에 대해, 『삼국유사』에서 성각에 대해 한 마디도 언급
하지 않음으로써 이에 대한 불만을 표현하였다. 즉 성각을 대신해서 경
덕왕 대에 조 500석을 상으로 하사받은 향득의 할고공친을 간단히 내

---

21) 김두진, 1993, 「신라 의상계 화엄종의 '효선쌍미' 신앙」 『한국학논총』15, p.10.
성각이 거사로서 법정사에 머물러 있었다고 되어 있는 부분을 "성각은 처음에 출
가한 승려로서 법정사에 거주하였으나"라고 하였는데, 성각이 출가하였다는 언
급은 없기 때문에 그를 출가승으로 단정하는 것은 문제가 있다고 할 수 있다. 즉
"향득은 유교적인 효의 덕목을 강조하고 성각은 불교적 색채를 내세우게끔 나뉘
어졌을 법하다"는 것인데, 신라시대에는 거사로서 이러한 행각을 한 이들이 많이
보이므로 성각을 출가승으로 볼 필요는 없으리라 생각된다.
22) 김영하, 2007, 「유학의 수용과 지배윤리」 『신라 중대사회연구』, 일지사, p.234.

세웠다. 그리고 『삼국사기』 경덕왕본기와 열전에 나오는 향덕이라는 이름 대신에 향득이라는 이름으로 내세움으로써,[23] 향득보다 시대도 뒤지고 조도 300석을 받은 성각을 무시하였다. 이에 더하여 불교적 기준의 효선쌍미의 사례로, 바로 이 「진정사 효선쌍미」조와 함께 「대성효이세부모」조를 제시한 것이다.

물론 효선편의 설정배경에는 불교가 효의 문제에 대해 무언가 해답을 해야만 할 처지에 놓이게 된 것으로 보고, 그 해답을 효선쌍미의 입장에서 제시된 것으로 보고 있기도 하다. 즉 부모를 성불득도케 하는 것이 참된 효라고 하는 신앙의 입장에서 해결하고 있다고 보고, 이것이 통일신라시대 불교신앙에서의 효였으며, 또한 당시 유교로부터 받은 비판에 대한 불교 측의 응답이었던 것으로 보기도 한다.[24]

그런데 과연 신라 중대 시기에 불교를 비판할 유교세력이 있었는가 하는 점이다. 당시의 상황을 몇 가지 측면에서 살펴 보자.

첫째로 이에 대해 가장 대표적인 예로 언급되는 인물이 강수이다. 신라에서 유교와 불교에 대한 구별을 확실히 했던 최초의 인물로, 무엇을 배우겠는가는 아버지의 물음에 대해 불교는 세외교(世外敎)라서 유교를 배우겠다는 답을 하여 『삼국사기』에 크게 부각된 인물이다. 근래 신라 중대의 유교가 매우 부각되고 있고, 강수에 대한 이해도 높아지고 있다. 그러나 강수가 한 대답은 유교한문도 배울 수 있고, 불교한문도 배울 수 있는 선택적 상황에서 관리로 나아가는 현실적인 길을 택하겠다는 의지를 나타낸 것이고 아버지가 이를 받아들인 것이지, 그 어린 나

---

23) 일연은 김부식이 향덕으로 표기한 것을 향득으로 고쳐 쓴 것도 이러한 이유가 작용했을 것이다.
24) 이기백, 1976, 「신라 불교에서의 효관념 -『삼국유사』 효선편을 중심으로-」『동아연구』2, p.39(1986, 『신라사상사연구』, p.285).

이에 불교를 배척하겠다는 뜻으로 한 말은 아니었다는 사실이다.

『삼국사기』권46의 강수, 최치원, 설총이 실려 있는 부분은 흔히 유학자전으로 칭해진다. 그러나 이들 모두 불교와의 관련이 보이고 있는데, 강수의 집안에서는 불교를 신앙하고 있었고, 설총은 원효의 영향뿐 아니라 자신도 많은 불교관계 비문을 찬술하고 있다. 최치원 역시 부유(腐儒)라고 하면서 많은 불교관계 저술을 한 바 있다. 뿐만 아니라 신라 하대에 불교관계 저술을 한 이로는 「적인선사비문」를 쓴 최하, 「보조선사비문」와 「원랑선사비문」를 쓴 김영(金穎), 「진경대사비문」을 쓴 최인연, 「황룡사 찰주본기」를 지은 박거물, 그리고 당에 가서 빈공진사가 된 김운경, 이동, 김입지 등 58명에 달하는 이들 가운데 신라의 유학자로 칭할 이들이 많이 있었다.

그런데 김부식이 유독 이들 3명만 열전에 입전한 이유는 아마도 유교와 불교에 대한 분명한 인식을 한 이들만을 드러내려는 의도에서였을 것이다.

둘째로 신라에서는 『효경』을 비롯한 유교경전이 지식인들 간에 읽혀졌다는 사실에 주목하여 유교가 크게 유행한 것으로 보는 것인데, 이를 보는 입장은 매우 다양하다.

노용필은 "강수가 활동하고 있던 진덕여왕 대부터 태종무열왕 대 어간에는 『효경』의 내용에 따르는 가정 내에서의 유교적 도덕이 적극적으로 실천되고 있었다고 봄이 옳을 듯하다"고 보고 있다.[25] 또한 신문왕 대에 형성된 만파식적설화의 배경으로 '소리로써 천하를 다스린다'고 하는 유교의 예악사상과 관련있는 것으로 보기도 한다.[26]

---

25) 노용필, 1994, 「신라시대 『효경』의 수용과 그 사회적 의의」, 『이기백선생고희기념 한국사학논총』상, p.198.
26) 김상현, 1981, 「만파식적설화의 형성과 의의」, 『한국사연구』34, p.21.

반면 이희덕과 윤용혁은 "신라시대의 효사상은 보편화될 단계에 이르지 못하였다"거나, "유교적 차원의 대민교화시책으로서의 효행 등에 대한 적극적인 국가적 여행(勵行)은 신라의 경우 아직 두드러지게 나타나는 것 같지는 않다"[27]고 하여 신라에서의 효 개념이 널리 보급된 것으로 보고 있지 않다.

김영하는 신라 중대의 유교를 지배윤리라는 측면에서 왕권강화를 위한 충 우선의 논리와 공이 사에 우선하는 공직윤리가 있었으며, 가(家)로의 분화에 따른 효 윤리의 보급이 이루어졌음을 언급하고 있다. 따라서 중대 왕권은 효가 가부장적 지배구조의 정점에 위치한 왕권의 기반을 안정시키는 윤리적 수단이었으므로, 율령을 매개로 국가적 규모에서 양인으로 파악되는 지방의 백성들에게 유가윤리를 보급하지 않을 수 없었다고 보고, 가의 성립이 사회경제적 차원에서 전반적으로 미숙한 상태에서 향덕과 성각의 효를 부각시킴으로써 그 파급효과를 기대했던 것으로 보고 있다.[28]

셋째로 당시 신라에는 유학에 소양이 있었던 김지성, 김양도와 같은 이들이 거사불교를 지향하였다는 사실로서, 일연은 특히 김양도에 대해 주목하고 있다.

먼저 김지성을 보면 그는 집사시랑과 상사 봉어 등 근시직을 역임한 인물로[29] 중국에 다녀온 바 있다. 「감산사미륵보살상 조상기」에 의하면, 김지성은 장자·노자의 유유자적함을 사모하였고, 불교를 중히 여겨 무착의 현적을 희구하였다. 그리고 감산사를 건립하여 중생구제를 소원하였다. 「아미타상 조상기」에는 무착의 진종을 우러러 사모하여 때

---

27) 윤용혁, 1978, 「신라 효자 향덕과 그 유적」 『백제문화』11, p.55.
28) 김영하, 2007, 「유학의 수용과 지배윤리」 『신라 중대사회연구』, 일지사, p.234.
29) 이기동, 1984, 『신라 골품제사회와 화랑도』, 일조각, p.140.

로『유가론』을 읽고 겸하여 장주의 그윽한 도를 사랑하여 날마다 「소요유」 편을 열람하였다고 한다. 그리고 이들 조상기를 지은 이는 설총으로 알려져 있다. 도교와 불교를 함께 희구하는 거사로서의 모습을 김지성은 보이고 있다.

다음은 김양도와 관련된 내용으로,『신라고기』에 "문장은 강수·제문(帝文)·수진(守眞)·양도(良圖)·풍훈·골번이다"고 하였는데, 제문 이하는 사적이 유실되어 전(傳)을 세울 수 없다[30]고 하였다. 김양도는 신라의 대표적 문장가 6명 가운데 1인이라고 되어 있지만, 그의 시문이나 문장에 대해서는 전혀 알려져 있지 않다. 이는 그가 이른바 거사불교를 지향했던 인물인 까닭에 김부식이 배제하였을 것이다.

『삼국유사』에는 그가 태종무열왕 때에 재상이었는데, 불교를 믿어 화보와 연보의 두 딸을 내놓아 사비(寺婢)를 삼았다고 하였고,[31] 또한 어렸을 때 갑자기 입이 붙고 몸이 굳어져 말을 못하고 몸을 쓰지 못하였는데, 밀본이 와서 경(經)을 펴기도 전에 그는 병이 나아서 말이 통하고 몸도 풀리었다. 이로 인하여 부처를 독신(篤信)하여 일생토록 게을리 하지 아니하였다고 한다. 그리고 흥륜사 오당(吳堂)의 주불인 미륵존상과 좌우보살을 소성(塑成)하고 아울러 금색으로 당의 벽화를 그렸다고 한다.[32] 그가 거사로서 얼마나 신실하게 불교를 숭신하였는지 알게 해주는 내용이다. 그리고 김유신과 친분이 있던 노거사에 대한 언급도 밀본과 관련하여 나오고 있다. 이러한 거사불교의 양상은 고려에까지 이어져 고려의 유학자로서 출가는 하지 않았지만 불교에 귀의한 거사로서 생활한 이들이 많았는데, 이자연, 윤언이, 권단(權㫜), 채홍철 등이

---

30)『삼국사기』권46 「강수」전.
31)『삼국유사』권3 「염촉멸신 원종흥법」조.
32)『삼국유사』권5 「밀본최사」조.

거사불교를 지향한 이들로 거론될 정도였다.[33]

신라와 고려는 불교를 지도이념으로 하였던 국가였지만, 국가통치이념으로 유교를 택하여 유불이 공존하였다. 이들은 주자학에 의한 배불이 거세어지기 전까지는 유불도 3교의 융회 내지는 3교 일치론 등이 유학자들에 의해 주창되어졌다.

신라 하대 최치원의 유불 인식을 보면, "드디어 지혜의 햇불을 얻었으니 5승(乘)을 두루 비추었고, 좋은 음식으로 비유해 말한 즉 맛이 6적(籍)을 깊이 맛보았다. 다투어 많은 사람들로 하여금 선(善)에 들도록 하고 능히 한 나라로 하여금 인(仁)을 행하도록 하였다"[34]는 내용을 통해 최치원은 불교의 선과 유교의 인을 강조하여 불교와 국가와의 관계를 부각하고 있고, 「난랑비서」에 보이는 바와 같이 3교 융회적인 입장에 서있었다. 또한 고려 현종조의 채충순은 효를 매개로 유불공존의 주장을 하고 있다. 즉 유·불의 화해적 측면을 "유교와 불교 이문(二門)은 모두 효를 종지로 한다(「고려국영취산대자은현화사비음기」)"고 하여 효에서 찾고 있다.[35]

그렇다면 「진정사 효선쌍미」조의 내용을 신라시대의 인식으로 볼 것인가, 아니면 고려시대 일연의 인식이 반영된 것인가 하는 점이다.

일연은 효선편에서 효 관련 사적을 독립된 편목으로 다루고 있는데, 우리나라 사서에서 최초로 다루어진 것으로 보고 있다. 그 배경으로는 『삼국사기』 열전에서 효자들의 전기를 수록한 것을 모방한 것으로 보

---

33) 도현철, 2001, 「원천석의 안회적 군자관과 유불도 삼교일리론」『운곡원천석연구논총』, pp.280-281.
34) 「진감선사비문」.
35) 이희덕, 1974, 「고려시대 유교의 실천윤리-효 윤리를 중심으로」『한국사연구』10, p.80.

면서, 효사를 불교관념을 중심으로 하여 기록한 것으로 보고 있다.[36)]

일연은 77세 되던 해 개경으로 불려가 국존의 자리에 오르고 개경에 머물게 되지만 그 이듬해에 운문사로 돌아와 산문 아래 가까운 곳에 어머니를 모시고 있다. 그리고 이듬해인 79세에 그 어머니가 96세로 세상을 떠나고 있다. 그는 승려로서 효선을 쌍미한 것이다. 때문에 그의 효성은 진존숙에 비견되고 있기도 하다.[37)]

그러한 그였지만 신라시대 불교를 보는 그의 입장은 성각과 같이 불도에 정진하다가 다시 집으로 돌아온 입장이 아닌, 불도를 위해 어머니까지 떠나온 진정의 편에 서고 있다는 점이다. 자신은 성각에 가까운 생애를 살았지만, 진정한 효도는 수행을 통한 자기완성인 선을 이루어 부모를 해탈의 길로 나아가게 하는 것이라는 점을 이 효선편 가운데 「진정사 효선쌍미」조를 통해 부각시키고자 한 것이다. 일연의 인식이 신라시대의 실상에 그대로 투영된 것이라 할 수 있다.

이상의 내용을 정리하여 진정사가 살았던 신라 중대의 상황을 살펴보면 이렇다. 신라인들의 인식을 보여주는 초기의 자료에는 효나 선에 관한 인식보다는 충에 관한 내용이 우선시되고 있다. 우리에게 익숙한 자료인 「진흥왕순수비」나 「임신서기석」과 같은 자료가 대표적인 경우라 하겠다. 특히 당과의 전쟁이 한참이던 시기에 김유신가는 가훈(家訓)으로 충을 강조하고 있고, 특히 임전무퇴를 강조하고 있었다.[38)] 당시가 전시임을 감안하여 충효양전론(忠孝兩全論)이 실행된 것으로 보는 견해도 있다.[39)]

---

36) 민병하, 1975, 「삼국유사에 나타난 효선사상」『인문과학』3·4합집, 성균관대 인문과학연구소, p.235.
37) 민영규, 1983, 「일연과 진존숙」『학림』5(1994, 『사천강단』, 우반, pp.73-78).
38) 김복순, 2008, 「김유신(595-673)활동의 사상적 배경」『신라문화』31, p.85.

그러나 당과의 관계가 소강상태에 접어들고 전쟁이 종식되면서 점차 충에 대한 인식보다는 효와 선에 대한 인식이 자료상에 등장하기 시작하는데, 그 가운데 대표적인 것이 진정사의 효선쌍미라고 할 수 있다. 그런데 점차 진정사의 경우와 같은 사례가 많아지고 노부모 봉양에 대한 문제가 생겨나게 되자 국가적으로 성각과 같은 효선쌍미의 논리를 사회적으로 부각시킬 필요가 있었던 것이다.

따라서 당시 신라 사회에서 불교가 차지하는 비중으로 볼 때, 오히려 신라 중대에는 신라인들의 조화정신이 효와 선을 함께 인식하는 모습으로 나타나고 있어 이를 신라 중대의 시대정신으로 이해해야 하지 않을까 한다. 즉 자식이 부모의 봉양보다는 출가를 하여 수행을 하는 것이 더 우선시되었으며, 이에 대한 사회적 용납이 이루어졌다는 것을 의미한다고 생각된다.

4. 맺음말

「진정사 효선쌍미」조는 신분제 사회인 신라에서 불교를 통한 자기 완성을 이룰 수 있음을 보여준 하나의 전형으로, 신라에 들어 온 불교가 왕실을 중심으로 하여 지배이념으로서의 역할을 하던 시대를 지나 개인의 완성을 의미하는 성불을 추구해 나가는 단계에 이르렀음을 보여주는 내용이다. 또한 『삼국유사』에 보이는 관음의 화신으로서의 여

---

39) 김영하, 위의 책, pp.218-219, 231에서 김흠춘의 아들 반굴을 죽게 하였고, 손자 영윤도 전장에서 죽게 함으로써 가문을 보전한 예와 함께 침나·소나 부자, 부과·취도·핍실·형제, 품일·관창 부자, 비령자·거진 부자 등의 예는 당시가 전시였기 때문에 국사를 위한 충이 가사에 대한 효보다 우선시된 것이라 하였다.

러 여성들의 모습들과는 달리 진정의 어머니는 평범한 신라의 여인으로서 불교를 믿는 신도로서 아들이 불도를 닦아 성불하기를 기원하는 모습을 보여주고 있다.

이 논문은 「진정사 효선쌍미」조를 분석한 내용에서는 신라 중대 초의 서민들의 생활상을 볼 수 있었으며, 서민과 여성에게까지도 출가 수도하는 것이 매우 중요하다는 인식이 확산되어 있었다는 점을 알 수 있었다. 특히 의상이 귀국 이후 신라의 왕경이 아닌 변방의 태백산과 소백산에 정주해 있으면서 『화엄경』의 강경을 통해 제자를 양성하고 있었음을 확인시켜주고 있다. 그리고 불교의 선인선과에 대한 신라인들의 인식을 확실히 볼 수 있다는 점과 사후 추선법회를 통해 극락에 왕생한다는 인식이 보인다는 점이다.

다음으로 일연과 김부식의 효에 대한 인식에서는 『삼국사기』에 나오는 「성각」전의 내용을 왜 일연은 언급조차 하지 않았는지를 살펴 보았다. 불승으로서의 일연은 불교적 기준에 입각하여 김부식과는 다르게 「진정사 효선쌍미」조와 「대성효이세부모」조를 내세운 입장을 대비해 보면서 이들의 서로 다른 기준에서의 효에 대한 인식을 비교해 보았다. 이로써 신라와 고려의 효는 불교와 유교 모두에서 매우 중요하게 여기는 덕목이었으며, 이를 매개로 서로 화합하고 있음도 살펴보았다.

제3장 화엄사 화엄석경의 판독과 조합 시론

1. 머리말

화엄사의 화엄석경은 각황전의 벽을 장식하였던『화엄경』을 돌에 새긴 석경이다. 임진왜란 때 화재로 인해 파괴되고, 6.25 때 노천에 방치된 후 정리는 되었지만, 아직도 조각이 난 상태로 현존한다. 이 석경 편은 간간이 소개되기도 하였지만, 2000년 이후 화엄사의 노력으로 14,000여 석경 편이 탁본사진으로 기호를 가지고 보고된 바 있다.[1]

본고는 이 석경 편들을 판독하여 조합한 내용을 다음과 같이 정리하려 한다.

첫째, 화엄사의 화엄석경 편은 절반 이상 판독 가능한 석경 편들이다. 하지만 읽을 수 없을 정도로 파괴되거나 불에 탄 흔적이 있는 것, 표지가 될 만한 글자가 없는 편들은 판독에서 제외하였다. 따라서 1,500편 정도를 판독해 보았지만,『화엄경』과 대조하여 그 위치를 찾아낼 수 있었던 것은 1,100편 정도였다.

둘째, 이 판독된 석경 편들은 모두 60화엄의 내용이었다. 석경 편을 대조한 텍스트는 고려대장경과 대정신수대장경이다. 이들을 60화엄의

---

1) 근래 고려대장경연구소에서 이들 석경 가운데 5,600편을 판독하여 위치파악을 끝낸 것을 알 수 있었는데, 현재 그 내용이 공개되지 않고 있다. 본고는 그간 학계에 보고되지 않은 내용인 까닭에 현재 진행된 내용을 시론 격으로 학회지에 싣기로 하였다.

34품 순서에 따라 분류하였다. 분류된 내용은 34품「입법계품」이 제일 많았고, 21품「금강당보살 십회향품」, 30품「십지품」, 33품「이세간품」등이 많이 남아 있다. 이는 60화엄 각 품의 분량과도 연관이 있겠지만, 불타는 과정에서 이 해당부분이 상대적으로 덜 파괴되었다고도 할 수 있겠다. 실제 편으로 깨지기는 하였지만, 글자의 자획이 매우 분명히 남아 있음이 확인되기 때문이다.

셋째, 본고는 판독 내용의 첫 부분인 60『화엄경』제1~2권에 해당되는「세간정안품」1-1,2 제3~4권의「노사나불품」2-1, 2, 3의 석경 편들을 시론 격으로 판독·조합해 보았다.

마지막으로 석경 편들을 판독·조합하면서 나타난 현상들을 여러 모로 고찰하여 그 특징들을 추출해 보고자 한다.

2. 화엄석경편(세간정안품·노사나불품)의 판독

(1)「세간정안품」1-1

1) 3384

道場始成

輪圓滿淸淨無量

鬘周迊圍遶七寶

佛□力故令

道場

如是我聞一時佛在摩竭提國寂滅*道場始成*正覺其地金剛具足嚴淨
衆寶雜華以爲莊飾上妙寶*輪圓滿淸淨無量*妙色種種莊嚴猶如大海
寶幢幡蓋光明照耀妙香華*臺周匝圍遶七*寶羅網彌覆其上雨無盡寶
顯現自在諸雜寶樹華葉光茂*佛神力故令*此場地廣博嚴淨光明普照
一切奇特妙寶積聚無量善根莊嚴*道場*其菩提樹高顯殊特淸淨琉璃
以爲其幹妙寶枝條[2])

2) 4802

地金

種莊嚴

弥覆其上

如是我聞一時佛在摩竭提國寂滅道場始成正覺其*地金*剛具足嚴淨
衆寶雜華以爲莊飾上妙寶輪圓滿淸淨無量妙色種*種莊嚴*猶如大海
寶幢幡蓋光明照耀妙香華臺周匝圍遶七寶羅網*彌覆其*上雨無盡寶[3])

3) 328

菩提樹□□殊

垂布猶如重雲雜色

十方世界種種現化施

故常出一切衆妙之音讚

2) 불타발타라역,『대방광불화엄경』권1「세간정안품」1, 고려대장경지식베이스 K0079
(T.0278), P0001a04L~P0001a12L; 불타발타라역,『대방광불화엄경』권1「세간정안
품」1,『대정신수대장경』(이하『대정장』) 권9, p.395 상.
3) P0001a04L~P0001a08L;『대정장』권9, p.395 상.

海衆妙寶華而□嚴飾
可思議如來光明
於一念

一切奇特妙寶積聚無量善根莊嚴道場其*菩提樹*高顯殊特淸淨琉璃
以爲其幹妙寶枝條莊嚴淸淨寶葉*垂布猶如重雲雜色*寶華間錯其間
如意摩尼以爲其果樹光普照*十方世界種種現化施*作佛事不可盡極
普現大乘菩薩道敎佛神力*故常出一切衆妙之音讚*揚如來無量功德
不可思議師子之座猶如大*海衆妙寶華而爲嚴飾*流光如雲周遍普照
無數菩薩大海之藏大音遠震不*可思議如來光明*逾摩尼尊彌覆其上
種種變化施作佛事一切悉睹無所罣礙*於一念*頃一切現化充滿法界
如來妙藏4)

4) 586
諸力士
量功德皆已淸
能行不可思議
能現其身如
明神吼音

如是等*諸力士*俱已於阿僧祇劫發大誓願侍衛諸佛佛願行處皆
已具足無*量功德皆已*淸淨悉行深廣三昧境界無量神力佛所遊處無
不遍至皆悉*能行不可思議*解脫境界處一切衆其身殊特無能映蔽隨

---

4) P0001a11L~P0001a22L; 『대정장』 권9, p.395 상.

諸衆生所應度者*能現其身如*應化之復有佛世界微塵數諸道場神其
名曰淨莊嚴神寶積光*明神吼音*聲神雨衆華神莊嚴寶光5)

5) 2185
　　　　就復
　　　淨海光
　　衆生復与
　　雜華龍勝
　　　海而

　　　　　　　如是一切大喜成 *就復*
與無量諸河神俱其名曰普流神勝洞澓神洪流聲神養水性神*淨海光*
神普愛神妙幢神勝水神海具光神如是一切常能精勤利益*衆生復與*
不可思議諸海神俱其名曰寶勝光明神金剛慧神普涌浪神*雜華龍勝*
神寶華光明神須彌莊嚴神海音聲神如是一切以佛無量功德*之海而*
自充滿復與無量阿僧祇諸火神俱其名6)

6) 1691
　　　猛淨眼王
　　　王普遊諸
　　　羅王俱

　　　　　其名曰大勇猛力王無畏寶髻王勇*猛淨眼王*

5) P0001c16L~P0001c25L;『대정장』권9, p.395 하.
6) P0002a18L~P0002a26L;『대정장』권9, p.396 상.

不退莊嚴王持大海光王持法堅固王勝根光明王充滿普現<u>王普遊諸</u>
方王普眼等觀王如是一切成就方便廣潤衆生復與無量緊那<u>羅王俱</u>
其名曰善慧王善幢王雜華行王[7]

7) 4913

　　　照現

　　　　門而得

　　　　　梵於一

　　　　　　門而得

　　　　　　　梵於

復有尸棄大梵天於<u>照現</u>諸法入不思議法門而得自在智光明梵於一
切禪等觀寂靜善住法<u>門而得</u>自在智光心梵於照諸法不可思議入方
便法門而得自在普音雲<u>梵於</u>一切佛妙音聲海平等度入法門而得自
在應時音梵於攝伏衆生最勝法<u>門而得</u>自在寂靜光梵於一切刹能起
安住分別諸法法門而得自在喜光<u>梵於</u>無量方便[8]

8) 744

　　　　切菩薩方便行

　　　盡无相无导普示現

　　　　光淨音亦如

　　　　光明无不照

　　　　　生藏

---

7) P0002c04L~P0002c09L; 『대정장』 권9, p.396 중.
8) P0005b23L~P0005c06L; 『대정장』 권9, p.399 상.

十方三世佛所得一切菩薩方便行悉於如來身中現而於佛身無分別
佛身如空不可盡無相無礙普示現所可應現如幻化神變淨音靡不周
佛身無邊如虛空智光淨音亦如是佛於諸法無障礙猶如月光照一切
法王安住妙法堂法身光明無不照法性如實無異相是名樂音海法門
復有自在天王於敎化無量衆生藏法門而得自在善眼光天令諸衆生
得最上樂法門而得自在[9]

9) 1775

方

无

一切世界

一切衆生諸

三世无量劫

求空邊際

佛於先世

　　因緣

方便求佛無所有攬之十方不可得法身示現無眞實出生自在如是見
無量劫海修諸行斷除衆生愚癡冥如來智慧甚清淨是名佛慧除癡力
一切世界妙音聲悉無能及如來音一音遠震遍十方是名勝音妙法門
一切衆生諸功德不及如來一相福佛德如空無邊際是名生光妙法門
三世無量劫中事世界成敗種種相於一毛孔悉能現是名清淨無上智
求空邊際猶可得佛一毛孔無涯限佛德如是不思議是名如來淨知見

---

9) P0005c21L~P0006a06L; 『대정장』 권9, p.399 중.

*佛於先世*無量劫具滿一切波羅蜜勤修精進無厭怠是名樂見淨法門
行業*因緣*難思議佛爲衆生說無餘[10]

10) 3351

隨諸所

一切諸

光明普照

　爲

　樂

*隨諸所*欲爲說法是名無上勝法王如來宿世無量行淸淨願海具足滿
*一切諸*法悉周備是名方便勝功德如來法身不思議法界法性辯亦然
*光明普照*一切法寂靜諸法皆悉現衆生癡闇結業障高心放逸馳境界
如來*爲*說寂滅法歡喜善樂悉能見一切世間最上歸救護群生除衆苦
衆生*樂*觀無上尊猶如滿月顯高山[11]

11) 2810

憂悲苦

隨順覺

无邊傃

一妙身

生老病死*憂悲苦*

---

10) P0006c06L~P0006c20L; 『대정장』 권9, p.400 상.
11) P0007a12L~P0007a20L; 『대정장』 권9, p.400 중.

毒害逼切惱衆生爲斯等類起慈悲以無盡智示菩提如來智慧*隨順覺*
了達三世無障礙一切善行悉了知是名樂化明法門無量總持*無邊際*
如來辯海無窮盡能轉淸淨妙法輪是名須彌總持門無上大聖*一妙身*
應化周滿一切世[12)]

(2) 「세간정안품」 1-2

12) 964

得自

於觀衆生

須弥勝音

行化衆生

慧日眼天

觀

成敗事以

最殊勝具

切衆開

來等離

復有釋提桓因

於三世佛出興住滅決定大智念喜法門而得自在普稱滿天於衆生色
如來色身諸功德力淸淨法門而得自在慈眼天於平等慈雲蔭覆法門
而*得自*在寶光稱天於衆光色具足念佛普勢法門而得自在樂喜髻天
*於觀衆生*業報法門而得自在樂念淨天於諸佛國具淨法門而得自在

---

12) P0007b19L~P0007b25L; 『대정장』 권9, p.400 하.

*須彌勝音*天於觀世間生滅法門而得自在念智慧天於起當來菩薩諸
*行化衆生*因超念法門而得自在淨華光天於一切天娛樂法門而得自
在*慧日眼天*於諸天處教化流通善根法門而得自在爾時釋提桓因承
佛神力遍*觀*三十三天衆以偈頌曰若念一切三世佛廣能觀察佛境界
諸佛國土*成敗事以*佛神力皆悉見佛身淸淨滿十方妙色無比應一切
光明照耀*最殊特具*足廣稱如是見本修方便大慈海充滿一切諸衆生
悉能調伏一*切衆閒*淸淨眼見無極念佛功德無量故得生廣大歡喜心
世間無與如*來等離*垢稱王住法門[13]

13) 416

　　　　自在

　　　　　法門□得自在

　　　　　自在□華光天

　　　　流通善根

　　　　偈頌曰

　　　　　悉見

　　　　　是見

　　　　　　極念

　　　　法門淸淨

於觀衆生業報法門而得*自在*樂念淨天於諸佛國具淨法門而得自在
須彌勝音天於觀世間生滅*法門*而*得自在*念智慧天於起當來菩薩諸
行化衆生因超念法門而得*自在*淨*華光天*於一切天娛樂法門而得自
在慧日眼天於諸天處教化*流通善根*法門而得自在爾時釋提桓因承

---

13) P0008a04L~P0008a24L;『대정장』권9, p.401 상.

佛神力遍觀三十三天衆以*偈頌曰*若念一切三世佛廣能觀察佛境界
諸佛國土成敗事以佛神力皆*悉見*佛身淸淨滿十方妙色無比應一切
光明照耀最殊特具足廣稱如*是見*本修方便大慈海充滿一切諸衆生
悉能調伏一切衆開淸淨眼見無*極念*佛功德無量故得生廣大歡喜心
世間無與如來等離垢稱王住*法門淸淨*業海滿衆生一切悉見無有餘[14]

14) 339

切天

自在尒

三世佛□能

十方妙色

大慈海充滿

德无量故得生廣

衆生一切悉見无

於起當來菩薩諸

行化衆生因超念法門而得自在淨華光天於一*切天*娛樂法門而得自
在慧日眼天於諸天處敎化流通善根法門而得*自在爾*時釋提桓因承
佛神力遍觀三十三天衆以偈頌曰若念一切*三世佛廣能*觀察佛境界
諸佛國土成敗事以佛神力皆悉見佛身淸淨滿*十方妙色*無比應一切
光明照耀最殊特具足廣稱如是見本修方便*大慈海充滿*一切諸衆生
悉能調伏一切衆開淸淨眼見無極念佛功*德無量故得生廣*大歡喜心
世間無與如來等離垢稱王住法門淸淨業海滿*衆生一切悉見無*有餘[15]

14) P0008a09L~P0008a25L;『대정장』권9, p.401 상.
15) P0008a13L~P0008a25L;『대정장』권9, p.401 상.

15) 2432

　　種因起深廣

　　得見已悉調伏

　　令衆生皆覩見

　　　成就

種*種因起深廣*福如是善見猶滿月諸佛充滿遍十方一切衆生無不見

既*得見已悉調伏*皆得無上方便念如來智身明淨眼周遍一切十方刹

悉*令衆生皆覩見*妙音宣化無不解佛一毛孔現衆行佛子見已具修習

具足*成就*無量德如是善慧猶滿月[16]

16) 3044

　　　　宣

　　如是善慧

　　　是爲無垢

悉令衆生皆睹見妙音*宣*化無不解佛一毛孔現衆行佛子見已具修習

具足成就無量德*如是善慧*猶滿月一切衆生得悅樂皆因如來神力生

如來無量功德故*是名無垢*雜華門[17]

17) 3517

　　凝冥衆

　　方便自

---

16) P0008b03L~P0008b09L; 『대정장』 권9, p.401 상~중.
17) P0008b07L~P0008b11L; 『대정장』 권9, p.401 중.

於一法

復有月

切諸法

法門而

眼光天

癡冥衆生盲無目爲斯苦類開淨眼爲彼示現智慧燈得見如來清淨身
方便自在無倒惑悉應堪受一切供漸教開示解脫道是名淨眼方便地
於一法門說無邊無數劫中廣敷演分別深遠清淨義是名周遍妙法門
復有月天子於調伏衆生普照法界法門而得自在耀華天於普觀攝一
切諸法境界法門而得自在勝光莊嚴天於諸衆生心海境界皆悉令轉
法門而得自在雜樂世間天於能生一切不可思議愛樂法門而得自在
眼光天於令衆生實見法門而得自在[18]

18) 3553

在妙眼

一切方雨寶

得自在金

於調伏希望法門而得自在妙眼乾闥婆於一切樂喜光藏正住法門而
得自在師子幢乾闥婆於一切方雨寶法門而得自在寶光解脫乾闥婆
於現一切妙身廣智法門而得自在金剛樹乾闥婆於長養諸樹喜光法
門而得自在[19]

---

18) P0008c19L~P0009a06L; 『대정장』권9, p.401 하.

19) 4559
　　諸樹喜光
　　衆生受樂法門而
　　偈頌曰
　　　生見正道

　　金剛樹乾闥婆於長養*諸樹喜光*法門而得自在現諸莊嚴乾
闥婆於一切佛諸境界行悉令*衆生受樂法門而*得自在爾時持國乾闥
婆王承佛神力遍觀乾闥婆衆以*偈頌曰*　　如來境界無量門一切
衆生莫能思世尊清淨如虛空開示衆*生見正道*20)

20) 1144
　　一切
　　示現諸佛
　　无量功德
　一切具足
門持諸佛土
境界法門於
海法門其
　　　　　　　如來神力
不可壞一切佛土皆悉現如來安坐淨道場*一切*衆生現前見光明普照
如雲興衆妙莊嚴光圓滿普照一切諸法界*示現諸佛*深妙法是時普賢
菩薩成就不可思議方便法門海能入如來*無量功德*海所謂出生究竟

19) P0009b10L~P0009b15L;『대정장』권9, p.402 상.
20) P0009b14L~P0009b20L;『대정장』권9, p.402 상~중.

淨諸佛土調伏衆生法門詣諸佛所能起<u>一切具足</u>功德法門菩薩諸地
願行法門普門示現法界塵數身雲<u>法門持諸佛土</u>不可思議方便輪法
門一切衆中自在顯現無量無邊菩薩<u>境界法門於</u>一念中知三世劫生
滅法門分別顯現一切菩薩諸根境界<u>海法門其</u>身自在充滿[21]

21) 2572
　　梵音和雅
　　中悉見无餘
　可盡如來□子
如來猶

　　　　　　　　　　如來示現無量自在<u>梵音和雅</u>
遍諸道場演暢最勝菩薩本行一切三世所有劫數於念念<u>中悉見無餘</u>
觀彼生滅如實法相不可思議世護能見無量大衆數不<u>可盡如來眞子</u>
欲觀佛地一切法門無量無邊非諸佛子所有境界離垢<u>如來猶</u>如虛空[22]

22) 651
　　道場演暢最
　　生滅如實法
　觀佛地一切法
　淨无着等

遍諸<u>道場演暢最</u>勝菩薩本行一切三世所有劫數於念念中悉見無餘

---

21) P0011b21L~P0011c08L;『대정장』권9, p.404 상.
22) P0011c22L~P0012a04L;『대정장』권9, p.404 중.

觀彼*生滅如實法*相不可思議世護能見無量大衆數不可盡如來眞子
欲*觀佛地一切法*門無量無邊非諸佛子所有境界離垢如來猶如虛空
淸*淨無著等*眞法性現化無量[23)]

23)　4169
　　　　普現照
　　　　闡楊如
　　　　八相震
　　　　遍震吼
　　　　　供養

　　　　世尊於此*普現照*明天尊處在寶師子座遍照三世一切導
師無量化佛遍滿十方*闡揚如*來無盡法藏　　　　爾時佛神力故蓮華
藏莊嚴世界海六種*十八相震*動所謂動遍動等遍動起遍起等遍起覺
遍覺等遍覺震遍震等*遍震吼*遍吼等遍吼涌遍涌等遍涌又令一切世
界諸王各雨不可思議諸*供養*具供養如來大衆海會所謂雨一切香華
雲衆妙寶雲[24)]

24)　134
　　　　各雨
　　　　寶雲
　　　　濡聲
　　　　議諸供

---

23) P0011c23L~P0012a05L;『대정장』권9, p.404 중.
24) P0012b22L~P0012c06L;『대정장』권9, p.405 상.

國土亦復

便門歡喜

之門皆已得

時諸菩薩衆

　佛行佛力

　根佛光明

　　　　　　　　　　又令一切世

界諸王各雨不可思議諸供養具供養如來大衆海會所謂雨一切香華
雲衆妙寶雲雜寶蓮華雲無量色寶曼陀羅雲解脫寶雲碎末栴檀香雲
清淨柔軟聲雲寶網日雲各隨其力雨衆供養如是等一一世界諸王設
不可思議諸供養雲普供一切如來大衆如此世界設衆供養一切十方
諸佛國土亦復如是此世界中佛坐道場世界諸王各隨所樂境界三昧
諸方便門歡喜厭離通達諸方勇猛之法如來境界神力所入諸佛無量
法海之門皆已得度如此世界十方一切世界亦復如是

　爾時諸菩薩衆及一切世界諸王咸作是念何等是一切諸佛地佛境
界佛持佛行佛力佛無畏佛三昧佛自在佛勝法示現菩提佛眼耳鼻舌
身意諸根佛光明音聲佛智海世界海衆生海法界方便海佛海波羅蜜
海法門海化身海佛名號海佛壽量海25)

(3) 「노사나불품」 2-1

1) 113

　聲佛

―――――――――――――――
25) P0012c04L~P0012c22L;『대정장』권9, p.405 상~중.

名号海佛

藏唯願如來

　中出自然

　當來世无

　除世間

　彼所

　　　　　　　　　示現菩提佛眼耳鼻舌
身意諸根佛光明音*聲佛*智海世界海衆生海法界方便海佛海波羅蜜
海法門海化身海佛*名號海佛*壽量海一切菩薩所修行海發大乘心出
生諸波羅蜜願智慧*藏唯願如來*慈悲方便發起我心令得開解時諸菩
薩神力故一切供養具*中出自然*音而說偈言　　　　如來無量曠劫
行自然正覺出世間於*當來世無*量劫身應一切如大雲斷衆生疑永無
餘出生勝力得解脫滅*除世間*無量苦令一切得正覺樂無量刹塵諸菩
薩一心合掌觀最勝隨*彼所*願諸境界斷除疑惑開法門26)

2) 3136

　　雜花

　如是一切

　燈變化師

　□色幢中

　海中有

　菩薩眷屬

　滿虛空十

---

26) P0012c19L~P0013a08L;『대정장』권9, p.405 상~중.

坐雲

　　　十種一切靑色華雲十種一切妙寶樹雲十種一切
諸雜華雲十種一切寶莊嚴雲十種一切寶雷音雲十種一切妙音聲雲
如是一切悉皆彌覆充滿虛空來詣佛所供養恭敬禮拜已在於北方大
燈變化師子座上結跏趺坐此世界海東南方次有世界海名閻浮檀玻
璃色幢中有佛刹名寶莊嚴藏佛號一切法燈無所怖畏於彼如來大衆
海中有菩薩名無盡勝燈功德法藏爲佛光明所開發已與世界海塵數
菩薩眷屬圍遶來向佛所興十種無量色蓮華藏師子座雲悉皆彌覆充
滿虛空十種師子座雲十種一切莊嚴具莊嚴師子座雲十種燈明師子
座雲十種能出十方一切衆寶師子座雲十種一切香鬘師子座雲[27]

3) 704

種瑠璃寶

恭敬礼拜已在西北方

方次有世界海名寶

德海於彼如來大衆

已與世界海塵數菩薩

弥覆充滿虛空十

境界輪雲十種

切諸佛所

東北

　　　　　　　　　十種普寶蓋雲十

---

27) P0014a24L~P0014b14L;『대정장』권9, p.406 중.

種琉璃寶王蓋雲十種一切香蓋雲悉皆彌覆充滿虛空來詣佛所供養
恭敬禮拜已在西北方衆善光明幢師子座上結跏趺坐此世界海東北
方次有世界海名寶照光明藏中有佛刹名香莊嚴樂勝藏佛號無量功
德海於彼如來大衆海中有菩薩名無盡淸淨光明王爲佛光明所開發
已與世界海塵數菩薩眷屬圍遶來向佛所興十種一切寶光輪雲悉皆
彌覆充滿虛空十種光輪雲十種華雲十種如來變化輪雲十種一切佛
境界輪雲十種一切功德寶雲十種一切衆生樂不可盡示現雲十種一
切諸佛所願示現雲悉皆彌覆充滿虛空來詣佛所供養恭敬禮拜已在
東北方淸淨光明不可盡師子座上結跏趺坐28)

(4) 「노사나불품」 2-2

4) 711

　　　　　　　生界智與□□深法門智與
　　　　　　　智與一切衆生語言海轉法
　　　　　　　諸佛音聲智何以故以得此
　　　　　　　菩薩頂尒時一切菩薩見十
　　　　　　　　心恭敬觀察普賢菩薩卽
　　　　　　　大願力出生淸淨妙法身
　　　　　　　常依住十方世界无不見
　　　　　　　德海能於一一微塵道
　　　　　　　劫數常見普賢眞佛子
　　　　　　　國土遍遊一切衆生海

28) P0014c12L~P0014c26L; 『대정장』 권9, pp.406 하~407 상.

壞 □身周遍滿虛空

雲 □□衆生淸淨行

深行 无量无邊諸法雲

莊嚴 普入一切衆生海

　　與一切世界海成壞智與入無量衆生界智與佛甚深法門智與
一切不壞三昧住智與入一切菩薩諸根海智與一切衆生語言海轉法
輪辭辯智與一身遍滿一切世界智與一切諸佛音聲智何以故以得此
三昧法故爾時十方諸佛各申右手摩普賢菩薩頂爾時一切菩薩見十
方諸佛各申右手摩普賢菩薩頂已彼諸菩薩一心恭敬觀察普賢菩薩卽
時同聲以偈頌曰於諸佛所修善法滿足一切大願力出生淸淨妙法身
如實平等同虛空一切諸佛國土中普賢菩薩常依住十方世界無不見
無量功德智慧海悉見十方一切佛淸淨身行功德海能於一一微塵道
普皆示現一切刹一切十方佛世界無量微塵諸劫數常見普賢眞佛子
無量三昧方便行法身充滿諸法界一切十方佛國土遍遊一切衆生海
安住深妙淸淨法永度無量諸法界離衆煩惱不可壞其身周遍滿虛空
廣說無量諸佛法一切功德海中生普放光明如大雲堅固衆生淸淨行
微妙音說佛境界無量無數大劫中修習普賢甚深行無量無邊諸法雲
雷震演說勝法界一切佛土如實性十力修集淨莊嚴普入一切衆生海
如應爲說淸淨法[29]

5) 133

　　　　自在

---

29) P0017a12L~P0017b14L; 『대정장』 권9, p.408 하.

示現普賢 无量

亦復如是 盡盧舍那

國 現身无量 普應衆生 隨

現 人諸法門 普賢菩薩 具

无量无邊 各於佛法 示現清淨

尒時普賢菩

方便*自在*一切佛土諸如來所一切三昧皆得自在悉能了知
最勝境界*示現普賢無量*自在如一切土諸如來前一切刹塵諸世界中
普賢自在*亦復如是盡盧舍那*本願底故普賢身相猶如虛空依於如如
不依佛*國現身無量普應衆生*隨群萌類爲現化故一切世界無量佛土
悉能示*現入諸法門普賢菩薩*具足淨願如是等比無量自在一切衆海
*無量無邊各於佛土示現清淨*如是一切身中悉現隨其起滅一念悉知
*爾時普賢菩*薩欲令大衆重歡喜故以偈頌曰[30]

6) 473

海有世

是等世界

諸佛子當知

界微塵數劫之

世界海微塵

界海

---

30) P0017c19L~P0018a05L; 『대정장』 권9, p.408 중.

爾時普賢菩薩告諸菩薩言佛子當知世界*海有世*界海微塵等劫住
所謂佛刹海或住不可數劫或住可數劫有如*是等世界*海微塵數劫住

爾時普賢菩薩欲分別開示故告一切衆言*諸佛子當知*此蓮華藏世
界海是盧舍那佛本修菩薩行時於阿僧祇世*界微塵數劫之*所嚴淨於
一一劫恭敬供養世界微塵等如來一一佛所淨修*世界海微塵*數願行
佛子當知有須彌山微塵等風輪持此蓮華藏莊嚴*世界海*最下風輪名
曰平等31)

7) 4748

明相莊嚴 離

賢所願者 諸

常聞菩薩一切願及諸菩薩自在德有寶光*明相莊嚴離*垢嚴淨出光明
示現一切諸佛法充滿法界如虛空有得普*賢所願者諸*佛境界無量智32)

(5) 「노사나불품」 2-3

8) 214

諸寶罔住

或轉形或

薩以偈頌曰

海住　或有

---

31) P0020c17L~P0020c26L; 『대정장』 권9, p.412 상.
32) P0022a06L~P0022a09L; 『대정장』 권9, p.413 중.

　　　圓形　種種
　　　世界　寶地

　　　　　　　　　　　　　　　　　　　　　或依眞
珠寶住或依<u>諸寶網住</u>或依種種衆生身住或依佛摩尼寶王住或須彌
山形或河形<u>或轉形</u>或旋流形或輪形或樹形或樓觀形或雲形或網形
爾時普賢菩<u>薩以偈頌曰</u>　　　　　堅固淸淨諸佛刹離垢解脫光明藏
依止摩尼寶<u>海住或有</u>依止香海住或依種種方便住或依莊嚴衆色住
或復須彌樹<u>圓形種種</u>方門佛刹住或光明身諸華藏寶雲普放淨光明
光明充滿勝<u>世界寶地</u>海藏不可壞[33]

9) 971
　　　十
　　　見
　　　无
告諸菩薩
寶王莊嚴
　　過佛
　　佛

　　　　　　　　　　　　以一國土滿十方<u>十方</u>入一亦無餘
世界本相亦不壞無比功德故能爾一切佛刹微塵中<u>見</u>盧舍那自在力
弘誓願海震音聲調伏一切衆生類佛身充滿一切刹<u>無數</u>菩薩亦如是
敎化衆生無有量佛現自在無倫匹爾時普賢菩薩<u>告諸菩薩</u>言佛子彼
衆香水海中有一香水海名樂光明有一切香摩尼<u>寶王莊嚴</u>蓮華上有

---

33) P0023b15L~P0023b25L;『대정장』권9, p.414 중.

世界名淸淨寶網光明佛號離垢淨眼廣入彼世界上*過佛*刹塵數世界
有佛國名雜香蓮華勝妙莊嚴依寶網住形如師子座*佛*號師子座光明
勝照34)

10) 3349

　　　名樂光

　　　号離垢

　　　莊嚴依

　　　數世界

　　　智勝

　　　精

　　　　　　　爾時普賢菩薩告諸菩薩言佛子
彼衆香水海中有一香水海*名樂光*明有一切香摩尼寶王莊嚴蓮華上
有世界名淸淨寶網光明佛*號離垢*淨眼廣入彼世界上過佛刹塵數世
界有佛國名雜香蓮華勝妙*莊嚴依*寶網住形如師子座佛號師子座光
明勝照彼世界上過佛刹塵*數世界*有佛國名寶莊嚴普光明依諸華住
形如日輪雲佛號廣大光明*智勝*彼世界上過佛刹塵數世界有佛國名
雜光蓮華佛號金剛光明普*精*進善起彼世界上過佛刹塵數世界有佛
國名無畏嚴淨佛號平等莊嚴妙音幢王35)

11) 470

　　　師子

　　　依諸

---

34) P0023c11L~P0023c22L;『대정장』권9, p.414 중~하.
35) P0023c17L~P0024a04L;『대정장』권9, p.414 중~하.

世界有佛國

塵數世界有佛國

塵數世界有佛

世界有佛國

佛

依寶網住形如師子座佛號師子座光明

勝照彼世界上過佛刹塵數世界有佛國名寶莊嚴普光明依諸華住形

如日輪雲佛號廣大光明智勝彼世界上過佛刹塵數世界有佛國名雜

光蓮華佛號金剛光明普精進善起彼世界上過佛刹塵數世界有佛國

名無畏嚴淨佛號平等莊嚴妙音幢王彼世界上過佛刹塵數世界有佛

國名華開淨焰佛號愛海功德稱王彼世界上過佛刹塵數世界有佛國

名總持佛號淨智慧海彼世界上過佛刹塵數世界有佛國名解脫聲佛

號善相幢彼世界上過佛刹塵數世界有佛國名勝起佛號蓮華藏光36)

12) 3325

等莊嚴

号愛海

慧海波

上過

世

有佛國

名無畏嚴淨佛號平等莊嚴妙音幢王彼世界上過佛刹塵數世界有佛

國名華開淨焰佛號愛海功德稱王彼世界上過佛刹塵數世界有佛國

---

36) P0023c21L~P0024a10L;『대정장』권9, p.414 하.

名總持佛號淨智慧海彼世界上過佛刹塵數世界有佛國名解脫聲佛
號善相幢彼世界上過佛刹塵數世界有佛國名勝起佛號蓮華藏光彼
世界上過佛刹塵數世界有佛國名善住金剛不可破壞佛號那羅延不
可破壞[37]

13) 989

　　　世界上
　　　可破壞
　　　鬘智王彼
　　　起一切所
　　　　上復有
　　　　　名蓮華
　　　　　光明中
　　　　　　清淨

　　　　　過佛刹塵數世界有佛國名勝起佛號蓮華藏光彼
世界上過佛刹塵數世界有佛國名善住金剛不可破壞佛號那羅延不
可破壞彼世界上過佛刹塵數世界有佛國名華林赤蓮華佛號雜寶華
鬘智王彼世界上過佛刹塵數世界有佛國名淨光勝電如來藏佛號能
起一切所願功德彼世界上有香水海名淨光焰起中有世界性名善住
次上復有香水海名金剛眼光明中有世界性名法界等起次上復有香
水海名蓮華平正中有世界性名出十方化身次上復有香水海名寶地
莊嚴光明中有世界性名寶枝莊嚴次上復有香水海名化香焰中有世

---

37) P0024a03L~P0024a11L;『대정장』권9, p.414 하.

界性名*淸淨*化次上復有香水海名寶幢中有世界性名佛護念[38]

14) 944

如來

須弥山

如是難思議

一一如來刹 放諸

一切□□入 皆悉見

彼如來刹頂 不思議世

*如來*世界海佛刹相隨順種種身音聲一切佛自在普見諸世界種種業莊嚴

*須彌山*城網水旋輪圓形淸淨色蓮華彼彼悉圍遠尸羅幢盆形隨順轉色形

*如是難思議*諸佛國土形不思議世界依止蓮華住放大光明網普照於一切

*一一如來刹放諸*光明網照一切佛國充滿十方海一切諸佛刹一切境界門

*一切方便入皆悉見*無量不思議佛刹不壞不可盡無量淨莊嚴大仙威神力

*彼如來刹頂不思議世*界或成或有敗不生亦不滅[39]

15) 847

佛刹網

起如是

淨□□□ 无量諸

諸佛令淸

住　或復

---

38) P0024a09L~P0024a23L;『대정장』권9, p.414 하.

39) P0024b05L~P0024b13L;『대정장』권9, p.415 상.

亦

彼蓮華網中*佛刹網*依住種種妙莊嚴衆生所依處或有佛刹地垢穢不平正
衆生煩惱*故起如是*佛刹清淨不清淨佛刹不可議衆生希望起菩薩之所持
清*淨*不清淨*無量諸佛*刹業海因緣起菩薩之所化或放清淨光離垢衆寶體
種種妙莊嚴*諸佛令清淨*一切國土中火災不可議示現不清淨而刹常堅固
或依風輪*住或復*依水輪無量刹成敗衆生行業故見無量佛刹或成或有敗
彼亦無有成*亦*復無有敗[40]

16) 1308

離明

處　或有鐵

惱　長冥離

苦　閻羅王

嚴　清淨

一一

*離明*常闇冥罪衆生所住或有泥土刹煩惱大恐怖
樂少憂苦多薄福之所*處或有鐵*世界或有赤銅國諸石山穢惡衆生業故起
或有泥土刹衆生常苦*惱長冥離*光明光明海能照諸畜生趣中受無量種身
隨宿行業故長受無量*苦閻羅王*界中飢渴苦常逼登上大火山長受無量苦
或有七寶刹平正住莊*嚴清淨*業力起微妙善安隱彼佛刹土中唯見人天趣
功德果成就常受諸快樂一一毛孔中不思議億刹[41]

---

40) P0024b24L~P0024c07L; 『대정장』 권9, p.415 중~하.

17) 3449

光

飢渴

微妙

不思

　受

　明

　薩

或有泥土刹衆生常苦惱長冥離光明光明海能照諸畜生趣中受無量種身
隨宿行業故長受無量苦閻羅王界中飢渴苦常逼登上大火山長受無量苦
或有七寶刹平正住莊嚴淸淨業力起微妙善安隱彼佛刹土中唯見人天趣
功德果成就常受諸快樂一一毛孔中不思議億刹無量形莊嚴種種業所起
隨其自業起衆生界難議取種種相已或受樂受苦或刹光無量一切寶爲地
金剛華遍覆離垢淨莊嚴或刹光明體光明輪安住金色栴檀香光明雲常照
或刹日輪體布衆香寶衣或一蓮華中菩薩悉充滿或有無量色離垢寶佛刹42)

18) 995

　　　布衆

　　　光明

　菩薩願　所得

來一切刹　悉

　　佛　幷

41) P0024c09L~P0024c17L;『대정장』권9, p.415 하.
42) P0024c14L~P0024c20L;『대정장』권9, pp.415 하~416 상.

嚴

或刹日輪體*布衆*香寶衣或一蓮華中菩薩悉充滿或有無量色離垢寶佛刹
紺寶光明網*光明*網電照或有佛刹土金剛華爲體或布衆寶華觀察甚淸淨
普賢*菩薩願所得*淸淨國三世莊嚴刹悉現於此中諸佛子汝觀佛世界自在
*未來一切刹悉*見皆如夢十方一切刹過去佛國海於一世界見一切刹如化
三世一切*佛幷*一切佛土於一世界見三世佛及刹觀微塵上刹一切佛自在
無量妙莊*嚴*皆悉如電光[43]

19) 396

出世

　本勝

德覺有十

得淨心起

有王名

子其弟

善根因

方便雲

時彼世界過百歲已有佛*出世*如是次第有十須彌山塵數如來出興于
世其最初佛名一切功德*本勝*須彌山雲時佛處彼大蓮華上眉間白毫
放大光明名一切功*德覺有十*佛世界塵數光明以爲眷屬彼光滅除一
切衆生煩惱蓋障令*得淨心起*功德海永離三惡八難諸趣發菩提心諸

---

43) P0024c21L~P0025a04L;『대정장』권9, p.416 상.

佛子時彼焰光城中*有王名*愛見善慧其王統領萬億諸城有三萬七千
夫人采女二萬五千*子其第*一子名功德勝次名普莊嚴童子時彼童子
見佛無量自在功德*善根因*緣故卽得十種三昧名曰諸佛具足功德三
昧普門方便三昧淨*方便雲*三昧教化衆生三昧[44]

20) 1801

　　　塵數

　　海永離

　　慧其王

　　功德勝

　　　十種

　　　衆生

　　　　　　　　　　　　　眉間白毫

放大光明名一切功德覺有十佛世界*塵數*光明以爲眷屬彼光滅除一
切衆生煩惱蓋障令得淨心起功德*海永離*三惡八難諸趣發菩提心諸
佛子時彼焰光城中有王名愛見善*慧其王*統領萬億諸城有三萬七千
夫人采女二萬五千子其第一子名*功德勝*次名普莊嚴童子時彼童子
見佛無量自在功德善根因緣故卽得*十種*三昧名曰諸佛具足功德三
昧普門方便三昧淨方便雲三昧教化*衆生*三昧[45]

21) 527

　　　　　界

　　　　在力

---

44) P0025b25L~P0025c14L;『대정장』권9, pp.416 하~417 상.
45) P0025c05L~P0025c14L;『대정장』권9, pp.416 하~417 상.

偈音聲

偈頌曰

城 宜令悉淸淨

樂音雲 令充遍虛□

於其帳

觀察諸菩薩充滿十方界

放摩尼寶雲讚歎諸最勝常於道場聞深妙音聲海滅諸衆生苦睹佛自在力

一切興恭敬歡喜心無量往詣法王所瞻仰禮供養時彼童子說偈音聲

於彼世界無不普聞爾時愛見善慧王聞說是偈歡喜無量以偈頌曰

宜時普宣告諸王大臣等令知吉祥相咸速詣最勝莊飾一切城宜令悉淸淨

建諸妙幢幡種種寶莊嚴設衆妙寶帳彌覆羅其上興妓樂音雲令充遍虛空

掃除諸街巷降以雜寶雨莊嚴衆寶乘當詣見最勝各於其帳內雨種種雲雨46)

22) 3102

寶帳弥

衆寶乘

花光

建諸妙幢幡種種寶莊嚴設衆妙寶帳彌覆羅其上興妓樂音雲令充遍虛空

掃除諸街巷降以雜寶雨莊嚴衆寶乘當詣見最勝各於其帳內雨種種雲雨

一切莊嚴雲流行虛空中香蓮華光雲華蓋難思議47)

---

46) P0025c23L~P0026a09L;『대정장』권9, pp.417 상~중.
47) P0026a07L~P0026a10L;『대정장』권9, p.417 중.

3. 화엄석경편의 조합

(1) 「세간정안품」 1-1

60 『화엄경』의 「세간정안품」 1-1에 해당되는 석경 편은 11편을 판독 대상으로 하였다. 이들을 다시 4개 파트로 묶어 『화엄경』의 내용에 따라 다음과 같이 조합해 보았다.

1) 3384+4802+328

如是我聞一時佛在摩竭提國寂滅<u>道場始成</u>正覺其<u>地金</u>剛具足嚴淨
衆寶雜華以爲莊飾上妙寶<u>輪圓滿淸淨無量</u>妙色種<u>種莊嚴</u>猶如大海
寶幢幡蓋光明照耀妙香華<u>臺周帀圍遶七</u>寶羅網<u>彌覆其上</u>雨無盡寶
顯現自在諸雜寶樹華葉光茂佛神<u>力故令</u>此場地廣博嚴淨光明普照
一切奇特妙寶積聚無量善根莊嚴<u>道場</u>其<u>菩提樹</u>高顯<u>殊</u>特淸淨琉璃
以爲其幹妙寶枝條莊嚴淸淨寶葉<u>垂布猶如重雲雜色</u>寶華間錯其間
如意摩尼以爲其果樹光普照<u>十方世界種種現化施</u>作佛事不可盡極
普現大乘菩薩道敎佛神力故<u>常出一切衆妙之音</u>讚揚如來無量功德
不可思議師子之座猶如大海<u>衆妙寶華而爲嚴飾</u>流光如雲周遍普照
無數菩薩大海之藏大音遠震不<u>可思議如來光明逾</u>摩尼尊彌覆其上
種種變化施作佛事一切悉睹無所罣礙於<u>一念</u>頃一切現化充滿法界
如來妙藏[48]

60 『화엄경』 권1의 제일 첫 부분인 「세간정안품」의 마갈제국 적멸도량 법회에 해당되는 부분인데, 현재 이 부분은 3개의 조각이 남아있어

---

48) P0001a04L~P0001a22L; 『대정장』 권9, p.395 상.

이를 조합해 본 것이다. 이 석경 편들을 조합해 본 결과, 석경 판 위에 줄을 긋고, 한 줄에 28자의 글자를 새긴 것을 판명할 수 있었다. 첫 부분에 해당되는 12줄의 화엄석경이 8조각에서 10여 조각으로 깨어져 파편화되었음을 보여준다.

2) 586+2185+1691

如是等諸力士俱已於阿僧祇劫發大誓願侍衛諸佛佛願行處皆
已具足無量功德皆已淸淨悉行深廣三昧境界無量神力佛所遊處無
不遍至皆悉能行不可思議解脫境界處一切衆其身殊特無能映蔽隨
諸衆生所應度者能現其身如應化之復有佛世界微塵數諸道場神其
名曰淨莊嚴神寶積光明神吼音聲神雨衆華神莊嚴寶光
.....중략　　　　如是一切大聲神雨衆華神莊嚴寶光喜成就復
與無量諸河神俱其名曰普流神勝洄澓神洪流聲神養水性神淨海光
神普愛神妙幢神勝水神海具光神如是一切常能精勤利益衆生復與
不可思議諸海神俱其名曰寶勝光明神金剛慧神普涌浪神雜華龍勝
神寶華光明神須彌莊嚴神海音聲神如是一切以佛無量功德之海而
自充滿復與無量阿僧祇諸火神俱其名
.....중략　　　　其名曰大勇猛力王無畏寶髻王勇猛淨眼王
不退莊嚴王持大海光王持法堅固王勝根光明王充滿普現王普遊諸
方王普眼等觀王如是一切成就方便廣潤衆生復與無量緊那羅王俱
其名曰善慧王善幢王雜華行王[49]

이 석경 편들은 그 내용이 계속 연결되는 부분이지만, 그 양이 너무

---

49) P0001c16L~P0002c09L; 『대정장』 권9, p.395 하~p.396 중.

많아 중간 부분은 생략하였다. 이 석경 편들은 위쪽 가장자리에 해당되는 부분(586)과 아래쪽의 가장자리에 해당되는 부분(2185, 1691)임이 확인되어 석경 편의 위치를 확인하는데 도움을 준 부분이며, 역시 28자를 행으로 하고 있다.

3) 4913+744

復有尸棄大梵天於*照現*諸法入不思議法門而得自在智光明梵於一切禪等觀寂靜善住法*門而得*自在智光心梵於照諸法不可思議入方便法門而得自在普音雲*梵於一*切佛妙音聲海平等度入法門而得自在應時音梵於攝伏衆生最勝法*門而得*自在寂靜光梵於一切刹能起安住分別諸法法門而得自在喜光*梵於*無量方便化衆生法門而得自在堅固梵於諸法淨相住寂行法門而得自在樂目光梵於一切有無來無去無所依止勇猛法門而得自在柔軟音梵於無盡法隨行普照法門而得自在　爾時尸棄大梵承佛神力遍觀一切諸大梵衆以偈頌曰
佛身淸淨常寂然普照十方諸世界寂滅無相無照現見佛身相如浮雲
一切衆生莫能測如來法身禪境界無量方便難思議是智慧光照法門
一佛刹塵諸法海一音演說悉無餘此辯塵劫演不盡是名光照心法門
如來妙音深滿足衆生隨類悉得解一切皆謂同其語梵音普至最無上
十方三世佛所得一*切菩薩方便行*悉於如來身中現而於佛身無分別
佛身如空不可*盡無相無礙普示現*所可應現如幻化神變淨音靡不周
佛身無邊如虛空智*光淨音亦如*是佛於諸法無障礙猶如月光照一切
法王安住妙法堂法身*光明無不照*法性如實無異相是名樂音海法門
復有自在天王於教化無量衆*生藏*法門而得自在善眼光天令諸衆生
得最上樂法門而得自在[50]

이 석경 편들은 그 내용이 계속 연결되는 부분에 해당되어 함께 분류
한 것이다. 그런데 첫째 줄의 조현(照現)의 위치가 60화엄에는 한 글자
앞으로 나와 있어 화엄석경과 그 줄이 맞지 않고 있다.

4) 1775+3351+2810

*方*便求佛無所有攬之十方不可得法身示現無眞實出生自在如是見
*無*量劫海修諸行斷除衆生愚癡冥如來智慧甚清淨是名佛慧除癡力
*一切世*界妙音聲悉無能及如來音一音遠震遍十方是名勝音妙法門
*一切衆生*諸功德不及如來一相福佛德如空無邊際是名生光妙法門
*三世無量劫*中事世界成敗種種相於一毛孔悉能現是名清淨無上智
*求空邊際*猶可得佛一毛孔無涯限佛德如是不思議是名如來淨知見
*佛於先世*無量劫具滿一切波羅蜜勤修精進無厭怠是名樂見淨法門
行業*因緣*難思議佛爲衆生說無餘普現諸法淨無穢是名無上深法門
觀見如來一毛孔一切衆生悉入中衆生亦無往來想是名諸方照法門
復有兜率天王於成就諸佛轉法輪法門而得自在樂寶髻天於虛空界
淨光法門而得自在勝幢天於廣願海入諸衆生寂靜法門而得自在百
光明天於一切法無量無相觀行法門而得自在超踊月天於佛境界超
踊覺力法門而得自在勝眼光天於喜修集不可沮壞菩提心法門而得
自在宿莊嚴天於諸十方佛調伏衆生方便法門而得自在樂靜妙天於
無邊心海念念迴向隨器普現法門而得自在爾時兜率天王承佛神力
遍觀兜率天衆以偈頌曰　　　如來普周等法界爲垢衆生出現世
*隨諸所*欲爲說法是名無上勝法王如來宿世無量行淸淨願海具足滿
*一切諸*法悉周備是名方便勝功德如來法身不思議法界法性辯亦然

50) P0005b23L~P0006a06L; 『대정장』 권9, p.399 상~중.

　　*光明普照*一切法寂靜諸法皆悉現衆生癡闇結業障高心放逸馳境界
如來爲說寂滅法歡喜善樂悉能見一切世間最上歸救護群生除衆苦
衆生樂觀無上尊猶如滿月顯高山諸佛境界不思議一切法界亦如是
於諸法力悉究竟定慧方便皆成就淸淨境界功德海一切衆生有緣者
聞佛功德發菩提消除塵垢成最勝如世界海微塵數諸佛子等悉來集
供養如來聽受法悉睹法幢方便王復有夜摩天王於諸衆生離憂迴向
善根法門而得自在悅樂光天於諸境界法門而得自在無盡慧天於離
諸患具大慈悲法門而得自在淨莊嚴天於分別諸根法門而得自在持
須彌天於無量總持照明法門而得自在不思議慧天於諸境界業行眞
實不思議法門而得自在臍輪天於轉法輪調伏衆生法門而得自在不
思議光天於衆生界勝眼普觀法門而得自在月姿顏天於諸法實普現
法門而得自在普音遍觀天於諸天衆所應施作心淨法門而得自在爾
時夜摩天王承佛神力遍觀夜摩天衆以偈頌曰　　　佛於無量大劫海
生死煩惱永已盡能敎衆生淸淨道佛爲一切智慧燈如來法身甚彌曠
周遍十方無涯際智慧光明方便力寂滅禪樂亦無邊生老病死*憂悲苦*
毒害逼切惱衆生爲斯等類起慈悲以無盡智示菩提如來智慧隨順覺
了達三世無障礙一切善行悉了知是名樂化明法門無量總持*無邊際*
如來辯海無窮盡能轉淸淨妙法輪是名須彌總持門無上大聖*一妙身*
應化周滿一切世[51]

　　이 부분의 석경 편들도 제일 윗부분에 해당되는 2편의 조각과 제일
아랫부분인 한 개의 조각으로 조합되었는데, 조합하는 과정에서 줄이
맞지 않아 여러 모로 조사해 보았다. 문제는 以偈頌曰에 해당되는 부분

---

51) P0006c06L~P0007b25L; 『대정장』 권9, p.400 상~하.

이 2번 나오는데, 첫 번째는 4자를, 두 번째는 2자를 공간으로 남겨 두고 게송을 새긴 것으로 확인된다. 이 같은 용례는 계속 찾아질 것으로 생각되는데, 게송의 자구가 4자, 5자, 7자로 일정하지 않아서 공간으로 이 부분을 조율하여 새긴 것으로 추정된다.

(2) 「세간정안품」 1-2

60 『화엄경』의 「세간정안품」 1-2에 해당되는 석경 편은 13편을 판독 대상으로 하였다. 이들 13편은 다시 5개 파트로 묶어 『화엄경』의 내용에 따라 다음과 같이 조합해 보았다.

5) 964+416+339

復有釋提桓因

於三世佛出興住滅決定大智念喜法門而得自在普稱滿天於衆生色
如來色身諸功德力淸淨法門而得自在慈眼天於平等慈雲蔭覆法門
而得自在寶光稱天於衆光色具足念佛普勢法門而得自在樂喜瞥天
於觀衆生業報法門而得自在樂念淨天於諸佛國具淨法門而得自在
須彌勝音天於觀世間生滅法門而得自在念智慧天於起當來菩薩諸
行化衆生因超念法門而得自在淨華光天於一切天娛樂法門而得自
在慧日眼天於諸天處敎化流通善根法門而得自在爾時釋提桓因承
佛神力遍觀三十三天衆以偈頌曰若念一切三世佛廣能觀察佛境界
諸佛國土成敗事以佛神力皆悉見佛身淸淨滿十方妙色無比應一切
光明照耀最殊特具足廣稱如是見本修方便大慈海充滿一切諸衆生
悉能調伏一切衆開淸淨眼見無極念佛功德無量故得生廣大歡喜心
世間無與如來等離垢稱王住法門淸淨業海滿衆生一切悉見無有餘[52]

60『화엄경』의「세간정안품」1-2의 첫 부분에 해당되는 3개의 석경 편으로, 이 편들은 같은 부분이 길게 조각이 난 것으로 판명된다. 적어도 11편 이상의 조각으로 깨어진 것이 아닐까 한다. 그런데 尒時 내지 以偈頌曰의 경우, 4)의 용례와는 달리 앞과 뒤로 공간을 두었던 용례를 따르지 않고 있음이 확인되는데, 이로 보아 새긴 이들마다 기준이 달랐던 것이 아닌가 한다. 爾時는 尒時로 無는 无로 간략히 새기고 있다.

6) 2432+3044+3517

種*種因起深廣*福如是善見猶滿月諸佛充滿遍十方一切衆生無不見
既*得見已*悉*調伏*皆得無上方便念如來智身明淨眼周遍一切十方刹
悉*令衆生*皆*覩*見妙音宣化無不解佛一毛孔現衆行佛子見已具修習
具足*成就*無量德*如是*善*慧*猶滿月一切衆生得悅樂皆因如來神力生
如來無量功德故*是名無垢*雜華門若能須臾念如來乃至一念功德力
永得遠離衆惡趣智慧日光滅癡闇復有日光天子於照十方諸衆生身
盡未來際正住莊嚴法門而得自在眼焰光天於照諸色無上智海法門
중략
一切諸佛法如是各坐十方道樹下爲衆分別道非道清淨妙眼如是見
癡冥衆生盲無目爲斯苦類開淨眼爲彼示現智慧燈得見如來清淨身
*方便自*在無倒惑悉應堪受一切供漸教開示解脫道是名淨眼方便地
*於一法*門說無邊無數劫中廣敷演分別深遠清淨義是名周遍妙法門
*復有月*天子於調伏衆生普照法界法門而得自在耀華天於普觀攝一
*切諸法*境界法門而得自在勝光莊嚴天於諸衆生心海境界皆悉令轉
*法門而*得自在雜樂世間天於能生一切不可思議愛樂法門而得自在

---

52) P0008a04L~P0008a25L;『대정장』권9, p.401 상.

*眼光天*於令衆生實見法門而得自在[53]

　위의 두 조각 편은 같은 부분이 깨진 것을 확인할 수 있고, 세 번째 조각은 벽면의 제일 윗부분에 해당되는 내용임이 확인된다.

　7) 3553+4559

　　　　　　　　　　　　　　　　　　於調伏希望法門
而得自*在妙眼乾*闥婆於一切樂喜光藏正住法門而得自在師子幢乾
闥婆於*一切方雨寶*法門而得自在寶光解脫乾闥婆於現一切妙身廣
智法門*而得自在金*剛樹乾闥婆於長養*諸樹喜光*法門而得自在現諸
莊嚴乾闥婆於一切佛諸境界行悉令*衆生受樂法門而*得自在爾時持
國乾闥婆王承佛神力遍觀乾闥婆衆以*偈頌曰*　　　如來境界無量
門一切衆生莫能思世尊淸淨如虛空開示衆*生見正道*[54]

　연이은 부분의 조각 편으로 확인되었는데, 역시 以偈頌曰의 부분에서 3자 정도를 공간으로 남겨두고 게송을 새기고 있음이 확인된다.

　8) 1144+2572+651

　　　　　　　　　　　　　　　　　　如來神力
不可壞一切佛土皆悉現如來安坐淨道場*一切*衆生現前見光明普照
如雲興衆妙莊嚴光圓滿普照一切諸法界*示現諸佛深妙法*是時普賢
菩薩成就不可思議方便法門海能入如來*無量功德*海所謂出生究竟

---

53) P0008b03L~P0009a06L; 『대정장』 권9, p.401 상~하.
54) P0009b10L~P0009b20L; 『대정장』 권9, p.402 상~중.

淨諸佛土調伏衆生法門詣諸佛所能起一切具足功德法門菩薩諸地
願行法門普門示現法界塵數身雲法門持諸佛土不可思議方便輪法
門一切衆中自在顯現無量無邊菩薩境界法門於一念中知三世劫生
滅法門分別顯現一切菩薩諸根境界海法門其身自在充滿無量無邊
法界法門一切菩薩種種方便廣分別法入一切智方便法門　爾時普
賢菩薩遍觀一切大衆以偈頌曰　　　最勝嚴淨無數佛土無量淨色
甚深功德眞淨離垢佛子充滿常聞妙法不思議音見佛處此師子座上
一切塵中亦復如是而如來身亦不往彼普現佛土功德境界悉入無量
諸地方便佛示一切諸菩薩行說諸方便不可思議令諸佛子入淨法界
離垢淨眼住深法性十方無量無有邊際微塵數等諸化佛身敎導無量
衆生等類一切十方如來刹土世尊皆悉爲平等護佛於方便悉已清淨
調伏衆生令除垢穢一切塵數諸佛國土如來示現無量自在梵音和雅
遍諸道場演暢最勝菩薩本行一切三世所有劫數於念念中悉見無餘
觀彼生滅如實法相不可思議世護能見無量大衆數不可盡如來眞子
欲觀佛地一切法門無量無邊非諸佛子所有境界離垢如來猶如虛空
清淨無著等眞法性現化無量55)

이 3편의 석경은 연이어 나오는 내용으로 뒤의 두 편은 게송의 부분
이다. 尒時와 以偈頌曰은 앞쪽은 한 칸 뒤쪽 3칸을 비웠던 것 같다. 게
송 부분은 4자 게송 이어서 7개의 게송을 한 줄에 담아 28자를 맞추었
는데, 이 때문에 띄어쓰기를 하지 않았다. 다만 2572의 경우 아래쪽 끝
부분에 해당되는 내용이어서 조합하기가 용이하였다.

---

55) P0011b21L~P0011c08L; 『대정장』 권9, p.404 상~중.

9) 4169+134

世尊於此*普現照*明天尊處在寶師子座遍照三世一切導
師無量化佛遍滿十方*闡揚如*來無盡法藏　　　爾時佛神力故蓮華
藏莊嚴世界海六種十*八相震*動所謂動遍動等遍動起遍起等遍起覺
遍覺等遍覺震遍震等*遍震吼*遍吼等遍吼涌遍涌等遍涌又令一切世
界諸王*各雨*不可思議諸*供養*具供養如來大衆海會所謂雨一切香華
雲衆妙*寶雲*雜寶蓮華雲無量色寶曼陀羅雲解脫寶雲碎末栴檀香雲
清淨柔*軟聲*雲寶網日雲各隨其力雨衆供養如是等一一世界諸王設
不可思*議諸供養*雲普供一切如來大衆如此世界設衆供養一切十方
諸佛*國土亦復*如是此世界中佛坐道場世界諸王各隨所樂境界三昧
諸方*便門歡喜*厭離通達諸方勇猛之法如來境界神力所入諸佛無量
法海*之門皆已得*度如此世界十方一切世界亦復如是

　　爾*時諸菩薩衆*及一切世界諸王咸作是念何等是一切諸佛地佛境
界佛持*佛行佛力*佛無畏佛三昧佛自在佛勝法示現菩提佛眼耳鼻舌
身意諸*根佛光明*音聲佛智海世界海衆生海法界方便海佛海波羅蜜
海法門海化身海佛名號海佛壽量海[56]

　　60『화엄경』의「세간정안품」과「노사나불품」이 연결되는 부분으로,
위쪽의 尒時는 앞쪽에 3자를 공간을 띠어 놓았고, 아래쪽의 尒時는 줄
을 바꾸고 앞쪽에 한 칸을 비어 놓았음이 확인되는데, 이로써 품이 바
뀔 때 줄을 바꿔서 새로이 각을 하였음을 알 수 있다. 軟聲은 濡聲으로
새겨져 있다.

---

56) P0012b22L~P0012c22L;『대정장』권9, p.405 상~중.

(3)「노사나불품」2-1.2.3

60『화엄경』의「노사나불품」은 권3-4에 해당되는 내용으로, 모두 23편을 『화엄경』의 내용에 따라 다음과 같이 조합하였다.

10) 113, 3136, 704

爾時諸菩薩衆及一切世界諸王咸作是念何等是一切諸佛地佛境界佛持佛行佛力佛無畏佛三昧佛自在佛勝法示現菩提佛眼耳鼻舌身意諸根佛光明音*聲佛*智海世界海衆生海法界方便海佛海波羅蜜海法門海化身海佛*名號海*佛壽量海一切菩薩所修行海發大乘心出生諸波羅蜜願智慧*藏唯願如來*慈悲方便發起我心令得開解時諸菩薩神力故一切供養具*中出自然*音而說偈言　　　　　如來無量曠劫行自然正覺出世間於*當來世無*量劫身應一切如大雲斷衆生疑永無餘出生勝力得解脫減*除世間*無量苦令一切得正覺樂無量刹塵諸菩薩一心合掌觀最勝隨*彼所*願諸境界　斷除疑惑開法門

.....중략

　　　　　　　　　十種一切靑色華雲十種一切妙寶樹雲十種一切諸*雜華*雲十種一切寶莊嚴雲十種一切寶雷音雲十種一切妙音聲雲*如是一*切悉皆彌覆充滿虛空來詣佛所供養恭敬禮拜已在於北方大*燈變化師*子座上結跏趺坐此世界海東南方次有世界海名閻浮檀玻*璃色幢中*有佛刹名寶莊嚴藏佛號一切法燈無所怖畏於彼如來大衆*海中有*菩薩名無盡勝燈功德法藏爲佛光明所開發已與世界海塵數*菩薩眷屬*圍遶來向佛所興十種無量色蓮華藏師子座雲悉皆彌覆充*滿虛空十*種師子座雲十種一切莊嚴具莊嚴師子座雲十種燈明師子座雲十種能出十方一切衆寶師子座雲十種一切香鬘師子座雲

....중략

十種普寶蓋雲十

種琉璃寶王蓋雲十種一切香蓋雲悉皆彌覆充滿虛空來詣佛所供養
恭敬禮拜已在西北方衆善光明幢師子座上結跏趺坐此世界海東北
方次有世界海名寶照光明藏中有佛刹名香莊嚴樂勝藏佛號無量功
德海於彼如來大衆海中有菩薩名無盡淸淨光明王爲佛光明所開發
已與世界海塵數菩薩眷屬圍遶來向佛所興十種一切寶光輪雲悉皆
彌覆充滿虛空十種光輪雲十種華雲十種如來變化輪雲十種一切佛
境界輪雲十種一切功德寶雲十種一切衆生樂不可盡示現雲十種一
切諸佛所願示現雲悉皆彌覆充滿虛空來詣佛所供養恭敬禮拜已在
東北方淸淨光明不可盡師子座上結跏趺坐[57])

11) 711, 133, 473, 4748

與一切世界海成壞智與入無量衆生界智與佛甚深法門智與
一切不壞三昧住智與入一切菩薩諸根海智與一切衆生語言海轉法
輪辭辯智與一身遍滿一切世界智與一切諸佛音聲智何以故以得此
三昧法故爾時十方諸佛各申右手摩普賢菩薩頂爾時一切菩薩見十
方諸佛各申右手摩普賢菩薩頂已彼諸菩薩一心恭敬觀察普賢菩薩卽
時同聲以偈頌曰於諸佛所修善法滿足一切大願力出生淸淨妙法身
如實平等同虛空一切諸佛國土中普賢菩薩常依住十方世界無不見
無量功德智慧海悉見十方一切佛淸淨身行功德海能於一一微塵道
普皆示現一切刹一切十方佛世界無量微塵諸劫數常見普賢眞佛子
無量三昧方便行法身充滿諸法界一切十方佛國土遍遊一切衆生海

---

57) P0012c19L~P0014c26L;『대정장』권9, pp.405 상~407 상.

安住深妙淸淨法永度無量諸法界離衆煩惱不可*壞其身周遍滿虛空*
廣說無量諸佛法一切功德海中生普放光明如大*雲*堅固*衆生淸淨行*
微妙音說佛境界無量無數大劫中修習普賢甚*深行無量無邊諸法雲*
雷震演說勝法界一切佛土如實性十力修集淨*莊嚴普入一切衆生海*
如應爲說淸淨法

......중략

　　　　方便*自在*一切佛土諸如來所一切三昧皆得自在悉能了知
最勝境界示*現普賢無量*自在如一切土諸如來前一切刹塵諸世界中
普賢自在*亦復如是*盡盧舍*那*本願底故普賢身相猶如虛空依於如如
不依佛國*現身無量普應衆生*隨群萌類爲現化故一切世界無量佛土
悉能示*現入諸法門普賢菩薩*具足淨願如是等比無量自在一切衆海
*無量無邊各於佛土示現淸淨*如是一切身中悉現隨其起滅一念悉知
*爾時普賢菩薩*欲令大衆重歡喜故以偈頌曰

......중략

爾時普賢菩薩告諸菩薩言佛子當知世界*海有世*界海微塵等劫住
所謂佛刹海或住不可數劫或住可數劫有如*是等*世*界*海微塵數劫住
爾時普賢菩薩欲分別開示故告一切衆言*諸佛子當知*此蓮華藏世
界海是盧舍那佛本修菩薩行時於阿僧祇*世微塵數劫之*所嚴淨於
一一劫恭敬供養世界微塵等如來一一佛所淨修*世界海微塵*數願行
佛子當知有須彌山微塵等風輪持此蓮華藏莊嚴*世界海*最下風輪名
중략

常聞菩薩一切願及諸菩薩自在德有寶光*明相莊嚴*離垢嚴淨出光明
示現一切諸佛法充滿法界如虛空有得普*賢所願者*諸佛境界無量智[58]

---

58) P0017a12L~P0022a09L; 『대정장』 권9, pp.408 하~413 중.

이 부분은 같이 겹치는 부분이 없고, 내용은 계속 이어지는 석경 편이어서 그대로 전재하였다. 711은 5번째 줄에 卽자가 한 칸 밖으로 나와 29자로 되고 있어 예외가 있음을 보여주고 있다. 無는 모두 无자로, 爾時는 尒時로 새기고 있다.

12) 214+971+3349+470+3325+989

　　　　　　　　　　　　　　　　　　　　　　　或依眞

珠寶住或依*諸寶網住*或依種種衆生身住或依佛摩尼寶王住或須彌

山形或河形*或轉形或*旋流形或輪形或樹形或樓觀形或雲形或網形

爾時普賢菩*薩以偈頌曰*　　　　堅固淸淨諸佛刹離垢解脫光明藏

依止摩尼寶*海住或有*依止香海住或依種種方便住或依莊嚴衆色住

或復須彌樹*圓形種種*方門佛刹住或光明身諸華藏寶雲普放淨光明

光明充滿勝*世界寶地*海藏不可壞或淨佛刹無量色光明焰雲衆色等

或有妙音諸世界自然常音不思議無數願樂種種身自在行雲音聲身

衆生無量德音身最勝一切德音身種種門入諸佛刹漸至無盡不思議

無數一切滿十方無盡無量普自在一切諸方如來刹廣大方便入佛界

見十方刹漸次至國土不增亦不減以一國土滿十方*十方*入一亦無餘

世界本相亦不壞無比功德故能爾一切佛刹微塵中*見*盧舍那自在力

弘誓願海震音聲調伏一切衆生類佛身充滿一切刹*無數*菩薩亦如是

敎化衆生無有量佛現自在無倫匹爾時普賢菩薩*告諸菩薩*言佛子彼

衆香水海中有一香水海*名樂*光明有一切香摩尼*寶王莊嚴*蓮華上有

世界名淸淨寶網光明佛號*離垢*淨眼廣入彼世界上*過佛*刹塵數世界

有佛國名雜香蓮華勝妙*莊嚴依*寶網住形如師子座*佛號師子*座光明

勝照彼世界上過佛刹塵*數世界*有佛國名寶莊嚴普光明*依諸*華住形

如日輪雲佛號廣大光明智勝彼世界上過佛刹塵數世界有佛國名雜
光蓮華佛號金剛光明普<u>精</u>進善起彼世界上過佛刹塵數世界有佛國
名無畏嚴淨佛號平<u>等</u>莊嚴妙音幢王彼世界上過佛刹塵數世界有佛
國名華開淨焰佛號愛海功德稱王彼世界上過佛刹塵數世界有佛國
名總持佛號淨智慧海彼世界上過佛刹塵數世界有佛國名解脫聲佛
號善相幢彼世界<u>上過</u>佛刹塵數世界有佛國名勝起佛號蓮華藏光彼
世界上過佛刹塵數世界有佛國名善住金剛不可破壞佛號那羅延不
<u>可破壞</u>彼世界上過佛刹塵數世界有佛國名華林赤蓮華佛號雜寶華
鬘智王彼世界上過佛刹塵數世界有佛國名淨光勝電如來藏佛號能
起一切所願功德彼世界上有香水海名淨光焰起中有世界性名善住
次<u>上復有</u>香水海名金剛眼光明中有世界性名法界等起次上復有香
水海名蓮華平正中有世界性名出十方化身次上復有香水海名寶地
莊嚴光明中有世界性名寶枝莊嚴次上復有香水海名化香焰中有世
界性名淸淨化次上復有香水海名寶幢中有世界性名佛護念[59]

이 6편의 석경은 한 부분의 내용이 여러 조각으로 깨어져 나간 것으
로 생각된다.

13) 944, 847+1308+3449+995

如來世界海佛刹相隨順種種身音聲一切佛自在普見諸世界種種業莊嚴
須彌山城網水旋輪圓形淸淨色蓮華彼彼悉圍遶尸羅幢盆形隨順轉色形
如是難思議諸佛國土形不思議世界依止蓮華住放大光明網普照於一切
<u>一一如來刹放諸</u>光明網照一切佛國充滿十方海一切諸佛刹一切境界門

---

59) P0023b15L~P0024a23L; 『대정장』 권9, p.414 중~하.

*一切方便入皆悉見*無量不思議佛刹不壞不可盡無量淨莊嚴大仙威神力
*彼如來刹頂不思議世*界或成或有敗不生亦不滅

.....중략

彼蓮華網中*佛刹網*依住種種妙莊嚴衆生所依處或有佛刹地垢穢不平正
衆生煩惱故*起如*是佛刹淸淨不淸淨佛刹不可議衆生希望起菩薩之所持
淸淨不淸淨*無量諸*佛刹業海因緣起菩薩之所化或放淸淨光離垢衆寶體
種種妙莊嚴*諸佛令淸淨*一切國土中火災不可議示現不淸淨而刹常堅固
或依風輪*住或復*依水輪無量刹成敗衆生行業故見無量佛刹或成或有敗
彼亦無有成*亦復*無有敗於一一念中無量佛刹起諸佛所持故國淸淨離垢
或有佛刹起泥土不淸淨*離明*常闇冥罪衆生所住或有泥土刹煩惱大恐怖
樂少憂苦多薄福之所*處或有鐵*世界或有赤銅國諸石山穢惡衆生業故起
或有泥土刹衆生常苦*惱長冥離*光明光明海能照諸畜生趣中受無量種身
隨宿行業故長受無量*苦閻羅王*界中*飢渴*苦常逼登上大火山長受無量苦
或有七寶刹平正住莊*嚴淸淨*業力起*微妙*善安隱彼佛刹土中唯見人天趣
功德果成就常受諸快樂*一一*毛孔中*不思議億*刹無量形莊嚴種種業所起
隨其自業起衆生界難議取種種相已或*受樂*受苦或刹光無量一切寶爲地
金剛華遍覆離垢淨莊嚴或刹光明體光*明*輪安住金色栴檀香光明雲常照
或刹日輪體*布衆*香寶衣或一蓮華中菩*薩*悉充滿或有無量色離垢寶佛刹
紺寶光明網*光明網*電照或有佛刹土金剛華爲體或布衆寶華觀察甚淸淨
普賢*菩薩願所得*淸淨國三世莊嚴刹悉現於此中諸佛子汝觀佛世界自在
未*來一切刹*悉見皆如夢十方一切刹過去佛國海於一世界見一切刹如化
三世一切*佛幷*一佛土於一世界見三世佛及刹觀微塵上刹一切佛自在
無量妙莊嚴皆悉如電光[60]

---

60) P0024b05L~P0025a04L; 『대정장』 권9, p.415 상~416 상.

944에 이어 나오는 847, 1308, 3449, 995는 한 부분이 여러 조각으로 깨진 것이다.

28행과는 달리, 1행이 30자로 된 형태를 보여주는데, 그것은 5자의 게송 6개로 한 행을 구성하고 있기 때문이다.

14) 396+1801

時彼世界過百歲已有佛*出世*如是次第有十須彌山塵數如來出興于
世其最初佛名一切功德*本勝*須彌山雲時佛處彼大蓮華上眉間白毫
放大光明名一切功*德覺有十*佛世界*塵數*光明以爲眷屬彼光滅除一
切衆生煩惱蓋障令*得淨心起*功德海永離三惡八難諸趣發菩提心諸
佛子時彼焰光城中*有王名*愛見善慧其王統領萬億諸城有三萬七千
夫人采女二萬五千*子其第*一子名*功德勝*次名普莊嚴童子時彼童子
見佛無量自在功德*善根因*緣故卽得*十種*三昧名曰諸佛具足功德三
昧普門方便三昧淨*方便雲*三昧敎化*衆生*三昧[61]

두 편이 거의 같은 부분에서 깨진 것으로 적어도 5조각 이상으로 깨진 것으로 추정된다.

15) 527+3102

　　　　　　　　　　　　　　觀察諸菩薩充滿十方*界*
放摩尼寶雲讚歎諸最勝常於道場聞深妙音聲海滅諸衆生苦睹佛自*在力*
　　一切興恭敬歡喜心無量往詣法王所瞻仰禮供養時彼童子說*偈音聲*
　　於彼世界無不普聞爾時愛見善慧王聞說是偈歡喜無量以*偈頌曰*

---

61) P0025b25L~P0025c14L;『대정장』권9, pp.416 하~417 상.

宜時普宣告諸王大臣等令知吉祥相咸速詣最勝莊飾一切*城宜令悉淸淨*

建諸妙幢幡種種寶莊嚴設衆妙*寶帳彌*覆羅其上興妓*樂音雲令充遍虛空*

掃除諸街巷降以雜寶雨莊嚴*衆寶乘*當詣見最勝各*於其帳*內雨種種雲雨

一切莊嚴雲流行虛空中香蓮*華光*雲華蓋難思議[62]

527과 3102는 같은 부분이 깨어진 것이다. 위의 2줄은 5자씩 30행을
이루고 있고 3-4줄은 28자로 행을 이루고, 以偈頌曰은 뒤쪽으로 한 칸
을 비우고 있다. 527이 면의 제일 아래쪽에 해당되어서 구성하기는 쉬
웠으나, 행을 맞추기는 쉽지 않았다.

4. 화엄석경편의 특징적 현상

석경은 불교 경전을 오래도록 보존하기 위한 방법으로 경문을 돌에
새긴 것이다.[63] 종이보다 오래 보존할 수 있기 때문인데, 화마에는 견
디지 못한 듯하다.

먼저 화엄석경 편의 조성 이후 현재까지의 상황을 살펴보면, 화엄사
의 화엄석경은 신라 하대에 조성되어 잘 보존되어 오다가, 임진왜란 때
각황전이 불타면서 파편으로 되었는데, 화재로 인해 회갈색·홍색·암회
색 등으로 변질되었다. 6.25 때 다시 조각 편이 노천에 퇴적되어 있다
가, 1961년 9월과 10월 사이에 14,000여 편의 석경이 163상자에 담겨
재정리되어 현재 화엄사 경내에 보존되어 있는 것으로 보고되어 있다.

이 석경 편의 내용은 화엄사의 대강백인 진진응노사의 조사가 있기

---

62) P0025c23L~P0026a10L;『대정장』권9, p.417 상-중.
63) 김복순, 2002,「신라석경연구」『동국사학』37, 동국사학회, pp.112-133.

는 하였으나, 학계에 보고가 되기로는 『조선금석총람』에 10개 등 개인 소장 등의 내용이 알려지면서부터였다. 그러나 이에 대한 본격적인 연구와 조사를 실시한 것은 화엄사에서 2000년대를 전후하여 학술회의를 개최하는 한편, 화엄석경 편 가운데 글자와 문양이 있는 편들을 탁본한 사진판을 만들어 번호를 매겨 정리하는 기초적인 작업을 지속하면서부터라고 할 수 있다.

본고는 이 석경 편을 모두 판독할 수는 없었다. 그것은 석경 편 자체가 글자가 있기는 하나, 쓸려서 글자체를 알아볼 수 없을 정도로 훼손이 심한 부류와 심하게 불탄 것, 흐려서 글자를 알아보기 힘든 것 등이 있고 표지가 될 만한 애용이 없는 것은 제외하였기 때문이다. 하지만 깨지기는 했어도 글자를 알아볼 수 있는 석경편이 절반 이상이라고 할 수 있는데, 60화엄에서 찾을 수 있었던 것은 1,100여 편 정도였다.

다음으로 화엄석경 편의 판독은 글자체를 확실히 알아볼 수 있는 석경 편을 중심으로, 또한 표지적인 특징을 가진 글자가 있는 편을 중심으로 『화엄경』에서 검색하여 판독하였다. 이렇게 판독된 1,100여 편의 석경 편은 고려대장경[64]과 대정신수대장경 권9 『화엄경』[65]을 텍스트로 하여 대조하는 작업을 하였다.

하지만 석경 편에 나와 있는 글자의 조합을 위해서는 텍스트에 표기되어 있는 띄어쓰기는 무시하였고, 석경 편의 내용을 확인하는 점에 주안을 두고 작업을 진행하였다. 한편 석경 편에서 부분적으로 잘 보이지 않는 내용은 60화엄의 경문을 참조하여 판독하기도 하였다.

이미 화엄석경의 내용에 대해서는 60화엄이라고 보는 입장과 60화엄

---

64) 고려대장경은 고려대장경연구소의 사이트에 있는 『화엄경』을 이용하여 검색하였다.
65) 인쇄본 대정장 『화엄경』 권9를 텍스트로 하였다.

과 40화엄이 섞여 있다고 보는 두 가지의 입장이 나와 있었다.[66] 하지
만 판독된 1,100여 편의 석경 편을 『화엄경』과 대조해 본 결과 60화엄
을 새긴 것으로 판명하였다.

판독된 석경 편들은 60화엄의 34품 순서에 따라 분류하였는데, 34품
인 「입법계품」의 분량이 제일 많았고, 21품인 「금강당보살 십회향품」,
30품인 「십지품」, 33품인 「이세간품」 등의 분량이 많이 남아 있음이
확인되었다. 이는 60화엄의 분량상의 문제와도 연관이 있겠지만, 불타
서 파괴되는 과정에서 이들 품에 해당되는 부분이 상대적으로 덜 파괴
되었다고도 할 수 있겠다. 그것은 석경이 편으로 깨지기는 하였지만,
글자의 자획이 매우 분명히 남아 있음이 확인되기 때문이다.

본고에서는 판독한 내용 가운데 시론 격으로 첫 부분에 해당되는 60
『화엄경』 제1~2권에 해당되는 「세간정안품」 1-1,2와 제3~4권의 「노
사나불품」 2-1, 2, 3의 석경 편들을 조합해 본 것이다. 이 과정에서 얻어
진 화엄석경 편의 특징적 현상을 짚어보면 다음과 같다.

첫째로, 화엄석경의 첫 부분인 「세간정안품」 1-1에 해당되는 편을 찾
을 수 있었다. 즉 3384, 4802, 328의 3조각으로 이들을 한 조각으로 조
합하여 제일 첫 부분에 제시하였다. 이렇게 깨진 석경 편들은 2개가 한
편으로 조합되는 등 한 부분이 거의 5-20조각까지 깨어져 나간 것으로
판단된다.

둘째로, 화엄석경의 구조를 보면 대개 28자를 1행으로 한 것이 기본
적인 형태로, 4자 게송은 7개의 게송을 한 행에, 7자 게송은 4개의 게송
을 한 행에 넣었다. 그러나 5자 게송의 경우 6개의 게송을 한 행에 넣어

---

66) 조경시, 1987, 「신라 하대 화엄종의 구조와 경향」 『부산사학』13, 부산사학회,
pp.37-68 이 부분에 대한 연구사 정리를 참조할 수 있다.

30자를 1행으로 하고 있다. 偈頌의 경우 석경 편에서는 약간의 띄어쓰기를 하여 구분하고 있으나, 본고에서는 편의상 모두 붙여 정리하였다.

셋째로, 써내려 가는 중에 글자를 비우는 경우가 있는데, 대개의 경우 尒時의 앞은 한 글자를 비우고 있고, 以偈頌曰은 3글자를 비우고 있으나, 게송의 글자 수 등 상황에 따라 뒤편으로 갈수록 약간의 출입이 있음이 확인된다. 이 부분은 앞으로 전체적인 조합을 해 본다면 좀 더 정확한 구조를 알 수 있으리라 생각된다.

넷째로, 248번의 「공덕화취(보살십행품)」의 품명과 3193번 「보살운집묘승전상설게품」의 품명이 「(菩薩雲集妙勝殿)上說偈品」第十으로 나오고 있어, 34품의 각각의 품명을 각품의 초두에 새기어 넣은 것을 알 수 있다.

그림 1
보살운집묘승전상
설게품의 석경편

然廣博如忉利天
上說偈品第十
微

＜석경편 판독문＞

已宮殿忽然廣博如忉利天處一切十方亦復如是
菩薩雲集妙勝殿上說偈品第十
爾時十方各過百佛世界微刹一一方各十世界其

＜60화엄 해당부분＞

다섯째로, 석경의 글자체는 우군서법 즉 왕희지체로 보고 있으나, 해

서의 구양순체가 대부분이고 육조체도 보이며, 해서에 가까운 행서가
간간이 있어, 조성 당시 신라의 명필들과 각장(刻匠)들에 의해 다양한
글자체가 구사된 것으로 생각된다.

　여섯째로, 돌로 된 판에 경문을 새기다 보니 간단히 줄일 수 있는 글
자는 약자체를 많이 사용하였다.

　無자의 경우 첫 부분 「세간정안품」의 無자 등 몇 글자를 제외하고는
거의 无로 새기었다(113, 356, 1435,339, 3273). 萬자는 万으로 새기었다
(533, 1435).

그림 2 〈356〉

그림 3 〈113〉

그림 4 〈1435〉

그림 5 〈533〉

爾時의 경우 尒時로(339, 3273, 3) 새기었으나, 드물게 온전히 쓴 경우도 있다.

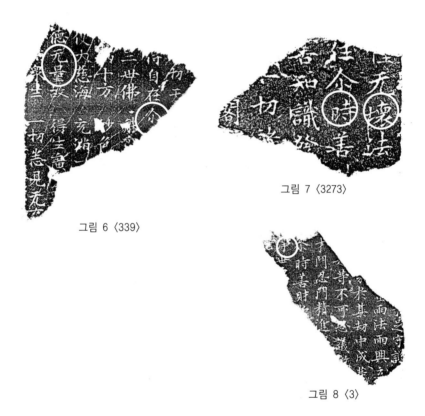

그림 6 〈339〉

그림 7 〈3273〉

그림 8 〈3〉

彌는 弥로 새기었다.(4802, 5, 964, 704, 3102, 518) 弥자의 경우 「계유명아미타삼존사면석상」에서 弥次乃□가, 「방어산마애삼존명」에서도 弥刀로 새기고 있음이 확인된다.

그림 9 〈5〉

그림 10 〈964〉

그림 11 〈704〉

그림 12 〈3102〉

그림 13 방어산마애삼존명

그림 14 〈518〉

또한 與는 与로(2185, 113), 號는 号로(113) 썼다. 그리고 修는 그대로
쓴 경우도 있으나 대부분 脩로(2209, 934, 4069) 새긴 것이 보인다.

그림 16 〈2209〉

그림 15 〈934〉

그림 17 〈4069〉

華는 花로(3136, 3102, 513, 677),

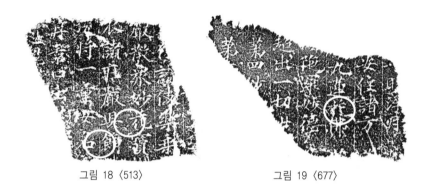

그림 18 〈513〉   그림 19 〈677〉

亂은 乿으로(194) 새기고 있다.

그림 20 〈194〉

　그리고 礙는 그대로도 썼으나(661), 대부분은 旱(952, 2622)로 쓰고 있고, 閡(4830)로 쓴 경우도 보인다.

그림 22 〈661〉

그림 21 〈952〉

그림 23 〈2622〉

그림 24 〈4830〉

歎은 嘆으로 쓰고 있다(3298, 362, 2315).

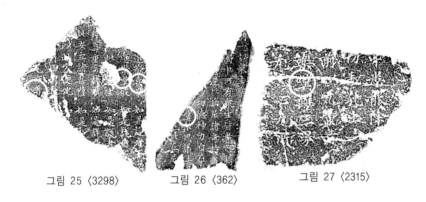

그림 25 〈3298〉   그림 26 〈362〉   그림 27 〈2315〉

亦復如是의 역자는 厶자에 灬를 밑에 넣은 형태를 하고 있다(1086, 4646)

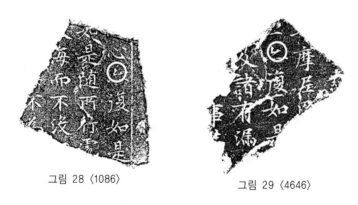

그림 28 〈1086〉   그림 29 〈4646〉

일곱째로, 글자의 모양이 완전히 글자가 다른 이체자의 경우도 있었다.

成就의 就자에 들어있는 口를 曰로 새기고 있다(2883, 781, 356, 4).

그림 30 〈2883〉

그림 31 〈4〉

障을 郭으로(590, 781) 새긴 것은 매우 독특하게 눈에 띈다.

그림 32 〈590〉

그림 33 〈781〉

焰은 炎으로(4307, 659, 3046, 2644), 和尙은 和上으로 새기었는데, 이러한 이체자들은 신라에서 쓴 독특한 글자형태가 아닌가 한다.

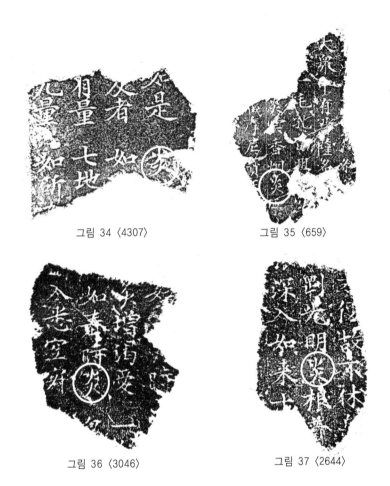

그림 34 〈4307〉   그림 35 〈659〉

그림 36 〈3046〉   그림 37 〈2644〉

한편 석경 편을 60화엄과 대조하는 과정에서 달리 쓰인 경우가 확인되었다.

勤이 懃으로(755), 切求가 心求로(2211), 忘이 妄으로(265), 願力故가 願故로(541), 毘目多羅가 略目多羅로(165), 肢節이 支節로(947)로 표기되었음이 보인다.

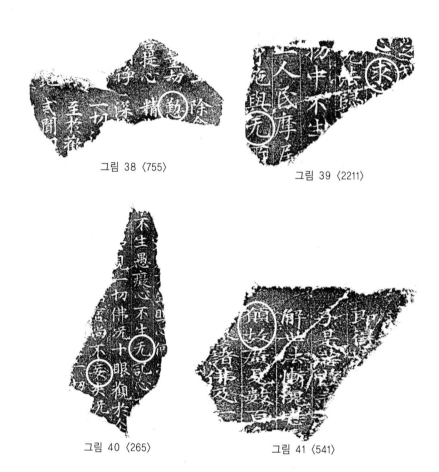

그림 38 〈755〉

그림 39 〈2211〉

그림 40 〈265〉

그림 41 〈541〉

그림 43 〈165〉   그림 42 〈947〉

　　신라 하대에 서예가와 각장들이 많이 있었을 것으로 추정은 되지만, 이들이 모두『화엄경』을 숙지하고 새겼다고 보기는 어렵지 않나 생각된다. 이 점은 경주에서 출토된 법화석경과의 대조를 통해 그 세련됨을 비교할 수 있으리라 생각된다.

　　이상에서 살펴 본 바와 같이 화엄사 화엄석경 편은 그 형태가 매우 다양하며 글자 수도 5~100여 자까지 수록하고 있는데, 이는 경주에서 발견된 법화석경과 금강경석경과 함께 신라 불교사 내지 한국불교의 기반적 연구를 제공하는 사료로서의 역할을 하리라 생각된다.

5. 맺음말

　　화엄사의 화엄석경 1만4,000편 가운데 정리된 5,000편에서 1,100여 편을 판독하였다. 이를 60화엄과 대조하여『화엄경』상의 위치를 찾을 수 있었다.

본고는 이 가운데, 시론격으로 도입부분에 해당되는 「세간정안품」
과 「노사나불품」을 순서대로 정리하여 깨진 석경 편들을 조합해 보았
다. 2개가 한편으로 조합되기도 하였고, 3편 내지 4편, 6편까지 한 덩어
리로 조합할 수 있었으므로, 한 부분이 거의 5-15조각까지 깨어져 나갔
다고 판단된다.

이상과 같은 조합을 통해 화엄석경의 첫 부분에 해당되는 내용을 확
인할 수 있었고, 한 행을 28자를 근간으로 하여 30자를 쓴 곳도 있음을
밝힐 수 있었다. 글씨체는 거의 구양순체로 추정해 보았다. 이와 함께
석경 판에 새기는 글자는 선사비문과 같이 작업이 까다로워 되도록 약
자를 많이 사용한 것이 확인되었고, 신라에서 썼던 한자의 용례로 보이
는 글자가 찾아지기도 하였다.

하지만 정리된 일부에 해당되는 내용이라 정확한 체제를 다 설명할
수는 없었다. 34품까지 완전한 정리가 이루어진다면 좀 더 명확한 내용
을 알 수 있을 것이다.

※ 추기 : 화엄석경에 대한 나머지 판독과 조합은 2014, 『한국금석문집성』(15), 한국
국학진흥원, 청명문화재단으로 간행되었다.

제 V 부
천축순례와 신라인

제1장 의정의 『대당서역구법고승전』과 신라인

1. 머리말

당나라 고승 의정(義淨, 635-713)이 신라인과 관련되어 역사서에서 언급되는 것은 그가 찬술한 『대당서역구법고승전(大唐西域求法高僧傳)』때문이다. 신라인이 7C 인도에서 구구타예설라로 불리어졌음은 익히 알려진 사실이다. 우리에게 친숙한 『삼국유사』 권4 「귀축제사(歸竺諸師)」조에 나오기 때문이다. 일연은 이 사실을 당나라 의정이 찬술한 『대당서역구법고승전』에서 인용하여 해동인들이 인도에 갔을 때 그곳 사람들이 계귀(鷄貴)를 뜻하는 구구타예설라로 불렀음을 알려준 것이다. 이렇게 의정은 전체 61명의 인도에 구법하러 간 고승들의 전기인 『대당서역구법고승전』을 찬술하였는데, 이들 가운데 8명의 신라 승려와 1명의 고구려 승려를 목록에 넣고 입전함으로써 우리의 주목을 받아왔다. 하지만 그러한 상황에 비해 의정과 『대당서역구법고승전』에 대한 상세한 분석이 없었으므로, 그 구성과 신라인의 문제를 전반적으로 다루어 보고자 하는 것이 이 논고의 첫 번째 의도이다.

신라는 당나라와의 전쟁 이후 양국 관계가 소강상태로 지속되는 사이에, 친당세력의 척결과 고구려와 백제의 망명세력을 아우르는 등 국내적인 문제를 정리해 나가고 있었다. 의정의 『대당서역구법고승전』은 바로 이 시기인 691년에 저술되었으므로, 당시인들의 현실인식을 잘 나

타내 주고 있다고 할 수 있다. 특히 이 고승전에 신라인들이 다수 입전
된 것은 신라인의 7~8세기 활동이 대단히 넓은 지역에서 행하여졌음
을 잘 나타내주는 것이다. 따라서 의정의 저술을 통해 나타나는 고승들
의 활동 내용을 통해, 7세기 후반 동아시아 고승들의 특징적인 활동양
상 속에서 신라인이 움직인 동아시아적 활동범위, 신라인의 활동 내용
을 살펴볼 수 있을 것이다. 이렇게 의정의 고승전에 나오는 고승들의
활동상을 규명하고, 의정의 저술이 신라에 끼친 영향을 살펴보려는 것
이 이 논고의 두 번째 의도이다.

2. 의정과 『대당서역구법고승전』의 구성, 그리고 신라인

(1) 의정의 구법활동과 역경, 그리고 신라인

당나라 고승 의정의 전기와 연구를 참조하여,[1] 그의 생애를 배움과
출가, 구법활동, 그리고 불전의 번역으로 나누어 정리해 보았다.

의정은 635년(당 태종 9) 산동 제남에서 태어났는데, 본적은 하북 탁
현(河北 涿縣, 북경)이다. 그가 7살부터 12살까지 모신 친교사 선우(親教
師 善遇)법사는 박문하여 삼장을 본 후, 제자백가와 6예, 천문·지리·음
양·역산의 기발한 학문까지 꿰뚫은 법사였다. 의정이 고승전에서 『논어』

---

1) 『송고승전』 권1 역경편 「당경조대천복사의정전(唐京兆大薦福寺義淨傳)」; 의정,
『대당서역구법고승전』·『남해기귀내법전』(고려대장경 권33); 王邦維校注, 1988,
『大唐西域求法高僧傳校注』, 北京 中華書局; 1995, 『南海寄歸內法傳校注』, 北
京 中華書局; 1996, 『唐高僧義淨生平及其著作論考』, 重慶出版社; 이용범역,
1980, 『대당서역구법고승전』, 동국대학교 역경원; 최철환역, 『대당서역구법고승전』
(한글대장경 『대당내전록』, pp.489-565), 동국대학교 역경원; 이창섭역, 1998, 『남
해기귀내법전』(한글대장경 『고승전』외, pp.547-680), 동국대학교 역경원.

를 자주 인용한 것도 그의 영향이라고 할 수 있다. 또한 다능하여 전자 (篆字)·주자(籒字, 주문글자)에 능하였는데, 그에게 배운 의정이 범어 경전을 초사(抄寫)할 수 있었던 바탕이다. 그리고 총명과 지혜를 갖추어 불전을 읽으면 외웠고, 『열반경』을 주석한 선우법사는 도량이 넓고 인애하여 의리를 중히 여기고 재물을 가볍게 여기어 보살행을 실천하였다. 그는 제자들을 다독거려 격려하였으며, 자신의 입적시기를 알아 소장하던 문서를 종이찰흙을 만들어 금강역사상을 조성할 정도로 흔적을 남기려 하지 않은 인물이었다. 의정이 인도에서 돌아와 그의 묘소를 찾을 정도로 그에게 끼친 영향은 큰 것이었다.

의정은 궤범사 혜지(軌範師 慧智)[2] 선사에게서 14살에 출가하였다. 혜지선사는 뜻을 율의에 두고 마음을 선정의 물결로 맑게 하여 주야 6시로 부지런히 수행하여 조석으로 사부대중을 인도하고, 60여 년 동안 『법화경』을 매일 한 차례씩 외우고 사경(寫經)하였으므로, 황제가 태산에 행차하였을 때 공양을 청할 정도였다. 의정은 구족계를 받고 5년 동안 율전을 정밀하게 탐구하고 율사들의 글과 해설, 특히 도선율사의 문초를 익혔고 『법화경』을 익혔다. 이후 동위(東魏)로 가서 대법(對法)과 섭론(攝論)을 보고, 서경(西京, 장안)에 가서 『구사론』과 『유식론』을 보았다.

18살부터 인도로의 구법유학을 마음에 두고 있다가 37살에 비로소 가게 되었다. 함형 2년(671) 11월에 배를 타고 광주로 가서 남해 여러 나라를 지나 함형 4년(673) 2월 8일에 인도의 탐마입저국에 도달하였다. 5월에 도반을 따라 서쪽으로 나란다사와 금강좌에 이르렀고 마침내

---

2) 『남해기귀내법전』(고려대장경 권33) p.712 상에는 혜지(慧智)선사로 되어 있다. 그러나 명각북장(明刻北藏,浙江圖書館藏, 續修四庫全書 1286) p.654 상에는 혜습(慧習)선사로 되어 있고, 王邦維 등 중국 측 자료는 이를 따르고 있다.

두루 성인의 발자취를 순례하였다.

여기서 먼저 의정이 인도에 가게 된 요인을 살펴보면, 범본 율장을 확인하고 싶은 욕구가 있었기 때문이었다.

그는 『남해기귀내법전(南海寄歸內法傳)』의 1장을 시작하면서 "무릇 여기서 논한 것은 모두가 근본설일체유부에 근거한 것이므로 다른 부의 일을 가지고 이것과 섞어서 보아서는 안 된다. 이는 십송률과 취지가 거의 비슷하다"고 하였다. 또한 마지막 부분인 40장에서 "위의 내용이 살바다(설일체유부)에 근거한 것이고 다른 부에 근거한 것이 아니다"고 다시 언급하여 처음부터 끝까지 올바른 율이 기준이라는 점을 강조하고 있다. 이는 근본율의로 돌아가고자 노력한 의정의 고심이 엿보이는 부분으로, 그는 『근본설일체유부비나야(根本說一切有部毘奈耶)』1부 50권을 비롯한 유부(有部)의 율전(律典)을 많이 번역하였는데, 이것으로 그의 노력을 알 수 있다.

의정의 스승인 태산 금여곡 신통사의 대덕인 선우법사와 혜지선사는 율을 중시하였던 이들이었다. 특히 혜지선사는 그에게 구족계를 주면서 손가락을 불태우고 몸을 불사르는 일은 하여서는 안 된다는 것을 당부하였다.[3] 의정 또한 도선(道宣)과 법려(法勵)의 율소(律疏)를 연구하여 율에 능통하였으므로, 마등·법란, 승회·법현, 도안·혜원·혜휴. 법려의 예를 들어 소신(燒身)공양이 잘못된 것임을 지적하였다. 이는 당시 율이 어그러져 있던 당나라 불교계의 세태에 대한 의정의 비판으로, 그가 가지고 있던 불교적 율의와 유교적 덕목이 합해진 견해로 보여진다.

그는 인도구법을 마치고 귀국하던 길인 686년 실리불서국에서 머물다가, 영창(永昌) 원년(689) 우연히 상선에 올랐다가 그대로 중국의 광동

---

3) 『남해기귀내법전』 권38 「소신불합(燒身不合)」.

으로 돌아오게 되었다. 그러나 실리불서국에서의 일을 정리하지 못한 그는 그의 일을 도와줄 정고(貞固)·도굉(道宏) 등 4인과 함께 실리불서국으로 다시 갔다. 그리고 그는 우선 『대당서역구법고승전』 2권, 『남해기귀내법전』 4권, 「나란다사도(圖)」 등을 저술하여 691년 대진사로 하여금 당에 가져가게 하였다. 그는 실리불서국에 더 머물면서 중국으로 가져갈 범본 게송 등을 정리하였다. 그리고 61세인 695년 실리불서국을 떠나 낙양에 도착하였다.

그는 귀국하면서 범본 경·율·논 400부 50만 게송을 가지고 돌아왔는데, 구시(久視) 원년(700)부터 경운(景雲) 2년(711)까지 56부 230권을 번역해 냄으로써, 역경사에 빛나는 업적을 남겨 중국불교 4대 역경가의 한사람으로, 법현, 현장과 함께 3대 서역구법승으로 기록되었다.

그의 경전 번역[繙經]은[4] 불수기사(佛授記寺)에서 『화엄경(80화엄)』을 우전국 삼장 실차난타와 공역한 이후, 구시 원년(700)~장안(長安) 3년(703) 동도 복선사(福先寺)와 서경 서명사(西明寺)에서 『금광명최승왕경(金光明最勝王經)』 1부 10권, 『능단금강반야바라밀다경(能斷金剛般若波羅蜜多經)』 1권, 『입정부정인경(入定不定印經)』 1권, 『미륵하생성불경(彌勒下生成佛經)』 1권, 『만수실리보살주장중일자주왕경(曼殊室利菩薩呪藏中一字呪王經)』 1권, 『장엄왕다라니주경(莊嚴王陀羅尼呪經)』 1권, 『선야경(善夜經)』 1권, 『대승유전제유경(大乘流轉諸有經)』1권, 『묘색왕인연경(妙色王因緣經)』 1권, 『부상경(無常經)』 1권, 『팔무가유가경(八無暇有暇經)』 1권, 『장조범지청문경(長爪梵志請問經)』 1권, 『근본설일체유부비나야(根本說一切有部毘奈耶)』 1부 50권, 『근본살바다부율섭(根本薩

4) 주법장 역, 2000, 『속고금역경도기(續古今譯經圖紀)』「석의정」(한글대장경 『출삼장기집』 외, pp.590-594), 동국대학교역경원.

婆多部律攝)』1부 20권,『근본설일체유부니다라목득가(根本說一切有部尼
陀那目得迦)』1부 10권,『근본설일체유부백일갈마(根本說一切有部百一羯
磨)』1부 10권,『장중론(掌中論)』1권,『취인가설론(取因假設論)』1권,『육
문교수습정론(六門敎授習定論)』1권,『용수보살권계왕송(龍樹菩薩勸誡王
頌)』1권을 번역하였다.

그의 번경작업은 계속되어, 신룡 원년(705) 동도(東都) 낙양의 내도량
에서『대공작주왕경(大孔雀呪王經)』1부 3권을 번역하였다. 또한 대복선
사에서『불위승광천자설왕법경(佛爲勝光天子說王法經)』1권,『향왕보살
다라니주경(香王菩薩陁羅尼呪經)』1권,『일체공덕장엄왕경(一切功德莊嚴
王經)』1권을 번역하였다.

의정은 불광내사(佛光內寺)에서 『약사유리광칠불본원공덕경(藥師琉
璃光七佛本願功德經)』1부 2권을 번역하였다. 또한 경룡(景龍) 4년(710)
대천복사(大薦福寺)의 번경원에서『불위난다설출가입태경(佛爲難陀說出
家入胎經)』1부 1권,『욕상공덕경(浴像功德經)』1권,『수주공덕경(數珠功
德經)』1권,『관자재보살여의심다라니주경(觀自在菩薩如意心陁羅尼呪經)』
1권,『불정존승다라니경(佛頂尊勝陁羅尼經)』1권,『발제죄장주왕경(拔除
罪障呪王經)』1권,『오온개공경(五蘊皆空經)』1권,『삼전법륜경(三轉法輪
經)』1권,『비유경(譬喩經)』1권,『요치병경(療痔病經)』1권,『근본설일
체유부필추니비나야(根本說一切有部苾芻尼毘奈耶)』1부 20권,『근본설일
체유부비나야잡사(根本說一切有部毘奈耶雜事)』1부 40권,『근본설일체
유부계경(根本說一切有部戒經)』1권,『근본설일체유부필추니계경(根本說
一切有部苾芻尼戒經)』1권,『근본설일체유부비나야송(根本說一切有部毘
奈耶頌)』1부 5권,『근본설일체유부비나야잡사섭송(根本說一切有部毘奈
耶雜事攝頌)』1권,『근본설일체유부니다나목득가섭송(根本說一切有部尼

陀那目得迦攝頌)』1권,『성유식보생론(成唯識寶生論)』1부 5권,『관소연
론석(觀所緣論釋)』1권을 번역하였다.

그리고 예종 경운(景雲) 2년(711)에도『칭찬여래공덕신주경(稱讚如來
功德神呪經)』1권,『불위해룡왕설법인경(佛爲海龍王說法印經)』1권,『약
교계경(略敎誡經)』 1권,『능단금강반야바라밀다경론석(能斷金剛般若波
羅蜜多經論釋)』1부 3권,『능단금강반야바라밀다경론송(能斷金剛般若波
羅蜜多經論頌)』 1권,『인명정리문론(因明正理門論)』 1권,『관총상론송
(觀總相論頌)』1권,『지관문론송(止觀門論頌)』1권,『수장론(手杖論)』1권,
『일백오십찬불송(一百五十賛佛頌)』1권,『법화론(法華論)』1부 5권,『집
량론(集量論)』1권을 번역하였다.

이상에서 열거한 그의 불전번역에는 많은 이들이 참여하였다.[5] 이들
은 인도·계빈국·가습미라국·신라 등 다국적 인물들로, 그의 번역에 참
여한 여러 나라의 고승들이 자국과 이웃나라에 끼친 영향을 생각할 때
그가 번역한 불전은 8-9세기 동아시아 각국에 영향을 끼칠 수 밖에 없
었다고 생각된다. 이렇게 의정에 의해 행해진 수많은 번역서는 이후 신
라에도 전해졌는데, 뒤에서 상세히 언급하도록 하겠다.

---

5) 범의 증의(梵義 證義, 북인도 사문 阿你眞那, 토하라 사문 達磨末磨), 범문 증의
(계빈국 사문 達磨難陀, 거사 동인도 수령 伊舍羅), 범본 낭독(사문 曷利末底烏
帝提婆, 중인도 거사 李釋迦度頗多), 번역어 증의(동인도 거사 瞿曇金剛, 가습
미라국 왕자 阿順), 필수(사문 波崙, 復禮, 慧表, 玄傘), 증의(사문 法寶, 勝莊(신
라), 神英, 仁亮, 慧沼, 法藏), 윤색(修文館大學士特進趙國公 李嶠, 兵部尙書
逍遙公 韋嗣立, 趙彦昭, 盧藏用, 張說, 李乂, 蘇頲, 徐堅), 번역 감독(좌복야 舒
國公 韋巨源, 우복야 許國公 蘇瓌), 보호 감독(부마도위 楊愼交, 嗣虢 王邕, 태
상경 薛崇胤).

(2) 『대당서역구법고승전』의 구성과 계귀·상존(鷄貴·象尊)

『대당서역구법고승전』은 앞에서 언급한 것처럼 당나라 승려인 의정 (635-713)이 당나라 초기에 서역에 구법한 고승 61명의 전기를 상·하 2 권으로 찬술한 것이다.

법현의 『불국기』나 현장의 『대당서역기』가 천축으로 가는 여정의 여러 나라와 천축국에 관한 내용을 엮은 여행기라면, 의정의 『대당서 역구법고승전』은 그가 본 인도의 사찰 등 풍물을 기록하고 있기는 하 지만, 당나라와 주변국가의 고승들이 서국(西國)으로 표현된 인도에 간 자취를 기록한 고승들의 전기라는 점에서 그 차이점을 발견할 수 있다. 즉 그의 고승전은 많은 이들의 천축행이 이루어진 후대의 기록인 것이 다. 또한 『대당서역구법고승전』에는 신라와 신라인에 관한 여러 정보 가 실려 있다. 즉 7세기 신라인들의 활동영역이 실크로드를 포함한 천 축으로까지 넓혀져 있었음을 명확히 알려주는 신라에 관한 귀중한 고 승전이다.

먼저 『대당서역구법고승전』(고려 대장경본)에 나오는 인물들의 이름 과 출신지, 나이, 국적 등을 정리해 보면 다음 표와 같다.

번호	고승 이름	출신지	나이	국적
1	현조(玄照)법사	태주(太州)	60여세	중국
2	도희(道希)법사	제주(齊州)	50여세	중국
3	사편(師鞭)법사	제주(齊州)	35세	중국
4	아리야발마(阿離耶跋摩)법사	신라	70여세	신라
5	혜업(慧業)법사	신라	60여세	신라
6	구본(求本)법사6)	신라		신라
7	현태(玄太)법사	신라		신라
8	현각(玄恪)법사	신라	40세	신라

9	○○법사 1인	신라		신라
10	○○법사 1인	신라		신라
11	불타달마사(佛陀達摩師)	도화속리국(睹貨羅速利)	50세가량	도화속리국
12	도방(道方)법사	병주(幷州)	70세	중국
13	도생(道生)법사	병주(幷州)	50세	중국
14	상민(常愍)선사	병주(幷州)	50여세	중국
15	상민사(常愍師)제자 1인	미상		중국
16	말저승하사(末底僧訶師)	경조(京兆)	40여세	중국
17	현회(玄會)법사	경사(京師)	30세	중국
18	질다발마사(質多跋摩師)	미상		중국
19	토번(吐蕃)공주 이모식(姨母息) 1인		35세	티벳트
20	토번(吐蕃)공주 이모식(姨母息) 1인		15세	티벳트
21	융법사(隆法師)	미상		중국
22	명원(明遠)법사	익주(益州)		중국
23	의랑(義朗)율사	익주(益州)	40여세	중국
24	낭율사(朗律師) 제자 1인, 의현(義玄)	미상		중국
25	지안(智岸)법사	익주(益州)		중국
26	회녕(會寧)율사	익주(益州)	34~5세	중국
27	운기(運期)법사	교주(交州)	40세	베트남
28	목차제바사(木叉提婆師)	교주(交州)	24~5세쯤	베트남
29	규충(窺沖)법사	교주(交州)	30세쯤	베트남
30	혜염(慧琰)법사	교주(交州)		베트남
31	신주(信冑)법사	미상	35세	중국
32	지행(智行)법사	애주(愛州)	50여세	중국
33	대승등(大乘燈)선사	애주(愛州)	60여세	중국
34	승가발마사(僧伽跋摩師)	강국(康國)	60여세	강거국
35	피안(彼岸)	고창(高昌)		고창국
36	지안(智岸)	고창(高昌)		고창국
37	담윤(曇潤)법사	낙양(洛陽)	30세	중국
38	의휘(義輝)논사	낙양(洛陽)	30여세	중국
39	대당 1인	미상		중국

40	대당 1인	미상		중국
41	대당 1인	미상		중국
42	혜륜(慧輪)법사	신라	40세(생존)	신라
43	도림(道琳)법사	형주(荊州)	50여세(생존)	중국
44	담광(曇光)법사	형주(荊州)	장년	중국
45	대당 1인	미상	50여세	중국
46	혜명(慧命)선사	형주(荊州)	생존 귀국	중국
47	현규(玄逵)율사	윤주(潤州)	25~6세	중국
48	선행(善行)법사	진주(晉州)	40세쯤	중국
49	영운(靈運)법사	양양(襄陽)	생존 귀국	중국
50	승철(僧哲)선사	예주(澧州)	40세쯤(생존)	중국
51	철선사(哲禪師) 제자 1인, 현유(玄遊)	고구려	생존	고구려
52	지홍(智弘)율사	낙양(洛陽)	생존귀국	중국
53	무행(無行)선사	형주(荊州)	56세(생존)	중국
54	법진(法振)선사	형주(荊州)	35~6세	중국
55	승오(乘悟)선사	형주(荊州)		중국
56	승여(乘如)율사	양주(梁州)	생존귀국	중국
57	대진(大津)법사	예주(澧州)	생존귀국	중국
58	정고(貞固)율사	정지(鄭地) 형천인(滎川人)	40세(생존)	중국
59	정고(貞固)제자 1인, 회업(懷業)	북인(北人)	17세	중국
60	필추 도굉(苾芻 道宏)	변주(汴州) 옹구인(雍丘人)	22세	중국
61	필추 법랑(苾芻 法朗)	양주(襄州) 양양인(襄陽人)	24세	중국

　　위의 표에 의거하여 고승전의 구성인원과 입전순서, 연령 등을 파악
해 볼 수 있다.

　　첫째로, 고승전 구성인원은 56명,[7] 60명,[8] 61명[9] 등 여러 견해가 있

---

6) 신라 구본법사 : 고승들의 목록에는 이름이 나오나, 본전에는 전기가 세워져 있지
　　않다. 하지만 이름이 전하는 까닭에 숫자에 넣었다.
7) 의정의 『대당서역구법고승전』 서에 56인으로 되어 있다.
8) 이용범 역, 1980, 『대당서역구법고승전』, 서울: 동국대학교 역경원, p.192에서는

으나, 목록에만 나오는 신라 구본법사를 포함시키면 전체 61명이 되므로, 61명으로 산정하였다. 이들은 중국인 42명, 신라인이 8명, 고구려인이 1명, 도화속리국 1명, 티벳트 2인, 베트남 4인, 강거국 1인, 고창국 2인의 구성을 보이고 있다.

의정은 이들의 구성순서에 대해 나름의 기준을 다음과 같이 서술하고 있다.

> 1) "아아! 참으로 그 분들의 아름다운 정성은 칭찬되어야 하고 꽃다운 행적이 후세에 전해지기를 바랄 뿐이다. 대략 듣고 본 바에 의거하여 제와 행장(行狀)을 지었을 뿐이다. 그 가운데 차례는 대부분 천축에 간 때와 연대, 생사의 멀고 가까움으로 선후를 비정하였다."10)

즉 이들이 천축에 간 연대와 생사를 가지고 선후를 삼았다는 것이다. 이들 가운데 고려인으로 언급된 해동인은 9명으로 전체의 1/7에 해당될 정도로 그 비중이 컸을 뿐 아니라 이들 해동의 고승들은 거의 고승전 상권의 앞부분인 4번째부터 10번째까지 위치해 있고, 42번째와 52번째에 나오고 있다.

60여 분이라고 하였다. 이주형 외, 2009,『동아시아 구법승과 인도의 불교유적-인도로 떠난 순례자들의 발자취를 따라-』, 사회평론, p.52에서는 구법승 56인과 나중에 추가된 4인 도합 60인의 전기라고 하고 신라 승려 7명과 고구려 출신 승려 1명도 포함되어 있다고 하였다.

9) 김상현, 2001,「7세기의 신라서역구법고승고」『동국사학』35.36합, p.17에서 구법승 61명의 전기라고 하였으나, 신라 구법승 7명과 고구려승 1명으로 헤아렸다. 그러나 전기는 없지만 목록에 들어있는 신라승 구본까지 넣어야 61명이 되므로, 이에 따라 신라 구법승 8명과 고구려승 1명으로 보는 것이 타당하다고 생각된다.

10)『대당서역구법고승전』서.

2)-1. 아리야발마는 신라인이다. 정관(貞觀) 연간(627-649)에 장안을 떠나 인도의 광협【왕성의 작은 이름이다】에 가서 바른 가르침을 추구하였다.

2)-2. 혜업법사는 신라인이다. 정관 연간에 서역을 돌아보고자 갔다.

2)-3. 현태법사는 신라인이다... 영휘(永徽) 기간(650-655)에 토번도로 가서 네팔(니파라)을 지나 중인도에 도착하였다.

2)-4. 현각법사는 신라인이다. 현조법사와 함께 정관 연중에 서로 따르며 대각사에 이르렀다.

2)-5. 혜륜사는 신라인이다.... 조칙을 받든 현조사를 따라 서쪽으로 가면서 충실히 모시었다. 의정이 왔을 때 아직 그곳(건다라산다사)에 있었고, 40을 바라보는 나이였다.

2)-6. 승철사는 이 왕사에 머물면서 극진한 예우를 받고 있었다.... 의정이 왔을 때에 서로 만나지 못하였지만, 듣기로는 아직도 머물고 있었으며 나이는 40쯤이었다. 승철선사의 제자 현유는 고려국인이다. 스승을 따라 사자국에서 출가하였으므로 그곳에 머물고 있다.

이로 보면 이들의 천축행이 비교적 이른 시기인 당 태종 정관 연간(627-649)부터 시작되어 고종 영휘 연간(650-655) 이후 의봉(儀鳳) 연간(676-678)까지 계속된 것을 알려준다.

즉 4, 5, 8번째 나오는 아리야발마, 혜업, 현각은 정관 연간에 해당되지만, 7번째 나오는 현태는 영휘 연간에, 42, 50번째 나오는 혜륜과 승철은 인덕(麟德) 연간(665-666), 의봉 연간까지 인도에 머문 것으로 나오고 있다. 혜륜이 현조의 2차 인도사행을 따라 나선 것이 인덕 연간이고

10여 년 후에 의정을 만났으므로 의봉 연간에 해당된다고 할 수 있다. 승철사 역시 의정이 인도에 머문 의봉 연간에 같이 있었으므로 고구려 승 현유도 대개 이 시기에 머물렀을 것으로 생각된다.

둘째로, 고승전에 실린 고승들은 대개 연령이 소개되어 있음이 보인다. 의정은 연령을 숫자로 표현하였지만, 일부는 불혹(不惑), 지명지년(知命之年), 춘추근과 이립의(春秋僅過 而立矣), 이귀적멸우시년여 이순의(而歸寂滅于時年餘 耳順矣)[11]라고 표현하고 있다. 이는 공자가 "나는 15에 학문에 뜻을 두고, 30에 뜻을 세우고, 40에 미혹되지 않게 되었고, 50에 천명을 알게 되었으며, 60이 되어 남의 말을 사실 그대로 들을 수 있게 되고, 70이 되어 원하는 대로 행하여도 규범의 틀을 넘지 않게 되었다(吾十有五而志于學, 三十而立, 四十而不惑, 五十而知天命, 六十而耳順, 七十而從心所欲不踰矩)"[12]라고 한데서 인용한 것이다.

의정은 이들의 연령을 언급하는 것 이외에도 『논어』의 구절을 따서 서술한 부분이 보인다. 즉, 苗秀盈十而盖多, 結實罕一而全少[13], 每勵朝聞之心 恭儉勤懷 無憂夕死之計[14] 등이다. 이러한 서술은 그가 친교사 선우에게 불경 이외에도 경서와 제자백가를 배운 것이[15] 그의 글에서 드

---

11) 불혹(不惑)은 현각법사전에, 지명지년(知命之年)은 도생법사전에, 이립(而立)은 현회법사전에, 이순(耳順)은 대승등선사전에 각각 나온다.

12) 『논어』「위정」편.

13) 『논어』「자한」편에 나오는 내용으로, "공자가, 싹은 났는데 패지 않은 것도 있구나. 팼는데 여물지 않은 것도 있구나(子曰 苗而不秀者 有矣夫 秀而不實者 有矣夫)"라고 하셨다. 곡식의 싹이 나온 것을 묘라 하고 꽃을 터뜨린 것을 수라하고 영근 것을 실이라 한다. 배우는데도 완성에 이르지 못함을 묘가 다 수하지 못하고 수가 다 실이 되지 못한다는 것이다.(『대당서역구법고승전』 서)

14) 『논어』「이인(里仁)」편 "朝聞道 夕死可矣"를 원용하여 쓴 말이다.(『대당서역구법고승전』 하, 「정고」전)

15) 『남해기귀내법전』 권40.

러난 부분으로, 『논어』에 해박했음을 보여주는 대목이다.

고승전에 실린 이들의 나이를 분석해 보면, 30대(9인), 40대(8인), 50
대(9인), 60대(4인)가 많고, 70대도 2인이나 된다. 또한 20대는 4인인데,
상민사·낭율사·승철사의 제자를 20대로 보면 7인이 된다. 또한 가장
어린 나이로는 15세, 17세가 있다. 15세는 토번공주 이모의 아들 1인으
로, 적사대장경(磧砂大藏經) 등 중국 측 자료에는 25세로 되어 있으나[16]
고려대장경의 판본에는 15세로 되어 있으므로 이를 따랐는데, 정고의
제자인 회업이 17세이므로 가능성이 있기 때문이다.

또한 생존한 인물은 10인 정도로, 대부분은 병사하거나 연로하여 입
적하였는데, 특히 의정이 젊은 나이에 사망한 이들을 애도하는 시를 남
긴 것이 눈에 띈다.

의정은 그의 저술에서 계귀에 대한 언급과 함께 계귀상존에 대해서
도 설명하고 있다. 이를 통해 그의 세계관을 살펴보고자 한다.

> 3) 아리야발마는 신라인이다. 정관 연간(627-649)에 장안을 떠나 인도
> 의 광협【왕성의 작은 이름이다】에 갔다. 바른 가르침을 추구하고 성
> 스러운 자취를 친히 예배하였다. 나란다사에 머물면서 율과 논을 많
> 이 익히고 여러 경전을 베끼어 썼다. 슬프다! 돌아올 마음이 많았으
> 나 기약한 바를 이루지 못하였다. 동쪽 끝인 계귀(신라)에서 나와
> 서쪽 끝인 용천(나란다사)에서 돌아가셨다. 즉 이 절에서 세상을 떠
> 났는데 나이가 70여 세였다. 계귀는 범어로 구구타예설라라 한다.
> 구구타는 닭이고 예설라는 귀하다는 것이니 곧 고려국이다. 서로 전
> 하기를 "저 나라는 계신을 공경하여 받들므로 새깃을 꽂아 장식한
> 다"고 하였다. 나란다사에 못이 있는데 용천이라 이름하였다. 서방

---

16) 적사대장경(磧砂大藏經)을 비롯하여 영락북장(永樂北藏), 건륭장(乾隆藏), 대정
장(大正藏) 등에 25세로 되어 있어 王邦維는 25세로 주석하였다.

에서는 고려를 구구타예설라라고 불렀다.[17)

신라인 8명, 고(구)려인 1명에 대한 정보가 의정의 고승전을 통해 후대에 전해졌는데, 이들이 계귀로 불리어진 사실과 고려인으로 칭해진 것을 4번째에 나오고 있는 아리야발마조에서 세주로 전하고 있다.

아리야발마는 신라인으로 7세기 전반에 장안을 떠나 인도의 왕사성에 가서 바른 가르침을 추구하였는데,[18) 성지순례를 하고 나서 나란다사에 머물면서 율과 논을 익히고 고국 신라에 가져가고자 범본 경전을 베끼어 썼으나 70여 세로 나란다사에서 시적(示寂)하였다. 나란다사는 중인도 마가다국의 왕사성 북동쪽에 있던 사원으로, 5세기 초 굽타왕조에서 건립한 인도 최고의 불교대학으로서 세계 각국에서 많은 승려들이 유학한 곳이다. 당나라의 현장법사도 조금 앞선 시기에 여러 해 동안 나란다사에서 공부하였는데, 신라의 아리야발마, 혜업 등이 이곳에

---

17) 『대당서역구법고승전』 상 「아리야발마」전.
18) "出長安之廣脅王城小名"의 해석에는 많은 이견이 보인다. 足立喜六이 長安之廣脅을 한 문장으로 보고 『법원주림』에 나오는 광협산중이 왕사성 주위의 산중으로 5산이라는 것을 예로 들면서 광협산을 특정명사로 보는 것은 잘못이라며, 장안부근의 산으로 보았다. 이용범과 최철환도 "장안의 광협(왕성의 산이름)을 떠나 인도에 와서 불교의 정법을 추구하고 성스러운 불교유적을 몸소 순례하였다"(이용범, p.37; 최철환, p.500)라고 하여 이를 따랐다. 그러나 일연은 「귀축제사」조에서 이 부분을 "離長安 到五天"으로 바꾸어 쓰고 있다. 또한 王邦維는 광협은 광협산으로 범문은 Viparsvagiri로 『대당서역기』의 毗布羅山(Vipulagiri)으로 비정된다면서 해석도 出長安 之廣脅으로 읽어서 장안을 출발하여 광협으로 갔다고 풀이하였다. 그런데 『법원주림』 권30에 "13번째 존자의 이름은 목갈타로서 그는 권속 1,300아라한을 데리고 대부분 광협산(廣脅山)에 산다"라는 구절에서 볼 수 있듯이 광협은 인도의 산명이라 할 수 있다.(김복순, 2012, 『삼국유사』 「귀축제사」조 연구」 『신라문화제학술논문집』33, pp.188-191) 이와 함께 본문 중에 去三陽 之八水 復向黃州(57번째 「정고」전)은 삼양을 떠나 팔수로 갔고 다시 황주로 향해 갔다고 쓴 예도 있어, 여기서는 일연과 왕방유의 해석을 따랐다.

머문 것이다.

　이에 덧붙여 의정은 주석을 통해 동쪽 끝의 계귀라는 나라를 지칭하고 그에 대한 해설을 붙이고 있다. 즉 구구타예설라는 계귀로 번역되는데, 구구타는 닭이고 예설라는 귀하다는 것이다. 고려인들이 닭의 깃을 머리에 장식하는 것을 좋아해서 고려라는 호칭이 된 것이라고 설명해 놓았다.

　의정은 서방에서 부르는 계귀가 고려국이라고 설명하면서 신라인 8명, 고구려인 1명의 나라를 통칭해서 고려국이라는 것이다. 이렇게 그가 언급한 계귀라는 별칭으로 보면, 인도인들이 고려인을 본 것이 적지 않았기 때문에 붙여진 호칭으로, 이는 고려인들의 천축으로의 여행이 매우 많았음을 간접적으로 증명해 주는 것이다. 또한 조우관을 쓴 이들이 인도인의 눈에 특징적으로 보였음이 틀림없다고 하겠다.

　그런데 일연은 의정이 표현한 고려라는 호칭을 해동으로 고쳐 썼다. 해동 삼국이 모두 깃을 꽂아 장식하였으므로, 고려국보다는 해동이라는 단어가 더 부합된다고도 할 수 있는데, 의정은 691년의 시점에서 굳이 고려국이라고 쓰고 있는 것이다.

　그렇다면 의정은 왜 신라인도 고려국인으로 표현하였을까하는 점이다. 의정이 고승전을 쓴 시기는 측천무후 때로 당과 신라 양국 간의 전쟁 결과로 소강상태에 있었다. 당시 당나라 사람인 의정은 신라를 인정하고 싶지 않은 측면과 함께 한반도 전체를 대표하여 그들이 굴복시킨 해동의 대국 고려라는 용어로 쓴 것이 아닐까 한다.

　그것은 의정이 『남해기귀내법전』에서도 계귀·상존이라는 표현을 당이 세계를 제패한 것과 함께 기록하고 있기 때문이다.

4) 그리하여 농부는 밭두렁 가운데서 구성지게 노래하고, 장사꾼은 배
   와 수레 위에서 많이 읊조려 마침내 계귀·상존의 나라로 하여금 천
   자의 궁정에 이마가 땅에 닿도록 절하게 만들었고, 금린옥령(禁隣玉
   嶺)의 고을들이 궁전의 섬돌 앞에 투성(投誠)하게 되었다. 함이 없는
   것이 곧 함이 있는 것이며, 일이 없는 것이 일이 되는 것이니, 이는
   본래 이에 더할 정치가 없는 것이다. 계귀는 인도에서 고려국을 구
   구타예설라라고 이름한 것이다. 구구타란 닭이요, 예설라는 귀하다
   는 것이다. 서방에 전해져 이르기를, 저 나라는 닭을 공경하여 신으
   로 모셔 높이는 까닭에 깃털을 꽂아 장식을 한다. 상존은 인도의 군
   왕이 코끼리로 최고를 삼은 것으로, 오천축국이 모두 다 그러함을
   말한 것이다.19)

   의정은 승려이면서도 『논어』 등의 경서와, 제자백가를 익히고 인도
철학에도 해박하여 나름의 우주론과 역사인식을 가지고 있어서 우주가
만들어지고 세계가 형성되는 내용을 정리하여 『남해기귀내법전』 서문
에 게재하기도 하였다.
   하지만 그가 고려로 쓴 구구타예설라인 계귀는 대개 신라를 의미하
는 것으로 보고, 신라의 사례로 인용되고 있다. 이와 함께 도관칠개국
육판은합(都管七箇國六瓣銀盒)의 뚜껑에 쓰인 고려국(高麗國)의 예와,
『신당서』 예문지에서 최치원을 고려인(高麗人)으로 부른 예를 추가해
볼 때 고려라 불린 계귀는 고구려보다는 신라를 지칭하는 것이라고 할
수 있다.20)

19) 『남해기귀내법전』 서.
20) 김복순, 2013, 「신라지식인들의 서역인식」 『경주사학』38, pp.18-26.

3. 『대당서역구법고승전』에 실린 고승들의 활동상과 신라에 끼친 영향

(1) 『대당서역구법고승전』에 실린 고승들의 활동상

이 고승전은 당과 주변국의 고승들이 인도에 구법한 과정과 그 내용에 관한 것이므로, 가장 많이 기술된 내용 가운데 하나가 길(동선)이라고 할 수 있다. 이에 길에 관한 여러 문제를 첫 번째 활동상으로 살펴보고자 한다.

의정은 인도구법의 과정에 대해, 법현(法顯)법사가 거친 길을 개척하였고, 현장(玄奘)법사가 왕로(王路)[21]를 연 것을 먼저 언급하고, 자신과 61명의 고승이 구법 내지 성지순례의 길을 간 것을 전기 형식으로 서술하였다.[22] 이들 가운데 현조법사, 명원법사, 신주법사, 대승등선사 등의 전기에서 구법의 경로를 살필 수 있다.

현조법사는 섬서성 화음현 출신으로 정관 연중(627-649)에 대홍선사 (大興善寺)의 현증사에게 범어를 배우고, 인도에 가서 기원정사에 머물려고 하였다. 이에 그는 2차에 걸쳐 인도에 가게 되었는데, 1차 천축행에는 신라승 현각이 동행하였고, 2차 사행에는 신라승 혜업이 공식사절단에 끼어 현조의 시자로 동행하였다. 현각과 혜업이 주도적으로 길을 개척한 것은 아니지만 인도 구법여행이 홀로 갈 수 없는 험난한 길이라는 점을 감안할 때 이들의 동행은 매우 중요한 여정을 함께 한 것이라

---

21) 왕로(王路)는 명대 북장, 청대 건륭장 등 일부 판본에는 正路로 표기되어 있으나, 고승전 전체를 통해 보여지는 의정의 충정으로 보아, 고려대장경본의 왕로 표기가 타당한 것으로 생각된다.

22) 이주형외, 2009,『동아시아 구법승과 인도의 불교유적-인도로 떠난 순례자들의 발자취를 따라-』, 사회평론, pp.23-30에는 인도로 가는 길을 해로, 서역갈반타로, 서역 우전-계빈로, 서역 천산북로, 티벳트-네팔로, 전면로(滇緬路)로 설명하고 있다.

고 할 수 있다.

우선 1차로 왕복한 길을 보면 장안-난주-유사-철문-설령-향지-총부-속리-도화라-호국-토번국(티베트,문성공주)-북천축국-사란다국(4년)-마하보리사(4년)-나란다사(3년)-강가하-신자사(3년)-니파라국-토번 문성공주-서번-낙양의 여정이었다. 그는 사란다국에서 4년간 머물면서 경을 공부하고 범문을 수학하였다. 다시 마하보리사로 가서 4년간 머물면서 구사학, 대법, 율의를 익혀 대승·소승 양교에 명철하게 되었다.

현조와 동행하였던 현각은 이곳 대각사에서 예경하는 소원을 풀고 40의 나이에 병사하고 말았다. 현조는 또 다시 나란다사에서 3년간 머물면서 승광법사에게 『중론』·『백론』을 수학하고 보사자대덕에게 『유가사지론』을 배워 그는 유가 선문의 빗장을 보고 큰 대강을 알게 되었다고 하였다. 마지막으로 신자사에서 국왕 잠푸의 공양을 받으면서 3년간 머물고 있었다.

이렇게 현조가 인도에서 활동하고 있는 동안인 당 고종 현경 2년(657)에 왕현책이 황명으로 인도에 세 번째 사행을 가게 되었다. 659년 마가다국에 도착하여 기념비를 세우고[23] 660년 카피사에서 부처님 정

---

23) 왕현책이 인도에 가서 세운 비에 관해서는 『법원주림』 권29에 전하고 있는데, 이 주형 외, pp.256-260에서는 당의 사절인 왕현책이 645년 2월 보리수 아래 대탑 서편에 세우고 위재(魏才)가 글씨를 썼다고 하는 가장 오래된 비를 언급하고 이 보나 앞서 왕사성 불적지에 탑기를 남긴 것으로 보고 있다. 그는 『중천축국행기』 10권을 저술하였는데, 잔편만이 『법원주림』, 『제경요집』, 『석가방지(釋迦方志)』 등에 남아 있고, 『구당서』·『자치통감』에 그의 사행이 언급되어 있다. 중천축 마가다왕국의 실라디탸국왕이 2차례 사신을 파견하였으므로 이에 대한 답례로 당 태종 정관 17년(643) 조산대부 이의표를 정사로 하는 22명의 사절단에 부사(副使)로 마가다국에 파견되었다. 그 당시 그는 융주 황수현령이었는데, 마가다국 사신과 동행하여 티벳-네팔을 거쳐 마가다에 도착하여 2년간 체류하다가 왕사성, 마하보리사 등을 돌아보고 비를 세운 후 정관 20년(646) 당으로 돌아간 것이 1차

골 편을 얻어 661년 장안으로 귀국하였다. 왕현책은 인도에 머무는 동안 현조의 인물됨을 알아보고 귀국하여 그의 덕망을 황제에게 보고하자, 그를 귀국시키라는 조칙이 내려져 현조는 당으로 돌아오게 되었다.

현조는 귀국하면서 니파라국인 네팔을 지나 티벳트로 가서 문성공주를 뵙고 도움을 받아 현재 중국의 청해성 일대인 서번을 건너 낙양에 도착하였다. 그가 돌아오는데 걸린 시간은 "664년 9월에 출발하여 665년 정월에 도착하였으므로 5개월 동안 1만 리를 지나왔다"고 의정은 「현조법사전」에서 언급하고 있다. 현조법사가 왕복한 티벳트-네팔-인도를 연결하는 토번도 통로는 당대에 가장 많이 애용했던 길이었다.[24] 현조는 낙양에서 살바다부율섭을 번역하려 하였으나, 관에서 칙령으로 재촉하여 다시 인도로 향하게 되었다.

2차 여정은 낙양-유사-적석-토번-북인도-박갈라-납바비하라-가필시국-신도국-라다국(4년)-남인도-금강좌-나란다사-중인도 암마라파국(병사)이었다.

북로인 유사와 적석을 따라 가다가 토번의 도적과 강도를 만나기도 하면서 북인도 경계에서 당나라 사신과 노가일다를 만났다. 노가일다는 현조와 그의 일행에게 서인도 라다국에 가서 장년약을 가져오게 하

인도사행이다. 이듬해인 647년 2차 사신단의 정사로서 그는 『노자도덕경』 범어 역본을 가지고 인도의 마가다국에 갔으나 실라디탸왕은 타계하고 나라는 내란 중이었는데, 아라나순(阿羅那順)이 군사를 이끌고 공물(貢物)과 무역품을 약탈하자 몸을 피했다가 토번(吐蕃)과 네팔에서 원병 수천을 얻어 격파하고 왕위를 찬탈한 이들을 압송하여 태종에게 복명하게 함으로써 조산대부에 봉하여졌다. 10년 후인 당 고종 현경 2년(657)에 3차로 파견되었는데, 659년 동천축의 마가다국에 도착하여 마하보리사에 기념비를 세우고 660년 카피사에 가서 부처님 정골 편을 얻어 661년 장안으로 돌아갔다.
24) 이렇게 왕현책의 중국-인도 사행길은 티벳과 네팔을 경유하는 새로운 첩경(捷徑)을 개척했다는 점에서 주목된다.

였다. 현조 일행은 박갈라와 납바비하라(新寺)를 지나면서 여래의 조관 (澡罐) 등 성스러운 유적을 보고, 가필시국(계빈국)에 이르러 여래 정골 에 예배하였다. 다시 신도국을 지나 라다국에 도달하여 4년 간 왕의 예 경을 받으며 수행하였다. 그는 황명의 이행을 위해 남인도를 다니면서 약을 구하였고, 중국으로 가려고 하였다. 그러나 네팔 길은 토번이 독 립하여 길을 막고 있었고,25) 가필시국 경로는 사라센인 다씨(多氏)가 차지하고 있어 지나기 어려웠다. 결국 그와 일행은 중국으로 돌아가는 것을 포기하고 금강좌, 나란다사, 영취산, 죽원 등을 다니다가 중인도의 암마라파국에서 60세로 병사하고 말았다.

이 때 신라승 혜륜이 동행하였는데, 그는 인도에 가서 불교유적을 두 루 참배하고 신자사에서 10년을 살았고, 건다라산다사에 있었는데, 의 정이 이곳에 갔을 때 40여세의 혜륜을 만났다. 그는 범어를 잘했고 구 사론도 깊이 연구하였다고 한다. 의정의 고승전에 나오는 5인의 생존인 물 가운데 한 사람이 바로 신라승 혜륜이다.

명원은 스리랑카인 사자국에서 불아(佛牙)를 몰래 중국으로 가져오려 한 사건의 당사자로 유명하다. 그는 사천성인 익주 청성인으로, 그의 인 도 여정은 여산(廬山)-남해-교지-가릉국-사자주-남인도의 행로를 보였다.

신주법사는 북도를 취해서 인도로 갔는데, 신자사에 거주하였다.

대승등선사는 애주인으로 두화라발저국에서 출가하였다. 후에 당의

---

25) Tibet은 7세기 서역으로 진출하면서 그 영향력을 확대해 나갔으나 당에 속해 있 어, 이 시기 인도로 가는 유학승들은 티벳을 거쳐 네팔로 해서 인도에 갈 수 있었 으므로, 이 길을 토번도 내지 토번로라 하였다. Tibet은 7세기 후반인 663년부터 청해 지방에까지 세력을 뻗으면서 타림분지의 비단길에 영향을 미쳐 당으로부터 서역의 지배권을 빼앗고 길을 막았다. 때문에 현조 일행이 돌아올 수 없었을 뿐 아니라, 혜초가 귀국 길에 육로로 오면서 이 길이 막혀 눈물을 흘리고 멀리 둘러 온 바 있다.

장안에 갔는데, 자은사 삼장법사 현장의 처소에서 구족계를 수지하고 몇 년을 머물다가 인도로 갔다. 경서도 보고 성종(聖蹤)도 예배하려는 목적이었다. 그의 인도여정은 남해(배)-사자국(불아 참배)-동인도-탐마입저국(12년)-중인도-나란다사-금강좌-비사리-구시국의 경로를 보이고 있다. 탐마입저국에서 12년간 머물다가 상단에 합류하여 의정과 함께 중인도로 나아갔고, 구시나가라에서 무행선사와 함께 지내고 있는 것을 의정이 확인하고 있다.

북도를 취해서 인도에 간 현조, 현각, 혜륜, 신주 등은 불적 순례를 하고 나서 대개 신자사[26]에 오래 머문 특징이 있고, 남해로 간 명원과 대승등은 사자국에 가서 불아를 참배하고 인도로 가서 성지를 순례하는 여정을 보이고 있다.

사자국은 스리랑카로, 「법현전」과 『송서』에는 사자국으로, 『대당서역기』에는 승가라국(僧伽羅國), 집사자국(執師子國)으로 나온다. 의정은 고승전에서 명원, 규충, 의랑, 의현, 혜염, 지행, 대승등, 무행, 지홍 등 9명과 승철의 제자인 고구려승 현유가 스승을 따라 사자국에서 출가하여 그곳에 머무르고 있다고 하였다. 모두 11명이 이곳 사자국에 간 것으로 전하고 있는데, 명원의 불아탈취 사건이 있기는 하였지만, 이들의 사자국에서의 여정은 불아를 공양하고 불족산을 순례하였을 것으로 보인다.

---

26) 신자사는 인도 갠지스강 북쪽에 있던 암마라발국 잠푸의 사찰로 당승, 신라승 등이 많이 머문 사찰이다. 『대당서역기』 권7에 나오는 습폐다보라(濕吠多補羅)가람으로, 선업을 닦는 장부로 번역되므로 신자사라고 한 것이다. 현조법사가 당 고종 상원(674-675) 년간에 암마라발국의 신자사에서 60여세로 입적하였다. 혜륜이 이곳에서 10년 가까이 머물렀고, 말저승하와 지행, 지홍, 신주법사 역시 이곳에 머물렀고, 도희, 사편 등도 암마라발국에 머물렀다고 하므로 중국과 신라의 많은 유학승들이 인도 여행을 하면서 이곳에 머문 사실을 알려준다.

이렇게 길을 가는 과정은 사막을 통한 북로와 해로를 통한 남로로 대별되나, 개인이 가기에는 너무나 험한 행로였다. 따라서 상단에 합류해 가거나 사신단을 따라 가기도 하였다. 전자는 의정과 무행선사의 행적에 보이고, 후자는 혜륜, 질다발마 등이 해당된다. 신라 승들이 중국으로 구법하러 가는 경우에도 사신단의 배를 타고 갔던 예가 보인다. 신라의 진감선사는 사신단의 배에 뱃사공을 자처해 중국에 건너가 곧 헤어진 경우이다.[27]

또한 이들이 여정을 쉽게 갈 수 있도록 도와준 것은 머무는 곳의 국왕이나 공주, 귀족들에 의한 예우로, 현조, 현회, 영운, 승철, 의랑, 도림, 정고, 의정 등의 전기에 나온다. 현조는 문성공주와 사란다국 국왕, 암마라발국의 국왕 잠푸(苫部)의 예우를, 현회는 카슈미르 왕의 인정을 받아 여러 해 왕궁에 출입하며 특빈의 예우를 받았고, 의랑은 낭가술 국왕에게 상빈의 예우를 받았다. 그리고 국왕에 의해 세워진 신자사나 도화라승사, 건다라산다사, 굴록가사 등이 있어, 이들 유행승들의 편의를 돌보아 주었다.

다음으로 의정의 고승전에 나오는 승려들의 활동 가운데 여러 번 문제로 제기되어 언급되어진 내용은 소승과 대승의 충돌인데 대개 계율문제로서, 이를 두 번째 활동상으로 살펴보고자 한다.

당시 인도에는 소승불교와 대승불교가 혼재해 있었다. 의정이 대승과 소승 모두 5편을 제정하고 사제(四諦)를 닦으나, 보살을 예배하고 대승경을 읽으면 대승이라고 하였다.[28] 그렇지만 북방 대승불교권의 승려들이 인도에 가서 부딪힌 문제는 소승계의 수지, 식사와 병고의 해결

27) 김복순, 2000, 「진감선사(774-850)의 생애와 불교사상에 관한 연구」 『한국민족문화』15, 부산대한국민족문화연구소, p.209.
28) 『남해기귀내법전』 서.

이었다.

범어를 배우고 율장을 익히려는 이들은 소승불교에 나아갔으나, 본국에서 받은 계를 버리고, 사계중수(捨戒重受)[29] 내지 갱수원구(更受圓具)[30] 즉 다시 소승의 구족계를 받아야 했다. 하지만 계를 받지 않고 경전도 익히지 않은 이가 있었는데, 병주인 도방(道方)으로 나이가 70세가 되어서였다.[31]

또한 대승의 계율을 수지하여 고기를 먹지 못하는 질다발마의 경우가 보인다.

> 5) 또 1인이 있었다. 북도사인과 함께 서로 따르며 박갈라국(縛渴羅國)에 이르러 신사의 소승사 처소에서 출가하였는데 질다발마(Cittavaman, 心冑)라 이름하였다. 후에 구족계를 받으려는데 삼정육을 먹지 않자, 그 스승이 말하였다. "큰 스승 여래께서 친히 오정식을 개방하여 무죄로 하였는데 너는 어찌하여 먹지 않는가?" 답하여 말하였다. "모든 대승 경전이 모두 온전히 금하고 있습니다. 이는 옛 습관으로 성품을 고치기 어렵습니다." 스승이 말하였다. "나는 삼장의 율장에 완성된 조문에 의거한 것이다. 네가 인용한 문장은 내가 배운 바가 아니다. 만약 다른 견해를 갖는다면 나는 너의 스승이 아니다." 드디어 강제로 나아가게 하니, 이에 얼굴을 가리고 울면서 먹었다. 바야흐로 구족계를 받았는데, 젊어서 범어를 익혔다. 북로를 되짚어서 귀국하였는데, 이른 곳을 알지 못한다. 북천축의 승려에게 전해 들었다.[32]

질다발마는 북도사인[33]을 따라 박갈라국[34]에 이르러 소승불교의 스

---

29) 『대당서역구법고승전』 하 「도림」전, 上 「질다발마」전.
30) 『대당서역구법고승전』 하 「대진」전.
31) 『대당서역구법고승전』 상 「도방」전.
32) 『대당서역구법고승전』 상 「질다발마」전.

승에게 나아가 수학하였다. 후에 구족계를 받으려 할 때, 그가 삼정육을 먹지 못하는 것이 문제가 되고 있다. 삼정육은 소승 계율에서 죽이는 것을 보지 못한 것, 나 때문에 동물을 죽인 것을 듣지 못한 것, 나 때문에 죽었을지도 모른다는 의심이 들지 않는 고기를 말하는 것으로, 이러한 육식은 허락하고 있다. 결국 그는 스승이 고기가 포함된 오정식[35]을 여래가 친히 개방한 것이라는 예를 들면서 자신이 시키는 대로 따르지 않으면 제자로 삼지 않겠다며 강제로 시키므로 얼굴을 가리고 울면서 고기를 먹은 일화가 위와 같이 전해지고 있는 것이다.

다음으로 인도에 간 승려들의 활동은 범본 경전을 구하여 베껴 써서 고국으로 가져가려 한 일과 전해지지 않은 구하기 힘든 경전을 얻어 번역하는 문제로, 이를 세 번째 활동상으로 살펴보고자 한다.

회녕율사는 『아급마경(아함경)』 내의 여래열반분신지사를 담고있는 2만5천 송의 큰 경전을 번역하여 한역 60여권을 이루었는데, 『대승열반경』의 내용과는 다른 내용이었다.

당 태종 시기인 정관 연간 동안 당에 간 신라 고승으로 제일 크게 부

---

33) 중국의 서역교통로인 남북2도 가운데 하나인 북도는 천산을 기준으로 북쪽의 우회로를 말한다. 실크로드는 천산산맥을 만나면서 천산북로와 천산남로로 갈리는데, 투루판에서 코를라, 쿠차, 카슈가르 등 천산산맥의 북쪽 길을 가리켜 천산북로(天山北路, 西域北道)라고 한다. 북도사인은 박갈라국에서 온 사신으로 추정되며, 질다발마는 그를 따라 이곳에 와서 소승사에게 구법유학한 것으로 추정된다.
34) 박갈라국은 고대 박트리아(Bactria)로, 한나라 대에 발저정(拔底廷)·박저정(縛底廷)·박저야(縛底耶)·박제(薄提)·박질(縛叱)로 표기되었다. 『자은전』에 의하면 현장은 박추강을 건너서 먼저 활국(活國)에 도착하였다. 활국은 돌궐의 엽호극한(葉護可汗)의 장자인 달도설(呾度設, 設은 관직명)이 살던 곳으로 이 사람은 고창왕의 매제였는데, 현장은 이곳에 고창왕의 서신을 전달하였다. 뒤이어 달도설이 죽자 새로운 설(設)의 권유로 현장은 박갈국을 방문하였다고 한다.
35) 오정식은 출가자가 먹어도 되는 5가지 음식. 밥, 보리와 콩을 넣은 밥, 보리 미숫가루, 고기, 떡을 말한다.

각되어 있는 인물은 자장이다. 자장은 643년에 신라로 귀국하였고, 2년
후인 645년에 현장이 중국으로 돌아왔다. 자장이 귀국하면서 가져온 대
장경 400함은 구유식이 번경된 대장경이고, 645년 이후 현장에 의해 번
경된 불전을 신유식이라 하였다. 현장의 귀국은 당나라와 동북아시아
전체를 흥분시켰지만, 주로 구유식의 불전에 의거하여 불교를 연구해
온 신라 승들에게는 직접 인도에 가서 범본을 확인해 보고 싶은 욕구로
천축 행을 했을 것으로 추정된다. 그것은 7세기 초 신라인들의『섭대승
론』의 범본 완본에 대한 열망에서 쉽게 찾아볼 수 있다. 혜업법사 조에
는 다음과 같은 내용이 보인다.

> 6) 혜업법사는 신라인이다. 정관 연간에 서역에 다니러 갔다. 보리사
> (대각사)에 머물면서 성스런 자취를 관광하고 예배하였다. 나란다사
> 에서 오래도록 강경을 듣고 경전을 읽었다. 의정이 당본을 꺼내다
> 가 문득『양론』을 보았는데 아래에 적혀있기를 "불치목 나무 아래에
> 서 신라 승 혜업이 베껴 쓰다"고 되어 있었다. 의정이 방문하였을 때
> 사찰의 승려가 "이곳에서 마치셨고 나이는 60여 세 가량이었습니다"
> 라고 하였다. (그가) 베낀 범본은 모두 나란다사에 있다.36)

『양론』으로 표기된『섭대승론』은 원광 이후 자장, 원효에 이르기까
지 분황사에서 강경되어진 경전이다. 양론은 진제 역의『섭대승론』의
별칭으로, 진제 섭론이라고도 하는 대승의 가르침을 총괄하는 논이다.
혜업은 이 논의 범본을 베껴 신라로 가져가려 하였을 것이나 뜻을 이루
지 못하였다.

현장이『유가사지론』에 대한 관심으로 천축에 가는 계기가 되었다

---

36)『대당서역구법고승전』상「혜업」전.

면, 신라승들의 관심은 『섭대승론』의 범본을 구하려는 열의가 보인다. 이러한 신라인들의 관심은 당시 중국인들의 범본 『섭대승론』에 대한 희구이기도 하였는데 「의휘논사」편에 잘 나타나 있다.

> 7) 의휘논사는 낙양인이다. 타고난 성품이 총명하고 민첩하며 이해가 빠르고 생각이 깊었다. 넓게 배우려는 생각을 품고 진리를 찾고자 힘을 쏟았다. 『섭대승론』과 『구사론』 등을 들었는데, 자못 공덕이 있었다. 다만 뜻에 같고 다름이 있고, 서로 뒤섞여 의문이 생겼으므로, 범본을 보고 몸소 미묘한 말씀을 들으려고 생각하였다. 드디어 쉽게 중천축으로 갔고 다시 중국으로 돌아올 것을 희망하였다. 애석하구나! 싹이 열매를 맺지 못하고 그 장대한 뜻에 가을이 먼저 왔다. 낭가술국에 이르러 병을 얻어 죽었다. 나이 30여 세였다.[37]

의휘는 낙양인으로 『섭대승론』 등의 강경법문을 들었고 공덕도 있었으나, 알수록 의문이 생겨 범본을 보고 직접 묘언을 확인해 보고자 한 것이다. 그의 이러한 의문은 신라승의 의문과 같은 것으로 그들로 하여금 천축행을 강행하게 한 요인이라 할 수 있다.

이렇게 신라승 혜업은 이 논의 범본을 베껴 가져가려 하였으나 뜻을 이루지 못하였고, 의휘논사 역시 범본 『섭대승론』에 대한 희구로 인도에 갔으나 낭가술국[38]에 이르러 병사하고 말았다. 정관 연간 인도에 갔

---

37) 『대당서역구법고승전』 상 「의휘논사」전.
38) 낭가술국은 말레이반도 북부의 Langkasuka국으로, 현재 말레이시아의 크다 주, 클란탄 주, 트렝가누 주 및 타이의 빠따니 주, 얄라 주, 송클라 주, 사뚠 주를 영유하고 있었다. 陳佳榮은 낭가술은 Pattani로, 태국 남부 말레이반도의 동해안에 위치한 항구도시라 하였다. 의랑율사가 이곳에 이르렀을 때 국왕에게 최고의 대접을 받았으나 그의 제자가 지안이 이곳에서 죽었다. 이곳에서 병사한 의휘논사는 인도에서 중국으로 귀국하면서, 의랑율사는 성도(成都)에서 인도로 가면서 이곳에 왔으므로, 낭가술은 중국과 인도를 오가는 길목에 위치한 중요한 항구 도시

던 신라인들과 중국인들의 『섭대승론』 원본을 신라와 중국에 가져가려
고 한 염원이 보이는 내용이다.

또한 의정은 인도에 머문 10년 동안 불전을 구하였고, 범본 삼장 50
만여 송을 중국으로 가져가 많은 경전을 번역하였다. 49번째 나오는 영
운은 승철사와 함께 인도에 가서 나란다사의 미륵보살 진용과 보리수
상을 그려 가지고 중국으로 가서 크게 불사를 일으키기도 하였다. 현재
26번째 나오는 베트남인 교주승 운기는 출가하여 지현에게 구족계를
받았으나, 후에 환속하여 상려로서 중국 등지에 경전을 전래해 주었다.
의정은 이러한 경전 전래를 매우 중히 여겨 운기를 입전시켰다.

마지막으로 의정은 고승전 곳곳에서 자신이 전해들은 전문(傳聞)을
소개하여 그 승려들의 공백을 메우고 있는데, 이 전문과 관련된 내용을
네 번째 활동상으로 살펴보고자 한다.

> 8) 융법사가 정관 연중에 북도를 따라 북인도로 갔다. 범본 『법화경』
> 을 얻어 독송하였다. 건다라국에서 병을 얻어 죽었다. 북방 승이 와
> 서 이와 같이 전해주었다.39)

> 9) 사자국(스리랑카) 사람들이 전하여 이르기를, "대각사로 가는 중에
> 바야흐로 적막하여 소식이 없다. 응당 길에서 죽었을 것이다"고 하
> 였다. 나이가 몇인지 모른다. 전하여 이르기를, "이 주(사자국)가 만
> 약 불아를 잃는다면, 모두 나찰에게 잡아먹히게 되니 이 우환을 방
> 지하기 위하여 아주 엄중히 지키고 보호한다"는 것이다. 또 전하여
> 이르기를, "마땅히 중국에 갈 것이다"고 하였다. 이는 성스러운 힘
> 이 멀리 감응함이 있으면 문득 통하는 것이지, 어찌 사람의 일로 말
> 미암아 억지로 분수에 맞지 않는 말을 펴는 것인가?40)

였음을 알려준다고 하겠다.
39) 『대당서역구법고승전』 상 「융법사」전.

10) 또 대당의 세 승려가 있었는데, 북도를 따라 오장나국에 이르렀다. 전해 듣기로는 불정골처로 예배하러 갔다고 한다. 지금 살았는지 죽었는지 잘 알 수 없다. 오장나국 승려가 와서 이야기를 전해주었다.[41]

21번째 나오는 융법사, 22번째 나오는 명원법사, 39-41번째 나오는 대당의 세 승려는 모두 중도에 죽은 이들이다. 의정은 그들의 행방을 북방승, 사자국인, 오장나국[42] 승려의 전문을 통해 듣고 기록한 것이다.

이 외에도 23-25번째 나오는 의랑율사, 의현, 지안이 함께 인도에 가다가 의랑은 낭가술에서 병을 얻어 죽고 제자 의현은 사자주로 가서 신이한 불전을 얻고 불아에 정례하고 인도로 갔는데, 전문여차(傳聞如此)라 하였다. 의정이 인도에 있으면서 스리랑카에서 일어난 사건을 전해

---

40) 『대당서역구법고승전』상 「명원」전.
41) 『대당서역구법고승전』상 「대당3인」전.
42) 오장나국은 인더스강의 한 지류인 Swat강 유역에 번영하였던 고대 왕국인 udyana 이다. 인도와 서역을 잇는 교통로 상에 위치해 있어 매우 번성하였다. 『낙양가람기』에는 오장국(烏長國), 『대자은사삼장법사전』에는 오장나국(烏仗那國), 의정(義淨)은 『남해기귀내법전』에도 오장나(烏長那)로 썼다. 불타의 전설적인 유적이 많은데, 수도는 현재의 Mirgora이다. 『왕오천축국전』에 의하면, 건타라국과 구위국의 중간에 위치해 있었으며, 혜초가 갔을 때 그 나라 왕은 삼보를 공경하고 백성들과 마을 사람들은 많은 분량을 절에 시주하며 적은 분량은 남겨 승려들에게 의식으로 공양하는 것을 보고 기록하였다. 또한 재를 베풀어서 공양하는 것은 매일의 일상사라고 전하고 있으며, 승려가 재가자보다 많은데 오직 대승법이 행해지며, 의복, 음식, 풍속은 건타라국과 비슷하나 언어는 다르며 낙타·노새·양·말·모직류는 풍부하나 날씨는 매우 추운 것으로 기록하고 있다. 신라에는 605년에 오장국(오장나국) 승려들이 온 기록이 전한다. 『해동고승전』과 『삼국사기』, 『삼국유사』에 의하면, 신라의 안함은 605년 수나라에서 귀국하면서 북천축 오장국의 비마라진제(44세), 농가타(46세)와 마두라국의 불타승가(46세)와 중국인 승려 2인과 더불어 신라로 왔는데, 이들 서역 승려들은 52국을 경유하여 중국에 들어 갔다가 신라로 와서 황룡사에 머물면서 『전단향화성광묘녀경』을 역출하였고 신라승 담화가 받아썼다고 하였다.

등은 내용일 것이다. 또한 38번째 나오는 의휘논사는 낭가술국에서 병에 걸려 죽었다고 하였고, 인도에 있다가 죽은 이로는 현조, 도희, 아리야발마, 대승등에 대해 언급하였다.

의정은 인도로 가는 길에는 어려움이 곳곳에 도사리고 있음을 자신의 여정에 빗대어 고승전의 여러 곳에서 언급하였고, 중도에 죽은 이들을 슬퍼하며 애도시를 읊기도 하였다. 또한 이렇게 전해들은 말을 통하여 고승들의 행적을 후대에 전해주고 있기도 한데, 서신 외에는 마땅한 통신수단이 없던 시절에 전문은 매우 중요한 전달 수단이었음을 알려주기도 한다.

(2) 의정의 저술과 『대당서역구법고승전』이 신라에 끼친 영향

의정의 저술이 신라불교계에 끼친 영향은 적지 않다고 생각된다.

첫째로 의정에 의해 행해진 수많은 번역서는 이후 신라에 전해져 적지 않은 영향을 주었다. 즉 그의 번역서 가운데 『금광명최승왕경』, 『대공작주왕경』, 『불정존승다라니경』의 전래와 영향을 언급할 수 있다.

의정이 번역한 경전 가운데 초기의 것이라 할 『금광명최승왕경』 (703)은 신라 성덕왕 3년인 704년에 당에 사신으로 갔던 아찬 김사양(金思讓)에 의해 전해졌다. 이는 국가대 국가로서 공식적으로 전해진 호국경전의 전래로, 이후 신라는 국가법회에서 이 경전을 새로이 채택하였을 것으로 추정된다. 즉, 7세기 신라는 백제와 고구려가 멸망한 이후, 신라를 도모하려는 당과 전쟁을 벌이게 되는데, 특히 당나라 수군의 침입을 막아낸 명랑의 문두루비법의 실행에 사용된 경전은 『합부금광명경』 8권으로 수나라 보귀가 번역한 것으로, 원효와 태현 등의 주석이 있다. 그러나 성덕왕 대부터 재개된 당과 신라의 관계는 『금광명최승

왕경』의 전달로서, 신라는 국가적 호국법회 때에 이 경전을 텍스트로
서 사용하게 되었을 것이고, 이후 양국은 밀월관계를 이어가게 되었다
고 할 수 있다.

705년 번역된『대공작주왕경』은 곧 신라에 전해졌을 것으로 생각되는
데, 그것은 신라 하대에 공작을 새긴 유적이 여러 곳에 보인다. 또한『불
정존승다라니경』의 영향으로 신라와 발해의 관련유적이 현존한다.[43]

또한 691년 저술한『대당서역구법고승전』의 영향으로, 신라 승들은
이를 읽고 인도로 성지순례를 떠났다는 점이다. 그가 저술한『대당서
역구법고승전』은 이후 인도로 가게 되는 승려들의 하나의 지침서가 되
고 있는데, 신라에서는 혜초가『왕오천축국전』을 통해 그 흔적을 남긴
인물이라고 하겠다. 의정이 인도에 갔을 때는 설일체유부로 번역되는
살바다부율, 유가계 불교 등과 함께 밀교가 한창 부각되고 있던 때였
다. 혜초는 중국에 온 인도의 밀교삼장의 영향과 함께 의정의 고승전을
참조하여 인도 성지순례에 나섰을 것으로 생각된다.

둘째는 의정은 저술을 통해 율을 강조한 내용이 신라불교계에도 영
향을 주었다는 점이다.

의상은 평소 세수한 후에 수건으로 닦지 않고 저절로 마르도록 기다
렸다고 하는데, 이는 의정의 세예법을 실천한 것이었다.[44] 의상이 중국
에 있으면서 수년 동안 친하게 왕래하던 도선율사와의 관계와 의정과
도선과의 관계로 미루어 볼 때, 의상이 직접 인도에 가서 설일체유부의
계율에 철저했던 의정의 위의 작법(威儀 作法) 가운데 세예법을 채택하
였다고 전하는 것은, 신라 부석산에 머물던 의상과 그의 제자들이 함께

---

43)『대공작주왕경』,『불정존승다라니경』의 문제는 다음 기회에 상술하고 한다.
44)『송고승전』권4「의상」전.

실행하였을 가능성이 크다고 생각된다. 그것은 당에 유학했던 승전(勝詮)이 법장의 저술을 가지고 신라로 귀국하던 시기가 692년 이후일 것으로 추정되고 있으므로, 691년 당에 전해졌을 의정의 『남해기귀내법전』 등의 내용에 대해 의상이 소식을 접했을 것으로 추정되기 때문이다.

의정은 그의 위의 작법 가운데 특히 양치질에 주목한 내용이 보인다. 즉 "양지를 씹지 않거나 대소변을 보고 씻지 않으면… 장차 이것으로 천한 사람이 된다"[45]고 할 정도였다.

그는 불치목(佛齒木)이 부처님의 치목(danta-kastha) 나무로, 양류 즉 수양버드나무가 아님을 강조한 부분이다. 치목은 흔히 양지로 번역되며 현재 양치질은 여기서 나온 말로, 승려가 지녀야 할 일상용품의 하나로 칫솔에 해당되는 물품이다.[46]

하지만 의정은 당시 중국인들이 치목에 대한 이해와 지식이 부족하여 제대로 사용하지 못하는 당시 중국 승원의 현실을 언급하고 있다. 즉 "가느다란 버드나무 가지를 사용하거나 혹은 5-6개를 전부 입으로 씹으면서 양치하는데, 처리하는 방법을 알지 못하여 간혹 그 즙을 삼키는 사람이 있다. 장차 이것으로 병을 없애고자 하는데 이는 깨끗해지기를 바라면서 도리어 더러워지고 병이 없기를 바라면서 병을 부르고 있는 사람들이다. 또한 이런 것조차도 알지 못하는 사람도 있는데 이들은

---

45) 『남해기귀내법전』 권4 「찬분정촉(飡分淨觸)」, 飡을 王邦維 등 중국 측 자료에서는 餐으로 썼다.

46) 『남해기귀내법전』 권8 「조작치목(朝嚼齒木)」에서 "치목을 알지 못하고 버드나무 가지(楊枝)라고 부르는 일이 어떻게 용납될 수 있겠는가? 인도에서 버드나무는 매우 희귀한 나무인데 번역하는 사람이 대부분 이와 같이 (버들가지로) 부른다. 부처님의 치목(이 자란 것이라고 전해오는)나무는 버드나무가 아닌 것을 나란다사에서 내 눈으로 직접 보았다. 이미 다른 사람의 신뢰를 얻지 못한 것이니 헷갈리지 말아야 한다"고 하면서, 거처하는 장소에 따라 상황에 따라 다양한 재료가 치목으로 사용되었다고 하였다.

논의의 범위 안에 있는 사람이 아니다"고 하면서, 바른 율을 얻고자 인도구법을 떠나온 의정에게 치목이 양지가 아님을 밝히는 일은 대단히 중요한 일이었음을 알려주고 있다.[47]

이러한 그의 노력은 의상이 그의 세예법을 채택하여 씀으로써 8세기 이후 신라에 영향을 주었을 것으로 생각된다.

셋째로, 고려대장경 판본 『대당서역구법고승전』에는 신라시대에 사용된 속자가 많이 보인다는 점이다. 신라의 화엄석경이나 선사비명에는 새기기에 편리한 속자를 많이 사용한 것은 널리 알려진 사실이다. 그런데 고려대장경 본에도 역시 속자가 많이 보이고 있다. 이 고려대장경 판본 『대당서역구법고승전』에 대해서는 이를 새긴 각수를 언급한 논문이 있으나,[48] 그 내용상의 글자에 대한 언급은 없었다. 신라에서 사용된 것으로 보이는 고려대장경 본을 (大)(磧)(永)(乾)의 4종 본[49]과 대교해 보면 다음의 예가 보인다.

從은 従,	來는 来,	輕은 軽,	遠은 遠,	彌는 弥,
禮는 礼,	寫는 寫,	卒은 卆,	遊는 遊,	蓋는 盖,
萬은 万,	乘은 乗,	屆는 届,	達은 達,	冥은 寞,
留는 畱,	爾는 尒,	嫻는 妳,	寧은 寧,	沖은 冲,
珍은 珎,	斷은 断,	繼는 継,	靈은 霊,	總은 惣,
蔥은 葱,	經은 経,	屬은 属,	號는 号,	無는 无,
綱은 綗,	往은 徃,	京은 亰,	就는 就,	辭는 辝,
互는 㸦,	彊은 彊,	遭는 遭,	隣는 鄰,	弘은 弘,

47) 양경인, 2013, 「의정의 번역어 치목에 관한 고찰」 『회당학보』18, pp.423-457.
48) 김호동, 1999, 「속고승전과 『대당서역구법고승전』에 입전된 한국고승의 행적」 『민족문화논총』20, pp.177-225.
49) (大) 일본 대정장 권51, (磧) 적사대장경 돈황본, (永) 영락북장(명나라 北藏本, 중경도서관 소장 명 정통5년, 1440), (乾) 건륭본 - 청나라 龍藏本.

숨는 舍

특히 弥, 无, 羣, 尒, 万, 号, 京, 盖 등은 화엄석경에 자주 등장하는 글자이다.[50] 이들 외에도 우리나라에서만 독특하게 사용된 속자로 적(笛)자 등이 있다. 이들과 함께 천보(天寶) 3년(744)부터 지덕(至德) 3년(758)까지 당에서 사용된 재(載)자가 쓰여지고 있어 주목된다. 즉 経[51]于四載, 安居四載, 経乎數載, 停住多載, 停住三載, 居京數載, 住経十載, 時経多載, 経乎數載, 未経多載, 頗経年載, 住経二載, 停斯多載, 纔経一載, 三載端心, 學律四載, 頗経年載 등 "년 재"로 쓰인 예가 26번이 나오며, 載物既重과 같이 "실을 재"로 쓰인 곳이 2번 나온다. 또한 신라 안압지 출토 목간 "天寶 十一載"와 백지묵서대방광불화엄경(755)에서도 발견되는 載자의 예로 볼 때 이 고려대장경의 텍스트는 신라시대의 판본일 가능성을 보여준다.

따라서 속자의 사용과 재(載)자의 표기 등으로 볼 때, 이 저술은 신라에 전해진 판본이 고려대장경 판각에 텍스트로 이용된 것이 아닐까 조심스럽게 추정해 본다.

4. 맺음말

신라인의 7~8세기 활동은 중국과 동남아, 인도 등 대단히 넓은 지역에서 행하여졌는데, 의정의 『대당서역구법고승전』에 나오는 신라인에 대한 기록은 이를 뒷받침해 주는 중요한 사료이다. 전체 61명의 고승전

50) 김복순, 2012, 「화엄사 화엄석경편의 판독과 조합 시론」『신라문화』40, pp.184-190.
51) 「経」은 고려대장경에서 이렇게 속자로 썼다.

기인 『대당서역구법고승전』에는 8명의 신라 승려와 1명의 고구려 승려가 언급되고 있으나, 의정과 『대당서역구법고승전』에 대한 상세한 분석은 없이 우리와 관련된 부분만 강조된 상태였으므로, 의정의 생애와 구법활동, 이 고승전의 구성을 전반적으로 다루어 보았다. 그 가운데 아리야발마, 혜업, 현각, 혜륜 등 우리의 관심을 끌고 있는 신라승 관련 기록과 계귀상존에 대해 살펴보았다. 즉 계귀를 의정은 고려인으로, 일연은 해동인으로 불렀지만, 이 글을 쓴 시점으로 볼 때 신라인으로 보는 것이 타당함을 다시 정리한 것이다.

다음으로 『대당서역구법고승전』에 나오는 동아시아 고승들의 특징적인 활동상으로 첫째 인도로 가는 길에 대해 북로와 남로의 여정을 살펴보았고, 둘째 대승 불교권에 있던 승려들이 소승불교를 접하면서 나타나는 율의 문제를 보았고, 셋째 그들이 목적했던 인도 내에서의 불적 순례와 범본 사경의 조사와 사경, 전래에 대해 언급해 보았고, 넷째 고승들에 대한 인도에서의 전언에 대해서도 살펴보았다.

그리고 마지막으로 의정과 『대당서역구법고승전』이 신라에 끼친 영향에 대해서는 첫째로 의정의 번역서 가운데 『금광명최승왕경』 등의 전래와 영향을 언급하였다. 둘째로 의정의 세예법을 의상이 채택하였으므로 그의 제자들에게도 영향을 주었을 것이고, 의정이 강조한 치목의 사용도 신라불교계에 영향을 끼쳤을 것으로 추정해 보았다. 셋째로 고려대장경 본 『대당서역구법고승전』에 신라시대에 사용하였을 속자를 추출해 내었다. 이 속자와 재(載)자의 표기 등으로 볼 때, 이 저술은 신라에 전해진 판본이 고려대장경 판각에 텍스트로 이용된 것이 아닐까 추정해 보았다.

제2장 『삼국유사』「귀축제사」조 연구

1. 머리말

7세기 중반 인도에 구법여행을 갔던 9인의 신라와 고구려 승려에 관한 내용이 『삼국유사』 권4 「귀축제사」조에 실려 있다. 이 「귀축제사」조는 당나라 고승 의정(635-713)이 찬술한 『대당서역구법고승전』의 기록에서 추출한 내용으로 구성되어 있다. 즉, 정관 연중(627-649)에 신라 승들이 불교 성지를 순례하고 경·율·논을 연구하기 위해 직접 인도에까지 유학을 한 사실을 알려 주고 있다. 때문에 「귀축제사」조는 신라 불교의 국제성과 다양성, 원천을 중시하는 모습, 그리고 특히 동아시아를 무대로 활동한 신라인의 역동성을 찾아 볼 수 있는 귀중한 자료로 평가되고 있다.

본고는 「귀축제사」조를 크게 두 부분으로 나누어 그 내용을 살펴 보려 한다. 먼저 「귀축제사」조의 승려들을 『대당서역구법고승전』과 『해동고승전』의 내용과 비교해서 살펴봄으로써 삼국시대에 천축에 간 승려들의 활동상을 고찰해 보고자 한다. 다음으로 「귀축제사」조의 정관 연중과 영휘 년간의 절대연대로서 7세기 신라 사회를 살펴보고자 한다. 해동을 계귀라 부른 것에 주목하여 이를 신라와 연관지어 살펴보고, 신라 승들이 천축을 향했던 배경과 목적을 구체적으로 언급해 보려 한다. 그리고 의정이 신라사회에 끼친 영향의 대표적인 단면을 의상의 세예법에서 찾아보고자 한다.

2. 『삼국유사』「귀축제사」조의 승려들
- 『대당서역구법고승전』과 『해동고승전』과의 비교를 중심으로 -

먼저 『삼국유사』「귀축제사」조의 내용 가운데 해동의 유학승에 관한 내용이 기재되어 있는 앞부분을 제시해 보겠다.

1) 광함(廣函)의 구법고승전(求法高僧傳)[1]에는 "승 아리나【혹 야】발마【한 곳은 □】는 신라인이다. 처음에 정교(正敎)를 구하러 일찍이 중국에 갔는데, 성종(聖蹤)을 순례하려는 용기가 점점 더하였다. 정관 년중에 장안을 떠나 5천축에 이르렀다. 나란다사에 머물면서 율장과 논장을 많이 보고 패엽을 베껴 썼다. 돌아가려는 마음이 간절하였으나 목적을 이루지 못하고 홀연히 그 절에서 죽으니 나이 70여 세였다. 그 뒤를 이어 혜업·현태·구본·현각·혜륜·현유와 또 이름을 잊은 두 법사가 있어 모두 자신을 잊고 불교의 법을 좇아 중인도에서 교화를 보았다. 혹은 중도에 요사하고 혹은 생존하여 그곳 절에 머무른 이도 있었으나 마침내 다시 신라와 당나라에 돌아오지 못하였다. 오직 현태사만이 당나라에 돌아왔으나 또한 몸을 마친 곳을 알 수 없다.[2]

『삼국유사』「귀축제사」조의 내용은 일연이 고려대장경의 광함에 실려 있는 당나라 의정의 『대당서역구법고승전』[3]에 나와 있는 신라승의

---

1) 『구법고승전』은 당나라 의정(635-713)에 의해 편찬된 『대당서역구법고승전』(691)을 말한다.
2) 『삼국유사』권4 「귀축제사」조.
3) 『대당서역구법고승전』에 관한 국내 학자들의 그동안의 연구 성과들은 주로 신라

인도 구법 내용을 한데 모아 귀축(歸竺) 즉 인도에 구법하러 간, 제사(諸師) 즉 여러 승려라는 제목 하에 정리한 내용이다. 천축에 간 여러 승려들은 아리나발마, 혜업·현태·구본·현각·혜륜·현유, 2인의 실명(失名)승으로, 아리나발마의 전기는 비교적 상세히 기록하였고, 나머지 승들은 거의 이름만 간략히 기술하였다.

이들 천축유학승들을 자세히 살피기 위해서는 먼저 원천 소스에 해당되는 『대당서역구법고승전』의 내용을 확인해 볼 필요가 있다. 또한 이들에 관한 전기가 세워져 있는 『해동고승전』의 내용으로 이들의 활동상황을 보완할 수 있다.

먼저 『삼국유사』「귀축제사」조의 앞부분에 나오는 아리야발마의 내용을 다른 두 사서와 비견하여 검토해 보고자 한다.

> 2) 아리야발마는 신라사람이다. 당 태종 정관 년간에 장안을 떠나 광협(廣脇, 왕성의 산 이름)에 가서 불교의 정법을 추구하고 성스러운 불교유적을 순례하였다. 나란다사에 머물면서 불교윤리의 율과 이론의 학문인 논을 익히고 여러 가지 불경을 간추려 베꼈다. 슬픈 일이다. 돌아올 마음이 많았으나, 그것이 이루어지지 못하였다. 동쪽 끝인 계귀(鷄貴, 신라)에서 나와 서쪽 끝인 용천(龍泉, 나란다사)에서 돌아가셨다. 즉 이 절에서 세상을 떠나셨던 것이다. 나이가 70여세였다.4)

> 3) 승려 아리야발마는 신통과 지혜가 있어 홀로 깨쳤으며, 형상과 용모

_____

와 관련된 내용들을 많이 언급하고 있다. 이 내용들을 정리해 놓은 이주형 외, 2009, 『동아시아 구법승과 인도의 불교유적』, (주)사회평론, pp.21-23에 의하면, 『대당서역구법고승전』에 실린 7세기 구법승은 모두 62명인데 이중 인도에 도달한 사람은 39명이었으며 이 가운데 본국으로 생환한 이는 6명이 확인되고, 19명이 인도에서 입적한 것으로 통계를 내고 있다.

4) 『대당서역구법고승전』 권상 「신라아리야발마법사」(『대정장』 권51, p.2중).

가 보통 사람과 달랐다. 드디어 법을 구하여 서인도로 떠나 멀리 총
령에 올랐고, 기이하고 훌륭한 명승지를 찾아보았으며, 거룩한 자취
를 두루 살펴 묵은 원을 이루었다. 노자와 식량이 떨어졌으므로 마
침내 나란다사에 이른지 얼마 안 되어 세상을 떠났다.5)

　승 아리야발마의 전기를 비교해 보면「귀축제사」조의 전반부 내용이
의정의『대당서역구법고승전』에서 가져왔음을 쉽게 알 수 있다. 신라
인으로 장안에서 다시 광협(천축)에 가서 불적을 순례하고 나란다사에
머물며 율과 논을 익히고 불경을 초사하였으나 그곳에서 입적하였다는
사실로서, 이들 3서에 거의 비슷하게 기재되어 있음을 볼 수 있다.
　그런데 일연이 '離長安 到五天'으로 바꾸어 쓴 의정의 '出長安之廣脇'
이라는 문장은 그 해석과 지명비정에 있어 이설이 보인다.
　일연은 '出長安之廣脇'의 부분을 '離長安 到五天'으로 바꾸어 장안을
떠나 오천축에 이르렀다고 쓰고 있다. 그런데 足立喜六이 '長安之廣脇'
을 한 문장으로 보고 광협은 장안의 왕성부근의 산을 의미한다고 하였
다. 그는『법원주림』에 나오는 廣脅山中6)이 왕사성 주위의 산중으로 5
산이라는 것을 예로 들면서, 이렇게 광협산을 특정명사로 보는 것을 잘
못으로, '長安之廣脇'은 장안 부근의 산이라고 하였다.7)
　근래 王邦維는 校注에서 이를 비판하면서 광협은 곧 광협산으로 범
문은 Viparsvagiri로, 이 산은『서역기』의 毘布羅山8)(Vipulagiri)으로 비정
된다고 하고, 해석도 '出長安 之廣脇'으로 읽어서 장안을 출발하여 광협

5)『해동고승전』권2「아리야발마」조(『대정장』권50, p.1022상중).
6)『법원주림(法苑珠林)』권30, "第十三尊者名目揭陁與自眷屬千三百阿羅漢多分
　住在廣脅山中"(『대정장』권53, p.512상).
7) 足立喜六 譯註, 1994(4刷),『大唐西域求法高僧伝』, 岩波書店, pp.39-40.
8)『대당서역기』권9, "山城北門西有毘布羅山"(『대정장』권51, p.921중).

으로 갔다고 풀이하였다.[9]

일연이 글자는 다르게 썼지만 王邦維와 같은 맥락에서 '出長安 之廣 脇'을 이해하고 있음을 알 수 있다. 만약 足立喜六과 같이 '長安之廣脇' 을 함께 묶어 보면, 아리야발마가 별도로 천축에 간 사실을 언급함이 없이 장안을 떠나 바로 정법을 추구하여 불교 유적을 순례하고 나란다 사에 머문 것으로 되기 때문에, 그보다는 出長安 之廣脇으로 읽어서 장 안을 떠나 광협으로 갔다고 하는 것이 더 매끄럽다고 생각된다.

위의 아리야발마 외의 다른 법사들은 『삼국유사』 「귀축제사」조에서 는 별다른 내용의 언급이 없으므로, 다른 두 곳에 실린 사료와 비교해 본다면 좀 더 구체적인 신라 천축 유학승들의 활동상을 찾아 볼 수 있 을 것이다.

우선 『대당서역구법고승전』, 『해동고승전』, 『삼국유사』에 나오는 승 려들을 정리해서 표로 만들어 보았다.

	『대당서역구법고승전』 (691)	『해동고승전』 (1215)	『삼국유사』 「귀축제사」조(1281)
1	新羅阿離耶跋摩法師	釋阿離耶跋摩	釋阿離那(耶)跋摩
2	新羅慧業法師	釋惠業	惠業
3	新羅求本法師		求本
4	新羅玄太法師	釋玄太	玄泰
5	新羅玄恪法師	釋玄恪	玄恪
6.7	新羅復有法師二人	復有新羅僧二人	復有二亡名法師
8	新羅慧輪法師	釋惠輪	惠輪
9	玄遊	釋玄遊	玄遊
	僧哲法師	僧哲禪師	
	玄照法師	玄照	

9) 王邦維 校注, 2000(2刷), 『大唐西域求法高僧傳』, 中華書局, pp.40-41.

앞의 표에서 가장 눈에 띄는 대목은『대당서역구법고승전』과『삼국
유사』에는 구본(求本)이 있는데,『해동고승전』에는 보이지 않는 점이
다. 그간의 주석서에서는 구본이『삼국유사』에만 나오는 것을 의문시
하였는데, 일연이『대당서역구법고승전』서두의 목록에는 나오는데 본
문에 누락이 되어 있는 구본을 새로 찾아서 넣은 것이다.[10] 그렇다면
각훈이 구본을 몰라서 전기를 세우지 않았다기보다는 이름만 있는 구
본의 전기를 세울 수 없어서 생략했을 가능성도 있다.[11]

다음으로『삼국유사』에는 나오지 않는 현조와 승철을 각훈은『해동
고승전』에서 기술하였다. 그 가운데 현조는 당나라 승려인데 신라 승
으로 간주하여 함께 싣고 있다. 승철은 현유의 스승으로 나오지만 해동
의 승려임을 확인할 수 없다. 일연은 이들이 신라 승이 아님을 확인하
고 각훈이 잘못 넣은 것을 바로 잡아「귀축제사」조에서는 이들을 서술
하지 않았다. 각훈의 이러한 잘못이 일연이 그를 신뢰하지 못하게 된
요인이라고 추정된다.[12]

천축에 간 해동의 유학승은 일연이 언급한 아리야발마, 혜업·현태·
구본·현각·혜륜·현유, 실명승 2인의 모두 9인이 정확하며, 의정의『대

10)『대정장』권51, p.1상에는 신라구본법사가 목록에 나온다. 이주형, 2009,『동아시
  아 구법승과 인도의 불교유적』, (주)사회평론, p.441의 100.구본 조를 참조.
11) 황패강, 1984(4쇄),「『해동고승전』연구」『신라불교설화연구』, 일지사, p.340에서
  는『해동고승전』찬자가 구본이 결락되어 있는 고려본(麗本) 구법고승전을 참조
  한 때문이 아닐까 보기도 한다. 김상현, 1984,「『해동고승전』의 사학사적 성격」
  『남사정재각박사고희기념 동양학논총』, p.191에서는『대당서역구법고승전』의 본
  문에서부터 구본전이 빠져있기에 각훈이 주의를 하지 못했기 때문이라고 보았다.
  王邦維, 1996,『唐高僧義淨生平及西其域著作論考』, 重慶出版社, pp.178-184
  에 나오는 구법승 일람표에 구본은 빠져있다.
12) 김형우, 1984,「『해동고승전』에 대한 재검토」『소헌남도영박사화갑기념 사학논
  총』, p.112.

당서역구법고승전』에서 뽑아 실은 내용이다.

그런데『삼국유사』가 이들 유학승들을 한데 모아 귀축제사로 요약해 놓은 것과는 달리,『해동고승전』에는 비록 현조와 승철 등을 넣어 11인으로 언급한 두찬(杜撰)이 있기는 하지만, 반면 이들을 전기를 세워 상세한 서술을 하고 있음이 눈에 띤다. 따라서『대당서역구법고승전』과 『해동고승전』의 내용을 참고한다면 이들 천축 유학승에 관한 정보를 얻을 수 있으므로, 이를 고찰해 보도록 하겠다.

첫째,『해동고승전』의 전기를 통해 이들 유학승들의 개개인의 능력과 용모 등 신분상의 문제를 살펴볼 수 있다는 점이다.

승 아리야발마는 "신통과 지혜가 있어 홀로 깨쳤으며, 형상과 용모가 보통 사람과 달랐다"라든가, 승 혜업은 "그 재능과 도량이 깊고 넓으며, 기량은 굳세고 넓었다. 높은 바위 같은 얼굴과 거동에, 깎은 듯한 풍채와 골격을 가지고 있었다... 서역을 여행하면서 광활한 사막을 건너고 설산의 험악한 봉우리에도 올랐다. 언제나 맑고 밝은 새벽이 열릴 때는 깊은 숲속에 들어가 숨고, 밝은 달이 하늘에 잠기면 먼 길을 떠났다. 불법을 따르기 위해 자기의 목숨을 가볍게 여겼으며, 그 뜻은 불교를 널리 펴기에 간절하였다"고 하였고, 승 현태는 "어려서부터 생각에 잠기길 좋아했으며 대인의 모습이 있었다. 냄새나는 채소를 먹지 않고.."라고 하였으며, 승 현각은 "사람됨이 대단히 뛰어나 꼿꼿하였으며 큰 지혜와 통찰력을 갖추고 있었다. 성질은 강설하기를 좋아하여 사람들을 근기에 따라 감응시켰으므로 그때의 사람들은 그를 가리켜 불속의 부용이라 하였다. 그는 항상 변지에 태어나 중화를 보지 못함을 한탄하였으며 중국에 관한 소문을 듣고 기뻐하였다"는 내용이다.[13]

---

13)『해동고승전』권2 아리야발마, 혜업, 현태, 현각전.

이들 입축승(入竺僧)들은 모두 범상치 않은 인물들로 커다란 세계로 나아가 법을 구하고자 하는 의기가 있음을 알려주고 있다.

이러한 각훈의 서술에 대해『대당서역구법고승전』에 없는 내용이어서 그가 문학적인 윤색을 가한 것으로 이해되어 왔으나,『해동고승전』의 아리야발마·혜업·현태·현각·현유에 대한 형상과 용모, 능력 등의 개인적인 기록은 혹 고려시대까지 존재하던 이들 고승들에 관한 별도의 자료를 참고할 수 있어서 이렇게 상세히 서술할 수 있었던 것은 아닐까 한다.

그것은 각훈이『해동고승전』에서 이들을 서술하면서『대당서역구법고승전』의 내용을 '전(傳)'에 나오는 것으로 별도로 인용하고 있기 때문이다. 즉 "『전』에 이르기를 '혜업이 이 절에서 입적하니 나이는 60세쯤이었다. 그가 쓴 범본은 모두 나란다사에 있다'"고 하였다. 또 "(혜륜은) (의정삼장이 그 절을) 방문했을 때 아직 건재해 있었으며 나이는 40세에 가까웠다. 자세한 것은 의정삼장의『구법고승전』가운데 있는 것과 같다"고 하였다. 따라서『대당서역구법고승전』의 자료를 기본으로 하여 이들에 관한 여타의 자료를 구하여 함께 섞어 전기를 세운 것이 아니가 한다. 실제 각훈은『해동고승전』의 저술 외에도 초집(草集)과 시평(詩評) 등이 있었다고 하는데,『보한집』에 "여사(餘事)로 문장을 깊이 알아 초집(草集)이 있어 사림(士林)에 전한다"는 내용에 의거한 것으로,[14]『해동고승전』은 문헌설화나 구전(口傳)에 바탕을 둔 인물설화에 의존해서 이루어졌다고 보고 있기도 하다.[15] 따라서 각훈은 이들 천축유학승들도 이러한 방증자료를 구해서 전기를 세우고 그들 개개인의

---

14) 김상현, 1984, 위의 논문, p.178.
15) 박영호, 1988,「『해동고승전』고찰」『동방한문학』4, p.104.

능력과 용모, 신분상의 문제를 언급한 것이 아닐까 한다.

둘째 『해동고승전』의 현유에 대한 상세한 기술을 통해 신라승과 함께 고구려 승 현유가 고구려 말에 천축에 갔음[16]을 알려주고 있다.

승 현유는 "고구려 사람이다. 화합하는 성품으로 까다로움이 없고, 타고난 자질은 부드럽고 고상하며, 마음이 자리(自利)와 이타(利他)의 두 가지 이익에 두고, 뜻은 물어 구함을 중히 여겼다. 잔을 타고 물을 거슬러 올라가기도 하고, 깊은 골짜기에 집을 짓기도 하였다"[17]고 하여 현유의 국적과 성품에 대해 자세히 서술하고 있다. 또한 "(현유는) 비록 몸은 이국에 버리고 고국으로 돌아오지 못했지만 그 공명은 이와 같이 뛰어났으며 어찌 이름을 죽백에 적어 오는 세상에 보이지 않겠는가? (그러므로 의정은) 마침내 『구법고승전』을 지은 것이다. 내가 우연히 대장경을 열람하다가 여기에 이르러 지극한 마음으로 우러러 사모하게 되었으므로 드디어 이것들을 뽑아 쓰는 것이다"라고 하였다.

『대당서역구법고승전』에서는 현유에 대해 "승철사를 따라 사자국(세이론)에서 출가하여 승려가 되었다. 그 까닭에 그곳에 머물고 있다"고 하였을 뿐이다.

이렇게 각훈이 특별히 현유의 부분에 이르러 이들 천축 유학승들에게 받은 감동을 표출하여 서술하였다는 것은 고구려 불교를 선양하고 싶은 나름의 의도가 있었다고 생각된다.[18]

셋째 이들 고승들이 천축으로 가는 과정과 천축 순례 내용을 알려주고 있다는 점이다. 『해동고승전』과 『대당서역구법고승전』의 내용을 함

---

16) 백미선, 2011, 「『해동고승전』을 통해 본 각훈의 고구려 불교사 인식」『한국사학사학보』23, p.44.
17) 『해동고승전』 권2 「현유」전.
18) 백미선, 2011, 위의 논문, p.61.

께 참고하여 다음과 같이 요약 정리해 보았다.

승 아리야발마는 계귀에서 나와 당 태종의 정관 년중(627-649)에 장
안을 떠나 서인도로 향해 총령을 거쳐 인도의 나란다사(용천)에서 70세
에 입적하였다.[19] 승 혜업은 중국에 들어가 정관 년중에 서역을 여행하
면서 광활한 사막을 건너고 설산의 봉우리를 지나 보리사로, 또 나란다
사에 오래 머물었다.[20] 승 현태는 배를 타고 당나라로 가서 고종 영휘

---

19) 이하는 비교를 위해 『대당서역구법고승전』(의정 찬·이용범 역, 1980, 『대당서역
   구법고승전』, 동국대 역경원)과 『해동고승전』(장휘옥, 1991, 『해동고승전연구』,
   민족사)의 번역문을 약간 수정해서 실었다. 『대당서역구법고승전』: 아리야발마는
   신라사람이다. 당 태종의 정관 년간(627-649)에 장안을 떠나 광협(천축)에 가서
   불교의 정법을 추구하고 성스러운 불교유적을 몸소 순례하였다. 나란다사에 머
   물면서 율장과 논장을 익히고 여러 가지 불경을 간추려 베꼈다. 슬픈 일이다. 돌
   아올 마음이 많았으나 그것이 이루어 지지 못하였다. 동쪽 끝인 계귀(신라)에서
   나와 서쪽 끝인 용천(나란다사)에서 돌아가셨다. 즉 이 절에서 이 세상을 떠났던
   것이다. 나이가 70여세였다. 『해동고승전』: 승 아리야발마는 처음에 신라에서 중
   국에 들어가 스승을 찾아 이익을 청할 때에 아무리 멀어도 찾아가지 않은 곳이
   없었으니, 깊은 골짜기를 내려다 보며 쉬고 모든 하늘을 업신여기며 다달았다.
   오직 당시를 규범할 뿐만 아니라 또한 내세의 나루터까지도 만들려고 하였다. 뜻
   은 세상을 두루 살피기에 간절하여 먼 곳도 꺼리지 않았다. 드디어 법을 구하여
   서인도로 떠나 멀리 총령에 올랐으며, 기이하고 훌륭한 명승지를 찾아보았으며,
   거룩한 자취를 두루 살펴 묵은 원을 이루었다. 노자와 식량이 떨어졌으므로 마침
   내 나란다사에 이른지 얼마 안 되어 세상을 떠났다. 그때에 고승 혜업이 보리사
   에 머물었고, 현각과 현조가 대각사에 왔으니 위의 이 네 사람은 다 정관 년중에
   행적이 있었던 것이다.
20) 『대당서역구법고승전』: 혜업법사는 신라사람이다. 정관 년간에 서쪽 나라(인도)
   로 가서 보리사(대각사)에 머물면서 성스러운 불교 유적을 순례하고 나란다사에
   서 오랫동안 강의를 듣고 불서를 읽었다. 『해동고승전』: 승 혜업은 ....곧 변방의
   나라를 하직하고 곧바로 중국으로 들어갔으며, 드디어 정관 년중에 서역을 여행
   하면서 광활한 사막을 건너고 설산의 험악한 봉우리에도 올랐다. 언제나 맑고 밝
   은 새벽이 열릴 때는 깊은 숲속에 들어가 숨고, 밝은 달이 하늘에 잠기면 먼 길을
   떠났다. 불법을 따르기 위해 자기의 목숨을 가볍게 여겼으며, 그 뜻은 불교를 널
   리 퍼기에 간절하였다. 그리하여 마침내 보리사로 가서 성인의 자취를 보고 예배

년간(650~655)에 티벳트를 경유하는 길을 잡아 네팔을 거쳐 중부 인도
에 이르러 보리수를 예배하고, 삼도의 보배 계단을 보고, 중국으로 돌
아오던 중 토욕혼에서 도희법사를 만나 대각사로 돌아갔다가 당나라로
돌아갔으나 그가 죽은 것을 알 수 없다.[21] 승 혜륜은 본국에서 출가한
뒤 중국의 복건(민월)에 상륙하여 육로를 걸어서 장안으로 갔는데, 칙
명을 받든 현조법사를 따라 인도에 가서 불교유적을 참배하고 갠지스
하 북쪽의 암마리발왕국의 신자사에서 10년을 살고, 동쪽으로 가서 북
방의 토카라스님들이 사는 건타라 산다사에 머물었을 때가 40이었
다.[22] 승 현각은 배로 장안에 가서 다시 현조법사와 정관 년간에 중인

하고, 또 나란다사에서 석존의 발자취에 의지하여 참으로 오랜 만에 거기에 머물
었다.

21) 『대당서역구법고승전』: 현태법사는 신라사람이다. 영휘 년간(650~656)에 티벳트
를 경유하는 길을 잡아 네팔을 거쳐 중부 인도에 이르렀다. 보리수를 예배하고
경장과 논장을 상세히 조사한 후 발걸음을 동쪽 땅(중국)으로 돌렸던 것이다. 토
욕혼에 이르러 도희법사와 만나게 되어 다시 더불어 발길을 인도로 돌려 대각사
에 돌아왔다. 그 뒤 당으로 돌아 갔으나 그가 죽은 것을 알 수 없다. 『해동고승전』:
승 현태는 일찍이 배를 타고 당나라로 갔으며, 그의 학문은 예사가 아니어서 깊
고 미세한 이치를 연구해 밝혔다. 고종 영휘 년간(650~655)에 마침내 중인도로
가서 보리수나무에 예배하고, 사자처럼 돌아다니면서 반려를 구하지 않았다. 오
루의 황금 지팡이를 휘두르며 삼도의 보배 계단을 바라보았다. 그가 깊이 사모했
던 것은 아무리 어렵고 위험하더라도 풍토를 두루 보고자 하였지만, 능히 다 볼
수는 없었다. 결국 그는 대각사로 가서 머물면서 경론을 자세히 검토하고 방속을
두루 살폈다. 그 뒤에 중국으로 돌아와 법의 교화를 널리 펴니 숨은 공적이 이에
나타났다. 그의 성공은 높고도 장하다.

22) 『대당서역구법고승전』: 혜륜사는 신라사람이다.… 본국에서 출가하여 승려가 되
어서 성스러운 불교유적을 순배할 뜻을 품고 뱃길로 중국의 복건에 상륙하여 육
로를 걸어서 장안에 도착하였다. 그 후 칙명을 받들어 인도로 가기로 된 현조법
사의 시자로 따라가게 되었다. 인도에 가서 고루 성스러운 불교유적을 돌아 참배
하고 갠지스하 북쪽의 암마리발왕국에 가서 그 국왕이 세운 신자사에서 10년을
살았다. 요사이는 동쪽으로 가서 북방의 토카라스님들이 사는 절에 머물고 있다.
원래 이 절은 토카라 사람이 그 본국의 승려를 위하여 세운 것이다. 이 절은 매우

도 대각사에 이르렀다. 그곳을 예경하는 소원을 풀고나서 40에 병이 걸
려 죽었다.23) 또한 신라의 승려 두 사람이 있었는데 장안에서 출발하여
배를 타고 남해(동남아)로 가서 실리불서국(슈리비쟈국) 서쪽 파노사국
(波魯師國)에 이르러 병이 걸려 죽었다.24) 승 현유는 당나라에 들어가

돈이 많고, 자산이 충분하여 공양, 식사차림이 이 이상 더할 것이라고는 없었다.
이 절 이름은 건다라산다라고 하였다. 혜륜은 여기에 머물렀다. 범어를 잘하였고
또 구사도 깊이 연구하였다. 의정 자신이 중국으로 돌아올 때에도 그는 이 절에
있었다. 나이는 40을 바라보고 있었다. 북방의 승려로서 이 절에 머무는 사람은
모두 주인의 대접을 받는다. 『해동고승전』: 승 혜륜은 신라사람이다. 본국에서
출가한 뒤로 마음을 성스러운 지역에 두어, 배로 민월(중국의 복건성)에 이르러
걸어서 장안에 닿았는데, 그 사이 추위와 더위를 모두 받고 어려움과 위험을 다
겪었다. 칙명을 받들어 현조법사를 따라 서쪽으로 갈 때는 정성으로 모시며 위험
한 곳에는 비제를 설치하였다. 서역에 가서는 기이한 자취를 두루 예배하고, 암
마라파국의 신자사에서 10년 동안 살았다. 가까운 동쪽에 있는 건타라 산다사에
머물렀다. 그 절은 재산과 물자가 풍부하고 공양과 시설이 부족한 것이 아무것도
없었다. 그러므로 북방의 서역승으로서 왕래하는 자는 다 이 절에 머물렀으니 마
치 벌떼처럼 운집하여 각기 법문을 닦았다. 혜륜은 이미 범어를 잘하여 열심히
구사를 공부하였다. 의정삼장이 그 절을 방문했을 때는 아직 건재해 있었으며,
나이는 40세에 가까웠다. 자세한 것은 의정삼장의 『구법고승전』 가운데 있는 것
과 같다.
23) 『대당서역구법고승전』: 현각법사는 신라사람이다. 현조법사와 더불어 정관 년간
에 다같이 대각사에 이르렀다. 그곳을 예경하는 소원을 풀고 나서 병에 걸려 죽
었다. 나이는 고작 40을 넘었을 뿐이었다. 『해동고승전』: 승 현각은 신라사람이
다....마침내 배를 타고 중국에 이르러 동쪽 서울을 둘러보고 드디어 부러움을 머
금었지만, 마음속으로는 인생의 절반을 허비한 것을 부끄러워하였다. 그러나 뜻
은 반드시 여러 스승을 찾아다니는데 두었으므로, 마치 달이 가듯 밤낮으로 발길
이 닿는 대로 갔다. 혹은 층암절벽이 사방을 가로막아 새만이 다닐 듯한 구름처
럼 높은 길을 건너고, 혹은 잇단 천리의 빙판길을 바람 따라 걷기도 하고 구름
위에 눕기도 하였다. 마침내 현조법사와 함께 서쪽으로 중인도의 대각사에 이르
렀으니, 타오르는 듯한 사막 길을 여행하였으며, 그림자 없는 나라라고 경탄하기
도 하였다. 책을 쌓아 놓고 깊이 연구하였으니, 옥을 다듬어 그릇을 만드는 듯했
다. 나이 40세 지나서 병이 들어 죽었다.
24) 『대당서역구법고승전』: 또 다시 신라스님 두 분이 있었는데 이름(諱)은 알 수가

승철선사의 제자가 되어, 그를 따라 사자국(실론)에서 출가하여 승려가
되었다.[25)

　천축 유학승들은 행로가 육로와 해로를 모두 이용하고 있고, 천축에
가서 순례한 장소가 대각사와 나란다사 등의 불교성지였다. 이에 대해
서는 뒷장에서 상술하고자 한다.

　넷째 천축승들은 해동에서의 법명과 인도에서 별칭이 있었다는 점
이다.

　아리야발마는 천축식 이름으로 생각되는데, 범문으로 Aryavarman으
로 쓰고 聖鎧 혹은 聖胄로 의역된다고 보고 있다.[26) 현태는 범문으로
Sarvajnadeva로 쓰고, 一切智天으로,[27) 혜륜은 Prajna Varman으로 쓰고 慧

없다. 장안에서 출발하여 멀리 남해로 갔다. 배를 타고 슈리비쟈국(室利佛逝
國)의 서쪽 파노사국(波魯師國)에 이르러 모두 병에 걸려 죽었다.『해동고승전』:
또한 신라의 승려 두 사람이 있었는데 그들의 이름은 알 수 없다. 그들은 장안에
서 출발하여 배를 타고 실리불서국에 닿았다가 병에 걸려 모두 죽었다.
25)『대당서역구법고승전』: 승철의 제자 현유는 고려국 사람이다. 승철사를 따라 사
자국(스리랑카)에서 출가하여 승려가 되었다. 그 까닭에 그곳에 머물고 있다.『해
동고승전』: 승 현유는 고구려사람이다.... 당나라에 들어가 승철선사를 예로써 섬
기고, 옷을 걷어 올리고 불교의 깊은 뜻을 물었다. 승철은 성인의 자취를 사모하
여 배를 타고 서역으로 들어가 인연을 따라 교화하였으며, 성지를 순례하며 두루
돌아다니다가 동인도에 돌아왔다. 언제나 고승을 따라 다녔으며, 그리하여 그곳
에 머물렀다. 후에 세월이 흘러 능곡의 바탕이 변하는 것을 슬퍼하고, 세월이 쉽
게 흐르므로 인세(人世)의 무상을 가엾이 여겼지만, 섶이 다하면 불이 꺼지나니
다시 어떻게 좇아갈 수 있겠는가. 의정삼장은 현유가 어려서부터 법을 사모하는
뜻이 굳음을 칭찬하였다. 현유는 이미 동하(중국)에서 구법의 정성을 다하다가,
다시 서천(인도)에서 법을 청하였다. 다시금 신주(중국)로 갈 뜻을 품었지만 중생
들을 위해 그곳에 머무르면서 십법을 전하여 법을 널리 알렸으니, 천추를 지났
도 그의 명성은 잊혀지지 않았다. 비록 몸은 이국에 버리고 고국으로 돌아오지
못했지만 그 공명은 이와 같이 뛰어났으니 어찌 이름을 죽백에 적어 오는 세상에
보이지 않겠는가?
26)　王邦維 校注, 2000(2刷),『大唐西域求法高僧傳』, 中華書局, p.41.

甲으로 의역되었음[28])이 전한다. 이러한 현상은 현재 외국에서 활동하고 있는 기업인이나 유명인들이 현지에서 불리는 이름이 있음을 생각할 때, 당시 그들의 천축에서의 활동과 깊이가 매우 넓고 인상적이었음을 알려주는 내용이라 생각된다.

3. 『삼국유사』「귀축제사」조를 통해 본 7세기 신라사회

「귀축제사」조에는 정관 년중이, 『대당서역구법고승전』에는 정관 년중과 함께 승 현태의 기록 가운데 당나라 고종 영휘 년간(650~655)의 절대연대가 제시되어 있어, 이 기사들이 7세기의 사실임을 확인해 주고 있다. 당나라 현장법사가 중국으로 귀환한 해인 645년을 전후하여 해동인들이 천축에 다녀온 사실을 알려주고 있다.

우선 『삼국유사』「귀축제사」조의 내용 가운데 7세기 해동을 알려 주는 뒷부분과, 같은 내용이 담겨있는 『대당서역구법고승전』을 제시해 보면 다음과 같다.

> 4) 천축인이 해동을 불러 구구타예설라라 하였으니 구구타는 계를 말함이요 예설라는 귀를 말함이다. 그 나라에서 서로 전하여 이르기를 그 나라에서 계신을 받들어 존경하는 까닭에 그 깃을 꽂아서 장식한다 하였다.

> 5) 계귀(鷄貴)는 인도말로 구구타예설라이며, 인도 남부의 토어인 파리어(巴利語)로는 쿠꾸타이싸라라고 한다. '구구차'는 닭이며 '의설라'

---

27) 王邦維 校注, 위의 책, p.43.
28) 王邦維 校注, 위의 책, p.101; 장휘옥, 1991, 위의 책, p.214의 주 268).

는 귀하다는 뜻이다. 즉 고려국인 것이다. 서로 전하는 바에 따르면 그 나라에서는 닭의 신을 받들어 모시기에 그 날개깃을 꽂아 장식으로 한다고 한다. 나란다사에 못이 있는데, 이를 용천이라고 부른다. 서방에서는 고려를 일컬어 '구구타예설라'라고 한다.[29]

이 「귀축제사」조를 통해 7세기 전반기 신라사회를 엿본다면 다음과 같은 내용일 것이다.

첫째 천축에서는 해동인을 구구타예설라로 별칭하였다는 사실이다. 계귀라는 별명으로 해동이 천축에 알려졌음을 알 수 있다. 그렇다면 계귀는 어느 나라를 지칭하는가 하는 점이다.

의정은 고려국으로, 일연은 해동을 가리키는 것으로 설명하고 있다. 계신을 받들어 존경하는 까닭에 그 깃을 꽂아서 장식하는 까닭이라고 하였다. 삼국이 모두 깃을 꽂아 장식하였으므로 해동이라는 사실이 맞다고 할 수 있는데, 여기서는 신라를 가리키는 것으로 생각된다. 그것은 백제의 겸익이 천축에 다녀온 것이 6세기의 일이고, 고구려의 현유가 7세기로 나오기는 하지만 천축이 아닌 실론에 머물러 있었으므로, 실제 천축에 가서 머문 승들은 모두 신라 승이라고 할 수 있다.

이들은 단독으로 천축에 갔을 가능성도 있지만 현조와 같이 당 황제의 칙명으로 천축에 갔을 때는 속인들이 수행을 하였을 가능성이 있으며, 신라인들이 여행이나 순례 차 혹은 향 등을 사기 위한 상업적인 이유로 천축에 갔을 가능성이 있다. 결국 구법승들 외에 많은 신라인들이 인도에 갔음을 알 수 있게 하며, 이들이 닭의 깃을 머리에 꽂고 다니자 신라인을 희화하여 부른 명칭이 아닐까 한다.

그런데 신라인들의 닭과 관련된 내용은 초기부터 등장하고 있다. 소

---

29) 『대당서역구법고승전』 상 「아리야발마」전(『대정장』 권51, p.2중).

도 신앙과 관련된 천조로서의 연관이 언급되고 있다.

6) 탈해니사금 9년 3월에 왕이 밤에 금성 서편 시림 숲 사이에서 닭 우는 소리가 남을 듣고, 새벽에 호공을 보내어 살펴보게 하였더니, 거기 나뭇가지에 한 금색의 작은 궤가 걸려 있고 그 밑에 흰 닭이 울고 있었다. 호공이 돌아와 그대로 고하니, 왕이 사람을 보내어 그 궤를 가져다 열어 보니, 그 속에 조그만 사내아이가 들어 있는데, 그 외모가 동탕하였다. 왕이 기뻐하며 좌우에게 말하기를, "이는 하늘이 나에게 아들을 준 것이 아니냐"하고 거두어 길렀다. 차차 자람에 총명하고 지략이 많으므로 이름을 알지라 하고, 금독에서 나왔음으로 해서 성을 김씨라 하고, 또 시림을 고쳐 계림이라 하여 국호를 삼았다.[30]

7) 영평(永平) 3년 경신【혹 중원(中元) 6년이라 하나 잘못이다. 중원은 2년뿐이다】8월 4일에 호공이 밤에 월성 서리를 가다가 큰 광명이 시림【혹 구림(鳩林)이라 함】속에서 나타나는 것을 보았다. 자주 빛 구름이 하늘에서 땅에 뻗치었는데 구름 가운데 황금 궤가 나무 끝에 걸려 있고 그 빛이 궤에서 나오며 또 흰 닭이 나무 밑에서 우는지라 이것을 왕에게 아뢰었다. 왕이 숲에 가서 궤를 여니 그 속에 남자아이 하나가 누워 있다가 일어났다. 마치 혁거세의 고사와 같으므로, 그 말에 인하여 알지라 이름하니 알지는 곧 우리말에 소아를 말함이다. 남아를 안고 대궐로 돌아오니 새와 짐승들이 서로 따르며 기뻐해서 모두 뛰놀았다. 왕이 길일을 택하여 태자로 책봉하였으나, 후에 파사에게 사양하고 왕위에 나아가지 않았다. 금궤에서 나왔다 하여 성을 김씨라 하였다.[31]

8) 미추【혹 미조(味照)라 일컬음】이사금이 즉위하니, 성은 김씨요, 어머니는 박씨로 갈문왕 이칠의 딸이요, 비는 석씨로 광명부인이니 조

30) 『삼국사기』 권1 탈해니사금 9년조.
31) 『삼국유사』 권1 「김알지 탈해왕대」조.

분왕의 딸이다. 미추의 선조는 알지로, 계림에서 나온 이니 탈해왕
이 데려다 궁중에서 길러 내어 후에 대보의 벼슬을 주었다. 알지는
세한을 낳고, 세한은 아도를 낳고, 아도는 수류를 낳고, 수류는 욱보
를 낳고, 욱보는 구도를 낳으니, 구도는 곧 미추의 아버지였다. 첨해
가 아들이 없어 국인이 미추를 세운 것이니 이는 김씨가 나라를 가
지게 된 시초이다.[32]

김알지설화에 계명이 나오고 황금 궤와 남아가 나오고 있다. 이는 천
조설화에 기대어진 내용으로, 서봉총 금관에 보이는 수지(樹枝)형 입식
은 입목사상을, 조형식의 천조가 조성된 것은 천조신앙이 반영된 것으
로 이는 소도 신앙에 근원을 둔 것으로 보고 있다. 또한 마립간 기 당시
적석목각분의 주인은 정동에서 정남 사이의 두향을 취한 광명계를 향
한 자세를 취하고 있어 계세사상이 나타난 것으로도 보고 있다. 이는
신마, 천조, 태양선 등의 계세사상과 함께 태양신 신앙을 나타낸 것이
다.[33] 기마인물형토기는 신마사상의 일환으로 혁거세설화의 백마와 천
마총의 천마도와 관련되며, 선형토기(금령총)는 태양선사상이, 거형토
기(계림로고분)은 태양마차를 각각 나타내는 것이다.

둘째로 신라 승들이 천축을 향했던 것은 중국이 수·당 교체기라는
정정불안에 있었기 때문에, 이들은 이러한 상황을 타개하려고 불적순
례와 경전연구를 위해 천축에까지 진출한 것이 아닐까 한다.

---

32) 『삼국사기』 권3 미추니사금 즉위조.
33) 이은창, 1991, 「신라고분의 조영과 사상-신라분묘가 지니고 있는 사상의 이행발
전을 중심으로-」『신라문화제학술논문집』12, pp.291-326. 『삼국지』 변진전에는
"대조우(大鳥羽)로서 송사(送死)에 썼으니 그 뜻은 사자(死者)의 영혼을 싣고 비
양케 하고자 함이다"(以大鳥羽送死 其意欲使死者飛揚)라고 나와 있어, 신조로
하여금 피장자의 영혼을 명계(冥界)에 운반하려는 천조(天鳥)신앙이 신라에 있었
음을 알려주고 있다고 하였다.

이들이 천축으로 향하게 된 이유는 현장삼장이 인도의 나란다사에서 구법을 한 것이 가장 큰 영향이었을 것이다. 그러나 현장의 귀국이 645년임을 감안하면, 이들이 천축 행을 택한 또 다른 이유는 수나라에 유학한 승들은 수나라가 멸망하고 당나라로 교체된 혼란한 상황에서 이를 극복하는 방안의 하나로 천축으로까지 가려고 한 것이 아닌가 한다. 아리야발마의 경우 정관 이전에 중국에 들어가 있다가 정관 연간에 출발해서 천축국에 갔다고 한 것은 이러한 사실을 방증해 주고 있다.

이를 『대당서역기』와 『대당서역구법고승전』에 나오는 신라승들에 관한 내용을 볼 때 가능성이 있다고 생각된다. 이들 여행기는 모두 인도를 순례한 후 편찬되었으나, 『대당서역기』가 현장이 체험한 서역의 기후, 풍토 등에 대한 지지(地誌)인 반면에, 『대당서역구법고승전』은 의정이 직접 만났거나 전해들은 구법승에 대한 승전(僧傳)의 성격이 강하다. 그것은 이미 현장의 책에서 서역의 개괄적인 내용을 담고 있기 때문에 의정은 승전에 치중한 것으로 본다.[34]

그런데 『대당서역구법고승전』은 전통적인 승전의 형태와는 차이가 있다. 즉 그 서문에서 "그분들의 거룩한 행적을 후세에 남겨 전하고자 대략 전문과 실견한 바에 의거하여 기록하고자 한다. 그 행장을 기재하는 차례는 그가 인도로 떠난 때의 연대, 거리, 생존과 사망 등을 고려하여 앞뒤를 삼았다"고 한 것과 같이 시대 순서만을 기준으로 삼지는 않았다는 것이다.

그렇다면 현장의 『대당서역기』에 신라 승들이 기록되지 않은 것은 당시 당나라와 신라가 긴장관계에 있었기 때문이지만, 의정의 『대당서

---

34) 김호동, 1997, 「『속고승전』과 『대당서역구법고승전』에 입전된 한국 고승의 행적」 『민족문화논총』20, p.178.

역구법고승전』이 찬술될 당시에는 당이 완전한 안정기에 접어들었으며 신라와의 관계가 점차 화해 무드로 가는 상황이었으므로 신라승들이 기록된 것이라 생각된다.

셋째로 그렇다면 신라승들이 천축을 향했던 목적은 무엇이었을까? 그것은 주로 불적 답사가 목적이었을 것이나, 종국에는 나란다사에 머물면서 천축의 불전을 베껴서 고국으로 가지고 오는 것이 최대의 희망이었다고 생각된다.

먼저 불적 답사에 관한 것부터 보면, 현각법사는 40세를 갓 넘은 나이에 당나라의 현조법사와 더불어 정관 년간에 대각사에 이르렀는데, 그곳을 예경하는 소원을 풀고 나서 병에 걸려 죽었다.[35] 이러한 신라승들의 소원은 후일 천축을 순례한 혜초의 경우도 마찬가지로 나오고 있다. 즉 그는 『왕오천축국전』에서 "나는 마하보리사에 도착하였을 때 본디 소원하였던 것이어서 너무 기뻐 내 어리석은 뜻이나마 대략 엮어서 오언시를 지었다"라고 하였다. 이들 신라승들이 천축으로 가는 목적은 불교의 8대 성지를 참배하는 것으로, 그 가운데 마하보리사 즉 대각사인 보드가야에 참배하는 것이 가장 큰 소원이었던 것이다.[36]

다음으로 천축의 불전 사경에 관한 것이다. ① 아리야발마는 나란다사에 머물면서 불교윤리인 율과 학문인 논을 익히고 여러 불경을 간추려 베꼈다고 한다. ② 신라승 혜업은 정관 년간(627-649)에 나란다사에서 『양론』 즉 『섭대승론』을 필사하여 고국으로 가져오려다가 인도에서 입적하였다. 또한 혜업이 『유마경』을 읽었다고 하나, 오류이다.[37]

---

35) 『대당서역구법고승전』 상 「신라현각법사」전.
36) 김복순, 2007, 「혜초의 천축순례 과정과 목적」 『한국인물사연구』8, pp.180-181.
37) 『해동고승전』에는 혜업이 "請讀淨名經因檢唐本云云"이라 하여 『유마경』인 『정명경(淨名經)』이 나오고 있으나, 『대당서역구법고승전』에는 "久而聽讀 淨因檢

③ 현태는 보리수를 예배하고 불교의 경과 논을 상세히 조사한 후 귀
국하려다가 도희법사를 만나 대각사에 돌아갔다가 당으로 돌아왔다.
④ 혜륜은 정관 연중에 현조법사의 시자로 인도에 가서는 고루 성스러
운 불교유적을 돌아 참배하고 갠지스하 북쪽의 암마리발왕국에 가서
그 국왕이 세운 신자사에서 10년을, 의정이 갔을 무렵에는 건타라산다
사에서 머물렀는데, 그는 범어를 잘하였고 또 구사도 깊이 연구하였다.

　아리야발마는 율과 논을, 현태는 경과 논을 사경하였고, 혜륜은 구사
를 깊이 연구하였음을 알려 주고 있다. 특히 혜업이 범본『양론』을 사
경한 사실은 당나라 의정이 나란다 대학에서 불서를 조사하다가『양론』
이 소장되어 있는 것을 보고 밝힌 것이다. 즉, '불치목(佛齒木) 아래에서
신라승 혜업이 필사한다'라는 글이 적혀 있는 것을 보게 되었다. 이에
이 절의 스님에게 물어 보았더니 그는 이곳에서 세상을 떠났다고 하며
나이는 60에 가까웠다고 한다. 그가 베꼈던 범본은 모두 나란다사에 보
관되어 있다'고 기록해 놓았다.

　이 가운데 혜업의『양론』즉『섭대승론』의 사경은 당시 신라불교계
의 상황과 맞물려 매우 중요한 내용을 제시해 주고 있다 하겠다. 나란
다사는 굽타왕조의 샤크라디티아에 의해 창건된 불교대학으로, 현장이
7세기에 이곳을 방문했을 때 1만 명이 넘는 승려가 있었다 하는데,[38]
의정이 갔을 때에는 밀교가 성하여 여러 승들이 이를 익히고자 노력하
였으나, 의정은 쉽게 되지 않음을 언급한 바가 있기도 하다.[39]

　唐本云云"이어서 각훈이 잘못 읽어서 나온 오류인데, 이에 대해서는 이미 여러
　선학들이 지적해 놓은 바이다.
38)「대당자은사삼장법사전」권3(김영률 옮김, 1997,『대당대자은사삼장법사전 외』, 동
　국역경원, p.84); 김상현,「7세기신라서구법고승고」『동국사학』35·36합, pp.26-27.
39)『대당서역구법고승전』상(『대정장』권51, p.6하-7상); 김복순, 2007,「혜초의 천
　축순례과정과 목적」『한국인물사연구』8, p.175.

그렇다면 신라승들은 왜 범본의 『섭대승론』[40]을 베껴서 고국에 가져가려 하였던 것일까 하는 점이다. 결론부터 말하자면, 현장법사의 천축구법목적이 『유가사지론』을 제대로 확인하고자 하는 것이었다면, 신라 승들은 진제 역의 『섭대승론』의 범본을 신라에 전하고자 하는 것으로, 삼국시대 신라 승들의 학문적 기초가 구역에 기초한 것이기 때문이라고 생각된다. 혜륜이 범어를 잘해서 구사를 열심히 공부하였다는 사실은 신라인들이 한역경전의 문제점을 범본 경전과 대조하여 불설에 가까운 사실을 확인하고자 노력하였다는 사실이 돋보이는 점이라 하겠다.

원광은 신라로 귀국 이후 "진한·마한 안에서 정법을 널리 펴고 해마다 두 번 강론하여 후학을 양성하였다"고 하였다. 강론은 그가 수에서 10여 년 동안 연구와 강경한 『섭대승론』일 것이다. 수나라 낙양으로 간 원광은 섭론을 수학하였는데, 담천(曇遷, 542-607)의 『섭대승론』 강의를 대흥선사에서 들은 것을 말한다. 『섭론』·『양론』 등으로 불리는 이 『섭대승론』은 대승불교사상을 포괄하고 있는 개론적인 성격의 논서로, 이 논에 의해 불교교학의 체계를 세울 수 있었다. 이 『섭대승론』 강의를 들은 이들은 더 정확하고 깊은 불교교학을 알기 위해 중국을 거쳐 천축으로 간 것이다.

당시 신라인들의 『섭대승론』 연구에 대한 열의는 두 가지 현상으로 나타나고 있다. 하나는 분황사에서의 『섭대승론』 강경이다. 자장이 선덕여왕 12년(643)에 귀국하여 궁중에서 여름 내내 『섭대승론』을 강경한 사실이다. 원효 역시 강경하였을 것으로 보이며, 이는 현륭에 의해 계속되어진 사실이 보이고 있다. 또 하나는 『섭대승론』의 주석서이다.

---

40) 足立喜六 역주, 위의 책, p.41, 『양론』은 양섭론으로 무착의 섭론인 『섭대승론』을 양 진제가 역경한 3권과, 세친의 섭론인 『섭대승론석』을 양 진제가 역경한 15권으로 당 현장법사가 역경한 당 섭론과는 다른 것이다.

원효는 『섭대승론소』 4권, 『양섭론소초』 4권, 『섭대승론세친석론약기』 4권을 주석하였으며, 도증은 『섭대승론세친석론소』 6권을, 태현은 『섭대승론세친석론고적기』 1권을 주석하였다.[41]

　마지막으로 신라사회에 끼친 의정의 영향은 다대하지만, 여기서는 간단히 의상의 세예법을 통해 살펴보려 한다.

　먼저 의정의 활동상과 저술에 대해 간략히 살펴보겠다. 의정은 671년 광주에서 배로 떠나 673년 천축에 닿아 나란다사에서 10년 간 머무는 등 여러 곳에 머물다가 685년 귀국 길에 올라 689년 광주로 귀환하였으나, 그 해 다시 팔렘방으로 가서 6년간 머물렀다. 그 사이인 691년 외국에서 머물면서 『대당서역구법고승전』과 『대당남해기귀내법전』을 측천무후에게 올렸고, 695년 68부 290권의 가지고 당으로 돌아왔다. 그는 『근본설일체유부비나야』를 비롯한 유부의 율전을 번역하였고, 실차난타와 80권 『화엄경』을 번역하였으며, 『금광명최승왕경』 『대공작왕주경』 『미륵하생성불경』 등 56부 230권을 역출하였다.[42] 신라에는 80권 『화엄경』을 비롯하여 그가 번역한 불경들이 거의 전해졌을 것으로 보이며, 특히 704년 김사양이 당나라에 사신으로 갔다가 공식적으로 가져온 『금광명최승왕경』은 『삼국사기』에 특기되어 있을 정도이다.

　다음으로 의상의 세예법에 관한 내용이다. 『속고승전』 「의상」전에 의하면, "춥고 더움을 가리지 않고 정근 수행한 의상은 의정의 세예법 (洗濊法)을 좇아 실행하였다. 즉 세안 후에는 어떤 종류의 수건도 쓰지 않았으며, 시간이 지나 그냥 마를 때까지 내버려 두었다"라는 기록이 보인다.

---

41) 이만, 2001, 「신라불교에 있어서 『섭대승론』의 영향」 『한국불교학』 30, pp.299-310.
42) 이주형 외, 위의 책, pp.52-53

　의정은 의상이 귀국한 671년에 인도로 구법여행을 떠났는데, 그의 세예법은 이름 그대로 세간에서 묻은 때를 깨끗이 씻는 계행이라고 하며, 의상 역시 법의와 바리때와 발우 이외에는 가진 물건이 없을 정도로 물욕을 떠난 깨끗한 실천수행을 생활화한 지계가 철저한 수행자로 전해지고 있다. 또한 의상이 지엄문하에서 화엄을 수학할 당시에 율종의 권위자인 도선과 교류하였고, 의정의 세예법을 익힌 것으로, 이는 고행을 강조하지 않지만, 엄격한 실천수행신앙이었다고도 하였다. 또한 의상은 의정과도 사귀었던 것으로 보고 있다.[43]

　그런데 의정의 연보로 보건대 그가 의상과 사귈 수 있었던 것은 인도로 가기 전 장안 시절이었을 것이 가능성이 있을 수 있으나, 의상이 의정을 높이 사서 그의 세예법을 따를 정도라면 그것은 의정이 귀국 후 어느 정도 명성이 알려진 후가 아닐까 생각된다. 특히 세예법이 '세안 후에는 어떤 종류의 수건도 쓰지 않고, 시간이 지나 그냥 마를 때까지 내버려 두었다'는 것으로 보아 그의 세예법은 혹 열대지방에서 행해지던 세예법이 아닌가 한다. 그렇다면 의정이 천축을 다녀온 후에 가능한 일일 것이다.

　의정이 천축에서 중국으로 귀환한 사건도 현장법사에 버금갔던 사건으로, 그의 세예법이 천축에 가보지 못한 의상에게 전해지자 그가 이를 실행한 것으로, 그 시기는 승전이 의상에게 간 692년 이후로 보인다.[44] 그것은 현수법장이 자신의 저술을 의상에게 보낼 때 이를 전달한 승전이 의상과 만난 자리에서 당시 당나라에 귀환한지 얼마 안 된 의정에

---

43) 채택수, 1984, 「의상의 화엄사상」『철학사상의 제문제』2(『한국화엄사상사연구』, 민족사, 1988, p.266); 김두진, 2002, 『신라화엄사상사연구』, p.261.
44) 이병도, 1960, 「당법장기신라의상서(唐法藏寄新羅義湘書)에 대하여」『황의돈선생고희기념사학논총』, pp.201-202.

관한 소식과 함께 이러한 세예법에 관한 사실을 전한데서 비롯되었을 가능성이 있기 때문이다.

4. 맺음말

7세기 신라승으로 천축에 유학한 승려들을 전하고 있는『삼국유사』「귀축제사」조의 내용은『대당서역구법고승전』의 것을 추출한 것이지만, 그 내용이 너무 소략하기 때문에 같은 내용을 좀 더 자세히 전하고 있는『대당서역구법고승전』과『해동고승전』의 내용과 비교해서 살펴보았다.

먼저 삼국시대에 천축에 간 승려들의 면모를 고찰해 보았다.『해동고승전』의 전기를 통해 이들 유학승들의 개개인의 능력과 용모 등 신분상의 문제를 살펴볼 수 있었고,『해동고승전』의 현유에 대한 상세한 기술을 통해 고구려 승 현유가 고구려 말에 천축에 간 것도 확인할 수 있었으며, 이들의 천축으로 가는 과정과 순례내용도 살펴보았다. 그리고 천축승들은 해동에서의 법명과 함께 인도에서의 별칭이 있었음도 보았다. 이 과정에서 일연이 '離長安 到五天'으로 바꾸어 쓴 '山長安之廣脇'의 해석과 지명비정에 이설이 있는 것을 밝혀 보았고,『해동고승전』에 구본이 빠진 이유도 언급해 보았다.

다음으로 「귀축제사」조와『대당서역구법고승전』에 나오는 정관 연중과 영휘 년간의 절대연대로서 7세기 신라 사회의 사실임을 밝히고, 먼저 해동을 계귀라 부른 것에 주목하여 이를 신라와 연관지어 살펴보았다. 또한 신라승들이 천축을 향했던 배경으로 수당교체기의 정정불안을 예로 들고, 현장의 『대당서역기』에는 나오지 않는 신라승들이 의정의 『대당서역구법고승전』에 실린 것은 정국의 안정과 양국의 친선에 있다고 보았다. 그리고 신라승들이 천축으로 향했던 목적이 불적 순례와 범본 불경을 베껴서 고국으로 가져오려는 것으로, 특히 범본 『섭대승론』을 베껴서 가져오려 한 상황을 신라불교계와 연관지어 보았다. 마지막으로 의정이 신라사회에 끼친 영향은 다대하지만, 간단히 의상의 세예법에서 찾아보았다.

제3장 혜초의 천축순례과정과 목적

1. 머리말

혜초는 『왕오천축국전』이 알려짐으로써 역사상에 등장한 인물이다. 그는 중국에 가서 천축순례를 위해 광주(廣州)에서 배를 타고 인도로 가서 불적(佛蹟)을 순례한 후 경유했던 5천축과 중앙아시아에 관한 내용을 여행기로 남겼다.

프랑스 동양학자 펠리오가 돈황에서 입수한 서류 가운데 하나가 혜초가 쓴 여행기라는 사실을 밝힌 이래, 高楠順次郎에 의해 혜초가 신라인이라는 사실이 확인되면서, 이후 혜초와 『왕오천축국전』은 우리의 관심을 끌게 되었다. 그리고 고병익, 정수일, 김영태, 정병삼 등 많은 이들에 의한 혜초의 입축 상황과 경로, 『왕오천축국전』에 대한 연구가 있었다. 특히 가산불교문화연구원에서 문화관광부 1999년 2월의 문화인물로 선정된 혜초에 관한 사료집의 간행 이후 정수일 역주의 『혜초의 왕오천축국전』과 김규현의 『혜초따라 5만리』 등이 잇달아 출간되었다.[1] 이에 그동안 집적된 연구 성과가 모아지고, 혜초의 행로와 방문국

---

1) 혜초연구의 선구자인 펠리오와 高楠順次郎 등에 관한 연구사 정리는 고병익, 정수일, 김영태, 정병삼 등의 논문에 자세히 나와 있다. 그리고 고병익의 「혜초 왕오천축국전사략(史略)」·「혜초·천축에의 발길」·「혜초 왕오천축국전」(이상 『동아교섭사연구』, 1970) 등의 논고와 이석호 역의 『왕오천축국전(외)』(1970)이 을유문고로, 정수일의 『혜초의 왕오천축국전』 역주본(학고재, 2004)이 나와 있다. 근래 혜초에 관한 여러 논고가 양산되었는데, 그 연구문헌목록은 가산불교문화연구원

의 현황에 대해서도 많은 정보를 얻을 수 있게 되었다. 그런데 그가 천축순례를 하게 된 배경과 목적에 대한 정리된 내용이 있다면, 혜초를 이해하는데 도움이 될 것으로 생각된다.

본고는 먼저 혜초의 천축순례 배경과 입축 과정을 그동안 집적되어 있던 연구 성과를 종합하여 재구성해 보고자 한다. 그리고 천축국 순례의 목적에 주안점을 두어 8대 성지를 중심으로 그 내용을 찾아보고, 혜초의 귀환과정은 간략히 보고자 한다. 특히 혜초와 가장 가까운 시기에 천축국을 방문하였던 의정의 『대당서역구법고승전』에 나오는 신라승에 대한 기록 등을 참고하여 그의 순례를 살펴보고자 한다.

2. 천축국 순례의 배경과 입축(入竺) 과정

(1) 입축(入竺) 배경

혜초는 생몰년을 정확히 알 수 없지만, 그가 활동하였던 여러 정황들을 모아 다음과 같이 그의 생애를 추정해 볼 수 있다.

혜초가 천축 순례를 마치고 안서도호부에 도착한 것이 727년(성덕왕 26, 개원15년)이므로, 그가 천축여행과 중국에 건너와서 보냈을 기간을 산정하여, 대개 700년에서 780년 사이에 생존한 것으로 추정되고 있다.[2] 이렇게 볼 때, 혜초는 신라 제33대 성덕왕(702-736) 초엽에 태어나

편,『혜초스님 기념 학술세미나 자료집 - 세계정신을 탐험한 위대한 한국인 '혜초'』, 1999, pp.137-140과 정수일의 앞의 책, pp.27-28에 잘 정리되어 있다. 이와 함께 혜초의 발자취를 따라서 쓴 여행기로는 김규현이 쓴 『혜초따라 5만리』(상,하)가 가장 자세하다.

2) 고병익, 위의 논문; 정병삼, 1999, 「혜초와 8세기 불교」『세계정신을 탐험한 위대한 한국인 혜초』, p.19; 김영태, 「신라승 혜초에 대하여」『가산학보』3, 1994, pp.16-18.

당나라로 유학을 갔고, 다시 천축국인 인도를 순례하고, 당나라로 돌아
와『왕오천축국전』을 썼다. 이후 당나라에서 살다가 신라 제38대 원성
왕(785-798) 3년인 787년 무렵 당나라 오대산에서 입적하였다.

그런데 조선시대까지 우리 역사책에 전혀 등장하지 않았던 인물이
바로 혜초였다. 그런 그가『왕오천축국전』이라는 두루마리로 된 책이
세계적으로 알려짐으로써, 우리 역사상에 대여행가로 등장한 것이다.

혜초가 태어났을 700년 경의 신라는 교학불교가 전성을 이루던 시기
였다. 그 당시 신라인들은 7-8세 경에 공부를 시작하는데, 유교와 불교
가운데 한 쪽을 택하여 공부하였다. 신라 강수가 유교를 택해 공부한
것은 널리 알려진 사실로,3) 그것은 불교한문과 유교한문이 달랐기 때
문인데, 혜초는 당연히 불교를 택하여 공부하였을 것이다. 혜초는 중국
유학을 결심하고서는 유교와 도교, 중국어, 범어 등을 함께 익혔을 것
이다. 실제 그의 한시를 보면 그의 학적 수준을 가늠해 볼 수 있다.

신라는 나당전쟁을 끝내고 소강상태로 지내다가 성덕왕 대(702-736)
이후 당과의 관계가 급속히 가까워지면서 많은 이들이 당에 유학하였
다. 당시 신라인들이 당에 가기 위해서는 주로 서해안의 당항성(남양
만)이나 회진(나주 근처)에서 양주(상하이 근처)나 산동반도로 가는 뱃
길을 많이 택하였다.

혜초 역시 배를 타고 당나라로 갔을 것이나, 초기의 행적은 자세히
전해지지 않는다. 다만 중국의 남부 항구도시인 광주(廣州, 현 광동)로
가서 그곳에서 천축국으로 출발하였다. 혜초가 광주를 출발하여 뱃길
로 인도에 갔으리라는 사실은, 혜림의『일체경음의』「혜초왕오천축국
전」에 나오는 단어들에 의거하여 많은 연구자들이 언급하고 있다.

---

3)『삼국사기』권46「강수」전.

그런데 그는 당시 신라 구법승들이 일반적으로 택하였던 유학 장소인 당나라의 장안에 머무르지 않고 왜 광주로 갔던 것일까. 두 가지 경우를 상정해 보았다.

첫 번째는 가장 일반적인 견해로서, 혜초가 광주에 도착한 인도의 금강지삼장과 불공삼장을 만나게 되어 이들의 권유로 인도로 향하게 된 것이라고 보는 경우이다.

혜초는 천축 순례 이후 중국으로 돌아와 밀교승인 금강지와 불공의 제자로서 그들에게 사사받았다. 하지만 그 전에 그가 천축을 향해 떠난 이유에 대한 직접적인 기록은 남기지 않았다.[4] 다만 그들과의 관계로 미루어 볼 때, 혜초가 천축행을 결심한 것이 그들의 권유에 의하여 이루어진 것이 아닌가 한다.

마침 천축의 밀교 승들과 접한 혜초는 신라에서 이미 밀교를 접했을 것이므로 특별한 거부감은 없었을 것이다. 신라의 경우 왕경불교의 깊숙한 곳까지 밀교가 스며들어 있었던 상황이었기 때문이다.[5] 이와 함께 혜초가 천축순례를 마치고 육로로 비단길을 통해 장안으로 귀환하여 천복사의 금강지삼장에게 귀의해 있었던 사실 역시 이러한 이유를 강하게 뒷받침해 주고 있다.

혜초보다 30여 년 전에 인도에 다녀 온 의정에 의하면, 불교의 근원을 찾아 인도를 찾은 이들을 기술하면서 나란다사에서 구사학, 대승불교,

---

4) 혜초가 쓴 「대승유가대교왕경서(大乘瑜伽大教王經序)」에는 개원(開元) 21년 (733)에 당 장안의 천복사 도량에서 금강지삼장에게 교법(教法)을 전수받은 후 사사받은 사실을 전하고 있을 뿐이다.
5) 문명대, 1976, 「신라 신인종의 연구-신라 밀교와 통일신라사회-」『진단학보』41; 고익진, 1986, 「신라 밀교의 사상내용과 전개양상」『한국밀교사상연구』; 홍윤식, 1980, 「삼국유사와 밀교」『동국사학』14; 정병삼, 2005, 「혜초의 활동과 8세기 신라밀교」『한국고대사연구』37.

명주(明呪, 밀교) 등을 익히고 있던 상황을 서술하고 있다. 그 역시 "나 자신도 나란다에 있으면서 자주 단장(壇場)에 들어가 마음으로 그 주법 (呪法)의 핵심을 알아보려 하였다. 그러나 끝내 그 깊은 뜻을 깨우치지 못한 채 마침내 그 뜻을 버리고 말았다. 우리가 모르는 것을 널리 알리 기 위해 대략 그 줄거리를 적어볼 뿐이다"고 하였다.[6] 당시 중국 승들이 인도의 밀교에 관심이 가지던 상황임을 알려 주는 사실로, 그보다 30여 년 후의 혜초는 좀 더 자연스럽게 접하였을 것으로 생각된다.

두 번째는 혜초가 당초에는 남종선에 관심을 가지고 광주에 간 것은 아닐까 하는 점이다.

혜초와 거의 비슷한 시기를 살았던 신라의 신행선사는 선종의 법랑선 사에게 수학한 바 있다. 다시 중국에 유학한 신행은 대조선사의 제자인 지공화상에게서 북종선을 전수받았다.[7] 이 사실은 당시 신라인들이 선 종에 대해서도 관견(管見)이나마 지식을 가지고 있었던 것을 의미한다. 혜초는 당시 광주에서 활약하였던 남종선 종조 육조 혜능에 관한 정보 를 접하고, 새로운 사조를 찾아 광주로 간 것은 아닐까 하는 것이다.

물론 육조 혜능은 713년에 입적하였기 때문에 혜초가 광주에 간 720 년경에 직접 그를 만날 수는 없는 일이었다. 하지만 육조 혜능은 676년 이후 38년 동안 소주(韶州), 광주 간을 다니면서 교화를 펼쳤으므로, 그 여파가 광주에는 많이 남아 있었다.

9세기 이후 우리나라 선종 불교에 지대한 영향을 끼친 육조 혜능은 705년 당 중종의 초청을 받았으나 사양하였다. 이에 황제로부터 가사 1령과 비단 500필을 하사받았고, 그의 입적 후 100여 년 만인 816년에

---

6) 의정 찬·이용범 역, 1980, 『대당서역구법고승전』, 동국대학교불전간행위원회, pp.73-77.
7) 「신행선사비」(이지관편, 『교감역주 역대고승비문』 신라편, 1994, p.55).

는 대감선사(大鑑禪師)라는 시호가 하사되기도 하였다. 이렇게 700년부터 800년 사이는 중국에서 남종선이 성장해 가는 시기였다. 이러한 때에 혜초가 광주로 간 것이 혹 남종선을 수학하려던 것이 아니었나 하는 것이다.

이 두 경우는 모두 혜초가 새로이 일어나는 불교의 면모에 관심을 가졌다는 것을 의미하고, 그가 인도에까지 가려고 한 것도 불적의 순례와 함께 새로운 사조에 대한 호기심이었다고 할 수 있다.

천축행을 결심한 혜초는 광주에서 머물면서 준비를 하였을 것이다. 광주는 물산이 풍부하여 해외무역이 번성하던 곳이다. 특히 외국의 선박이 자주 들어오기도 하였다. 중국에 온 외국 승려는 상인의 큰 배를 타고 여러 곳에서 이곳에 왔다. 광주 상인들은 해외교역에서 무소뿔, 상아, 대패, 유리, 명주, 향료, 노예, 산호 등을 수입하였다. 한나라 말엽 이래 불교가 크게 유행하면서 공양을 위해 향료의 수요가 많아지자, 남해 여러 나라의 특산물인 향료가 중요 수입품이 되었기 때문이다.

『양서』「제이전」에 의하면 임읍과 부남에서는 침목향이 생산되고, 중천축에서는 소합이 생산되고, 계빈에서는 울금향이 생산되고, 낭아에서는 벌침파율향이 생산되었다. 그 외 반반국(盤盤國), 단단국(丹丹國), 파리국(婆利國), 중천축 등에서 향료와 향이 교역되었다. 이 물품들은 육조의 도성인 건강에서 사용되었는데, 진기한 보물과 금은, 향료, 노예 등이 진상되었다는 것이다.[8]

(2) 입축 과정 – 광주에서 천축 도착까지

현재 전해지고 있는 『왕오천축국전』의 사본은 앞부분이 떨어져 나간

---

8) 劉淑芬 저·임대희 역, 『육조시대의 남경』, 2007, 경인문화사, pp.136-142.

상태이다.9) 우리가 읽을 수 있는 첫 부분은 이미 혜초가 천축국에 도착해서 순례를 하고 있는 내용이다. 그렇다면 그가 어디에서 출발해서 어떻게 천축국에 도착해서 순례를 시작한 것일까. 그 항로는 혜림(768-820)이 펴낸 『일체경음의』권100에 수록된 「혜초왕오천축국전」상권, 중권, 하권의 단어들을 근거로 지나간 지역들을 찾을 수 있다.

중국에서 인도로 가는 뱃길은 이미 4세기 중엽부터 열려 있었다. 5세기 초에 중국승려 법현이 인도에서 뱃길로 중국으로 돌아와 『불국기』를 남겼고, 6세기 전반에 백제의 승려 겸익이 바닷길로 인도에 갔다가 귀국하여 범본 5부률을 번역한 일도 있으며, 7세기 후반 당나라 승려 의정이 바닷길로 인도에 다녀오면서 여러 곳을 들러 보고, 견문록으로 남겨 놓았다.

이들은 대개 광동항을 출발하여 수마트라를 거쳐 인도양의 니코바르 군도를 경유하여 벵갈만을 지나 인도의 동해안에 이르렀다. 그런데 혜초에 앞서 바닷길로 인도에 다녀온 의정이 『대당서역구법고승전』과 『남해기귀내법전』을 남겨 놓았으므로, 혜초는 이 책들을 반복해서 읽고 바닷길에 관한 여러 정보를 가지고 광동항을 출발했을 것이다.

광동항을 출발한 혜초는 크메르에 기착하였다. 그것은 각멸(閣蔑, Khmer)이라는 단어에 근거한 것으로, 현재의 캄보디아 왕국인 크메르 왕국을 가리키는 단어이다. 혜림의 『일체경음의』「혜초왕오천축국전」에 나오는 세주의 설명을 보면, 각멸은 곤륜어(崑崙語)로 옛날에는 임읍국(林邑國)이었는데, 여러 곤륜국 가운데 가장 크며 삼보(불·법·승)를 공경하고 믿는다고 하였다. 곤륜국은 임읍국으로부터 이남의 여러 나

---

9) 가산불교문화연구원편, 1999, 위의 책에 『왕오천축국전』 사본의 영인본, 활자본, 번역문과 함께 『일체경음의』의 「혜초왕오천축국전」이 pp.77-135까지 실려 있어 참고할 수 있다.

라들인 말레이반도, 수마트라섬, 자바섬 등이다. 이 나라사람들은 모두 머리를 말고 몸이 검었다 한다.

어떤 이들은 각멸을 임읍 즉 베트남을 잘못 혼동하여 기록한 것으로 보기도 한다. 그런데 혜초가 천축국을 향하여 출발할 무렵인 722년에 베트남이 반란을 일으켜 당이 10만의 군사를 보내 진압하는 상황이었다.[10] 이러한 상황은 당나라의 광동항을 출발한 선박이 전쟁 중에 있던 베트남의 항구에 기항하기가 쉽지 않게 만들었을 것이다.

그런데 주변국으로 있던 쩐랍(Chan Lap, 眞臘)은 길멸(吉蔑) 내지 각멸로 지칭되면서 베트남을 지원할 정도였다. 이후 쩐랍은 남북으로 갈려 큰 세력이 되어 있었다. 때문에 혜초는 베트남보다는 각멸 즉 크메르인 캄보디아를 방문한 것으로 보인다. 혜초는 광동항을 떠나 첫 번째 방문국으로 크메르에 들렀고, 이를 기술한 것이다.

광동항에서 출항하는 남해무역선은 보통 10월 말에서 12월 경에 계절풍을 이용하여 출발한다. 의정의 예로 볼 때, 출항 후 보통 1개월이면 수마트라섬에 도착하는 것이 당시 항해의 일반적인 모습이었다. 혜초 역시 11월 경에 출항하여 캄보디아를 경유하여 수마트라섬에 기착하였을 것이다.

이 섬은 이미 30여 년 전에 당나라 의정이 10여 년 간이나 머물렀던 곳이므로, 혜초는 이곳에 대한 정보는 풍부히 가지고 있었을 것이다. 의정은 671년에 광동항을 출발하여 수마트라섬의 슈리비자야 왕국(室利佛逝國)의 팔렘방에 도착하여 이듬해에 인도로 가서 10여 년 머물다가 귀국길에 다시 슈리비자야 왕국에서 2년 간 머물렀다. 잠시 본국행 상선을 방문했다가 폭풍으로 광동항까지 간 의정은 곧 다시 슈리비자

---

10) 유인선, 2002, 『새로 쓴 베트남의 역사』, p.82.

야 왕국으로 와서 6년을 머물다가 694년에 귀국하였다. 10년을 슈리비
자야 왕국에서 보낸 것이다.11)

이 왕국은 7-12세기까지 인도네시아 수마트라섬에 존재한 거대 해양
불교왕국이다. 세계 7대 불가사의의 하나이고, 세계문화유산인 자바의
보르보두르 사원을 건립한(830) 사이랜드 왕국과는 혈족관계에 있었
다.12) 슈리비자야 왕국은 이 유적보다 더 거대한 불교유적을 가졌으나,
현재는 박물관에서만 그 흔적을 찾을 수 있다.

의정이 이곳을 떠난 지 30년 가량 지나서 혜초가 광동항을 출발해서
뱃길로 인도로 향한 것이다. 당연히 혜초도 그가 지난 길을 더듬고, 슈
리비자야 왕국에 들러서 몇 달 내지 1, 2년을 머물렀을 것이다. 팔렘방
에 기항했던 선박에는 외국승려들이 많이 있었다. 인도로 향하는 외국
인 승려들이 상당 기간 이곳에 머문 이유는 천축에 가서 부딪칠 언어의
장벽을 극복할 수 있는 언어 훈련 준비를 위해서였다.

그런데 혜초에 앞서 신라승 두 명이 슈리비자야 왕국의 서쪽 파노사
국(婆魯師國, 바로스Baros, 수마트라 서남부의 해상권을 장악하여 오랫
동안 슈리비자야 왕국과 대립하였던 정치집단)까지 와서 질병으로 죽
은 것이다.13) 의정에 의해 전해지고 있는 이름 모를 신라 승에 관한 이
야기를 혜초는 이미 알고 있었을 것이고, 이역에서 허망하게 생을 마친
신라의 두 승려에게 비애를 느껴 오언시를 지었던 것이다.

혜초는 광동항을 출발하여 수마트라를 거쳐 인도에 도착하기까지 제

---

11) 고병익, 1987, 「혜초의 인도왕로에 대한 고찰」『불교와 제과학-동국대학교 개교
　　80주년기념논총』, pp.878-882.
12) 김영수, 1994, 「신라승 혜초의 인도네시아 스리위자야왕국 체재 가능성에 대한
　　소고」『동남아시아연구』3, p.38.
13) 의정 찬·이용범 역, 위의 책, p.42.

법 시일이 걸렸을 것이다. 그가 천축국에서 중국으로 귀환하는 길에 방문한 나라가 30여국이나 되듯이, 광주에서 천축국에 이르기까지 역시 많은 나라들에 관한 기록을 남겼을 것이다. 『일체경음의』의 「혜초왕오천국전」에 나오는 전체 85단어 가운데 상권 부분에 동남아시아 여러 나라들의 물산, 지형, 주민의 생활상에 관계된 어귀가 39단어나 되는 것이 이를 대변해 주기 때문이다.[14]

혜초는 광동항에서 해로로 수마트라를 거쳐 인도양의 벵갈만을 지나 천축국에 도착하였다. 그가 도착한 곳은 탐룩이라는 항구였다. 탐룩은 탐마입저국으로, 당과 인도를 오가는 배가 드나들던 곳이었음이 확인된다.

의정의 『대당서역구법고승전』에 의하면, 대승등선사가 이곳에서 당에 가는 배를 타고 가다가 도적을 만나 배가 부서지고 겨우 목숨을 구한 적이 있는데, 탐마입저국(耽摩立底國)이라고 기록되어 있다.[15]

또한 나란다사를 설명하는 부분에서도 "남으로 왕성을 바라보아 겨우 30리이며, 영취산, 죽원은 모두 그 성 곁에 있다. 서남쪽으로는 대각사를 향하고 정남은 존족산이 있어 모두 대략 7역 가량의 거리이다. 북은 벽사리(바이샤리)까지 35역이고, 서쪽으로 녹원을 바라보고 20여 역이다. 동으로 탐마립저국으로 향하면 6-70역이면 도착한다. 즉 해구로 배를 타고 당으로 돌아가는 곳이다"라고 설명하고 있다.[16] 혜초는 여기서부터 인도 동북부 갠지스 강을 따라 동천축국으로 향하였던 것이다.

---

14) 고병익, 1987, 위의 논문, pp.874-877.
15) 의정 찬·이용범 역, 위의 책, p.51, 95; 고병익, 1987, 위의 논문, p.886.
16) 의정 찬·이용범 역, 위의 책, p.68.

3. 천축국 순례의 목적과 귀환 과정

(1) 순례의 목적

혜초가 천축을 순례하고자 하였던 목적에 대해서는 많은 이들이 불적을 순례하기 위한 것이라고 입을 모으고 있으나, 구체적인 내용에 대해서는 언급이 부족한 실정이다. 혜초가 천축을 순례하고자 했던 목적은 무엇이었을까. 그 해답은 8대 성지의 참배에 있었다.[17]

현전 『왕오천축국전』은 앞부분이 떨어져 나가 천축국에서의 일부분도 일실된 상태이다. 그럼에도 불구하고 혜초가 다녔던 오천축국 가운데 불교의 8대 성지가 몰려있는 동천축국과 중천축국의 불교에 대해서는 매우 자세히 서술하고 있다. 특히 이들 8대 성지의 유적들을 두 곳에 모아서 다음과 같이 정리하고 있다.

> 1) 이 마가다국에 예전에 한 왕이 있어 이름이 실라디타(시라율저, Sliadltya)였는데, 그가 이 불상을 만들었다. 그 때 금동으로 된 법륜(法輪)도 함께 만들었는데, 법륜의 둘레가 30여 보(步)나 된다. 이 성은 항하를 굽어보는 북쪽 언덕에 있다. 이 녹야원과 구시나, 왕사성과 마하보리사의 네 영탑(靈塔)이 마가다국 경계 안에 있다. 이 나라에는 대승과 소승이 같이 행해지고 있다. 나는 마하보리사에 도착하였을 때, 본디 소원하였던 것이어서 너무 기뻐서 내 어리석은 뜻이나마 대략 엮어서 오언시를 지었다. "보리사가 먼 것도 걱정 않는데 어찌 녹야원이 멀다 하리오. 멀고도 험한 길이 걱정이지만 업장의 바

17) 여성구, 1999, 「입당구법승과 입축구법승에 대하여」 『혜초스님기념학술세미나자료집』, p.67에서는 혜초 이전의 입축구법승 등 여러 정황을 감안하여 혜초의 순례 목적을 '원전의 불교경전의 수용 및 석가의 발자취 순례'라고 언급하고 있으나, 혜초의 기록과 행로에 나타난 여정을 볼 때, 그가 천축에 간 목적은 8대 성지의 참배에 있었다고 생각된다.

람이 몰아쳐도 두렵지 않네. 8탑은 참으로 보기 어려운데 어지러이 오랜 세월에 타버렸도다. 어찌 그 사람의 소원을 채운다고 하나 오늘 아침부터 이 눈으로 똑똑히 보리".18)

2) "이 중천축국은 대승과 소승이 함께 행해진다. 이 중천축국 안에 4곳의 대탑이 있는데, 항하의 북안에 세 곳이 있다. 첫째 탑은 사위국의 급고원에 있는데, 절과 스님이 있음을 보았다. 둘째 탑은 비야리성의 암라원 안에 있는데, 지금 탑은 볼 수 있으나 절은 허물어지고 승려도 없다. 셋째 탑은 가비야라국에 있는데, 이곳은 부처님이 태어난 성이다. 지금 무우수나무를 볼 수 있는데, 성은 다 허물어지고 없고 탑은 있으나 승려는 없고 또 백성도 살지 않는다. 이 성이 세 탑 중에 가장 북쪽에 있는데 숲이 거칠게 우거져 길에 도적이 많아 가서 예배하려는 이들이 이르기가 매우 어렵다. 넷째 탑은 삼도보계탑으로 중천축국의 왕이 사는 성에서 서쪽으로 7일 거리에 있는데 두 항하 사이에 있다. 이곳은 부처님이 도리천에서 삼도보계로 변하게 하여 밟고 염부제로 내려온 곳이다. 보계의 왼쪽은 금이고 오른쪽은 은이며 가운데는 유리로 만들었는데 부처님은 가운데 길로 내려오고 범왕이 왼편으로, 제석이 오른편 계단으로 부처님을 모시고 내려온 것이라 하여 이곳에 탑을 세웠는데, 절도 있고 승려도 있음을 보았다."19)

혜초는 8대 성지를 두 부분으로 나누어 동천축국의 4대탑과 중천축국의 4대탑으로 설명하였다.20) 즉 동천축국의 녹야원과 구시나, 왕사성과 마하보리사의 4대 영탑과 중천축국의 사위국 급고원, 비야리성 암

---

18) 가산불교문화연구원편, 1999, 위의 책, pp.115-116을 참조하여 수정하였음.
19) 가산불교문화연구원편, 1999, 위의 책, pp.117-118.
20) 의정 찬·이용범 역, 1980, 위의 책, p.109에서 의정은 이 8대 성지를 왕사성, 영취산, 천원, 녹림, 기수, 천계, 암원, 산혈 등으로 표기하고 있어, 7·8세기 인도불적에 대한 일반적인 경향을 보여준다.

라원, 가비야라국, 삼도보계탑을 4대탑으로 8대 성지를 정리해 놓은 것이다.

　그가 이렇게 정리해서 쓸 수 있었던 것은 이 탑들이 운집해 있던 동천축국과 중천축국에 제법 오래 머물면서 여러 정보를 접할 수 있어서일 것이다. 그는 이 8탑에 오는 것이 얼마나 힘든 것이며, 이 탑들을 보고 소원을 푼 것이 실감나지 않을 정도로 기쁜 것인가를 오언시에서까지 강조하며 읊고 있다. 그것은 그가 천축국에 오고자 한 목적이 8대 영탑을 보는 것이기 때문이었다.

　혜초가 『왕오천축국전』에서 천축국 도착 이전의 나라들과 귀국 길에 있던 수많은 나라들을 기술하고 있음에도 불구하고, 제목을 '왕오천축국'이라고 한 것도 그의 순례가 천축국의 8대 성지를 참배하는데 그 목적이 있어서였을 것이다.

　오천축국 가운데 8탑이 몰려 있는 동천축국과 중천축국을 다닌 혜초의 여정을 더듬어 보면서 이를 확인해 나가 보겠다. 혜초의 현전 사본은 불타의 입멸장소인 구시나가라국에서부터 정확히 나오고 있다. 때문에 오천축국의 순례에서 가장 문제가 되는 것은 그가 천축국에 도착해서 구시나가라까지의 여정을 밝히는 것이었다. 이 부분에 대해서는 여러 연구자들의 연구가 있으므로, 이를 종합해 보면 그 여정의 대강을 알 수 있다.

　현전 사본은 구시나가라국의 기록에 앞서 결락된 상태가 일부 전하는데, "맨발에 벌거벗은(赤足裸形)" 사람들이 사는 곳으로 묘사된 나라이다. 이 나라가 어디인가를 알 수 있다면 혜초가 천축국에 도착해서 쿠시나가라국까지의 경로를 짚어 볼 수 있을 것이다. 그런데 이 나라의 위치에 대해서는 견해가 엇갈리고 있다.

우선 의정의 책에 나오는 나인국(裸人國)과 같은 나라로 봐서 니코바르 군도 내지 말레이 반도의 북부 해안으로 보는 견해가 있다.[21] 그리고 현장의 『대당서역기』(권7)에 바이샬리국(吠舍釐國)에 나오는 "벌거벗은 쟈이나 교도(露形之徒)"로 보아 바이샬리국으로 비정하는 주장도 있다.[22]

이들 가운데 바이샬리국으로 보는 이유는 내용 가운데 바이샬리국 부분이 빠져 있고, 당시 바이샬리는 이미 "맨발에 벌거벗은" 이교도에 의해 점거된 상태에 있었으며, "땅이 모두 평평하다"고 표현할 수 있는 곳은 섬보다는 넓은 인도대륙이라야 한다는 것이다.

그러나 중천축국의 4대 영탑의 하나로 나오는 비야리성의 암라원탑의 장소를 바이샬리로 추정하는 까닭에 이 나형국을 바이샬리로 단정하기에는 무리가 있다. 어쨌든 혜초가 인도에 도착해서 첫 번째 장소를 지난 것이다.

혜초는 도착 후 초기 순례지로 마하보리사에 갔다. 마하는 크다는 뜻이고 보리는 깨달음이라는 뜻이므로 대각사(大覺寺)라고 한다. 이 마하보리사는 부처님이 깨달음을 얻은 곳임을 기념하여 세운 사찰이다. 사찰 경내에는 아쇼카왕이 B.C 250년 경에 세운 높이 52m에 달하는 대탑이 있어 유명하다.

그가 마하보리사, 즉 대각사의 대탑 앞에서 소원성취의 흥취를 5언시로 읊을 정도였다. 그의 이러한 행동은 당시 신라 승들이 원하던 바였다. 그 이전에 인도에 왔던 현태법사는 두 번이나 이 마하보리사를 왔다 갔고, 현각법사도 이곳을 예경하겠다는 소원을 풀고는 이곳에서

---

21) 고병익, 위의 논문, pp.882-885에서 기존의 여러 견해들을 제시하고 있어 참고가 된다.
22) 정병삼, 1999, 위의 논문, p.25.

병사하였기 때문이다.23) 그런데 이곳을 찾는 많은 나라들은 자국인들
의 편의를 위하여 마하보리사 주변에 사찰을 지어 편의를 도모하기도
하였다.

신라 승 혜륜은 마하보리사 근처에 토하라국에서 세운 건타라산다라
는 절에서 머물렀는데, 주인대접을 받고 있었으며, 685년 경에 40세였
다.24) 720년 경에는 75세가 되므로 생존해 있었다고 보기 어려울 것이
나 혜초의 경우 마하보리사에 갔을 때, 이곳에 머물렀을 가능성이 크다
고 생각된다.

순례의 정황상 마하보리사에 이어 왕사성(라즈기르)으로 갔을 혜초
는 마가다왕국의 수도였고 빔비사라왕이 부처님을 위해 지어서 바친
영취산의 죽림정사를 순례하였을 것이다. 주지하듯이 영취산은 불타의
만년에 『법화경』을 설한 곳으로도 유명하다.

조금 떨어진 곳에 있는 나란다대학은 부처님 당시 망고나무가 우거
진 숲이었는데 5백인의 상인이 땅을 사서 수행처로 기증한 곳이다. 신
라 승려인 아리나발마, 혜업 등이 이곳에 유학한 이후 신라에 더욱 알
려졌을 것이다. 5세기 경에 세워져 7세기경에는 각국에서 유학 온 승려
들이 8,500여 명에 이르고 지도하는 교수승려만 1,500명이 넘었던 거대
한 대학이었지만, 1193년 이슬람군에 의해 철저히 파괴되었다.

혜초의 기록에 나란다사에 대한 내용이 보이지 않는 것을 놓고 이 대
학의 입학시험이 까다로워 혜초가 시험에 떨어졌을 가능성도 있다고
한다. 그러나 『왕오천축국전』의 사본에서 이 부분은 결락되어 있어 단
정하기 어렵다. 뿐만 아니라 이곳에서 공부하다가 고국에 돌아가지 못

23) 의정 찬·이용범 역, 1980, 위의 책, pp.40-41.
24) 의정 찬·이용범 역, 1980, 위의 책, pp.53-54

하고 죽은 아리나발마, 혜업 등의 행적을 알았을 혜초는 이곳에 머물러 공부하기보다는 불적순례에 중점을 두었을 것이다. 만약 그가 이곳에 머물면서 공부하기를 목적으로 하였다면, 그의 소원이 마하보리사의 대탑을 보는 것이라고 하지는 않았을 것이다. 머물면서 공부한다면 언제든지 갈 수 있을 것이기 때문이다. 그는 불적지 순례가 목적이었기 때문에 이에 따른 기행문에서도 오천축국과 함께 왕복 길에 지나갔던 많은 나라들에 관심을 두어 서술한 것이다.

『왕오천축국전』의 사본에 본격적으로 나오는 곳은 구시나가라로, 부처님이 입멸한 성지이다. 혜초가 도착하였을 때, 한 스님이 매일 청소를 하며 지내고 있는 것을 보고 기록하였다. 또 황폐하여 사는 사람이 없는데, 8월 8일에 무수한 사람들이 모여 공양드리고 많은 이들이 발심한다고 하였다. 혜초는 이곳에서 제법 머물렀을 것으로 보인다. 사반단사가 30여 소의 농가촌락을 보유하고 있고, 늘상 마을 서너 집이 청소하는 스님에게 공양하는 모습을 기록할 수 있는 시간적 여유를 보이기 때문이다.

혜초는 다시 남쪽으로 가서 불교 4대성지의 하나인 바라나시(Varanasi)에 이르렀다. 북쪽의 바루나(Varuna)강과 남쪽의 아시(Assi)강을 합하여 만든 명칭이다. 부처님이 처음으로 설법한 곳으로, 그와 함께 수행하던 다섯 비구들에게 자신이 깨친 내용을 설해 준 곳이다. 이를 기념해서 탑을 세웠는데, 40m가 넘는 다메크 스투파가 있다. 다섯 비구도 소상으로 만들어 탑 속에 넣어져 있었다. 또 석주인 다르마지카 스투파는 아쇼카왕이 세운 것인데, 혜초는 매우 아름답다고 하면서 특별히 언급하고 있다. 현재는 지름 13m의 벽돌로 된 기초만 남아 있다.

혜초 당시의 바라나시는 불교가 쇠퇴하고 힌두교가 성행하던 시기라, 이교도들은 옷을 입지 않고 온 몸에 재칠을 하고 힌두교 파괴의 신 시바(Siva)신을 대천(大天)으로 섬긴다고 하였다. 바라나시에서는 갠지스 강에 목욕하는 이들, 화장터(Burning Ghat)를 보는 것이 하나의 순례코 스로 되어 있는 만큼 아마도 그 옛날 혜초도 이 강가에 서서 이 광경들 을 목도했을 것이다.

혜초는 동천축국의 마하보리사, 왕사성, 구시나, 녹야원의 순례를 끝 내고 두 달을 걸어서 중천축국에 도착하였다.

혜초는 왕이 살고 있는 가나우지성에 도착한다. 현재는 작은 시골마 을로, 불교유적은 남아 있지 않으나,25) 혜초는 많은 부분을 할애하여 중천축국의 음식, 주거, 부역과 형벌, 산물 등 자세히 기록하였다. 혜초 는 중천축국이 다른 네 천축국에 비해 강성하여 병마를 거느리고 싸우 면 항상 이기는데, 화친하여 세금을 바치면 싸우려고 하지 않는다고 하 였다. 그는 중천축국에 관한 내용에 앞서 오천축국의 전반적인 풍속을 다음과 같이 설명하였다.

오천축국인들은 옷과 말, 법률 등이 비슷한데, 단지 남천축의 시골 사람들만 말이 조금 다르다고 하였다. 하지만 남천축국의 관리들은 중 천축국인들과 다르지 않다고 하였다. 이는 중천축국이 오천축국 가운 데 가장 선진적이고 표준이었음을 보여 주고 있다.

또한 오천축국의 법은 목에 칼을 씌우거나 몽둥이로 때리는 형벌 또 는 감옥이 없어 죄인은 경중에 따라 벌금을 물릴 뿐으로 형벌이나 사형 은 없다고 하였다. 또 위의 국왕에서부터 아래의 서민까지 매를 날려 사냥개로 쫓으며 사냥하지 않는다고 하였다. 오천축국이 살생을 싫어 하는 불교국가임을 알려주는 대목이다. 백제의 법왕도 살생을 금하고

25) 김규헌, 위의 책 상권, pp.221-230.

민가에서 기르는 새매를 놓아주게 하고, 어로와 수렵의 도구를 불태우게 하였는데,[26] 이는 봉불군주의 한 모습이라 할 수 있다.

이어 중천축국의 여러 가지 모습들을 지적하여 기록하였다.

우선 길에 도적이 많아 물건을 빼앗고 해치거나 죽이지 않고 놓아 주는데, 만일 물건을 뺏기지 않으려다가는 다친다는 것이다. 기후는 매우 따뜻하여 서리나 눈은 오지 않는다고 한다. 또 음식은 쌀, 떡, 보릿가루, 버터, 우유 등이 있고 간장은 없고 소금을 쓰는데, 흙으로 만든 냄비에 밥을 지어먹고 무쇠 솥이 없다고 하였다. 백성들에게는 1/5세를 걷는데, 토지에서 나는 곡식을 왕이 걷어간다고 하였다. 그런데 백성들은 가난한 사람이 많고 부자가 적어, 왕이나 관리, 부자는 전포로 만든 옷을 한 벌로 입고, 가난한 사람들은 한 가지만 입으며 여자들도 그렇다고 하였다.

왕이 관청에 나와 앉아 있으면 수령과 백성들이 모두 와서 왕을 둘러싸고 앉는다. 그리고 각기 도리를 내세워서 논쟁이 일어나고 소송이 분분하여 매우 시끄러워도 왕은 듣기만 하고 꾸짖지 않다가 마지막에 천천히 "네가 옳고 네가 틀렸다"고 판결하면 백성들은 왕의 이 한마디 말을 결정적인 것으로 알아 다시 거론하지 않는다고 하는데, 왕의 권위를 보여주는 광경이다.

사찰이나 왕의 궁전은 모두 3층으로 지어, 제일 아래층은 창고로 쓰고 위에 있는 두 층은 사람이 거처하는데, 큰 수령의 집도 그렇다고 하였다. 지붕이 평평하고 벽돌과 목재로 짓는데, 백성들의 집은 전부 단층의 초가집이라고 하였다.

생산물은 모직물과 코끼리, 말 등이 있고, 금과 은은 외국에서 가져

---

26) 『삼국유사』권3 「법왕금살」조.

오고, 낙타, 노새, 당나귀, 돼지 같은 가축은 기르지 않지만, 소는 흰 소를 기르며, 양과 말은 대단히 적어 왕만이 2,3백 마리의 양과 6,70필의 말을 가지고 있을 뿐이라 한다. 그 밖의 수령과 백성들은 모두 가축을 기르지 않는다. 다만 소를 길러 우유와 버터를 짜 먹는데, 백성들이 착하여 살생을 좋아하지 않으므로, 시장에서 고기를 파는 가게를 볼 수 없었다고 한다.

이렇게 혜초는 중천축국의 음식, 주거, 부역과 형벌, 생산물 등에 대해 자세히 기록하였다. 결락된 앞부분의 동천축국에 관해서도 이러한 내용의 서술이 있었을 것으로 생각된다.

혜초는 이어서 자신의 관심사인 8대 성지 가운데 중천축국 안에 있는 4대탑에 대해 서술하고 있다.

첫째 탑은 사위국의 급고원에 있는데, 스라바스티의 음역인 사위성의 급고원 내에 있던 기원정사 탑이다. 급고원은 급고독장자가 제타태자 소유의 땅을 사서 부처님을 위한 정사를 세우려 하였는데, 태자가 그 땅을 덮을 만큼 황금으로 깔면 팔겠다고 하자 정말 황금을 깔았으므로, 이에 감동한 태자가 기증한 곳으로, 기원정사가 세워진 곳이다. 부처님이 오래 머물러 있던 곳으로, 『금강경』 등 많은 경전을 설한 장소로 나오는 곳이다.

둘째 탑은 비야리성의 암라원 안의 탑으로, 혜초는 볼 수 있었다. 하지만 이미 절은 허물어지고 승려도 없다고 하였다.

암라원은 비야리성 뒤쪽에 살던 기녀 암바팔리 여인이 성의 남쪽 3리 되는 곳에 장원을 만들어 부처님에게 보시하여 안거시기에 주석하던 곳이다. 비야리성은 바이샬리를 가리키는 것으로 추정되는데, 혜초는 이곳에 아쇼카왕이 세운 탑과 사자석주를 본 것이다. 바이샬리 인근

유적지에 암라원터로 추정되는 곳이 있다. 그렇다면 혜초가 지나갔다고 하는 나형국을 바이샬리로 보는 것이 문제가 된다. 혜초는 이곳을 동천축국이 아닌 중천축국 안에 넣어 정리하고 있기 때문이다.

셋째 탑은 부처님이 탄생한 가비야라국, 즉 카필라바스투 룸비니 동산에 있는 탑이다. 현재 네팔에 속해 있는 이곳은 8탑 가운데 가장 북쪽에 있고 숲이 우거져 도적이 많아 가기가 매우 어렵다고 하였다. 그러나 지금 이곳은 유네스코에서 발굴을 하느라 많은 나무가 있던 숲을 없애버려 혜초의 설명과는 다른 곳이 되어 버렸다.

넷째 탑인 삼도보계탑은 상카샤에 있는 탑이다. 부처님이 하늘에 올라가 어머니인 마야부인과 해후하고 90일간 설법을 하시고 다시 세상으로 돌아온 곳으로 전한다. 이 때 제석천이 유리, 금, 은으로 세 개의 계단을 만든 것이다. 현재 아쇼카왕의 돌기둥이 코끼리 모양 부분만 남아 있다.

그는 이렇게 동천축국 4대 영탑에 더하여, 중천축국 4대탑까지 8탑을 정리하여 서술해 놓았다. 다시 말하자면, 혜초의 천축순례 목적이 8대 영탑을 보는 것이었으므로, 이 부분에 강조점을 두어 요약해 놓은 것이다. 그는 이 탑들이 운집해 있던 동천축국과 중천축국의 한곳 한곳에 오래 머물거나, 여러 번 다녔을 것이다. 그러면서 여러 가지 정보를 수집하여 이렇게 4탑과 4탑을 정리하여 서술할 수 있었던 것이다.

(2) 귀환 과정 - 남천축국에서 당으로

동천축국과 중천축국에서 중요한 불교성지를 순례한 혜초는 여러 정황상 해로로 돌아가는 것이 어렵다고 판단하였던 듯하다. 때문에 그는 육로로의 귀환을 결심하고 남천축국, 서천축국, 북천축국 순으로 순례를 하고 중앙아시아를 거쳐 실크로드길을 따라 당으로 향하였다.

혜초는 남, 서, 북천축국과 귀로 상의 국가들에 대해서는 정치, 경제, 사회를 비롯하여 의식주, 언어, 지리, 기후 등에 관해 서술하였다. 그리고 그는 왕과 수령 및 백성들이 삼보를 숭상하는가, 절과 탑이 있는가, 승려 수가 많은가 적은가의 문제, 소승불교와 대승불교의 신봉 여부, 아랍의 침략과 이슬람세력의 확산 정도에 관심을 가지고 일관성 있게 서술하고 있다.

혜초는 남천축국으로 갔을 때, 그곳의 산 속에 용수가 야차신을 시켜 만든 절이 있음을 특기하고 있는데, 이곳을 현재의 판두레나 석굴 정도로 추정한 견해가 있다.[27] 다시 남천축국에서 서천축국으로 간 혜초는 대식국의 침략을 받아 불적이 많이 파괴된 것을 보면서도 왕과 수령, 백성들이 삼보를 지극히 공경하고 믿는다고 하였다.

또 서천축국에서 북천축국으로 갔는데 자란달라국으로, 이 나라 서쪽 지방은 평탄한 하천지방이고 동쪽은 설산에 가까우며, 절도 많고 승려도 많으며 대승과 소승이 함께 행해진다고 하였다. 의정에 의하면, 현조법사가 신라스님 현각법사 등과 함께 이곳의 국왕에게 깊은 환영과 존경을 받으면서 4년간을 머물러 있으면서, 경과 율 그리고 범문을 배웠다 한다.[28] 그런데 혜초는 반대방향에서 순례를 시작했기 때문에 오래 머물지 않고 지나갔을 것으로 생각된다.

혜초는 신두고라국에 이르러『순정리론』을 쓴 중현(衆賢)[29]이 인도 편잡북부 일대인 신두고라국사람이라고 특기하였다. 그가 밀교에 깊

27) 김규현, 위의 책 상권, pp.281-282.
28) 의정 찬·이용범 역, 1980, 위의 책, p.17.
29) 중현은 세친(世親)의『구사론』을 비판한『구사박론』을 쓴 논사이다.『순정리론』은 이『구사박론』을 다시 정리한 논서로 알려져 있다.

이 투신하기 이전이므로, 이 내용은 신라에서 배운 교학 배경이라 이해된다.

또한 혜초는 간다라국을 지나면서 천친(天親)보살과 무착(無着)보살을 언급하고 있다. 카니시카 사찰은 이 왕이 조성한 사찰이어서 그 이름을 따서 지은 곳으로, 이들이 머물렀던 것을 언급하고 있다. 천친은 세친의 다른 이름으로, 그의 형인 무착과 함께 소승에서 대승으로 전향한 대표적 논사들이다. 혜초의 기록이 거칠기는 하지만, 8세기 경의 신라에서는 승려들이 설일체유부라 할 『구사론』, 『순정리론』 등 인도교학에 대해 큰 관심을 가지고 있었음을 보여준다.

또한 혜초는 불타의 4본생처(本生處)가 모두 간다라국에 있다고 기록하고 있다. 물론 혜초가 지목한 장소를 현재 답사해 보면 맞지 않는 부분도 있다.[30] 그렇지만 이러한 기록을 남겼다는 것은 당시 신라인들이 구합처(救鴿處), 사두처(捨頭處), 사안처(捨眼處), 위오야차처(餧五夜叉處)에 관한 내용을 숙지하고 있었다는 것으로, 이러한 설화를 담고 있는 『현우경』, 『보살본행경』, 『미륵보살소문본원경』이 신라에 알려져 있었을 것으로 추정할 수 있다.

혜초는 중앙아시아의 카슈미르(Kashmir) 지방을 거쳐 대발률(大勃律)·소발률(小勃律), 스와트(Swat)·길기트(Gilgit)·페샤와르(Peshawar) 등지를 지나면서, 간다라, 오장국(烏長國)·구위국(拘衛國) 등도 답사하였다.

실제 신라 진평왕 대에 서라벌에 온 서역 삼장 비마라진제와 농가타

---

30) 혜초는 4본생처가 모두 간다라국 경내의 우다반다푸라 동남쪽 산중에 있다고 했는데, 정수일, 2004, 『혜초의 왕오천축국전 역주본』, 학고재, p.301에는 구합처는 부네르에, 사두처는 탁실라에, 사안처는 푸흐칼라 바티에, 위오야차처는 오장국에 비정된다고 보고, 혜초가 지적한 4본생처 가운데 사두처인 탁실라만 일치하는데 그나마 평야로서 혜초가 산속이라고 한 것은 아니라고 지적하고 있다.

는 오장국 출신이고, 불타승가는 마두라국 출신이었다.[31] 혜초는 이 사실을 염두에 두고 기록을 남겼을 것이다. 즉, 북천축의 오장국은 오장나국이라고도 하는데, 간다라에서 정 북쪽으로 산을 따라 3일 동안 가면 이르는 곳으로, 왕이 삼보를 크게 공경하고 백성과 부락에서는 많은 것을 사원에 보시하여 공양하고 적은 것은 의식을 공급하도록 남겼다고 한다. 재물을 놓고 공양하는데 매일 그러하였으며, 절이 많고 승려도 많아 승려의 숫자가 세속인보다 좀 더 많았고 대승만 수행하였다고 혜초는 전하고 있다.

혜초는 다시 실크로드를 따라 아프가니스탄으로 들어가 계빈국(罽賓國), 사율국(謝颿國), 범인국(犯引國, 바미안)에 이르렀다. 이곳에서 북쪽으로 현재의 아프가니스탄과 소련의 국경지대인 투카라(토화라吐火羅)에 도착하였다. 이곳에서 서쪽으로 페르시아, 아랍, 터어키에 이르러 그곳의 풍습을 기술하고 있다. 이 나라들에 대해서는 대개 전문에 의한 기록일 것으로 보고 있으나, 직접 다녀왔을 가능성도 언급되고 있다.[32]

그런데 그는 현재의 아프카니스탄의 와칸지방으로 추정되는 호밀국에 이르러 두 수의 시를 남겼는데, 이를 통해 그의 어려운 처지를 잘 보여주고 있다.

> 3) 토하라국에서 동쪽으로 이레를 가면 (아프카니스탄의) 와칸 왕의 성에 당도한다. 마침 토하라국에서 왔을 때 서번으로 가는 중국 사신을 만났다. 간략하게 4자의 운을 써서 5언 시를 지었다. "그대는 서

---

31) 각훈, 『해동고승전』「안함」조.
32) 무하마드 깐수(정수일), 1990, 「혜초의 서역장행 일고-대식역방을 중심으로」『동방학지』68, pp.326-337에서 고병익, 河正玉 등이 전문국으로 보는 파사(波斯), 대식(大食), 소불림(小拂臨), 대불림(大拂臨)과 호국(胡國)에 대해, 호국뿐 아니라 파사, 대식, 소불림, 대불림도 직접 다녀온 것으로 이해하고 있다.

역 길이 먼 것을 한탄하나 나는 동방으로 가는 길이 멀어 서럽구나. 길은 거칠고 눈 쌓인 산마루 험한 골짜기에는 도적떼 들끓는데, 새는 날아오르다 깎아지른 산에 놀라고 사람은 좁은 다리 건너기가 무섭구나. 평생에 눈물 흘리지 않았는데 오늘 천 줄기나 뿌리는구나".

4) 겨울 날 토하라에 있을 때, 눈을 만나 그 감회를 5언 시로 읊었다. "차가운 눈은 얼음과 겹쳐 있는데 찬바람은 땅이 갈라지도록 매섭구나. 큰 바다는 얼어붙어 편편한 단이 되고 강물은 낭떠러지를 자꾸만 깎아 먹네. 용문엔 폭포조차 얼어붙어 우물 가장자리는 서린 뱀같이 얼음이 엉키었네. 불을 가지고 땅 끝에 올라 노래하니 어떻게 파미르 고원을 넘어갈 것인가."[33]

3)의 시는 혜초가 중국 사신을 도중에 만나 서로 갈 길이 먼 것을 한탄하여 읊은 시이다. 파미르고원의 설산을 넘을 생각에 평생 눈물 한 방울 흘린 적이 없는 그가 천 줄기나 되는 눈물을 쏟은 장면이다. 4)의 시는 겨울에 토하라에서 마지막 최대 고비인 파미르고원을 눈앞에 두고 눈을 만난 심정을 읊어 당시의 어려움을 알려주고 있다.

혜초는 호국(胡國)으로 표기된 안국(安國)·조국(曹國)·사국(史國)·석라국(石騾國)·미국(米國)·강국(康國)에서는 불교를 모르고 배화교(拜火敎)를 믿으며, 어머니와 자매도 아내로 맞는 등 진기한 풍속을 소개하였다. 이곳은 귀국 도상의 위치로 봐서 실지로 다녀서 갔을 가능성이 있으며, 형제가 몇이건 공동으로 한 아내를 맞이하는데, 그것은 집안의 살림이 무너질까 염려해서라고 하였다.

그는 파미르고원에 있던 호밀국(胡蜜國)을 지나서 중국으로의 귀로를

---

33) 가산불교문화연구원편, 1999, 위의 책, pp.131-132.

잡아 동쪽으로 식닉국(識匿國)을 거친 다음 중국 영토인 갈반단국(渴飯檀國) 즉 총령에 도착한다. 동쪽으로 카시카르를 지나 구자국(龜玆國), 우전(于闐)에 도착하게 되는데, 이때가 727년(성덕왕 26) 11월 상순이었다. 그의 여행기는 언기(焉耆) 즉 중국의 감숙성에 이르러 안서 4진(安西 四鎭)을 서술하는 것으로 끝나고 있다.

현전본에 잘 남아 있는 귀환 길에 있는 나라들에 관한 기록은 매우 귀중한 것이나, 그 동안 그가 직접 다녀왔는가 또는 전문국인가에 문제가 집중되어 그 내용은 소홀히 한 부분이 있었다. 그러나 호국은 물론이고, 파사(波斯), 대식(大食), 소불림(小拂臨), 대불림(大拂臨)까지도 혜초가 직접 다녀온 것으로 보기도 하므로, 이에 대한 심도있는 연구가 필요하다고 생각된다.

이에 더하여 우전이 쿠차인 구자국 다음으로 기록되어 있는 것에 대해, 2천리나 되는 양국의 거리로 보아 우전은 전문국일 것으로 고병익은 물론 정수일까지 언급하고 있다.[34] 그러나 우전국이 가지고 있는 불교사적인 중요성을 볼 때 다시 살펴볼 필요가 있다고 생각된다. 담무참(曇無讖), 주사행(朱土行), 사나굴다(闍那崛多), 현장(玄奘), 지엄(智嚴, 신룡 연간의 당승) 등이 관계가 있는 것으로 나오기 때문이다.

4. 맺음말

혜초는 중국을 거쳐 인도까지 가서 구법을 한 밀교 승으로, 그의 여행기를 통해 전 세계인에게 알려짐으로써 신라 승으로 다시 태어난 역

---

34) 무하마드 깐수(정수일), 1990, 위의 논문, pp.339-340.

사적 의의를 가지고 있다.

본고는 혜초의 천축순례의 과정과 목적을 살피는데 주안점을 두고 서술하였다. 중국의 광동항에서 인도의 탐마입저국에 이르기까지의 과정과 천축국의 순례, 그리고 귀환까지의 과정을 연구 성과들을 통해 재구성해 보았다. 그리고 천축국 순례의 목적을 불교의 8대 성지 참배에 있었다고 보고, 동천축국과 중천축국에 몰려 있는 점을 감안하여 그 내용을 살펴보았다. 특히 『왕오천축국전』의 사본에서 결락된 앞부분이 동천축국에 관한 내용이므로, 연구 성과를 참조하여 구성해 보았다. 녹야원과 구시나가라, 왕사성과 마하보리사의 순례에 관한 것이다. 또한 중천축국의 여러 풍속과 사위국 급고원, 비야리성 암라원, 가비야라국, 삼도보계탑을 4대탑으로 정리해 놓은 상황을 살펴보았다.

귀환 과정은 전문국의 여부 등 여러 문제가 있으나, 본고가 8탑을 중심으로 한 불적순례에 중점을 두었으므로, 그 내용을 간략히 정리하였다.

혜초 자신은 승려로서 신라와 당의 불교계에 영향을 끼친 것이 큰 보람으로 생각할 수 있겠지만, 그가 남긴 『왕오천축국전』으로 신라인들의 국제적 활동 반경을 역사적으로 확인할 수 있었다는 점에서 큰 의미가 있다고 하겠다.

[참고문헌]

『경국대전』,『고려사』,『고운집』,『남해기귀내법전』,『대각국사문집』
『대당서역구법고승전』,『동경잡기』,『동국이상국집』,『동국통감』,『동문선』
『동사강목』,『무경칠서』,『법계도기총수록』,『법원주림』,『법화경』
『봉정사「기문장처상량문(記文藏處上樑文)」』,『삼국사기』,『삼국유사』
『삼국지』,『석화엄교분기원통초』,『속고승전』,『송고승전』,『수서』
『신증동국여지승람』,『신편제종교장총록』,『양고승전』,『영가지』,『완당전집』
『왕오천축국전』,『이계집(耳溪集)』,『일본서기』,『일승법계도원통기』
『조선불교통사』,『주서』,『진서』,『최문창후전집』,『해동고승전』,『해동금석원』
『홍찬법화전』,『화엄경』,『후한서』

가산불교문화연구원편, 1999,『혜초스님 기념 학술세미나 자료집 - 세계정신을 탐
　　험한 위대한 한국인 '혜초'』
강인구 외, 2002,『역주 삼국유사』1-4, 이회
경주시편, 2009,『무장사 아미타불 조상사적비정비 연구보고서』
고려대학교 한국사연구소엮음, 2014,『왕오천축국전』-돈황사본의 복원 및 역주, 아
　　연출판부
고익진, 1989,『한국고대불교사상사』, 동국대학교 출판부
국립중앙박물관, 불교중앙박물관편, 2009,『불국사 석가탑 유물』2-중수문서-, 3-사
　　리기·공양품-
국립청주박물관, 1996,『백제 금동대향로와 창왕명사리감』
길기태, 2006,『백제사비시대의 불교신앙 연구』, 서경
김두진, 2002,『신라화엄사상사연구』, 서울대 출판부
김복순 편저, 2012,『한국금석문집성』(11) - 신라7 비문; 2014,『한국금석문집성』
　　(15) - 신라 11 석경, 한국국학진흥원, 청명문화재단.
김복순, 2002,『신라고대불교사연구』, 민족사;　2008,『신사조로서의 신라불교와
　　왕권』, 경인문화사
김상현, 1994,『역사로 읽는 원효』, 고려원
김성철, 2003,『원효의 판비량론 기초연구』; 2011,『승랑』, 지식산업사
김영태, 1979,『삼국유사 소전의 신라불교사상연구』; 1985,『백제불교사상연구』,

동국대 출판부

김영하, 2007, 『신라 중대사회연구』, 일지사

김용선편저, 1997, 『고려묘지명집성』, 한림대 아시아문화연구소

동국대학교불교문화연구원·조선불교통사역주편찬위원회편, 2010, 『역주조선불교
    통사』 1-7, 동국대 출판부

동국역경원편, 1997, 『석화엄교분기원통초』

목정배, 1989, 『삼국시대의 불교』, 동국대출판부

방학봉, 1998, 『발해불교연구』, 연길

성백효·임홍빈 역, 1987, 『무경칠서』, 국방부 전사편찬위원회

신종원, 1992, 『신라초기불교사연구』, 민족사

심재열역, 1989, 『국역대각국사문집』, 한국정신문화연구원

안지원, 2005, 『고려의 국가불교의례와 문화』, 서울대학교 출판부

양정석, 2004, 『황룡사의 조영과 왕권』, 서경

유인선, 2002, 『새로 쓴 베트남의 역사』, 이산

이강래, 2007, 『삼국사기 형성론』, 신서원; 2007, 『삼국사기』1·2(5쇄), 한길사

이근직, 2012, 『신라 왕릉 연구』, 학연문화사

이기동, 1984, 『신라 골품제사회와 화랑도』, 일조각

이기백, 1986, 『신라사상사연구』, 일조각

이병도 역주, 1986, 『삼국사기』상·하(5판), 을유문화사

이석호 역, 1970, 『왕오천축국전(외)』, 을유문고

이주형외, 2009, 『동아시아 구법승과 인도의 불교유적-인도로 떠난 순례자들의 발
    자취를 따라-』, 사회평론

이지관편, 1994, 『교감역주 역대고승비문 -신라편-』, 가산문고

장경호, 1991, 『백제의 사찰건축』, 예경산업사

장휘옥, 1991, 『해동고승전연구』, 민족사

전호태, 2000, 『고구려 고분벽화연구』, 사계절

정선여, 2007, 『고구려 불교사연구』, 서경문화사

정수일, 2004, 『혜초의 왕오천축국전』역주본, 학고재

조선총독부 편, 1919, 『조선금석총람』상

진성규·이인철, 2003, 『신라의 불교사원』, 백산

최병헌, 1995, 『신라고분연구』, 일지사

한국고대사회연구소편, 1992, 『역주한국고대금석문』3 가락국사적개발연구원

허남진 외, 2005, 『삼국과 통일신라의 불교사상』, 서울대 출판부

허홍식, 1984,『한국금석전문』고대편, 아세아문화사; 1986,『고려 불교사연구』, 일
조각
황패강, 1984(4쇄),『신라불교설화연구』, 일지사

鎌田武雄. 장휘옥역, 1992,『중국불교사』2, 장승
도단양수, 목정배역, 1994,『불교의 효 유교의 효』, 불교시대사
에띠엔 라모뜨(Lamotte, Etienne).호진역, 2006,『인도불교사』서울: 시공사
F. 에저톤 외. 이태승역, 2000,『불교혼성범어입문』, 위덕대학교출판부
劉淑芬 저, 임대희 역, 2007,『육조시대의 남경』, 경인문화사
의정찬, 이용범역, 1980,『대당서역구법고승전』, 동국대학교불전간행위원회
이시이 요네오(石井米雄)·박경준 역, 2001,『동남아시아의 불교수용과 전개』, 불
교시대사
이와모도 유타까(岩本 裕)외 3인. 홍사성역, 1987,『동남아 불교사』, 반야샘
케네스첸, 박해당역, 1991,『중국불교』상, 민족사
히로 사치야(增原良彦)·강기희옮김, 1994,『소승불교와 대승불교』, 민족사

嚴耕望, 2002,『唐代交通圖考』1-京都關內區-上海古籍出版社
王邦維校注, 2000,『大唐西域求法高僧傳校注』, 中華書局, 北京
村上四男 撰, 1995,『三國遺事考證』下之三, 塙書房
I-Ching.trans.Takakusu.J, 1966,『A record of the Buddhist religion as practised in India
and the Malay archipelago(A.D.671-695)』New Delhi: Munshiram Manoharlal.

강인구, 1975,「서산 문수사 금동여래좌상 복장유물」『미술자료』18, 국립박물관
강종훈, 2004,「7세기 통일전쟁기의 순국인물 분석」『신라문화제학술논문집』25
고병익, 1970,「혜초 왕오천축국전사략(史略)」·「혜초·천축에의 발길」·「혜초 왕오
천축국전」『동아교섭사연구』; 1987,「혜초의 인도왕로에 대한 고찰」『불
교와 제과학-동국대학교 개교80주년기념논총』
고익진, 1986,「신라 밀교의 사상내용과 전개양상」『한국밀교사상연구』, 동국대 출
판부
공석구, 1988,「평안 황해도 지방출토 기년명전에 대한 연구」『진단학보』65
곽승훈, 2009,「해동고승전 법운전의 찬술」『한국고대사연구의 현단계』, 주류성
권영오, 1995,「신라 원성왕의 즉위 과정」『부대사학』19; 2012,「신라 하대 인물
들의 정치활동과 연령」『지역과 역사』31

김동화, 1987, 「신라시대의 불교사상」 『삼국시대의 불교사상』, 민족문화사

김두진, 1993, 「신라 의상계 화엄종의 '효선쌍미' 신앙」 『한국학논총』15

김복순, 1987, 「최치원의 「법장화상전」 검토」 『한국사연구』 57; 1995, 「신라의 왕
　　　릉」 『경주발전』 4; 1999, 「백제불교의 초전문제」 『현대불교의 향방』;
　　　2003, 「의상의 행적 연구」 『경주사학』 22; 2005, 「신라 중대의 불교」 『신
　　　라문화』25; 2006, 「최치원의 해외체험과 문화수용」 『한국문화연구』 10;
　　　2006, 「신라 왕경 사찰의 분포와 체계」 『신라문화제학술논문집』 27;
　　　2008, 「수당의 교체정국과 신라불교계의 추이」 『한국고대사연구』 43;
　　　2010, 「최치원의 역사인식 연구」 『민족문화』34, 한국고전번역원

김상현, 1981, 「만파식적설화의 형성과 의의」 『한국사연구』34; 1996, 「『추동기』와
　　　그 이본 『화엄경문답』」 『한국학보』84; 1996, 「사천왕상의 창건과 의의」
　　　『신라문화제 학술발표회논문집』17; 2000, 「삼국유사 효선편 검토」 『동양
　　　학』30; 2001, 「7세기의 신라서역구법고승고」 『동국사학』35·36합

김영미, 1985, 「통일신라시대 아미타신앙의 역사적 성격」 『한국사연구』50·51;
　　　1995, 「신라불교사에 나타난 여성의 신앙생활과 승려들의 여성관」 『여성
　　　신학논집』1; 1999, 「신라 하대 유불일치론과 그 의의」 『백산학보』52;
　　　2000, 「불교의 수용과 신라인의 죽음관의 변화」 『한국고대사연구』20;
　　　2011, 「『삼국유사』 감통편 「광덕 엄장」조와 아미타신앙」 『신라문화제학
　　　술논문집』32

김영수, 1994, 「신라승 혜초의 인도네시아 스리위자야왕국 체재 가능성에 대한 소
　　　고」 『동남아시아연구』3

김영태, 1977, 「법화신앙의 전래와 그 전개」 『한국불교학』3; 1989, 「김유신의 통일
　　　의지와 미륵신앙」 『한국불교학』14; 1994, 「신라승 혜초에 대하여」 『가산
　　　학보』3

김원룡, 1965, 「고구려 고분벽화의 기원에 관한 고찰」 『진단학보』 21

김정배, 1993, 「북한출토 연희 2년명 토기」 『태동고전연구』 10

김지현, 2014, 「경주 무장사지 사적과 삼층석탑에 대한 재고」 『신라문화』43

김진순, 2008, 「5세기 고구려 고분벽화의 불교적 요소와 그 연원」 『미술사학연구』
　　　258

김창겸, 2005, 「최근 발견된 사천선진리신라비 검토」 『금석문을 통한 신라사 연구』,
　　　한국학중앙연구원; 2010, 「신라 원성왕의 선대와 혈연적 배경에 대한 재
　　　검토」 『한국학논총』34

김창석, 2004, 「천주(菁州)의 녹읍과 향도」 『신라문화』26

김철준,1969,「삼국시대의 예속과 유교사상」『대동문화연구』6,7합집

김태식, 1990,「가야의 사회발전단계」『한국고대국가의 형성』, 민음사

김태식, 2007,「방사로서의 김유신」『신라사학보』11

김현숙, 김형수, 2003,「경북 북부지방 사원에 대한 지역사적 검토」『낙동강 유역
　　　　의 인간과 문화』

김형우, 1984,「『해동고승전』에 대한 재검토」『소헌남도영박사화갑기념 사학논총』;
　　　　1992,「고려시대 국가적 불교행사에 대한 연구」, 동국대학교 박사학위논문

김호동, 1999,「『속고승전』과『대당서역구법고승전』에 입전된 한국고승의 행적」『민
　　　　족문화논총』20

남동신, 1995,「원효의 대중교화와 사상체계」, 서울대학교박사학위논문; 2002,「나
　　　　말여초 전환기의 지식인 최치원」『강좌 한국고대사』8

남무희, 1997,「고구려 승랑의 생애와 그의 신삼론사상」『북악사론』4; 2001「고구
　　　　려후기 불교사상 연구」『국사관논총』95

남풍현, 1985,「구역인왕경 석독구결의 연대」『동양학』15; 1988,「석독구결의 기원
　　　　에 대하여」『국어국문학』100

노용필, 1994,「신라시대『효경』의 수용과 그 사회적 의의」『이기백선생고희기념
　　　　한국사학논총』상

노중국, 2008,「신라 중고기 유학 사상의 수용과 확산」『대구사학』93

노태돈, 1976,「고구려의 한수유역 상실의 원인에 대하여」『한국사연구』13

도현철, 2001,「원천석의 안회적 군자관과 유불도 삼교일리론」『운곡원천석연구논총』

무하마드 깐수(정수일), 1990,「혜초의 서역장행 일고」『동방학지』68

문명대, 1974,「신라 법상종(유가종)의 성립문제와 그 미술」상·하『역사학보』62,
　　　　63; 1976,「신라 신인종의 연구」『진단학보』41; 1991,「장천 1호분 불상
　　　　예배도벽화와 불상의 시원문제」『선사와 고대』1

민병하, 1975,「삼국유사에 나타난 효선사상」『인문과학』3·4합, 성균관대 인문과
　　　　학연구소

민영규, 1983,「일연과 진존숙」『학림』5(1994,『사천강단』, 우반)

박광연, 2008,「신라 중고기의 법화사상」『한국사상사학』31, 2010,「신라법화사상
　　　　사」, 이화여자대학교 박사학위논문

박광열, 2007,「신라 적석목곽분 출토 황금유물과 초전불교」『문화사학』27

박남수, 1994,「통일신라 사원성전과 불사의 조영체계」『동국사학』28; 2012,「신라
　　　　진전사원(眞殿寺院)의 조영과 그 사상적 배경」『신라문화』40

박만규, 2003,「『대당서역구법고승전』용운고」『중국학연구』22

박미선, 1998, 「신라 원광법사의 여래장사상과 교화활동」『한국사상사학』11

박영복, 1992, 「신라적석목곽분의 발생과 소멸에 관한 일고」『국사관논총』33

박영호, 1988, 「『해동고승전』고찰」『동방한문학』4

박용진, 2004, 「고려 중기 인왕경 신앙과 그 의의-의천과『대각국사문집』을 중심으로-」『한국중세사연구』14

박윤선, 2004, 「고구려의 불교 수용」『한국고대사연구』35

백미선, 2011, 「『해동고승전』을 통해 본 각훈의 고구려 불교사 인식」『한국사학사학보』23

서수용, 1991「청량산을 배경으로 이루어진 문화의 두 국면 -퇴계의 독서와 신재의 풍류를 중심으로-」『창곡 김세한교수 정년퇴직기념논총 한국한문학과 유교문화』

송기호, 1988, 「발해에 대한 신라의 양면적 인식과 그 배경」『한국사론』19

송명신, 2010, 「무장사비의 서자와 서체 분석」『신라「무장사비」국제학술회의논문집』

신동하, 1988, 「고구려 사원조성과 그 의미」『한국사론』19

신종원, 1992, 「안홍(安弘)과 신라불국토설」『동양의 자연과 종교의 이해』, 중국철학연구회; 2006, 「삼국의 불교초전자와 초기 불교의 성격」『한국고대사연구』44

신형식, 1966, 「신라 대당교섭 상에 나타난 숙위에 대한 일 고찰」『역사교육』9

안계현, 1973, 「삼국시대 불교교단의 성립」『동국대학교논문집』12

양경인, 2013, 「의정의 번역어 치목에 관한 고찰」『회당학보』18

양광석, 1982「설총과「화왕계(花王戒)」」『어문논집』23

양기석, 2009, 「백제 왕흥사의 창건과 변천」『백제문화』41

양정석, 2000, 「신라 황룡사·북위 영녕사 그리고 일본 대관대사-5-7세기 동아시아 도성제와 관련하여-」『한국사학보』9

여성구, 1999, 「입당구법승과 입축구법승에 대하여」『혜초스님기념학술세미나자료집』

윤선태, 2002, 「신라 중대의 성전사원과 국가의례」『신라문화제학술논문집』23; 2002, 「신라의 문서행정과 목간」『강좌 한국고대사』5; 2005, 「신라 중대 말~하대초의 지방사회와 불교신앙결사」『신라문화』26; 2008, 「미륵불광사사적기」『백제사자료역주집』-한국편Ⅱ-, 충청남도 역사문화연구원

윤용혁, 1978, 「신라 효자 향덕과 그 유적」『백제문화』11

윤종갑, 2004, 「신라불교의 신체관과 영혼관」『한국철학논집』15

이계명, 1999, 「위징의 역사인식」『중국고중세사연구』5, 중국고중세사학회

이계표, 1987,「신돈의 화엄신앙과 공민왕」『전남사학』창간호

이근직, 2002,「신라왕릉 관계기사 검토」『고문화』59, 2007,「신라의 상장례와 능원제도」『신라문화제학술논문집』28

이기백, 1969,「강수와 그의 사상」『문화비평』3: 1969,「신라 골품체제하의 유교적 정치이념」『대동문화연구』6,7 합집: 1973,「유교수용의 초기 형태」『한국민족사상사 대계』2; 1976,「신라 불교에서의 효관념」『동아연구』2; 1978,「황룡사와 그 시대」『신라시대 국가불교와 유교』

이기영, 1975,「인왕반야경과 호국불교」『동양학』5

이기운, 1996,「현광의 법화삼매 연구」『한국불교학』21, 2000,「백제 현광의 교화행에 대한 연구-현광의 제자와 그들이 얻은 삼매를 중심으로-」『한국불교학』27,

이도학, 1994,「사비시대 백제의 4방계산(方界山) 호국사찰의 건립」『백제연구총서』4, 충남대 백제연구소; 2005,「최치원의 고구려 인식」『한국사상사학』24

이만, 1993,「신라인 찬술의『성유식론』소 산일본 복원」『불교학보』30; 1996,「고구려 의연의 유식교학」『한국불교학』21; 2001,「신라불교에 있어서『섭대승론』의 영향」『한국불교학』30

이문기, 1999,「고구려 덕흥리벽화고분의 '칠보행사도'와 묵서명」『역사교육논집』25; 2004,「금관가야계의 시조 출자전승과 칭성의 변화」『신라문화제학술논문집』25; 2011,「원광의 생애 복원 시론」『신라문화제학술논문집』33

이병도, 1960,「당법장기신라의상서(唐法藏寄新羅義湘書)에 대하여」『황의돈선생고희기념사학논총』

이병희, 2004,「고려시기 낙성행사의 설행」『문화사학』21; 2011,「고려시기 사원에서의 교학활동」『한국사연구』155

이상훈, 2011,「나당전쟁기 문두루비법과 해전」『신라문화』37

이영호, 1983,「신라 중대 왕실사원의 관사적 기능」『한국사연구』43

이용범, 1973,「북조전기불교의 고구려전래」『동국대학교논문집』12

이용현, 1998,「가야의 김씨와 금관국」『사총』48

이우성, 1975,「남북국시대와 최치원」『창작과 비평』10-4

이은창, 1991,「신라고분의 조영과 사상」『신라문화제학술논문집』12

이은혁, 2010,「『무장사비』와 왕희지체의 비교 고찰」『신라『무장사비』국제학술회의논문집』

이인재, 2006,「고려 전기 홍경사 창건과 3교 공존론」『한국사학보』23

이종문, 2004,「『무장사비』를 쓴 서예가에 관한 고찰」『남명학연구』13, 2014,「복

원된 무장사비의 몇 가지 문제점」『신라사학보』31

이형우, 2001,「영남문화의 형성과 불교」『대구사학』62

이희덕, 1974,「고려시대 유교의 실천윤리-효 윤리를 중심으로」『한국사연구』10

임세권, 2002,「전탑의 고향을 찾아서」『내일을 여는 역사』9

임영애, 1991,「한국·일본의 고대 불교번에 관한 연구-중국 당번의 한국. 일본의 전
    파와 수용을 중심으로-」『미술사학연구』190.191호

전해주, 1992,「의상화상 발원문 연구」『불교학보』29

전호태, 1989,「5세기 고구려 고분벽화에 나타난 불교적 내세관」『한국사론』21

정병삼, 1982,「통일신라 관음신앙 연구」『한국사론』8; 1999,「혜초와 8세기 불교」
    『세계정신을 탐험한 위대한 한국인 혜초』; 2005,「혜초의 활동과 8세기
    신라밀교」『한국고대사연구』37

정병조, 1978,「의상의 관음신앙」『동국사상』10.11; 1983,「신라 법회의식의 사상
    적 성격」『신라문화제학술발표회논문집』4

정선여, 2000,「고구려 승려 의연의 활동과 사상」『한국고대사연구』20, 2001,「6
    세기 고구려 불교신앙」『백제연구』34

조경시, 1987「신라 하대 화엄종의 구조와 경향」『부산사학』13

조경철, 2002,「백제 한성시대 불교수용과 정치세력의 변화」『한국사상사학』18;
    2005,「백제 불교사의 전개와 정치활동」, 한국학중앙연구원 박사학위논문

조법종, 1998,「고구려의 마한계승 인식론에 대한 검토」『한국사연구』102

조이옥, 2001,「신라시대 발해관의 변천」『이화사학연구』28

佐藤 厚, 2001,「의상계 화엄학파의 사상과 신라불교에서의 위상」『보조사상』16

주경미, 2008,「스리랑카의 불치정사와 동아시아의 구법승」『역사와 경계』69

주보돈, 2007,「김유신의 정치지향」『신라사학보』11; 2010,「『삼국유사』'염불사'
    조의 음미」『신라문화제학술논문집』31

주수완, 2010,「중국문헌을 통해본 중세 동남아의 불교문화」『수완나부미』2-1

채상식, 2003,「한국중세불교의 이해방향과 인식틀」『민족문화논총』27

채택수, 1984,「의상의 화엄사상」『철학사상의 제문제』2

최병헌, 2012,「삼국유사 의해편과 신라불교사」『신라문화제학술논문집』33

최연식, 1995,「원광의 생애와 사상-삼국유사 원광전의 분석을 중심으로-」『태동고
    전연구』12

최영성, 1998,「고운 최치원의 삼교관과 그 특질」『한국사상과 문화』1, 한국사상문
    화학회; 1998,「고운 최치원의 역사의식 연구」『한국사상사학』11; 2000,
    「최치원의 승전 찬술과 그 사상적 함의 -법장화상전과 보덕화상전을 중심

으로」『한국의 철학』 28, 경북대 퇴계연구소; 2004, 「최치원과『계원필경
　집』」『선비문화』 2, 남명학연구원; 2010, 「신라 「무장사비」의 서자에 대
　한 연구」『신라사학보』20

퇴경, 1929, 「신인종과 총지종」『불교』 59

한규철, 1983, 「신라와 발해의 정치적 교섭과정-남북국의 사신파견을 중심으로」『한
　국사연구』43

한기문, 2000, 「고려시대 개경 현성사의 창건과 신인종」『역사교육논집』 26

한정호, 2010, 「신라 쌍탑가람의 출현과 신앙적 배경」『석당논총』 46

홍보식, 1995, 「고분문화를 통해 본 6~7세기대의 사회변화」『한국고대사논총』 7

홍윤식, 1980, 「삼국유사와 밀교」『동국사학』14

황태섭, 1972, 「인왕호국반야경의 연구」, 동국대학교 석사논문

葛城末治, 1935, 「二三慶州鍪藏寺阿彌陀如來造像碑」『朝鮮金石攷』

足立喜六, 1942, 『大唐西域求法高僧傳』, 岩波書店

小田幹治郎, 1914, 「鍪藏寺碑の發見」『朝鮮及滿洲』 84; 1931, 「慶州鍪藏寺彌
　陀殿碑解說」『小田幹治郎遺稿』

[찾아보기]

ㅎ